KB265772

한국의 언어연구

한국의 언어연구

한국의 언어연구

고영근

도서출판 **역락**

책머리에 붙여

　한국의 언어연구는 오랜 전통을 쌓아 왔다. 한자를 가공하여 이두나 구결 문자를 만들어 낸 뒤켠에는 한국어의 문법구조에 대한 투철한 인식이 자리잡고 있었다. 훈민정음의 창제에 즈음하여서는 한국어의 음운체계에 대한 정확한 이해가 뒷받침되어 있었다. 그리고 불교경전이나 유교전적의 번역은 한국어와 중국어에 대한 문법구조상의 차이점을 면밀하게 파악한 인식의 결실이었다. 한편 한국인들은 고대로부터 이웃 언어를 연구하여 많은 교재를 개발하여 왔으며, 중국어와 접촉하는 과정에서 그 나름의 언어이론을 창출해 내기도 하였다. 한글 창제의 이론적 배경을 설명한 「訓民正音解例」는 한국인의 언어연구의 지혜가 응결된 한국 민족문화의 정수(精粹)였다. 더욱이 한국인들은 근대에 이르러 전통적인 언어연구의 성과를 서양의 언어이론과 무리 없이 접합시킴에 따라 한국의 언어연구를 한 단계 높은 수준으로 끌어 올렸다. 수년전 한 외국인 학자는 전통시대의 한국의 언어연구는 세계 어디 내놓아도 손색이 없다고 평가한 일이 있다.

　오늘 이곳에서 얼굴을 내미는 12편의 글들은 고대로부터 현대에 이르는 1000여 년에 가까운 세월 동안 수행되어 온 한국 언어연구의 성과를 분석·평가한 내용이 주축을 이루고 있다. 제1부에서는 한국의 전통적 언어철학이 민족문자의 가공과 창제에 기여한 소종래(所從來)를 밝히는가 하면 전통시대로부터 20세기말까지의 언어연구의 발자취를 더듬기도 하고, 한국 언어연구의 한 중흥조(中興祖)에 대한 연구의 발자취를 뒤쫓기도 하였으며, 근대화의 소용돌이 속에서 한국어문이 겪어 온 갈등의 양상을 파헤쳐 보기도 하였다. 제2부에서는 국어학의 체계가 어떻게 형성·발전되는가 하는 문제를 비롯하여, 분단 이후의 남북한의 국어학 연구의 성과를 점검하고, 국어학사의 인식방법론을 세워 보는가 하면 한국어학계가 유럽의 언어학을 어떤 형태로 수용하여 왔는가 하는 문제를 건드려 보기도 하였다. 제3부에서는 문법용어와 문법체계의 상관관계, 남북규범문법의 통일문제를 비롯하여 최근 한국어학계의 화두(話頭)가 되어 오고 있는 석독구결과, 한국어와 일본어의 음운체계를 비교·대조하는 글들을 묶어 보았다.

 이 책에 실리는 글들은 지난 세기 60년대 말부터 21세기 벽두(劈頭)에 이르기까지 발표한 글들을 별 체계 없이 배열한 것이다. 제3부의 한일어의 음운체계의 비교에 대한 논문은 지은이가 지난 세기 60년대 후반에 대학에 자리를 잡으면서 읽어 본 습작품의 성격을 띠었고, "남북 규범문법의 통일방안"은 올 봄에 쓴 것이다. 나머지는 주로 지난 8, 90년대에 여기저기에 발표하였던 글들이다. 주제도 매우 다양하여 한국어문에만 국한한 것이 아니라 한국의 언어철학을 비롯하여 언어연구의 흐름을 훑어 본 것도 있고 다른 언어와의 비교를 시도한 글도 포함되어 있다. 이런 점 때문에 책의 이름을 「한국의 언어연구」라 붙였지만 실제로는 이론적인 일관성이 전혀 없는 잡저(雜著)의 성격을 띠고 있다. 계륵(鷄肋)도 버리려면 아깝듯이 그냥 묻어 두기에는 안쓰러운 생각이 들어 한 권의 책자로 묶어 보았다. 동학 여러분의 준열한 교시를 바라 마지 않는다.

　12편의 글들이 한 권의 책자로 묶이기까지는 지은이의 둘레에서 국어학을 전공하는 젊은 국어학도들의 협력이 컸다. 김경아 교수(서울여대)를 비롯하여 이카라시, 임석규, 안희재, 김선영, 권시현, 김세환 등 여러분은 원고 정리 및 교정에 많은 힘을 덜어 주었다. 그리고 조재수(전한글학회 사전편찬원)선생과, 박종갑(영남대), 최낙복(동아대) 교수는 주시경 연구사를 보완함에 즈음하여 자료제공에 협조하여 주셨고, 김방한 선생은 건강이 좋지 않으시면서도 "한국 언어연구의 흐름"을 읽고 도움 말씀을 베풀어 주셨다. 헤르만 박사(베를린 훔볼트대)와 권경근 교수(부산대)는 "한국 언어연구의 흐름"의 독문원고 작성과정에서 적지 않은 힘을 덜어 주었다. 이들 모든 분들에게 충심으로 고마운 인사를 드리는 바이다.

2001년 9월 24일 저녁 9시를 지켜보며
정년 5개월을 앞두고
관악산 기슭 연구실에서
지은이 적음

책머리에 붙여

이 책의 교정을 마치는 날, 지은이는 김방한 선생께서 별세하셨다는 부음(訃音)을 접하였다. 머리말에서도 밝힌 바와 같이 선생은 "한국의 언어 연구"의 원고를 읽으시고 부족한 곳을 지적하여 주셨으며, 지난 40여 년 동안 때로는 교단에서, 때로는 사석에서 많은 가르침을 베푸셨다. 책이 나오면 선생께 직접 갖다 드리려고 마음먹고 있었는데 천도가 무심하여 책이 나오기 전에 영면하셨다. 선생의 영전에 이 책을 바침으로써 사은(師恩)에 보답할까 한다.

2001년 10월 22일
지은이 적음

53

제3장 주시경 연구의 어제와 오늘

93

153

제1부

한국의 언어연구

제1장 한국의 전통적 언어철학과 그 근대적 변모*

　"학문적인 목적으로 한국어에 관심을 가진 사람들은 누구든지 처음부터 곤욕스러운 어려움에 부닥치게 된다. 그러나 그 문자만은 어떤 다른 문자보다도 쉽게 빨리 배울 수 있다. 잘 인쇄된 텍스트는 몇 분 안에 정확하게 철자에 맞게 쓸 수 있다. 이 문자는 내가 알기로는 아메리카언어의 현대적인 인공언어를 제외하고는 한 민족이 소유한 문자 가운데서 가장 단순하다."
(G. von der Gabelentz, "Zur Beurtheilung des koreanischen Schrift-und Lautwesens", 1892)

1. 들어가기

　언어철학의 과제에는 여러 가지가 있을 수 있으나,[1] 필자는 해석학적

---

* 이글은 1998년 9월 4일부터 6일 사이에 독일 베를린 훔볼트대학과, 운터슈프레발트(Unterspreewald)의 크라우스니크(Krausnick)시에서 열린 제2회 동서언어학 집담회(2. Ost -West-Kolloquium Berlin für Sprachwissenschaft: analytisches und synthetisches sprachliches Wissen)에서 발표한 "Zur koreanischen traditionellen Sprachphilosophie und ihren modernen Transformationen"의 내용을 불리고 다듬은 것이다. 독문원고는 *Linguistik*

언어철학에 근거하여 한국의 언어와 문자가 걸어온 발자취를 더듬어 보고 그 당면문제를 제기해 보기로 한다. 해석학적 언어철학이란 언어의 본질을 주체적인 인간과의 관계 속에서 이해하고 언어현상을 삶의 핵심으로 관찰하고 철학적으로 해석하는 언어철학의 한 갈래이다.

한국문자는 "훈민정음(訓民正音)", "언문(諺文)" 등 여러 가지 이름이 있으나, 현대에 와서는 "한글"이라는 이름이 보편화되어 있으므로 특별한 경우가 아니면 이 이름을 가지고 한국문자를 가리키기로 한다. 한국어와 한글은 19세기 말에 와서야 비로소 공용(公用)되었다. 그 전에는 문어(文語, Schriftsprache)인 한문과 표의문자인 한자가 한국의 공식적인 언어·문자생활을 지배하고 있었다. 1910년부터 1945년까지는 일본의 통치를 받아 한국어와 한글은 그 공용성(公用性)을 박탈당하였으며, 제2차대전 이후로는 남한과 북한으로 갈라져 언어와 문자가 서로 다른 방향으로 발전하여 왔다. 현재 한국어는 국제어의 역할을 하는 영어의 그늘 아래에서 제 위상(位相)을 올바로 지키기가 어려운 처지에 놓여 있다.

2. 한국 중세의 언어철학 및
한국 고대의 언어철학과 문자의 가공·창제

한국어가 중국어와 다르다는 점은 1446년에 반포된 세종대왕의 「훈민정음」(訓民正音) 서문에 잘 나타나 있다. 그 전문(全文)을 보이면 다음과 같다.

---

jenseits des Strukturalismus. Akten des II. Ost-West-Kolloquiums Berlin 1998, herausgegeben von Kennosuke Ezawa, Wilfried Kürschner, Karl H. Rensch und Manfred Ringmacher. Gunter Narr Verlag, Tübingen. 2001에 실려 있다.

1) 언어철학은 고대 그리스, 아랍, 인도, 중국에서 씨앗을 발견할 수 있으며 근·현대에 와서는 해석학적·현상학적·유물론적 언어철학 등 많은 흐름을 볼 수 있다. 관련 정보는 이규호(1968), 코쎄리우(1969, 1972), 다스칼 밖에(1992, 1996)에서 얻을 수 있다.

> (1) 우리나라의 말소리가 중국과 달라서 한자와는 서로 잘 통하지 아니하
> 므로 이런 까닭으로 어리석은 백성들이 이르고자 할 바가 있어도 마침
> 내 자기의 생각을 충분히 펴지 못하는 사람이 많으니라. 내 이를 불쌍히
> 여겨 새로 스물여덟 글자를 만들었으니 사람마다 쉽게 익혀 나날이 사
> 용함에 마음 편케 하고자 할 따름이니라.

(1)에서 세종대왕은 한국어의 음운체계가 중국어와 달라 중국문자인 한자를 가지고는 의사소통(意思疏通)을 하는 데 불편이 많다고 생각하여 한자를 모르는 민중(民衆)을 위하여 "훈민정음(訓民正音)"이라는 새로운 문자를 창제하였다고 말하였다. 음운체계가 다르다고 함은 한국어의 음절구조가 중국어와 다르다는 뜻이다.[2]

세종대왕의 언어와 문자에 대한 철학은 「훈민정음해례」(1446)에 더 구체화되어 있다. 세종대왕의 문신(文臣)이었던 정인지(鄭麟趾)는 이 책의 머리말에서 다음과 같이 말하였다.

> (2) 천지자연의 소리(聲)가 있으면 반드시 천지자연의 글(文)이 있다……
> 그러나 사방의 풍토(자연환경)가 다르며 사람의 말소리의 기운(聲氣)도
> 이에 따라 다르다. 중국 이외의 외국어는 중국어와 다른 그 말의 음이
> 있으나 그 음을 기록할 글자가 없어서 중국의 글자를 빌어 가지고 그
> 쓰임에 통용하고 있는데, 이것은 마치 둥근 구멍에 모난 자루를 낀 것과
> 같이 서로 어긋나는 일이어서 어찌 능히 통달해서 막힘이 없겠는가! 요
> 컨대 문자란 그 살고 있는 곳에 따라 정해야할 것이요, 억지로 똑같게
> 할 수는 없다.

첫째 구절에서는 자연의 소리가 있으면 문자가 생긴다고 전제하고 이어 중국의 한자가 자연의 이치에 따라 생겼기 때문에 후세 사람이 이를 함부로 바꿀 수 없다고 하였다. 두 번째 구절에서는 그러나 자연환경이 다르

---

2) "나랏 말씀"을 "한국의 언어"로 이해하는 보통이나, 필자는 한문원문의 "國之語音"의 "語音"과 관련시키고 최근의 이 방면의 연구성과(안병희 1984/1992 : 285~6, 이승재 1989 : 225)를 거두어 음운체계를 뜻하는 것으로 보기로 하였다.

면 음이 달라 필연적으로 이에 맞는 글자가 필요한데 중국 밖의 외국어는 중국 글자를 빌려 사용하므로 의사소통에 막힘이 많으니 사는 곳에 따라 문자를 따로 만들지 않을 수 없다는 뜻이다. 일종의 언어풍토설(言語風土說)이라고 규정할 수 있다.3) 이는 한국어의 음운체계가 중국어와 달라 새로운 문자를 만들지 않을 수 없다는 (1)의 세종대왕의 문자창제목적을 언어철학적으로 뒷받침한 것이다. 훈민정음 창제 당시의 이러한 언어철학은 그 뒤에 나온 언어관계의 모든 저술에 되풀이되어 있는 중세 한국인의 언어철학이었다.

한국에 한자가 언제 들어왔느냐 하는 문제는 쉽게 단정할 수 없지마는 대략 2,000년 전에는 중국 사람에 의해 한자가 들어왔고, 삼국시대에는 일찍부터 한문이 공적인 언어생활을 지배한 것으로 추측된다.4) 한국사람들이 처음 한문을 접하였을 때에는 육서(六書)의 하나인 가차(假借)의 방식으로 고유명사를 적었는데 이러한 표기법을 한국에서는 "차자표기법(借字表記法)"이라 부른다.5) 가차는 중국사람들이 산스크리트어의 고유명사를 적을 때 고안한 일종의 음역(音譯) 방식을 가리킨다. 이를테면 'buddha'를 '佛陀'라고 적는 방식이 그것이다.

한국의 차자표기법은 한국어의 문장을 표기하면서 본격적으로 발달하였다. 제1단계로는 한자를 가지고 문장을 짓되 한국어의 어순을 따랐다. 이러한 자료는 대체로 6세기말에 건립된 금석문(金石文)부터 보이기 시작한다. 중국어(한문)는 고립어로서 SVO 유형의 언어에 속하고 한국어는 교착어로서 SOV 유형의 언어에 속한다. 한국사람들은 두 언어 사이에 나타나는 통사적 차이에 착안하여 한자를 이용하기는 하되, 한국어의 어순에 따라 문장을 적는 방식을 택하였다. 앞에서 가벨렌츠(Gabelentz)가 한

---

3) 언어 풍토설에 대한 자세한 논의는 남풍현(1989)에서 얻을 수 있다. 곧 민족이 다르면 언어가 다르다는 것인데 이곳에서는 고려 태조 왕건의 "訓要十條", 균여전(均如傳)에 나오는 최행귀(崔行歸) 및 삼국사기의 기록을 통하여 언어풍토설의 연원이 매우 오램을 논증하였다. 한편 김민수(1980)에서는 고대와 중세에 걸쳐 한국민족이 지니고 있었던 해석학적 언어철학의 줄기를 세운 바 있다.
4) 이 방면의 정보는 이기문(1972 : 43)을 보라.
5) 차자표기법의 형성과 특징에 관하여는 안병희(1984/1992 : 269~86), 남풍현(1997)을 보라.

국어가 처음부터 "곤욕스럽다"라고 한 것은 그가 알고 있는 중국어와 문법구조가 다르기 때문에 한 말로 보인다.

그런데 8세기 중엽부터는 제1단계의 한국어식 한문문장의 사이사이에 한자의 음을 이용하여 문법형태를 사용하는 제2단계의 자료가 발견된다. 한국어는 SOV 어순과 함께 문법적 관계를 표시하는 어미가 발달되어 있어 그렇지 않은 한문과는 형태구조를 근본적으로 달리한다. 한국어의 문법구조가 한문과 다르다는 것은 균여(均如)의 향가(鄕歌)를 한문으로 번역한 최행귀의 글에 구체적으로 나타난다. 최행귀의 글의 한 부분을 옮기면 다음과 같다.

> (3) 유감스럽게도 우리나라 사람들은 한문을 알지만 중국사람들은 신라의 노래를 알지 못한다. 더구나 한문은 글자마다 다 뜻을 가지고 서로서로 조응하므로 누구든지 읽기가 쉽되 신라말로 적은 글은 글자의 뜻에 관계없이 표음문자인 산스크리트와 같이 늘어놓기만 하여 중국사람들이 알아보지 못한다. 피차 서로 통함에 있어서 실로 또한 통탄 할 일이다.

같은 한자를 이용하고 있어도 한국사람들은 한문을 잘 이해하는데 중국사람들은 신라의 글을 바로 이해하지 못한다는 뜻이다. 이는 한문이 당시에 동아시아의 공통문어로서 중국 외에 다른 나라에서도 이해되었지만,6) 한자를 표음문자로 변개(變改)한 신라의 글은 중국사람들에게 이해되지 못하였다는 것이다. 이는 풍토가 다르면 언어구조가 다르고 그렇게 되면 필연적으로 거기에 맞는 문자체계를 강구(講究)하지 않을 수 없다는 (2)의 정인지의 언어풍토설이 이미 한국의 고대시기부터 확립되어 있었다는 증언으로 채택할 수 있다.

제2단계의 차자표기법은 신라 신문왕(神文王) 때(681~692)의 유학자 설총(薛聰)에 의하여 완성된 것으로 보고되어 있다.7) 제2단계의 차자표기

---

6) 동아시아문학사에서 한문이 차지하는 위치에 대한 자세한 고찰은 조동일(1999 : 67~130)를 보라.

7) 설총의 이두 제작설은 기복(起伏)이 많다. 정인승(1957)에서 이두 제작설이 다시 고개를 든 이래, 큰 공명을 얻지 못하였는데, 안병희(1984/1992 : 269~86)에서 다른 관점에서 그

법에 의하여 비문(碑文) 등의 각종 문서가 작성되었다. 「삼국사기」(三國史記)(1145)에 의하면 설총이 중국의 구경(九經)을 한국어로 읽어서 후학(後學)을 지도하였는데 지금까지 학자들이 이를 본받고 있다고 적혀 있다. 이는 설총이 자신이 고안(考案)한 차자표기법을 가지고 중국의 경전을 읽었다는 뜻으로 이해된다.

한국어와 한문은 문법구조가 달라 한국어로 해석하려면 어순이 달라지면서 여러 가지 문법형태가 덧붙는 일이 많은데 설총은 중국의 전통적인 언어학인 훈고학(訓詁學)의 이론을 응용함으로써 한국어로 번역하여 읽는 법을 체계화하였다.8) 이 표기법은 뒤에 "향찰(鄕札)"과 "이두(吏讀)"로 발달되었다. 향찰은 앞에서 언급한 향가를 적는 데 사용되었고 이두는 주로 공용문서에 사용되었다. 설총이 마련한 한문번역법의 실증적 자료는 12세기에 나온 「구역인왕경(舊譯仁王經)」의 "석독구결"(釋讀口訣)과 "역독점"(逆讀點)에서 그 실상을 볼 수 있다. 석독구결이란 한문을 번역하여 읽을 때 사이사이에 들어가는 문법형태를 적은 일종의 보조문자로서 한자의 일부분을 따서 만든 음절문자인데 보통 한문의 왼쪽에 붙였다. 이를 전통적으로 "새김토"라 불렀다. 역독점이란 한문과 한국어는 어순이 다르기 때문에 이를 극복하기 위하여 번역하는 순서를 표시하는 부호이다.9)

한문번역법과 석독구결문자는 이미 신라시대(8세기경)에 일본에 흘러 들어가서 일본 한문읽기와 가나문자의 형성에 큰 영향을 미친 것으로 알려져 있다.10) 그러나 석독구결은 14세기부터 점점 자취를 감추고 대신 "음독구결(音讀口訣)"이 그 자리를 대신하여 갔다. 음독구결이라 함은 석독구결과 같이 한국어로 번역하여 읽는 것이 아니라 한문을 음독(音讀)하면서 구절마다 문법형태를 넣어 이해하는 방식을 말하는데 이러한 방법은 일본이나 다른 나라에서는 볼 수 없는 한국인의 독창적인 한문독법이

타당성이 설득력을 얻고 있다.

8) 한국의 한문 읽기법이 중국 훈고학의 영향 아래 이루어졌다는 견해는 남풍현(1997)에서 볼 수 있다.

9) 구역인왕경의 석독구결에 대하여는 남풍현·심재기(1976)을 보라. 최근 이 방면에 대한 연구가 성황을 이루고 있다. 「口訣硏究」 3(1998)에 석독구결에 대한 표기법이 집성되어 있다.

10) 간노(1987), 후지모토(1992)에서 이런 견해를 볼 수 있다.

다.11) 음독구결은 앞의 석독구결과는 반대로 한문의 오른쪽에 붙였으며 전통적으로 "붙임토"라 불렀다.12)

조선시대에 들어와서 한글이 창제된 것은 1,500년에 걸쳐 시험하여 본 차자표기법이 중국어와 언어구조가 다른 한국어를 표기하는 데 여러 가지로 불편한 점이 많았음을 깨달았기 때문이었다. 이러한 대내적(對內的) 요구가 때마침 중국에서 들어온 성리학(性理學) 및 운학(韻學)과 접합되고 동북 아시아 문화권의 문자발달의 영향을 받아 한국어의 본질에 맞는 새로운 문자를 창제할 수 있었다.13) 성리학은 중세의 동양사회를 지배하고 있었던 철학사상으로서 고대의 역학(易學)에 그 뿌리를 두고 있는데 송(宋)대에 와서 크게 발달하였으며 이는 동시에 한국 중세의 언어철학의 형성에 큰 영향을 미쳤다. 운학은 한자의 음운을 연구하는 학문으로서 고대 인도의 음운학의 영향을 받아 발전된 중세 중국의 음운학으로서 중세 한국의 음운이론 형성에 큰 영향을 미쳤다. 몽골 등 중세의 동북아시아의 민족들은 기존문자(주로 한자)의 제정원리는 이용하되 자형은 완전히 달리하는 것이 일반적이었다.

훈민정음의 창제배경과 동기, 목적에 대하여는 여러 가지 견해가 있으나 필자는 (1)의 훈민정음 머리말에서 단서(端緒)를 찾을 수 있다고 생각한다. 차자표기를 통하여 비록 형태·통사적인 이질성을 극복하기는 하였으나 음절구조상의 차이를 좀처럼 해결할 수 없다고 생각하여 결국은 한글이 창제된 것으로 보인다. 중국의 운학은 한 글자를 성모(聲母)(Anlaut)와 운모(韻母)(Auslaut)로 분석하는 이른바 이분법(二分法)을 사용하고 있으나, 한글 창제자는 한 음절을 초성, 중성, 종성으로 나누는 이른바 삼분법(三分法)의 음운이론을 세워 한글을 음소문자이면서 동시에 음절문자의 속성을 갖도록 하였다.14) 그리고 개별 글자는 한자의 제자원리인 육

---

11) 안병희(1977:34)에서 음독이 한국인의 독창적인 한문독법임을 주장하고 있다.
12) 새김토와 붙임토는 유탁일(1989 : 51∼67)에서 가져왔다.
13) 훈민정음 창제에 영향을 미친 대외적 요인에 대하여는 강신항(1990) 송기중(1997)을 보라.
14) 중국 운학의 음절분단법과 훈민정음 창제자의 음절 분단법에 대하여는 강창석(1992), 임용기(1996)을 보라.

서(六書)의 원리를 응용하되, 기본 글자를 중심으로 음운자질에 따라 획
(劃)을 하나씩 더하는 방향으로 만들어졌다.15) 이러한 제자원리에 근거하
여 한글을 자질문자체계(featural system)16)라 말하기도 한다. 앞에서 가
벨렌츠가 한국어가 배우는 데는 곤욕스럽지만 문자만은 배우기 쉽다고
한 것은 한글의 구성원리가 그만큼 간단하고 분석적이기 때문에 한 말이
라고 생각한다.

한글이 본격적으로 보급되기 시작한 것은 대체로 16세기 이후부터이다.
이전에는 불경이나 중국의 경서를 번역하는데 사용하였으나 이 무렵부터
는 한글로 편지를 주고받는 일이 많았고 학자들도 한글로써 문학작품을
창작하는 일이 많았으며 한글로 된 문학작품을 높이 평가하는 기운이 성
숙되어 갔다. 조선조 숙종때의 문학자 김만중(金萬重)(1637~1692)은 다
음과 같이 말하였다.

(4) 우리나라 시문(詩文)은 우리말을 버리고 다른 나라의 말을 배우므로
설사 십분(十分) 비슷하다고 해도 그것은 앵무새가 사람의 말을 하는
것이다. 일반 백성들이 사는 거리에서 나무하는 아이나 물 긷는 아낙네
가 '이야' 하면서 서로 화답하는 노래는 비록 천박하다고는 하지만, 만
약 진실과 거짓을 따진다면 참으로 학사(學士), 대부(大夫)의 이른바 시
(詩)니 부(賦)니 하는 것들과 함께 논할 바가 아니다.

이와 같이 한문문학은 허위(虛僞)이고 국문문학만이 진실(眞實)이라는 생
각이 확산되어 18세기부터는 소설 등의 문학작품이 한글로 창작되는 일
이 늘어났다.17) 이런 사고의 전환에는 당시 한국의 사상계를 지배하고 있
었던 중국의 실학사상과 무관하지 않았다.

---

15) 훈민정음이 육서의 원리를 바닥에 깔고 있다는 점에 대하여는 안병희(1990/1992 : 215~
26)을 보라.
16) 이러한 견해는 샘프슨(Sampson 1985)에서 볼 수 있다.
17) 조동일(1978 : 206)에서 가져왔다.

3. 한국 언어철학의 근대적 변용

한국어가 한문을 대신하여 공용어가 되고 한글이 한자를 대신하여 공용문자가 된 것은 19세기 말부터이며 이를 계기로 하여 한국어문을 연구하는 학자들이 많이 나왔다. 그 대표적인 학자는 주시경(周時經)(1876~1914)이다. 그는 「국어문법」(1910)의 머리말에서 구역(區域)이 다르면 인종이 다르고 인종이 다르면 언어가 다르다고 말하고 언어의 중요성을 다음과 같이 설명하였다.

> (5) 그러므로 구역은 독립의 "基"요, 인종은 독립의 "體"요, 언어는 독립의 "性"이다. 이성이 없으면 몸이 있어도 몸이 있다고 할 수 없고 터가 있어도 터가 있다고 할 수 없다. 그러므로 국가의 성쇠도 언어의 성쇠에 달려 있고 국가의 존부(存否)도 언어의 존부에 달려 있는 것이다.

(5)는 언어가 독립의 가장 중요한 요소이기 때문에 이를 발전시키지 않으면 나라가 독립될 수 없다는 뜻이다. 주시경의 이러한 언어철학은 안으로는 (2)에서 확인한 고대 이래의 언어 풍토설과 성리학에 기반을 둔 중세적인 언어철학을 물려받고 밖으로는 중국을 통하여 들어온 서양의 고전사회학과 진화론의 영향을 받아 이루어진 것이다.[18] 이는 한국의 전통적 언어철학의 "제1차적 근대적 변용"이라고 할 수 있다. 주시경의 언어철학 가운데는 데카르트(Decartes), 라이프니츠(Leibniz), 하만(Hamann)의 서양 철학자들의 영향도 적지 않은 것으로 밝혀져 있다.[19] 주시경은 (5)와 같은 언어철학을 짊어지고 한국어문을 과학적으로 연구하면서 음운, 문법, 어휘 등 한국어문의 표준화에 관련되는 기초연구를 성실하게 수행하였다.

---

18) 신용하(1977)에서는 주시경의 언어관이 자연과학적 관점과 사회진화론의 영향 아래 형성되었음을 주장한 바 있다.

19) 필자는 주시경의 언어관의 특수성을 처음(1979/1983 : 273)에는 라이프니츠와 관련시켰고 최근(1990/1994 : 326)에 와서는 데카르트, 하만의 철학사상과 관련시키기도 하였다.

한국이 일본에 주권을 빼앗기면서부터는 어문학자들의 철학도 양상을 달리하였다. 이른바 훔볼트의 세계관(世界觀, Weltansicht) 이론이 수용되기 시작하였다. 이러한 언어철학은 한국어문법을 체계화한 박승빈, 최현배 등에 의하여 주도(主導)되었다.[20] 주시경은 언어를 독립자존의 필수요소로 간주하였는데 일제시대의 어학자들은 언어를 민족의 정신활동의 소산(所産)으로 해석하였다. 곧 한 민족의 언어에 민족정신이 반영된다는 훔볼트의 해석학적 언어철학이 수용되었다. 이는 한국언어철학의 "제2차적 근대적 변용"이라고 할 수 있다. 일제시대에 한국어문을 연구한 대부분의 학자들은 주시경의 제자들이었는데 이들은 그의 스승의 언어철학에다가 훔볼트의 언어철학을 접합함으로써 일본제국주의에 대항하여 민족어를 수호하는 운동을 전개하였다. 그 결실이 정서법의 제정과 사전편찬이었다. 이들은 나중에 한국어문을 연구하였다는 죄목(罪目)으로 구속(拘束)되어 갖은 고문(拷問)을 당하기도 하였다. 해방공간에는 한국문학사를 체계화한 조윤제(趙潤濟)에 의하여 세계관 이론이 적극적으로 수용되어 모국어교육에 응용되었다. 조윤제는 한국어뿐만 아니라 한국문학작품에도 민족정신이 구현되어 있다고 보고 새로 탄생한 한국의 국어교육을 철학적으로 뒷받침할 수 있는 이론체계를 구축하였다.[21]

한국은 제2차대전이 끝나면서 일본으로부터 해방이 되기는 하였지만 나라가 남북으로 갈라졌다. 어문학자들도 취향(趣向)에 따라 남북으로 흩어졌다. 남한은 식민지시대와 해방공간에 수립된 언어철학에 따라 모국어교육을 실시하고 언어정책을 수행하면서 "국어순화운동"을 전개해 왔다. 그러나 북한은 마르(Marr)와 스탈린(Stalin) 등의 소련의 유물론적 언어이론(materialistische Sprachtheorie/Japhet 이론)을 수용해 가면서 정서법을 고치고 사전을 다시 편찬하였다. 그리고 1960년대 후반부터는 이른바 "주체언어학"에 기대어 한자어 등 어려운 외래어휘를 쉬운 한국어로

---

20) 필자는 훔볼트의 세계관이론이 최현배에 의하여 처음으로 도입되었다고 하였으나,(고영근 1994 : 328) 최근에 발견된 자료를 보면 1920년대 초에 박승빈이 먼저 수용하였음을 확인하였다.(고영근 1998 : 11 각주 21)
21) 이 문제에 대하여는 고영근(1990/1994 : 332~35)에 자세한 사정이 논의되어 있다.

고치면서 이른바 "문화어운동"을 전개하여 많은 성과를 거두어 왔다.[22] 이 세상에서 국가의 정책으로 외국어에 대항하여 민족어를 수호·발전시키는 나라가 달리 있을까 의심할 정도로 북한은 민족어의 정리와 발전을 위하여 힘을 기울이고 있다. 최근 김정일 시대에 와서는 언어를 "규범"으로 간주하고 그것이 인간과 사회는 물론, 자연까지도 개조할 수 있는 힘을 지녔다고 하여 언어에 신성한 힘을 주는 방향으로 언어철학을 다듬어 나가고 있다.[23]

한국은 현재 정보화시대에 대비한다는 뜻에서 초등학교에서 영어교육을 실시하고 있다. 한국뿐만 아니라 비영어권(非英語圈)의 모든 나라들이 영어조기교육(英語早期敎育)의 문제로 고민에 싸여 있다. 중세시대에는, 서양은 각 민족의 언어와 라틴어와의 관계가 복잡한 문제를 일으켰고, 동양은 각 민족어와 한문과의 관계가 또한 많은 문제를 일으켰다.[24] 21세기를 맞는 지금은 영어와 개별민족어와의 관계가 미묘한 문제를 불러일으키고 있다. 대의명분(大義名分)을 위하여는 민족어를 수호·발전시켜야 하겠지만 실제적 이익을 위하여는 민족어보다는 국제어의 역할을 하는 영어의 자유로운 구사(驅使)가 필수적이다. 영어교육을 중시하고 민족어 교육을 소홀히 하면 얼마 안가서 지구상의 작은 민족어는 모두 소멸하게 되고 말 것이다.

4. 마무리

고대에서부터 현대에 이르기까지 한국의 해석학적 언어철학의 특징은 "언어풍토설"이었다고 규정할 수 있다. 이러한 언어철학은 고대에는 주로 중국의 언어학이었던 훈고학과 접합하여 차자표기법을 고안하도록 하였

---

22) 북한의 소련언어학의 수용양상과 그 적용문제는 고영근(1992/1994 : 473~528), 임홍빈(1994/1998 : 529~9)을 보라.
23) 이 문제에 대하여는 고영근(1996 : 128)을 보라.
24) 이 문제는 조동일(1999 : 67~130) 에 자세한 사정이 언급되어 있다.

고 중세에는 성리학과 중국 운학과 접합됨으로써 음소문자인 한글을 창제하는 원동력이 되었으며 근대에 와서는 서양의 해석학적 언어철학과 접합됨에 따라 정서법을 만들고 사전을 편찬하는 등의 어문표준화에 크게 기여하였다. 이렇게 한국의 전통적 언어철학은 외래적인 언어철학과 부단히 접촉하면서 시대적 요구에 부응하는 실천적 문제의 해결에 공헌하였다. 현재는 이질화된 남북의 어문규범을 통일하고 정보화시대에 대비하여 한국어를 지켜 나가는 새로운 언어철학을 세워야 한다고 믿는다. 전자를 위하여는 같은 민족은 같은 언어를 끈으로 삼아 언제든지 다시 합칠 수 있다는 방향으로 언어철학을 다시 다듬을 수 있고, 후자를 위하여는 가장 민족적인 것이 가장 세계적이라는 모토를 내세우면서 민족어를 수호·발전시킬 수 있는 방향을 제시할 필요가 있다. 어쩌면 동양과 서양의 중세의 언어철학을 다시금 되돌아보는 데서 현재의 당면한 문제를 해결하는 철학적 실마리를 찾을 수 있을지도 모른다.

【뒷말】

이 글의 첫머리에 붙인 가벨렌츠(G. von der Gabelentz)의 한글에 대한 평가는 최현배의 「고친 한글갈」(1961)의 "한글기림(正音頌)"에서도 볼 수 없다. 최근 들어 이기문의 "十九世紀 西歐 學者들의 한글 硏究", 「學術院論文集」(人文·社會科學篇) 39(2001)에서 언급된 바 있다.(2001. 10/12)

참고논저

가벨렌츠(G. von der Gabelentz)(1892), "Zur Beurtheilung des koreanischen Schrift-und Lautwesens", *Sitzungsberichte der Königlich Preussischen Akademie der Wissenschaften zu Berlin*, Band XXIII(김민수 밖에 공편 「역대한국문법대계」, 탑출판사 3-01 : 185~199)에 실림)

간노(菅野裕臣)(1987), "한국과 일본의 차자표기법에 대하여", 제4회 국제학술회의 논문집, 한국정신문화연구원.

강신항(1990), 「훈민정음 연구」(증보판), 성균관대학교출판부.

강창석(1992), 「15세기 음운이론의 연구」, 서울대학교 박사논문.

고영근(1983), 「국어문법의 연구」, 탑출판사.

_____(1994), 「통일시대의 語文問題」, 도서출판 길벗.

_____(1995), 「최현배의 학문과 사상」, 집문당.

_____(1996), 「우리 언어문화의 뿌리를 찾아서」, 한신문화사.

_____(1998), 「한국어문운동과 근대화」, 탑출판사.

구결학회(口訣學會)(편)(1997), 「아시아 제민족의 문자」, 태학사.

김민수(1980), 「新國語學史」, 一潮閣

남풍현(1989), "고려시대의 언어문자생활", 「주시경학보」 3 : 76~88

___(1997), "훈민정음의 창제목적", 「국어학연구의 새 지평」, 태학사.

남풍현·심재기(1976), "舊譯仁王經 구결의 연구", 「동양학」 6 : 76~88.

다스칼(M. Dascal)·게르하르두스(D. Gerhardus)·로렌츠(K. Lorenz)·메글레 (G. Meggle) (1992, 1996), *Sprachphilosophie* 7.1, 7.2, Berlin : de Gruyter.

샘프슨(G.S. Sampson)(1985), *Writing System*, Standford University Press.

서정수(1998), "국어 정보화의 세계화와 남북학술교류", 「언어와 문학의 새 연구」, 한양대학교 국문학과.

송기중(1997), "동북아시아 역사상의 제문자와 한글의 기원", 「진단학보」 84 : 203~226.

신용하(1977), "주시경의 애국계몽사상", 「한국사회학연구」 1 : 13~58.

아미로바(T.A. Amirova)(1980), *Abriß der Geschichte der Linguistik*, Leipzig : VEB.

안병희(1977), 「중세국어구결의 연구」, 일지사.

______(1992), 「국어사 연구」, 문학과 지성사.

유탁일(1989), 「한국문헌학연구」, 아세아문화사.

이기문(1972/1977), 「개정 국어사개설」, 민중서관/탑출판사.

이규호(1968), 「말의 힘」, 제일출판사.

이승재(1989), "차자표기법의 연구와 훈민정음의 문자론적 성격에 대하여", 「국어학」 19, 203~239.

임용기(1996), "삼분법의 형성배경과 훈민정음의 성격", 「한글」 233 : 5~68

임홍빈(1998), 「국어문법의 심층」 3, 태학사.

조동일(1978), 「한국문학사상사 시론」, 지식산업사.

______(1999), 「공동문어문학과 민족어문학」, 지식산업사.

정인승(1957), "이두의 기원", 「이희승 선생 송수기념논총」, 일조각 (「건재 정인승 전집」 3, 1997, 박이정 : 116~24에 실림).

코쎄리우(E. Coseriu)(1969, 1972)/신익성(역)(1997), 「서양언어철학사 개관」(*Die Geschichte der Sprachphilosophie von Antike bis zur Gegenwart I, II*), 한국문화사.

후지모토(藤本幸夫)(1992), "李朝 訓讀考", 「朝鮮學報」 143 : 109~167.

(「이승환 교수 정년기념논문집」, 한국문화사, 1999에 실림, 이곳에는 필자의 의도와는 달리 그 제목이 "국어의 전통적 언어철학과 그 현대적 변모"로 되어 있으나 원래의 제목대로 보이었다.)

제2장 한국 언어연구의 흐름*

1. 들어가기

필자는 고영근(1998가)에서 주로 관념론적인 관점에서 한국의 전통적 언어철학이 어떻게 서양의 해석학적 언어철학의 영향을 받아 현대적으로 변모하는가 하는 양상을 검토하고 그것이 한국의 문자창제와 한국어문의 표준화에 어떤 영향을 미쳤는가 하는 문제를 밝혀 보았다. 오늘 이 자리에서는 주로 실증주의의 관점에서 암스테르담스카(1987)에서 논의된 언어학적 인지체계의 단속성(斷續性)의 개념을 중심으로 한국의 언어연구의 어제와 오늘을 되돌아 보고 21세기의 한국을 비롯한 동양의 언어연구가 걸어나가야 할 방향을 모색해 보고자 한다.1)

---

* 이글은 제3차 동서언어학집담회(3. Ost-West-Kolloquium für Sprachwissenschaft : Berlin, Triptis und Altenburg, 17~20. 3. 2000)에서 발표한 "Die Strömungen der Sprachforschung in Korea"의 한국어 원고이다. 한국의 언어연구를 대외적으로 알린다는 뜻에서 독문발표원고와 영문요약을 끝에 붙여 둔다. 국문원고는 김방한 선생께서 논평을 해 주셨고 독문원고는 권경근 교수(부산대)와 헤르만박사(독일 훔볼트대)의 협조로 이루어졌다. 이들 세 분께 고마운 인사를 드린다.

1) 한국어학사에 관한 업적은 많이 나와 있다. 대표적으로 강신항(1989)를 보라.

2. 전통시대의 언어연구

2.1. 중세의 음운론 연구(15세기)

한국은 지정학적으로 볼 때 서쪽에는 12억 인구의 한족(漢族)이 대륙과 같은 넓은 땅에서 고립어인 중국어를 사용하고 있고, 동쪽 바다 건너에는 1억 이상의 일본사람들이 한국어와 같은 교착어를 사용하고 있다. 그리고 중국의 동북부는 역사적으로 한국어와 같은 교착어를 사용하였던 몽골족과 퉁구스족의 활동무대였다. 이런 지정학적 이유 때문에 한국은 역대에 걸쳐 이웃나라 언어를 연구하고 학습하여 외교와 친선을 도모해 왔다. 그리고 고대에는 한자를 가공하여 그 나름의 차자표기법을 고안하였고 중세에는 음소문자인 "한글"을 창제하였다. 더욱이 최근에 와서는 한자를 발명한 민족이 중국의 한족이 아니라 한국을 비롯한 동이족(東夷族)이었다는 학설이 끊임없이 고개를 들고 있다는 사실과 관련시킬 때,2) 한국의 언어 연구의 전통이 다른 나라에 결코 뒤지지 않는다는 사실을 알 수 있다.

한국의 민족문자인 "한글"3)은 다른 문자와 같이 자연적으로 이루어지지 않았다. 한자를 이용한 차자표기법의 전통을 계승하되, 중세한국어의 음운체계와 음절구조에 대한 깊은 통찰력을 바탕으로 창제되었다.(고영근 1998가) 훈민정음의 모음글자는 15세기의 서울공통어의 7 모음체계를 근거로 만들어졌다. 이를테면 어린이들의 발음이나 방언에서 관찰되는 모음에 대하여는 그 실체를 인식은 하고 있었지만 정식 자모표에 넣지 않았다. 자음글자 역시 당시의 서울공통어의 자음체계에 근거하여 만들어졌

---

2) 유창균(1999)에서는 한자는 중국어를 표기하기 위한 문자라기보다는 한국어를 기록하기 위하여 고안된 문자라는 사실을 주장하였다. 이를테면 중국어의 '鳥'는 Kalgren에 기대면 *terg'으로 재구되는데 이를 중세한국어의 'tʌrg'과 관련시키고 있다. 한편 이와 같은 한중 어휘의 친근성을 상고시대에 있었던 중국어로부터의 차용이라고 해석하는 일도 있다.(김완진 1970)

3) 한국민족 문자인 "한글"은 한국역사에서 가장 영명한 왕이었던 세종대왕이 창제하였다. 한국의 대표적인 언론기관인 동아일보의 조사(1999. 12. 17)에 의하면 지난 1000년 동안의 한국의 가장 자랑스러운 일로 훈민정음 창제가 뽑히었다.

다. 더욱이 중세한국어가 성조언어였음을 간파하고 그에 알맞은 부호를 사용하였다. 그리고 한국 한자음의 정리를 위한 연구도 상당하였다.[4] 「동국정운」의 편찬이 그러한 연구의 결실이었다. 「동국정운」은 당시의 한국한자음이 극도로 문란되어 있다고 보고 표준음을 정착시키기 위하여 만든 한자발음사전이었다. 한자와 한문이 공용되었기 때문에 그에 대한 연구에 역점을 두지 않을 수 없었다고 생각한다.

「훈민정음해례」(1446)는 문자창제의 용법과 원리를 설명한 책이지만 그 밑바탕에는 중세한국어의 음운체계에 대한 투철한 인식이 깔려 있기 때문에 뒤집어 보면 훌륭한 "일반음운론요강"이면서 동시에 "한국어음운론요강"이라고 규정할 수 있다. 중세한국어연구의 이론적 바탕은 동양의 언어학인 중국의 성운학이었다. 그러나 중세한국어의 실증적 연구는 음운론에 그치었을 뿐이었고 형태론이나 통사론에 관련된 업적은 거의 찾을 수 없다. 이는 당시의 동양의 언어학이었던 중국의 성운학의 영향과 관련하여 설명할 수 있다.

2.2. 실학시대의 언어연구

한국어에 대한 실증적 연구는 실학시대에 들어오면서 새로운 전기를 맞았다. 전통적인 한자음연구가 주류를 이루었지만 한글의 기원론을 비롯한 문자론, 어원 탐색, 어휘와 방언수집의 업적을 접할 수 있고, 구개음화의 상대적 연대를 알려 주는 증언 등 음운사에 대한 통찰력 있는 기술도 목격할 수 있다. 이밖에도 언어자료의 정리 등을 추가할 수 있다. 당시의 학자들은 세종때 나온 「훈민정음해례」를 볼 수 없었기 때문에 문자론이나 음운론을 전개하는 마당에서도 15세기의 문자이론과 음운이론을 넘어설 수 없었다. 오늘날 한국의 국보로 지정되어 있는 「훈민정음 해례」는 1940년대 초에 발견되었다. 세종시대 언어학자들의 언어학적 지혜가 결집된 이 책이 후세에 전승되지 않았기 때문에 음운론적 인식의 단절이 일

---

4) 한글의 창제과정에 대한 연구는 매우 많다. 대표적으로 강신항(1990)을 보라.

어난 것이다.

음운, 문법, 어휘에 걸친 종합적인 한국어연구는 독일출신의 화란의사였던 지볼트(Fr. von Siebold)(1796~1866)로부터 시작되었다. 지볼트는 1823년부터 1830년 사이에 일본에 머물면서 일본을 비롯한 그 이웃나라의 문물을 연구하여 1832~1851년 사이에 저 유명한 *Nippon: Archiv zur Beschreibung von Japan und dessen Neben- und Schützländern*을 저술하였다. 지볼트는 위의 책의 제7장에서 한국에 관한 기술을 시도하였는데 유럽의 전통문법의 관점에서 한국어의 형태론과 통사론의 중요특징을 서술하는가 하면, 「千字文」, 「類合」 등의 한중대역어휘집을 독일어로 번역하기도 하고 독한대역 어휘집을 만들기도 하였다.5) 지볼트의 한국어기술이 계기가 되어 서양인들의 한국어에 대한 관심이 높아졌다. 이 가운데서 대표적인 업적은 파리외방전도회의 한국선교단들(Les missionaires de Corée de la société des missions étrangère de Paris)이 저술한 「한불자전」(*Dictionnaire Coréen-Francais*)(1880)과 「한국어문법」(*Grammaire Coréenne*)(1881)이었다. 두 업적은 서울 공통어 중심의 음운·문법 연구의 집대성이기 때문에 이후의 한국어연구의 실질적 기반이 되었다. 이밖에도 19세기 전반부터 20세기 전반에 이르기까지 독일, 프랑스, 영국, 미국의 선교사와 외교관들은 한국어 문법에 관한 크고 작은 업적을 많이 남겼다.

2.3. 전통시대의 외국어의 학습과 연구

한국이 이웃나라 언어를 습득하였다는 기록은 많이 찾을 수 있다. 특히 조선시대 500년 동안은 승문원(承文院)과 사역원(司譯院)을 두어, 중국과의 외교문서를 관장하고 역관을 양성하였다. 사역원은 외국과의 교섭을 원만히 하고 친선을 도모할 목적으로 역관을 양성하던 국립외국어교육기관이었는데, 중국어, 일본어, 만주어, 몽고어 등의 4개 언어를 가르쳤다.

---

5) 지볼트의 한국어와 한국연구에 대하여는 고영근(1980/1983 : 254~56, 1989/1998 : 278~334)을 보라.

역대왕들은 좋은 역관을 양성하기 위하여 사역원 안에서 한국어의 사용을 금지한다든지 유학생을 중국으로 파견하는 일까지 결행(決行)하였다. 사역원에서는 역관을 양성하면서 여러 가지 형태의 교재도 많이 편찬하였다. 역관 가운데는 학문적으로 훌륭한 업적을 남긴 사람들이 많았다. 그 가운데서도 대표적인 사람이 최세진(崔世珍, 1473~1542)이다. 최세진은 중국어에 능통한 중국어학자로서 「老乞大」, 「朴通事」 등의 한중대역회화서, 중국운서, 한중어휘집 등의 수많은 업적을 남겼다. 이러한 전통은 실학시대에도 그대로 이어져 한국어와 중국어, 만주어, 몽고어, 일본어와의 대역회화집, 대역사전이 많이 출간되었다.6)

3. 동서양의 언어이론의 통합과
실증적 한국어 연구의 태동(1894~1910)

한국어의 음운과 문법이 본격적으로 연구된 것은 한국 근대화의 정치적인 혁명이었던 갑오경장(1894)을 지나면서부터였다. 한국어가 공용어의 자격을 얻음에 따라 이전의 서양인들의 한국어 연구에 자극을 받고 중국과 일본을 통하여 받아들인 서양의 전통문법의 체계를 바탕으로 하여 한국어의 음운과 문법을 연구하였다. 한국어 연구의 근본목적은 한국어문의 표준화를 위한 기초를 닦는 데 있었지만, 결과적으로 이들 연구는 한국어의 구조를 밝히는 데 적지 않은 기여를 하였다. 대표적으로 주시경(1876~1914)은 서양의 해석학적 언어철학을 한국의 전통적인 언어철학에 접합시킴으로써 언어문자의 정리와 보존이 독립을 유지한다는 철학적 명제를 정립하였다.(고영근 1998가, 본서 25쪽) 말하자면 주시경은 전통적인 동양의 언어철학적 인식체계에 서양의 해석학적 인식체계를 통합한 것이다. 특히 주시경은 분합(分合)의 원리에 의하여 한국어의 음운체계를 수립하였고 행위이론적 기호학을 등에 짊어지고 현대의 생성문법을 방불케 하

---

6) 전통시대의 한국역학에 대하여는 강신항(2000), 송기중(2001)을 보라.(독역요)

는 통사이론을 정립하였으며, 나중에는 현대의 형태소에 거의 근접하는 "늣씨"라는 단위를 발견하여 한국어 형태론연구의 기반을 조성하였다. 특히 주시경의 「국어문법」(1910)은 10여 년에 걸친 연구결과를 집성한, 한국어문법의 가장 중요한 고전으로서 현재도 끊임없이 읽히고 있다. 주시경은 동서양의 언어철학뿐 아니라 실증적 연구도 통합하여 자기 나름의 음운이론과 형태·통사이론을 정립하였다. 오랫동안 푸대접을 받았던 한국어와 한국문자가 연구의 주제가 되면서 수 천년 동안 한국언어연구의 핵심을 이루었던 한자음에 대한 연구가 뒤로 물러난 것은 어쩔 수 없는 시대적 요청이었다.

전통시대에는 한국인이 학습하였던 외국어가 중국어, 일본어, 몽고어, 만주어에 국한하였는데 한국이 갑오경장으로 근대국가의 체제를 갖추게 되자, 새로운 형태의 외국어 교육기관이 탄생하였다. "관립한성외국어학교"가 그것이다. 전통적으로 학습해 오던 중국어, 일본어 밖에 영어, 프랑스어, 독일어, 러시아어를 외국어로 습득하였다. 시대적 상황의 변화로 인한 중요한 제도상의 변화인 것이다. 대외적인 교섭범위가 동양의 몇 나라에서 서양 각국으로 뻗어나갔기 때문이었다. 성황을 이룬 외국어는 영어, 중국어, 일본어였고 새로운 형태의 교재와 사전도 많이 출판되었다.

4. 실용적 연구와 역사언어학의 태동(1910~1945)

주시경의 영향을 받은 많은 언어학자들은 독일, 일본, 중국 등지로 유학을 가서 서양의 음성학과 문법이론을 배워 한국어문의 표준화를 위한 기초연구를 성실하게 수행하여 1930년대에는 한국어 정서법을 만들고 사전편찬을 완성하였다. 특히 문법방면의 업적은 최현배의 「우리말본」에서 집성되었다. 이 책은 20세기를 대표하는 한국의 어학적 업적으로 평가된 바 있다.7)

---

7) 최현배는 실천적 이상주의를 등에 짊어지고 일제식민지 치하에서 한국민족이 살아날 수

주시경학파들이 실용적 목적에 공헌하기 위한 현대한국어의 연구에 몰두하고 있을 때, 독일과 프랑스를 비롯한 유럽의 역사언어학을 직접 수용하여 한국어 음운사를 연구하는 일군의 학자들이 있었다. 대표적으로 이희승, 방종현, 이숭녕, 김형규, 유응호 같은 사람이 그러하다. 앞의 네 사람은 경성제국대학의 조선어문학과에서 언어학을 수학하였고, 유응호는 동경제국대학의 언어학과를 졸업한 사람이었다. 유응호는 그림(Grimm) 이후의 독일의 역사언어학과 언어유형론에 관한 이론을 소개하고 한국어의 유형적 특징을 논의하였으며, 파울(H. Paul)의 「언어사원리」의 "서론"을 번역하기도 하였다.8) 경성제국대학 졸업생들은 일본의 한국어연구의 개척자인 오구라(小倉進平)와, 독일과 프랑스의 언어학의 수용에 많은 업적을 쌓은 고바야시(小林英夫)의 영향을 적지 않게 받았다. 이숭녕은 1935년에 "Umlaut 현상을 통하여 본 「ㆍ」의 음가고"를 발표하였는데 이 논문이 계기가 되어 한국어연구는 규범적·실용적 연구의 테두리를 벗어날 수 있었다. 말하자면 역사언어학이 태동되었다고 말할 수 있다. 'ㆍ'음은 16세기부터 18세기에 소멸된 한국어 모음의 하나인데 한국어학자치고 이 소리의 음가와 변천에 대하여 관심을 기울이지 않는 사람이 없었을 정도로 한국어 음운사연구의 중요한 주제였다. 이숭녕의 업적은 해방후에 「조선어음운론연구」(1949)라는 이름으로 체계화되었다. 1930년대는 인지적인 관점에 설 때, 한국의 언어학이 주시경 이후의 실용적 언어연구를 바탕으로 한 관념론과, 서구의 역사언어학의 영향을 받은 실증론으로 갈라질 수 있는 씨앗이 뿌려졌다고 말할 수 있다. 한편 1940년대초에는 앞에서 말한 바와 같이 세종대의 음운 및 문자이론이 응축된 「훈민정음해례」가 발견되어 500년 동안 끊어졌던 한국어연구의 전통을 되살리고 동시에 전통적인 한국언어학을 현대의 서양언어학과 통합시킬 수 있었다.

있는 철학(道)을 세워 10여년에 걸쳐 한국어의 음성과 문법을 연구하여 「우리말본」을 완성하였다. 관련논의는 고영근(1995)를 보라.
8) 유응호의 업적에 대하여는 고영근(1989) 및 본서 248쪽을 보라.

5. 남북 분단
– 역사언어학의 정착과 구조 언어학의 도입(1945~1970) –

해방이 되면서 한국은 남북으로 갈라졌다. 남한에는 식민지시대의 유일한 대학이었던 경성제국대학이 서울대학교로 개편됨에 따라 언어학과, 한국어문학과, 중어중문학과, 영어영문학과, 독어독문학과, 불어불문학과 등의 여러나라의 어문학과가 설치되어 한국의 언어학이 정상적으로 발전될 수 있는 바탕을 마련하였다. 한국사람의 힘으로 언어학을 건설할 수 있는 제도적 바탕을 마련하였다. 유응호는 서울대학교 언어학과 초대주임교수를 지내면서 언어학의 발달에 관련된 논문을 기고하는가 하면 소쉬르의 언어이론을 소개하기도 하였다. 그리고 이숭녕 등의 한국어학자는 한국어학은 일반언어학이라는 명제를 내세우면서 일본의 한국어학자였던 오구라(Ogura)의 모음조화이론을 수정하면서 해방전의 일본인의 한국어 연구를 극복하는 데 앞장을 섰다. 특히 이숭녕은 주시경학파의 관념적이고 실용적인 한국어연구는 애국적 쇼비니즘에 기울어진 학풍이라고 비판을 가하였고 과학으로서의 언어학연구를 부르짖으면서 일반언어학에 입각한 한국어연구의 필요성을 강조하였다.9) 그리고 해방전에 한국어문운동에 기울여졌던 주시경학파들은 주로 사립대학과 문교부 어문정책실에 근무하면서 한국어문의 회복운동과 한국어순화운동을 주도하였다.

해방이 되면서는 각 대학에 외국어문학과가 설치되어 외국어학을 학문적으로 연구할 수 있는 바탕이 마련되었다. 대학에 설치된 외국어로는 영어, 중국어, 독일어, 프랑스어였다. 특히 1950년대 전반에 한국외국어대학이 생김에 따라 러시아어, 스페인어가 추가되었고 현재는 24개 언어의 학과를 두고 있다. 이는 결과적으로 전통시대의 사역원과 개화기의 한성외국어학교의 전통을 이은 셈이 되었다. 40여 년에 걸쳐 단절되었던 외국어 전문교육기관이 다시 탄생한 것이다.

___

9) 해방직후의 한국언어학의 연구상황에 대하여는 다음 책에 실린 문양수와 고영근의 기고를 보라. 「서울대학교 학문연구 50년」(서울대학교 출판부, 1996)

한편 북한에서는 남한의 "서울대학교"에 맞서는 "김일성대학"이라는 새로운 대학을 세워 언어학과와 조선어문학과 등의 개별어문학과를 두었다. 북한의 언어학은 이론언어학에 밝은 소수의 언어학자와 주시경학파의 일부가 북행하여 건설하였다. 대표적으로 김수경과 같은 사람은 일본의 언어학자 고바야시가 소쉬르의 「일반언어학강의」를 번역할 때 실질적인 조력자 역할을 한 사람인데 북한으로 가서 북한의 언어학 건설에 크게 이바지하였다. 북한의 언어학자들은 마르(Marr)를 비롯한 소련의 유물론에 관련된 언어이론을 번역을 통하여 수용하였으며, 이를 기초로 식민지시대에 주시경학파들이 제정한 정서법을 다시 고치고 문법연구와 사전편찬에 주력(注力)하였다.10) 이렇게 됨으로써 한반도의 언어연구는 관념론, 실증론, 유물론의 세 학파로 분기되었다. 1930년대의 관념론과 실증론의 인지적 분화에 이은 두 번째 인지적 분화라고 할 수 있다. 남한은 관념론과 실증론이 맞서 있었고, 북한에서는 유물론이 언어연구의 철학적 기조를 이루고 있었다.

1950년대에는 핀랜드의 알타이어학자 람스테트(G. J. Ramstedt)와, 소련출신의 미국의 알타이어학자 포페(N. Poppe)의 업적이 알려짐에 따라서 한국어와 알타이제어와의 계통적 친근성을 구명하려는 업적이 많이 나왔다. 대표적인 학자는 이숭녕, 김선기, 최학근, 김방한, 이기문, 김완진이었다. 1960년대까지의 한국의 언어학은 유럽의 역사비교언어학에 바탕을 둔 한국어의 역사연구였다. 그 것은 "언어사"(1967)11)에서 집성되었는데 여기에는 한국어 형성사를 비롯하여, 음운사, 문법사, 어휘사, 방언사, 문자사, 어학사가 종합되어 있다. 반세기에 걸친 한국어 역사연구의 결실이 담겨 있는 것이다. 이러한 분위기는 그 뒤에도 지속되어 이기문의 「개정국어사개설」(1972)(초판은 1961년에 나옴)에서 한국어의 전사(全史)가 체계적으로 서술되었다. 이 책은 한국어가 알타이어족에 속한다는 관점을 취하였으며 곧 일본어와 독일어로 번역되어 한국어의 역사를 국제적으로 알리는 데 큰 역할을 하였다.12)

---

10) 북한의 언어학연구는 고영근(1999나 : 2장)에서 자세한 정보를 얻을 수 있다.
11) 이 부분은 고려대학교 민족문화연구소에서 편찬한 「한국문화사대계」 V에 들어 있다.

1960년대까지의 전반적인 흐름은 역사언어학이라고 할 수 있으나, 이미 1950년대 중반부터 파이크(Pike), 글리슨(Gleason), 호켓(Hockett), 나이다(Nida) 등으로 대표되는 미국의 기술적 언어분석이론과, 트루베츠코이(Trubetzkoy)와 야콥슨(Jakobson)으로 대표되는 프라그학파의 언어이론, 그리고 마르티네(Martinet)로 대표되는 프랑스의 언어이론이 도입되어 음소론/음운론과 형태론연구를 진작시켰고, 1960년대 중반부터는 미국의 변형생성문법이 도입되어 학교문법에서 극히 부분적으로 취급되던 한국어의 통사구조가 제 모습을 드러내게 되었다. 허웅의 「국어음운학」(1965)는 한국의 전통적 음운이론을 바닥에 깔고 미국의 기술언어학과 프라그학파의 음운론 이론을 적절하게 통합한 현대판 "한국어음운론요강"이라고 규정할 수 있다. 주시경에 이은 두 번째 동서양의 언어학적 인식의 통합이었다.

1960년대의 한국언어학의 사건으로 손꼽을 수 있는 것은 학교문법의 통일이었다. 중등학교의 문법체계와 문법용어가 교과서마다 달라 교육상 여간 큰 불편이 아니었다. 문법용어를 고유한국어로 정하느냐 한자용어로 정하느냐를 둘러싸고 관념론자와 실증론자 사이에 큰 격론이 벌어졌다. 관념론자들은 고유어용어를 선호하였고 실증론자들은 한자어용어를 선호하였다. 교과서 저자들의 투표에 의하여 대부분의 문법용어가 한자어 용어로 결정되었지만, 이 사건으로 한국어학계는 완전히 둘로 쪼개졌다. 참여하는 학회도 서로 달랐음은 물론이다. 극도의 인지적 분화가 초래되었다.

---

12) 일본어역의 책이름은 「韓國語の歷史」(藤本幸夫 譯, 東京 : 太修館, 1973)이고, 독일어의 책이름은 *Geschichte der koreanischen Sprachen*(B. Lewin 등 역, Wiesbaden : Reichert Verlag, 1977)이다.

6. 구조언어학의
정착과 생성문법의 수용(1970∼1980)

1970년대부터는 촘스키(Chomsky) 중심의 미국의 생성문법의 지속적 도입과 그 적용의 연속이었다고 말할 수 있다. 그러는 가운데서도 독일의 내용중심문법, 프랑스와 독일의 의존문법이 수용되어 한국어에의 적용문제가 깊이 있게 논의되었다. 생성문법은 서울대학교 어학연구소, 문법연구회, 한국언어학회, 국제한국어학회 등에서 생성문법이론의 부침(浮沈)에 호흡을 같이하면서 한국어의 통사구조의 해명에 많은 성과를 거두었다. 생성문법은 한국에서 영문학과를 졸업하고 미주에 유학한 사람들이 주로 연구하였으나 국내의 한국어학자들도 이 방면에 흥미를 가진 사람들이 점점 늘어갔다. 그러나 이론이 너무 자주 바뀌기 때문에 등을 돌리는 사람도 적지 않았다. 특히 전통적인 한국어학자들이 그러하였다. 전통적인 한국어학자들은 관념론자와 실증론자로 구성되어 있었다고 하였다. 관념론자들은 주시경후계학자들이 세운 '한글학회'를 중심으로 한자폐지를 부르짖으면서 언어정책적 문제에 역점을 두었고 실증론자들은 '국어학회'를 중심으로 한자사용을 지지하면서 한국어의 이론적 연구를 표방하였다.

1971년은 한글학회가 창립된 지 50년이 되는 해였다. 한글학회는 한국 정부의 재정적 후원을 받아 독일, 미국, 영국, 프랑스의 네 나라의 저명한 학자들을 초청하였다. 외국의 학자가 한국을 방문한 것은 이 행사가 처음이었다. 독일 튀빙겐대학의 코세리우(Coseriu)는 텍스트언어학을 소개하여 구조문법과 생성문법에 기울여져 있는 한국언어학계에 신선한 충격을 안겨 주었다. 생성문법이 한국언어학계를 강타하는 가운데서도 전통적인 한국어학자들은 구조주의적인 방법론을 외면하지 않고 현대국어의 형태론을 깊이 있게 연구하였다.13) 한편 허웅의 「우리 옛말본」(1975)에서는

---

13) 1970년대의 현대국어 중심의 형태론연구는 고영근의 「국어형태론연구」(1989)와 김계곤의 「현대국어의 조어법연구」(1996)에 집성되어 있다.

주로 그 사이 이루어진 구조언어학의 연구성과를 종합하여 중세한국어의 문법을 다시 서술하는 성과도 거두었다.

북한에서는 1960년대까지는 한국어를 대상으로 하여 구조와 체계 중심의 좋은 업적을 많이 쌓았으나 1960년대 후반에 문화어운동이 전개되면서부터 실용중심의 연구방향을 취하였다. 그 사이 수용한 소련의 언어이론을 발판으로 삼아 이른바 "주체언어이론"을 확립하여 외국어에 대항하여 모국어인 한국어를 보존·발전시키는 방면의 실용적 연구가 많이 나왔다. 모국어 학습지 「문화어학습」을 창간하면서 문법론과 어휘론 방면의 업적을 많이 쌓았으며 사전도 여러 차례에 걸쳐 개편하였다. 이러한 연구태도는 지금까지도 계속되고 있는데 언어를 혁명과 건설의 도구로 봄은 물론이요, 인간, 사회, 자연을 개조하는 "규범"으로 간주하는 유물론적 언어철학을 등에 지고 있는 사실과 관련된다.

7. 역사언어학으로의 회귀(1980~1990)

1970년대는 현대어 중심의 연구가 성황을 이루었으나 1980년대로 접어들면서 전통적인 한국어학자들은 한동안 방치하였던 한국어의 역사문법에 관심을 갖기 시작하였다. 그들은 그 사이 이루어진 현대한국어 중심의 생성문법의 성과를 발판으로 삼되, 1970년초 코세리우에 의해 소개된 텍스트언어학을 받아들여 중세한국어의 문법구조를 새로이 들여다보기 시작하였다.14) 1960년대까지 성황을 이루던 역사적 연구가 새로운 이론의 영향을 받아 다시 고개를 들게 된 것이다. 이와 함께 고대한국어와 중세한국어의 자료도 많이 발견되어 한국어의 구조와 역사를 점점 더 정밀하게 서술할 수 있는 바탕이 마련되어 가고 있었다. 특히 김완진의 「향가해독법연구」(1980)은 한국에서 가장 오래된 고대의 시가를 엄밀한 기준에 따라 해독함으로써 고대한국어의 많은 문제를 풀어내었다는 평가를 받고 있다. W. Sasse

---

14) 대표적으로 고영근의 「중세국어의 시상과 서법」(1981)이 그러하다.

의 *Studien zur Entzifferung der Schrift altkoreanischer Dichtung* (1988)도 차자의 빈도에 근거하여 새로운 해독 가능성을 제시하였다는 점에서 주목을 받고 있다. 이 시기에는 1950년대에 왕성하였던 한국어의 계통에 관한 연구가 다시 고개를 들었다. 대표적으로 김방한의 「한국어의 계통」(1983)[15]은 한국어가 "원시한반도"라는 비알타이적 요소와 알타이적 요소의 혼합이라는 관점에서 한국어의 계통론을 세우고, 아울러 몽골어, 퉁구스어, 터키어의 특징을 개관하면서 이들 언어와의 관계를 논하였다. 그리고 일반언어학도와 외국언어학도들은 서양의 중요한 언어학 서적들, 이를테면 소쉬르, 트루베츠코이, 헬비히, 야콥슨, 뱅비니스트, 바이스게르버, 코세리우, 훔볼트 등의 저작을 번역하거나 해설하여 서양의 언어학이론을 어느때보다도 적극적으로 수용하였다. 여기서 주목되는 것은 김방한의 「역사비교언어학」(1988)과 김윤한의 「인구어비교언어학」(1988)이 간행되었다는 점이다. 김방한은 일반언어학, 인구어학, 알타이어학을 섭렵한 바탕 위에서 역사비교언어학의 이론과 방법을 평설하였고,[16] 김윤한은 게르만어학의 전공자로서 19세기 이래의 인구어 비교언어학의 성과를 집약하였다.

　1980년대의 한국어학의 사건으로 주목할 것은 고등학교 문법교과서가 단일화되어 문자 그대로의 통일이 이루어졌다는 점이다. 1960년대에 문법용어와 문법체계가 통일되었으나 교과서마다 차이가 심하여 모국어교육에 많은 부작용이 있었다. 이번에는 교육부가 몇몇 문법학자에게 의뢰하여 시대적 요구에 부응하는 단일 교과서를 편찬케 함으로써 체계와 용어의 통일을 이룰 수 있었다. 뒤이어 1990년대초에는 옛말의 문법도 통일되었다. 통일문법교과서는 관념론자과 실증론자의 후계학자들인 남기심과 고영근이 양파의 이론과 용어를 절충한 산물이었다. 1960년대에 분기되었던 인지체계가 통합되었다고 말할 수 있다.

---

15) 이 책은 일본어로 번역되었다. 정확한 서지는 다음과 같다.
　김방한(1983)/大林直樹(譯), 「韓國語の系統」(「韓國語의 系統」), 三日書房, 1985.
16) 이 책은 일본어로 번역되었다. 정확한 서지는 다음과 같다.
　김방한(1983)/岩谷道夫(譯), 「歷史比較言語學」, 泉屋書店, 1999.

한국은 19세기 전반 이래로 많은 문법적 업적을 쌓아 왔다. 한국어를 비롯하여 영어, 일본어, 중국어, 독일어, 라틴어 등에 관한 크고 작은 문법적 업적이 300여 종류에 달한다. 「역대한국문법대계」[17]란 이름으로 10년에 걸쳐 편찬되어 한국문법연구의 역사를 체계적으로 서술할 수 있는 기초를 닦았다.

8. 언어연구의 다변화와 종합화(1990~1999)

1990년대에 들어서면서는 한국어의 언어연구는 폭을 넓히고 깊이를 더하였다. 우선 언어학의 후속세대를 양성하는 언어학과가 다섯이나 증설되었고, 언어연구와 관련되는 수많은 학회와 학술지가 탄생되었다. 생성문법학회, 텍스트언어학회, 담화인지언어학회, 언어내용학회, 사회언어학회, 의미학회, 형식문법연구회, 음운론연구회가 창립되고, 국립기관으로 국립국어연구원이 정식으로 발족되었다. 국립국어연구원은 북한 사회과학원의 언어학연구소와 비슷한 기능을 하는 한국어의 실용적 연구의 총본산으로서 「표준국어대사전」(1999)라는 큰 사업을 완수하였다. 이 사전은 그 사이 분화의 길을 걷고 있었던 남북한의 어휘를 비롯하여 방언, 고어까지 망라한 최초의 방대한 사전으로 총 50만 어휘를 실었다. 이밖에도 1990년대에는 남북한에서 좋은 한국어사전이 많이 출판되었다. 지난해에는 한국어를 비롯한 개별언어의 형태론 관계의 논문을 게재하는 편집위원 단위의 반년간 학술지 「형태론」이 창간되었다. 형태론 잡지의 창간은 한국의 모든 학술지가 학회를 배경으로 하고 있는 관례를 깨뜨렸다는 점에 의의가 있다.

1990년대는 그 사이에 이루어진 한국어연구를 종합하려는 기운이 팽배하였다. 한국어의 모든 변종을 한 그릇에 담아 총체서술하는 문법모형이 개발되는가 하면,[18] 한국어문법과 한국어의 역사를 다시 쓰는 업적이 속

---

17) 이 책의 편자는 김민수, 하동호, 고영근이다.

출하였다. 서정수의 「국어문법」(1994)는 1세기 반에 걸친 현대한국어문법을 생성문법의 관점에서 서술하여 최현배의 「우리말본」(1937)을 능가하였다는 평가를 받고 있다. 1960년대에 한국어음운론요강을 낸 바 있는 허웅은 1970년대와 1980년대에는 15, 16세기의 중세한국어문법을 쓰고 1990년대에 들어 와서는 현대한국어의 형태론(「20세기 우리말 형태론」1995)과 통사론(「20세기 우리말 통사론」, 1999)을 집필하여 60년에 걸친 자신의 한국어 연구를 마무리하였다. 형태론과 통사론은 모두 2500쪽에 달하는 방대한 분량이다. 이기문은 1950년대 중반부터 몽골어, 퉁구스어 등 알타이제어와의 비교에 관심을 기울이면서 한국어역사를 서술하였음을 본 바 있는데 그 사이에 발표한 인근제어와의 어휘비교와 한국어의 어휘변천에 관련되는 업적을 묶어 「국어어휘사연구」(1991)를 출판하였다. 이 책이 나옴으로써 어휘사를 중심으로 한 한국어변천사를 소상하게 파악할 수 있게 되었다. 김동소의 「한국어변천사」(1998)은 음운사 중심의 시대구분의 관점에서 이기문(1972) 이후의 국어사연구의 성과를 담았다. 한국에는 역대에 걸쳐 많은 한국어자료를 보유하고 있다. 안병희의 「국어사자료연구」(1993)는 주로 중세 이후의 한글자료를 문헌학적으로 연구한 업적으로서 식민지시대의 일본인의 연구를 극복하면서 한국어 역사연구의 기초를 닦았다는 평가를 받고 있다. 20세기의 말, 바로 작년 가을과 겨울에 나온 업적으로 주목할 것은 성백인의 「만주어와 알타이어학연구」(1999)와 김방한의 「몽골어연구」(1999)이다. 두 책이 나옴으로써 우리는 언어의 친족관계의 증명에 있어서는 우선 개별언어에 대한 연구가 선행되어 있지 않으면 안된다는 교훈을 얻을 수 있다.

1990년대에는 한국한자음, 고대국어의 자료인 구결, 방언에 대한 무게 있는 업적이 많이 나왔다. 한자음연구는 전통시대의 한국 언어연구의 중심주제였으나 한국어가 공용어가 됨에 따라 연구의 의의를 느끼지 못하였다. 그러다가 세종조에 간행된 「동국정운」이 발견됨에 따라 그 음계(音系)를 재구하는 업적이 많이 나왔고 중국 성운학의 성과에 힘입어서 삼국

---

18) 고영근의 「우리말의 총체서술과 문법체계」(일지사. 1993)를 가리킨다.

시대의 한자음을 비롯하여 그 변천에 관련되는 업적이 많이 나왔다.[19] 대표적으로 유창균의 「삼국시대의 한자음연구」1991)는 30년에 걸친 한국한자음에 대한 자신의 연구성과가 집약되어 있어 한국한자음의 원류가 어느 정도 분명해졌다. 한자음연구는 고대한국어의 표기법뿐만 아니라 그 자체가 고대국어의 음운체계를 반영하고 있기 때문에 앞으로도 계속 연구자의 관심을 끌 것으로 보인다. 남풍현의 「口訣硏究」(1999)는 1980년 중반부터 발견되기 시작한 석독구결에 대한 연구를 모은 것으로 이 책을 통하여 고대국어의 표기법과 문법적 특징을 굽어볼 수 있다. 최명옥의 「한국방언연구의 실제」(1998)은 동남방언을 중심으로 한 한국방언의 음운, 문법현상과 방언구획의 문제를 깊이 있게 다룸으로써 한국방언연구의 한 이정표를 마련하였다고 평가되고 있다. 김차균의 「우리말 방언성조의 비교」(1999)는 한국의 각 방언의 성조를 비교하고 중세한국어의 성조체계와 비교함으로써 한국성조의 지역적 변이양상과 역사적 변천과정을 소상하게 밝혔다.

1990년대의 한국언어학 연구의 중요한 특징으로는 문장문법의 테두리를 벗어나 텍스트나 담화층위로 넓히는 방면의 연구가 성황을 이룬 점을 들 수 있다. 1970년대 초반부터 연구의 필요성을 느끼던 이 방면의 연구가 가시적인 성과를 거두기 시작하였다. 독일에 유학한 일군의 언어학자들이 중심이 되어 텍스트언어학회를 중심으로 전 독일의 텍스트이론을 적극적으로 수용하기 시작하였다.[20] 코세리우, 하르베크(Harweg), 랑(Lang), 이젠베르크(Isenberg), 브링커(Brinker), 파터(Vater), 피베거(Viehweger), 반 데이크(van Dijk) 등의 이론이 번역·해설되는가 하면 그밖에도 많은 관련이론들이 소개되었다. 고영근의 「텍스트이론」(1999)는 독일의 텍스트언어학을 중국 및 한국의 고전시학과 수사학에 보이는 텍스트언어학적 발상과 통합하는 관점에서 한국의 텍스트자료를 중심으로 한 텍스트이론을 전개하였다. 이 책은 그 사이 어문학과에서 어학과 문학이 상호접촉할 수 있는

---

19) 지난 30년 동안에 걸쳐 이루어진 한국한자음에 대한 연구성과는 고영근(1985)에 실린 이돈주의 "한자음연구"를 보라.

20) 관련 논의는 고영근(1990, 1999가)에서 접할 수 있다.

계기를 만들었다는 평가를 받고 있다.

앞에서 필자는 한국에서 가르쳐지는 외국어가 24개언어라고 하였는데 변광수는 29개언어를 대상으로 개별 언어의 구조와 역사를 개관한 「세계의 언어」(1993)을 편찬하였다. 고대의 그리스·라틴어를 비롯하여 동서양과 아프리카 언어에 걸친 언어대백과사전이라고 할 수 있을 정도의 알찬 내용을 담았다. 18세기에 중국어, 일본어, 만주어, 몽고어 등에 국한하여 어휘집과 회화집을 만들던 때와 비교하면 한국인이 학습하고 연구하는 언어의 수효가 엄청나게 늘었음을 실감할 수 있다. 이 시기에는 영어사학자로서 국제적 명성을 떨치고 있는 김석산에 의해 「영어사」(1993)가 간행되기도 하여 한국의 외국어학연구가 정착되는 단계에 들어섰음을 실감할 수 있다.

9. 논의의 요약과 앞으로의 과제

이상과 같이 필자는 한국의 언어연구를 주로 15세기에서부터 20세기말에 이르기까지 6세기에 걸친 연구성과를 중요업적을 중심으로 개관하였다. 21세기를 막 넘어선 오늘 이 자리에서 앞으로 한국, 나아가서는 동양의 언어연구가 걸어나가야 할 방향을 생각해 보기로 한다.

한국은 반세기 동안 국토가 분할되어 있었다. 10년 전 독일이 통일을 이루었을 때, 한국도 조만간 통일을 이루지 않을까 하는 꿈에 부풀기도 하였으나, 시간이 갈수록 통일의 길은 점점 멀어져만 가고 있다. 언어학자들도 그 사이 제3국(중국)에서 두어번 만났으나 언제 다시 만날지 기약조차 할 수 없다. 통일국가를 이루기 전이라도, 아니 영구분단이 된다고 해도 학문적인 통합만은 노력에 따라 성취할 수 있다. 남북의 언어학은 지난 50년 동안 관념론과 유물론으로 첨예하게 대립되어 왔다. 남한은 그 사이 언어체계에 관련되는 연구에 많은 성과를 거두었고 북한은 실용위주의 연구를 우선해 왔다. 남쪽에도 오래 전부터 실용주의를 중시하는 학파가 형성되어 왔고 북쪽에도 1960년대 전반까지는 체계 중심의 우수한 업적을 많이 쌓아 왔다. 남쪽은 더 실용적인 방면으로, 북쪽은 체계 중심의 방면으로 한 발자국씩 다가선다면 한국의 언어학을 공동으로 건설할 수 있는 길이 열리지 않을까 한다. 사실 1990년대로 접어들면서부터 북한의 언어연구의 실상을 들여다볼 수 있는 창구가 많이 열려 왔기 때문에 어떻게 보면 남북의 언어학이 통합화의 물결을 타고 있다고 말할 수 있다. 최근 북한에서 나온 한국어학사를 보면 북한도 남한에서 발견된 자료나 연구결과를 많이 수용하고 있다.21) 분기되었던 언어학적 인지체계가 통합되는 징후로 해석할 수 있다.

한국은 수년 전부터 정보화사회에 진입하고 있다. 한국뿐만 아니라 모든 세계가 정보화의 물결을 타기 위한 진통을 겪고 있다. 언어연구가 종전처럼 과연 문자언어나 구두언어만에 국한할 수 있을지 예측하기가 어렵다. 모든 정보가 다중매체의 성격을 띠고 순식간에 오고간다. 영상언어란 말도 나오고 있지 않은가! 일상언어, 실용문서, 문학작품의 경계가 허물어진다는 소리도 들려 오고 있다. 복합적인 영상매체를 대하고 살아야 할 21세기의 지구인들에게 부과되는 언어연구는 어디로 가야 할 것인가! 중국과 한국의 고대수사학과 시학에는 문학과 비문학이 구분되지 않았다. 어떻게 보면 앞으로의 언어연구는 고대의 수사학과 시학의 시대로 복귀하지 않을까 하는 생각도 든다. 그러나 단순한 복귀는 아니다. 정보화사회에 순응하는 새로운 언어이론의 창출이 요청된다. 필자는 하르트만(P. Hartmann)이 1968년 콘스탄츠 집담회에서 사실주의언어학(Realistische Sprachwissenschaft)이 앞으로의 언어학을 주도해야 한다고 한 말을 기억하고 있다.

사실 현대의 언어학은 19세기 초 바로 이곳 독일 베를린에서 독립된 학문으로서 자리를 잡았다. 그 사이 동양사람들은 서양의 언어학을 알기 위하여 많은 노력을 기울였다. 우리 세대는 중학교에서는 영어, 고등학교에서는 독일어, 대학에서는 프랑스어와 라틴어를 공부하였다. 우리의 선배들 가운데는 그리스어와 만주, 몽고어까지 공부한 분도 있다. 동양사람

---

21) 대표적으로 김영황의 「조선어학사」(1996)이 그러하다.

이 서양을 아는 만큼 서양사람들이 동양을 안다고 할 수 있을까. 필자의 동료인 조동일은 수년 전부터 세계문학사의 이해의 새로운 이론을 세우는 기초작업으로 「세계문학사의 허실」(1996)을 비롯하여 현재 7권의 세계문학사를 간행하였으며 조만간 총 11권의 세계문학사의 서술방법론을 완결할 것이다.22) 그는 8개 언어로 쓰여진 37종의 세계문학사를 검토한 결과를 중심으로 지금까지 서양에서 간행된 대부분의 세계문학사가 유럽중심주의에 빠져 있다고 비판을 가하면서 제3세계문학까지를 포괄하는 새로운 세계문학사이론을 창출해야 한다고 주장하고 있다. 언어학사의 경우도 마찬가지다. 지금까지 나온 몇 종류의 언어학사를 보면 대부분 유럽중심주의에 기울어져 있다.23)

　　동양도 서양에 뒤지지 않는, 아니 그보다 더 우수한 언어학적 전통을 쌓아 왔다. 중국의 고대시학서인 「문심조룡」과 중국의 전통적인 언어학이었던 훈고학에는 텍스트언어학적 지식체계를 비롯하여 많은 언어학적 유산이 스며 있으며, 중국 성운학은 현대의 음성학과 음운론으로 직접 연결된다. 중세한국의 「훈민정음해례」에는 높은 수준의 음성학과 음운이론이 바닥에 깔려 있다. 언어학사도 문학사와 마찬가지로 관념론과 유물론의 관점에서 서술되어 왔다.24) 21세기는 제1, 2세계의 서구중심의 언어학사의 서술에서 동양(중국, 한국, 일본)을 포함한 제3세계의 언어연구까지 포괄하는 거대언어학사가 나타나야 할 것이며 언어이론도 그러한 토대 위에서 다시 구축되어야 한다. 앞으로 베를린 동서언어학집담회가 지속된다면 동서양의 언어학적 인지체계를 통합하는 거대언어이론을 세울 수 있다고 믿는다. 역사는 변증법적으로 발달하지 않는가.

---

22) 조동일의 세계문학사의 서술방법론은 다음 책에 실린 "Toward a New Theory of a Periodization of World Literary History"에서 개요를 볼 수 있다.

　　Dong-Il Cho, *Korean Literature — in cultural context and comparative perspective*, Jimmoondang Publishing Company, 1997. 위의 책에 대하여는 Franca Sinopoli의 서평이 있다.

23) 예외가 있다면 중국의 언어학사를 다룬 아미로바(1980)를 들 수 있다. 그러나 그 내용이 극히 단편적이고 주변적이다.

24) 대표적으로 아렌스(1955), 이비츠(1965), 파레트(ed)(1976)(ed)는 관념론에, 헬비히(1970) 아미로바(1975)은 유물론에 근거해 있다.

참고문헌

강신항(1989), 「國語學史」(개정판), 보성문화사.

______(1990), 「訓民正音研究」(증보판), 성균관대학교 출판부.

______(2000), 「韓國의 譯學」, 서울대학교 출판부.

김완진(1970), "이른 시기의 韓中 言語接觸의 一斑", 「어학연구」 6-1 : 1-16.

고영근(1983), 「국어문법의 연구」, 서울 : 탑출판사.

______(1985), 「국어학연구사」, 서울 : 학연사.

______(1989), "1930년대의 유럽언어학의 수용양상", 「이혜숙교수정년퇴임기념논
      문집」, 서울 : 한신문화사.

______(1990), "텍스트이론과 국어통사론연구의 방향", 「배달말」 15 : 1~33.

______(1995), 「최현배의 학문과 사상」, 서울 : 집문당.

______(1998가), "Zur koreanischen traditionellen Sprachphilosophie und ihrer
      modernen Transformation", Beitrag zum Kolloquium des Ost-
      West-Kolloquiums Berlin für Sprachwissenschaft: *analytisches
      und synthetisches sprachliches Wissen*, 4.-6. 9. 98, in der
      Humboldt-Universität zu Berlin und im Landhotel Krausnick
      (Unterspreewald).

______(1998나), 「한국어문운동과 근대화」, 서울 : 탑출판사.

______(1999가), 「텍스트이론」, 도서출판 아르케.

______(1999나), 「북한의 언어문화」, 서울대학교 출판부.

송기중(Ki-joong Song)(2001), *The Study of Foreign Languages in the Choson
      Dynasty*(1392~1910), Seoul : Jimmoondang

유창균(1999), 「문자 속에 숨겨진 민족의 연원」, 서울 : 집문당.

아렌스(H.Arens)(1955/1974), *Sprachwissenschaft : Der Gang ihrer Entwicklung
      von der Antike bis zur Gegenwart*(Bd. 1, 2), Frankfurt am Main
      : Fischer.

아미로바(T.A. Amirova *et. al.*)(1975/1980), *Abriß der Geschichte der Linguistik*
      (deutche Übers.), Leipzig : VEB.

암스테르담스카(O. Amsterdamska)(1987)/임혜순(역)(1999), 「언어학파의 형성과
　　　발달」(*School of Thought : The Development of Linguistics from
　　　Bopp to Saussure*), 서울 : 도서출판 아르케.
이비츠(M. Ivic)(1965)/김방한(역)(1982), 「언어학사」(*Trends in Linguistics*),
　　　대구 : 형설출판사.
파레트(H. Parret)(1976), *History of Linguistic Thought and Contemporary
　　　Linguistics*, Berlin : de Gruyter.
헬비히(G. Helbig)(1970)/임환재(역)(1984), 「신언어학사」(*Geschichte der neueren
　　　Sprachwissenschaft*), 경문사.

【붙임】

Beitrag zum 3. Ost-West-Kolloquium für Sprachwissenschaft : 17-20. 3.
2000 in der Humboldt-Universität zu Berlin, in Triptis und Altenburg

Die Strömungen der Sprachforschungen in Korea*

Yong-Kun Ko
(Seoul National University)

1. Einleitung

In Ko(1998) habe ich hauptsächlich vom Standpunkt des Idealismus untersucht, wie die koreanische traditionelle Sprachphilosophie, von der hermeneutischen Sprachphilosophie beeinflußt, zur Modernisierung gelangt ist, weiter welche Einflüsse dies auf die Erschaffung der koreanischen Schrift und die Standardisierung der koreanischen Sprache und Literatur ausgeübt hat. In dieser Arbeit will ich hauptsächlich vom Standpunkt des Positivismus, mit dem Begriff der Kontinuität und Diskontinuität des linguistischen Kognitivsystems von Amsterdamska(1987) im Mittelpunkt, einen Rückblick auf die Geschichte und die Gegenwart der koreanischen Sprachforschung werfen und die Richtung suchen, die die Sprachforschung sowohl in Korea als auch in Asien im allgemeinen im 21. Jh. nehmen sollte.[1]

2. Traditionelle Sprachforschung in Korea

2.1. Phonologische Forschungen in Korea im Mittelalter(15 Jh.)

Vom geopolitischen Standpunkt befinden sich westlich von Korea die Chinesen, die mit 1,2 Milliarden Einwohnern in einem Land leben, das so groß wie ein Kontinent ist, und die das Chinesische benutzen, das eine isolierende Sprache ist. Übers Ostmeer von Korea liegt Japan, dessen Einwohner mehr als hundert Millionen sind und die eine agglutinierende Sprache wie das Koreanische sprechen. Der Nordosten von China war historisch ein Gebiet, in dem Mongolen und Tungusen agierten, die agglutinierende Sprachen wie das Koreanische sprachen. Aus diesem geopolitischen Grund hat Korea historisch kontinuierlich sowohl die Sprachen der Nachbarländer studiert und erforscht als auch diplomatische und freundschaftliche Beziehungen zu ihnen gefördert. In der alten Zeit haben die Koreaner aus der chinesischen Schrift eine eigene, 'Chaja-Schrift' genannte Schreibweise erfunden, im Mittelalter wurde eine neue, 'Hangul' genannte Phonemschrift erschaffen. Außerdem wird in jüngster Zeit kontinuierlich die Auffassung geäußert, daß nicht die Chinesen, sondern die Tongijok (ein nordostasiatisches Volk) einschließlich der Koreaner die chinesische Schrift erfanden.[2]

---

* Ich danke W. Herrmann (Berlin) und Kyong-Kun Kwon (Pusan), die mir beim Abfassen dieses Beitrages sehr geholfen haben.

1) Es gibt schon viele Arbeiten über die Geschichte der koreanischen Sprachforschung, repräsentativ darunter Kang(1989).

2) Yu(1999) behauptet, daß die chinesische Schrift zum Schreiben nicht der chinesischen Sprache, sondern der koreanischen Sprache erfunden wurde. Zum Beispiel wird das chinesische Wort '鳥' Vogel, in Anlehnung an Karlgren, als 'terg' rekonstruiert, das sich auf das mittelkoreanische 'tʌrg' bezieht. Andererseits besteht die Auffassung, daß die Verwandtschaft zwischen der koreanischen und der chinesischen Lexik auf ältere

Daraus ergibt sich, daß die koreanische Sprachforschung der ausländischen traditionell keineswegs nachstand.

Die Schrift des koreanischen Volkes, 'Hangul'[3], hat sich nicht wie andere Schriftsysteme auf natürliche Weise gebildet, sondern sie wurde basierend auf der Fortsetzung der Tradition der 'Chaja-Schrift' und auf der Einsicht in das Phonemsystem und die Silbenstruktur erschaffen (Ko 1998). Die Vokalbuchstaben des Hangul beruhten auf dem Vokalsystem mit 7 Vokalen der Gemeinsprache von Seoul im 15. Jahrhundert. Vokale, die in der Aussprache der Kinder oder in Dialekten existierten, wurden substantiell begriffen, aber hatten keine regulären Buchstaben. Die Konsonantbuchstaben gründeten sich ebenfalls auf das Konsonantensystem der damaligen Gemeinsprache von Seoul. Weiter erkannte man, daß das Mittelkoreanische eine Tonsprache war, und benutzte die hierzu passenden Zeichen.[4] Es gab auch viele Forschungen für die Standardisierung des sino-koreanischen Lautsystems. Die Kompilation des 'Tonggukjongun' war eine Frucht solcher Forschungen. Das 'Tonggukjongun' war ein Aussprachewörterbuch zur Kodifizierung der Standardaussprache der sino-koreanischen Laute (漢字音), weil die damaligen sino-koreanischen Laute in Unordnung geraten waren. Man konnte nicht umhin, den Schwerpunkt auf Forschungen zur chinesischen Schrift (Hanja, 漢字) und zur chinesischen Schriftsprache (Hanmun, 漢文) zu legen, die als Amtssprache in Gebrauch waren.

Hunminjongumhaerye (1446) ist ein Buch, das die Schaffungsprinzipien

---

Entlehnungen aus dem Chinesischen zurückzuführen ist, vgl. Kim(1970).

3) Die Schrift des koreanischen Volkes 'Hangul' wurde vom in der Geschichte weisesten König Sejong erschaffen. Nach einer Meinungsumfrage vom 17. 12. 1999 der repräsentativen koreanischen Zeitung *Dongailbo* war die Schaffung des Hunminjongum das stolzeste Werk im letzten Millenium in Korea.

4) Es gibt viele Forschungen über die Schaffung des Hangul. Vgl. als repräsentativ darunter Kang(1990).

einer eigenen Schrift und deren Gebrauch erläutert. Andererseits läßt sich dieses Werk sowohl als 'allgemeine Prinzipien der Phonologie' wie auch als 'Prinzipien der koreanischen Phonologie' auffassen, weil ihm eine Einsicht in das Phonemsystem des Mittelkoreanischen zugrunde liegt. Die theoretische Basis der Sprachforschungen im mittelalterlichen Korea war die mittelalterliche chinesische Phonologie. Positive Forschungen im mittelalterlichen Korea waren auf den Bereich der Phonologie beschränkt und fanden sich fast nicht im Bereich von Morphologie oder Syntax. Das ist auf den Einfluß der mittelalterlichen chinesischen Phonologie zurückzuführen, die die damalige Linguistik in Asien war.

2.2 Sprachforschung im Zeitalter der Praktischen Philosophie (17.-19. Jh.)

In dieser Epoche waren die koreanischen positiven Forschungen an einem neuen Wendepunkt angelangt. Zwar bildeten traditionelle Forschungen zum sino-koreanischen Lautsystem nach wie vor die Hauptrichtung, aber es gab auch Forschungen zur Schrift einschließlich des Ursprungs des Hangul, etymologische Untersuchungen, Sammlungen des Wortschatzes und der Mundarten. Es gab auch einsichtsvolle Beschreibungen der phonologischen Geschichte sowie den Beweis für den zeitlichen Ablauf der Palatalisierung. Darüber hinaus wurden Sprachmaterialien überarbeitet. Die damaligen Gelehrten konnten im Bereich der Phonologie und der Forschungen zur Schrift die Theorien des 15 Jh. nicht überwinden, weil sie das *Hunminjongum haerye*, das zwar in der Zeit des Königs Sejong publiziert, aber erst am Anfang der vierziger Jahre des 20. Jh. entdeckt wurde, nicht kannten. Die Entwicklung der phonologischen Theorie wurde unterbrochen, weil das *Hunmin-jongum haerye*, in dem die linguistischen Kenntnisse der Sprachwissenschaftler aus der Zeit des Königs Sejong zusammengestellt wurden, der Nachwelt nicht überliefert wurde. Heutzutage ist das *Hunmin-jongum haerye* zum Nationalschatz erklärt worden.

Die synthetische Forschung, die Phonologie, Grammatik und Wortschatz zusammen behandelt, wurde von dem aus Deutschland stammenden holländischen Arzt Fr. von Siebold (1796~1866) begonnen. Siebold hielt sich von 1823 bis 1830 in Japan auf, erforschte Kultur und Natur Japans und seiner Nachbarländer und schrieb sein berühmtes Buch *Nippon: Archiv zur Beschreibung von Japan und dessen Neben- und Schützländern* zwischen 1832 und 1851. Im 7. Kapitel dieses Buchs schrieb Siebold über Korea. Im Rahmen der europäischen traditionellen Grammatik beschrieb Siebold wichtige Eigentümlichkeiten im Bereich der koreanischen Morphologie und Syntax. Andererseits übertrug Siebold Wortsammlungen wie das *Chonjamun* (千字文, 1000-Zeichen-Klassiker) und das *Yuhap* (類合, Klassifikation des Wortschatzes), in denen das Chinesische und die koreanische Übersetzung nebeneinander stehen, ins Deutsche. Dazu stellte Siebold eine Wortliste zur Übersetzung des Deutschen ins Koreanische zusammen.[5] Dank der Beschreibung des Koreanischen durch Siebold gewannen die Menschen im Abendland Interesse für diese Sprache und schrieben viele Werke über Korea. Darunter waren das *Hanbul-chajon* (*Dictionnaire Coréen-Français*) (1880) und *Hangugo munbop* (*Grammaire Coréenne*) (1881) *von Les missionaires de Corée de la société des missions étrangères de Paris* repräsentativ. Beide Werke wurden zu einer wesentlichen Basis der späteren Forschungen über das

---

5) Vgl. Ko(1980/1983 : 254~56, 1989/1998 : 278~334) über die koreabezogenen Forschungen von Siebold.

Koreanische, weil sie hauptsächlich das Lautsystem und die Grammatik der Gemeinsprache von Seoul vorstellten. Außerdem gaben Missionare und Diplomaten aus Deutschland, Frankreich, England und Amerika vom Anfang des 19. Jh. bis zum Anfang des 20. Jh. viele Werke über die koreanische Grammatik heraus.

2.3 Lernen und Erforschung
von Fremdsprachen im vormodernen Zeitalter

In alten Texten steht, daß die Koreaner Sprachen der Nachbarländer gelernt haben. Vor allem in den 500 Jahren der Choson-Dynastie wurden das *Sungmunwon* (Amt für auswärtige Angelegenheiten) und das *Sayokwon* (Amt für das Dolmetschwesen) eingerichtet. Die Ämter verwalteten diplomatische Dokumente und bildeten offizielle Dolmetscher aus. Das *Sayokwon* ist eine nationale Bildungsanstalt für Fremdsprachen, die die offiziellen Dolmetscher für Chinesisch, Japanisch, Mandschu und Mongolisch ausbildete, die benötigt wurden, um die Verhandlungen mit den benachbarten Ländern führen und gute Beziehungen mit ihnen zu fördern. Die Könige verboten den Gebrauch des Koreanischen im *Sayokwon* und schickten sogar Studenten nach China, um sie zu fähigen Dolmetschern ausbilden zu lassen. Zusammen mit der Ausbildung der Dolmetscher gab das *Sayokwon* die verschiedenartigsten Lehrmaterialien heraus. Viele Dolmetscher erbrachten großartige wissenschaftliche Leistungen, repräsentativ darunter Choe Se-jin(1473-1542). Als ein Sprachwissenschaftler, der das Chinesische beherrschte, hinterließ er Konversationsbücher mit der Übersetzung des Koreanischen ins Chinesische wie *Nogoltae* und *Paktongsa*, ein Werk über die chinesische klassische Phonologie und ein Vokabelbuch zur Übersetzung des Koreanischen ins Chinesische usw. Diese wissenschaftliche Tradition wurde auch im Zeitalter der Praktischen Philosophie fortgeführt, wobei Konversationsbücher und Wörterbücher mit der Übersetzung des Koreanischen ins Chinesische, Mandschu, Mongolische und Japanische herausgegeben wurden.[6]

3. Synthese der morgen- und abendländischen Sprachtheorie und Beginn der wissenschaftlichen Erforschung des Koreanischen (1894~1910)

Erst nach der *Kabo kyongjang* (Reform im Jahr *Kabo*) (1894), die eine politische Revolution zur Modernisierung Koreas war, wurden das Lautsystem und die Grammatik des Koreanischen gründlicher erforscht. Nachdem das Koreanische zur Amtssprache geworden war, wurden koreanische Gelehrte durch die vorangehenden Forschungen von Europäern und Amerikanern zur koreanischen Sprache veranlaßt, basierend auf der abendländischen traditionellen Grammatik das Lautsystem und die Grammatik des Koreanischen zu erforschen. Die koreanischen Forschungen zielten eigentlich auf die Schaffung der Grundlagen für die Standardisierung der koreanischen Sprache, aber andererseits trugen sie in der Tat sehr zur Klärung der Struktur der koreanischen Sprache bei. Ein repräsentativer Vertreter dieser Gelehrtengeneration ist Chu Si-gyong (1876-1914). Er verschmolz die hermeneutische Sprachphilosophie des Abendlands mit der koreanischen traditionellen Sprachphilosophie und stellte darauf fußend die philosophische Behauptung auf, daß ein Land durch Ordnung und Bewahrung der Sprache und Schrift seine Unabhängigkeit erlangen kann, (Ko 1998). Mit anderen Worten, er

---

6) Vgl. Ahn(1999) über die sprachwissenschaftlichen Forschungen von Choe Se-jin.

synthetisierte das morgenländische sprachphilosophische Erkenntnissystem und das abendländische hermeneutische. Vor allem aus dem Prinzip von Analyse und Synthese stellte er das koreanische Phonemsystem auf, mit der handlungstheoretischen Semiotik als Hintergrund eröffnete er eine syntaktische Theorie, die an die moderne Transformationstheorie erinnert, und weiter schuf er eine Grundlage für die koreanische morphologische Forschung dadurch, daß er eine Einheit *Nus-ssi* erfand, die fast dem Morphem im Sinne der modernen Morphologie entspricht. Seine *Kugomunbop* (Grammatik der Nationalsprache) (1910), in der die Ergebnisse seiner mehr als zehnjährigen Forschungen zusammengestellt wurden, wird als das wichtigste klassische Werk in Bezug auf die koreanische Grammatik angesehen und wieder und wieder gelesen. Er synthetisierte sowohl die morgen- und abendländische Sprachphilosophie als auch positive Forschungen und stellte daraus eine eigene Theorie im Bereich der Phonologie, Morphologie und Syntax auf. Es war eine Forderung der Zeit, daß die koreanische Sprache und Schrift, die lange vernachlässigt worden waren, zum Thema der Sprachforschung avancierten, während die Forschungen zum sino-koreanischen Lautsystem, die traditionell den Kern der Sprachforschungen in Korea bildeten, in den Hintergrund traten.

Im vormodernen Zeitalter war das Lernen von Fremdsprachen in Korea auf Chinesisch, Japanisch, Mongolisch und Mandschu beschränkt.

Indem Korea nach der *Kabo kyongjang* zu einem modernisierten Staat wurde, wurde mit dem *Kwanlip Hansong oegugo hakkyo* (College of Seoul for foreign languages) eine neue Bildungseinrichtung für Fremdsprachen gegründet. Außer Chinesisch und Japanisch, die traditionell gelernt worden waren, lernte man nunmehr Englisch, Französisch, Deutsch und Russisch. Veranlaßt wurde die wichtige institutiouelle Reform durch die veränderte staatliche Situation, denn der Umfang der diplomatischen Beziehungen weitete sich von einigen asiatischen Ländern auf verschiedene westliche Länder aus. Populäre Fremdsprachen waren Englisch, Chinesisch und Japanisch. Auch viele neuartige Lehrmaterialien und Wörterbücher für das Lernen der Fremdsprachen wurden publiziert.

4. Praktische Forschungen zum Koreanischen und Beginn der historischen Sprachwissenschaft (1910~1945)

Viele Sprachwissenschaftler, die von Chu Si-gyong beeinflußt wurden, studierten Phonetik und grammatische Theorie in Deutschland, Japan und China und betrieben ernsthaft grundlegende Forschungen für die Standardisierung der koreanischen Sprache. Auf dieser Grundlage wurden in den dreißiger Jahren die koreanische Orthographie festgelegt und die Kompilation eines Wörterbuches vollendet. Grammatische Forschungen wurden vor allem in *Urimalbon* (Unsere Grammatik) von Choe Hyon-bae zusammengestellt. Das Buch wurde als eine repräsentative sprachwissenschaftliche Leistung des 20. Jahrhunderts in Korea gewertet.[7]

Schüler von Chu Si-gyong konzentrierten sich mit praktischen Zielstellungen auf die Erforschung der koreanischen Gegenwartssprache. Andererseits gab es aber eine Gruppe von Sprachwissenschaftlern, die die europäische historische Sprachwissenschaft aktiv angenommen hatten und auf die Erforschung des phonologischen Wandels der

---

7) Choe Hyon-bae stellte mit dem praktischen Idealismus als Hintergrund eine Sprachphilo-
sophie auf, die den Fortbestand des koreanischen Volkes während der japanischen
Besatzungszeit unterstützte. Über zehn Jahre erforschte er das Lautsystem und die
Grammatik des Koreanischen und schrieb Urimalbon, vgl. Ko(1995).

koreanischen Sprache anwandten. Repräsentative Vertreter dieser Wissenschaftlergeneration sind Lee Heui-sung, Pang Chong-hyon, Lee Sung-nyong, Kim Hyong-gyu und Yu Eung-ho. Die vier Erstgenannten studierten Linguistik im Fach koreanische Sprache und Literatur an der *Keijo Imperial University* in Seoul, Yu Eung-ho Linguistik an der *Tokyo Imperial University*. Yu Eung-ho führte mit der auf Grimm fußenden deutschen historischen Sprachwissenschaft und der Sprachtypologie in Zusammenhang stehende Theorien in Korea ein, behandelte typologische Merkmale des Koreanischen und übersetzte das Vorwort der *Prinzipien der Sprachgeschichte* von H. Paul.[8] Die Graduierten der *Keijo Imperial University* in Seoul wurden von Ogura, dem Pionier der Erforschung des Koreanischen in Japan, und Kobayashi, der viele Leistungen in Bezug auf die Übernahme der deutschen und französischen Linguistik aufzuweisen hat, beeinflußt. Lee Sung-nyong veröffentlichte 1935 die Arbeit "umlaut hyonsangul thonghayo pon 'ʌ'ui umkago" (Eine Studie über den Lautwert von 'ʌ' aus der Sicht des Umlautphänomens).

Dieser Aufsatz bildete den Auftakt für die Befreiung der koreanischen Sprachforschung vom normativen und praktischen Rahmen. Mit anderen Worten, es deutete sich damit die historische Sprachwissenschaft an. Der Vokal 'ʌ', der zwischen dem 16. Jh. und dem 18. Jh. verschwand, ist ein so wichtiger Gegenstand der Forschungen zum phonologischen Wandel geworden, daß jeder koreanische Sprachwissenschaftlers ich für seinen Lautwert und dessen Wandel interessiert. Lee Sung-nyong hat nach der Befreiung seine wissenschaftlichen Leistungen in dem Buch *Chosono umunron yongu* (Studien zur koreanischen Phonologie) (1949) systematisiert. Vom kognitiven Standpunkt wurde in den dreißiger

---

8) Bezüglich der Werke von Yu Eung-ho vgl. Ko(1989).

Jahren die Ursache gelegt für die Trennung der koreanischen Sprachfor-
schung in eine idealistische Richtung, die Chu Si-gyong folgend auf
praktische Sprachforschungen setzte, und eine positivistische Richtung,
die von der westlichen historischen Sprachwissenschaft beeinflußt
wurde. Anfang der vierziger Jahre des vorigen Jahrhunderts wurde,
wie oben schon erwähnt, das *Hunminjongumhaerye* entdeckt, in dem
Theorien des Lautsystems und der Schrift in der Zeit des Königs
Sejong zusammengestellt wurden. Daher wurde die Tradition der
koreanischen Sprachforschung wieder aufgenommen, die 500 Jahre lang
unterbrochen war, so daß nunmehr traditionelle koreanische und moderne
europäische Sprachwissenschaft synthetisiert werden konnten.

5. Süd-Nord-Teilung – Entwicklung der historischen Sprachwissenschaft und Einführung des Strukturalismus (1945~1970)

Im Zuge der Befreiung wurde Korea in einen Süd- und einen Nord-
Teil zerschnitten. Indem in Südkorea die *Keijo Imperial University*, die
während der japanischen Besatzungszeit die einzige Universität in
Korea war, zur *Seoul National University* neu organisiert wurde, wurden
verschiedene Lehrfächer wie Linguistik, koreanische, chinesische und
englische, deutsche und französische Sprache und Literatur gegründet.
Damit wurde der Grund zur regulären Entwicklung der koreanischen
Sprachwissenschaft gelegt. Die Koreaner hatten nunmehr eine institu-
tionelle Basis, auf der sie die Sprachforschung selbst betreiben konnten.
Yu Eung-ho war der erste Leiter der linguistischen Abteilung, schrieb
Aufsätze über die Entwicklung der Sprachwissenschaft und führte die

Sprachtheorie von Saussure ein. Koreanische Sprachwissenschaftler einschließlich Lee Sung-nyong behaupteten, daß die koreanische Sprachwissenschaft zur allgemeinen Sprachwissenschaft gehört. Sie korrigierten die von Ogura (小倉進平), einem japanischen Koreanisten, aufgestellte Theorie über die Vokalharmonie und ergriffen die Initiative zur Überwindung der japanischen Sprachforschungen zum Koreanischen aus der Zeit vor der Befreiung. Besonders kritisierte Lee Sung-nyong, daß die Forschungen zur koreanischen Sprache, die Schüler von Chu Si-gyong in der idealistischen und praktischen Richtung trieben, einen Hang zum patriotischen Chauvinismus erkennen ließen. Dazu betonte er die sprachwissenschaftlichen Forschungen als Wissenschaft und unterstrich die Notwendigkeit der koreanischen Sprachforschung im Rahmen der allgemeinen Sprachwissenschaft.[9] Schüler von Chu Si-gyong, die vor der Befreiung der Bewegung zum Schutz der koreanischen Sprache angehörten, arbeiteten zum großen Teil an Privatuniversitäten oder in der Behörde für Sprachpolitik im Kultusministerium und führten so die Bewegung zur Wiederherstellung und Reinigung der koreanischen Sprache an.

Nach der Befreiung wurden Abteilungen für Fremdsprachen an allen Universitäten gegründet. Damit gab es eine Grundlage für wissenschaftliche Forschungen zu den Fremdsprachen. Man studierte Englisch, Chinesisch, Deutsch und Französisch an der Universität. Indem Anfang der fünfziger Jahre die *Hankuk University of Foreign Studies* gegründet wurde, konnte man nunmehr auch Russisch, Italienisch und Spanisch studieren. Heutzutage gibt es Abteilungen für 24 Fremdsprachen an

---

9) Zu den Forschungsergebnissen der koreanischen Sprachwissenschaft unmittelbar nach der Befreiung s. den Beitrag von Mun Yang-su und Ko Yong-kun in '*50 Jahre wissenschaftliche Forschungen an der Seoul National University*', Seoul University Press, 1996.

koreanischen Universitäten. Damit existieren in Korea wieder Bildungseinrichtungen für Fremdsprachen, die 40 Jahre lang nicht vorhanden waren. Das bedeutet, daß die Tradition der Fremdsprachenausbildung, die im vormodernen Zeitalter das *Sayokwon* und in der Epoche der Modernisierung die *Hansong oegugo hakkyo* innehatten, fortgeführt wurde.

Als Gegenstück zur südkoreanischen *Seoul National University* wurde in Nordkorea die *Kim Il Sung University* gegründet, wo es Abteilungen für Linguistik sowie Koreanische Sprache und Literatur gibt. Einige theoretische Linguisten und einige Schüler von Chu Si-gyong, die nach dem Norden gegangen waren, bauten die nordkoreanische Sprachwissenschaft auf. Ein repräsentativer Wissenschaftler dafür ist Kim Su-kyong. Er half dem japanischen Sprachwissenschaftler Kobayashi (小林英夫) bei der Übersetzung des *Cours de linguistique générale* von Saussure und trug viel zur Entwicklung der nordkoreanischen Sprachwissenschaft bei. Nordkoreanische Sprachwissenschaftler übernahmen die von Nikolai J. Marr vertretene sowjetische materialistische Sprachtheorie, reformierten die Orthographie, die Schüler von Chu Si-gyong während der japanischen Besatzungszeit festgelegt hatten, und konzentrierten sich auf Forschungen zur Grammatik und die Kompilation eines Wörterbuches.[10] Daraus ergibt sich, daß sich die koreanische Sprachforschung in die drei Schulen des Idealismus, Positivismus und Materialismus geteilt hat. Das ist die zweite kognitive Trennung, die auf die Trennung zwischen Idealismus und Positivismus aus den dreißiger Jahren folgte. Während in Südkorea Idealismus und Positivismus einander gegenüberstanden. wurde in Nordkorea der Materialismus zur philosophischen Grundlage der Sprachforschung

---

10) Ko(1999: Kapitel 2) behandelt die nordkoreanische Sprachforschung ausführlich.

gemacht.

Mit dem Bekanntwerden der Leistungen von G. J. Ramstedt, eines finnischen Altaisten, und von N. Poppe, eines aus Rußland stammenden amerikanischen Altaisten, in den fünfziger Jahren in Korea begannen sich viele Forschungen mit der genealogischen Verwandtschaft zwischen dem Koreanischen und den altaischen Sprachen zu befassen. Repräsentative Wissenschaftler auf diesem Gebiet sind Lee Sung-nyong, Kim Son-ki, Choe Hak-kun, Kim Pang-han, Lee Ki-mun und Kim Wan-jin. Bis in die sechziger Jahre zielten die koreanischen Sprachforschungen, basierend auf der europäischen historischen vergleichenden Sprachwissenschaft, auf historische Untersuchngen zur koreanischen Sprache. Diese Forschungen wurden in *Onosa* (Sprachgeschichte)(1967)[11] zusammengestellt, in dem die Geschichte der Bereiche Phonologie, Grammatik, Wortschatz, Dialekte, Schrift und Sprachwissenschaft einschließlich der Geschichte der Herausbildung der koreanischen Sprache zusammen behandelt werden. Mit anderen Worten war das die Frucht der historischen Forschungen zur koreanischen Sprache, die ein halbes Jahrhundert lang betrieben worden waren. Diese Tendenz der Sprachforschungen wurde fortgesetzt. In *Kaejong kugosa kaesol* (Neu bearbeitete Einführung in die koreanische Sprachgeschichte) (1972) (die erste Auflage im Jahr 1961) von Lee Ki-mun wurde auch die gesamte Geschichte der koreanischen Sprache systematisch beschrieben. Das Buch wurde von dem Standpunkt her verfaßt, daß das Koreanische zu den altaischen Sprachen gehört, alsbald ins Japanische und Deutsche übersetzt und leistete damit einen wichtigen Beitrag, die koreanische Sprachgeschichte international bekannt zu machen.[12]

---

11) Enthalten in Hanguk munhwasa taegye V (Kompendium der koreanischen Kultur 5), das vom *Minjok munhwa yonguso* (Institut für Nationalkultur) an der Korea University herausgegeben wurde.

Zwar kann bis in die vergangenen sechziger Jahre die allgemeine Strömung der Sprachforschungen als historisch aufgefaßt werden, jedoch ist schon ab Mitte der fünfziger Jahre die von Pike, Gleason, Hockett und Nida vertretene amerikanische deskriptive Linguistik, die Sprachtheorie der von Trubetzkoy und Jakobson vertretenen Prager Schule und die von Martinet vertretene französische Sprachtheorie und die Sprachtheorie der von Hjelmslev vertretenen Kopenhagener Schule eingeführt worden, wodurch phonologische und morphologische Untersuchungen veranlaßt wurden. Ab Mitte der sechziger Jahre wurden die amerikanische Transformationsgrammatik sowie Chomskys frühe Werke einschließlich *Syntactic Structure* eingeführt. Im Zuge dessen wurde die syntaktische Struktur des Koreanischen, die, durch die Wortlehre sowie die Morphologie unterdrückt, nicht ihren wahren Charakter hatte zeigen können, gründlicher untersucht. *Kugo umunhak* (Koreanische Phonologie) von Heo Ung läßt sich als die modernen 'Grundzüge der koreanischen Phonologie' ansehen, in denen basierend auf der koreanischen traditionellen phonologischen Theorie die amerikanische deskriptive Linguistik und die Prager phonologische Theorie adäquat vereinigt werden. Das war die zweite Synthese zwischen den morgen- und abendländischen sprachwissenschaftlichen Erkenntnissen, die auf Chu Si-gyong folgte.

Ein epochemachendes Ereignis der koreanischen Sprachwissenschaft in den sechziger Jahren war die Vereinheitlichung der Schulgrammatik. Das grammatische System und die grammatische Terminologie der in den Gymnasien verwendeten Lehrbücher waren so verschieden, daß man große Schwierigkeiten hatte, sie zu lehren und zu lernen. Es gab

---

12) Der Titel der japanischen Übersetzung lautet ＜韓國語の歷史＞ Übersetzung von Fujimoto, Tokyo : Taishukan, 1973), der der deutschen Übersetzung ＜Geschichte der koreanischen Sprache＞ (Übersetzung von B. Lewin, Wiesbaden : Reichert Verlag, 1977).

eine hitzige Debatte zwischen Idealisten und Positivisten darüber, ob man für die grammatische Terminologie einheimische Wörter oder sino-koreanische Wörter benutzen soll. Die Idealisten befürworteten einheimische Wörter, hingegen die Positivisten sino-koreanische Wörter. Durch Abstimmung zwischen den Lehrbuchautoren entschied man sich bei den meisten grammatischen Termini für sino-koreanische Wörter. Durch dieses Ereignis spalteten sich die koreanischen Sprachwissenschaftler in zwei Lager. Danach grenzten sich selbstverständlich auch die wissenschaftlichen Gesellschaften voneinander ab. Es kam zu einer extremen kognitiven Spaltung.

6. Entwicklung der strukturellen Linguistik und Übernahme der generativen Transformationsgrammatik (1970~1980)

Ab den siebziger Jahren wurde die von Chomsky angeführte amerikanische Transformationsgrammatik weiter übernommen und angewandt. Repräsentativ war die Übersetzung von *Aspect of Theory of Syntax*, der Standardtheorie von Chomsky. Andererseits wurden die Inhaltbezogene Grammatik von Deutschland und die Dependenzgrammatik von Frankreich und Deutschland eingeführt und deren Anwendungs- möglichkeiten auf das Koreanische tiefgründig diskutiert. Die Transfor- mationsgrammatik erbrachte viele Erfolge bei der Erklärung der syntaktischen Struktur des Koreanischen, indem sie an wissenschaftlichen Institutionen wie dem *Language Research Institute* an der *Seoul National University*, sowie in Gesellschaften wie der *Gesellschaft für Grammatikforschung*, der *Linguistic Society of Korea* und der *International Conference on Linguistics* Einfluß gewann. Während die Wissenschaftler, die nach dem Abschluß eines Anglistik-Studiums in Korea ihre Studien in Amerika fortgesetzt hatten, überwiegend auf dem Gebiet der Transformationsgrammatik forschten, brachten auch heimische koreanische Sprachwissenschaftler immer größeres Interesse für diese auf. Aber nicht wenige Sprachwissenschaftler, vor allem traditionell eingestellte koreanische Sprachwissenschaftler, nahmen Abstand von der Transformationsgrammatik, weil sich deren Theorie häufig änderte. Die traditionell eingestellten koreanischen Sprachwissenschaftler bestanden aus den Idealisten und den Positivisten. Unter Führung der *Hangulhakhoe* (The Korean Language Society), die durch die Nachfolger von Chu Si-gyong gegründet worden war, setzten sich die Idealisten für Einschränkungen des Gebrauchs der chinesischen Zeichen ein und widmeten sprachpolitischen Problemen großes Augenmerk. Dagegen befürworteten die Positivisten unter Führung der *Kugohakhoe* (The Society of Korean Linguistics) den Gebrauch der chinesischen Zeichen und betrieben theoretische Forschungen zum Koreanischen.

Im Jahr 1971 beging die *Hangulhakhoe* ihr 50. Jubiläum. Sie lud mit finanzieller Unterstützung der koreanischen Regierung namhafte Wissenschaftler aus Deutschland, Amerika, England und Frankreich ein. Es war das erste Mal, daß ausländische Wissenschaftler Korea besuchten. Prof. E. Coseriu von der Universität Tübingen stellte koreanischen Sprachwissenschaftlern die Textlinguistik vor und gab denjenigen koreanischen Sprachwissenschaftlern, die Neigungen zur strukturellen Linguistik und Transformationsgrammatik hatten, neue Impulse. In einer Situation, wo die Transformationsgrammatik die koreanische Linguistik dominierte, erforschten traditionell eingestellte koreanische Sprachwissenschaftler die morphologischen Erscheinungen des modernen Koreanischen weiter im Rahmen der strukturalistischen Methode.[13] In *Uri yesmalbon* (Grammatik unserer älteren Sprache)

(1975) von Heo Ung wurde die Grammatik des Mittelkoreanischen unter Berücksichtigung der inzwischen erzielten Forschungsergebnisse der strukturellen Linguistik neu beschrieben.

Ein nicht zu übergehendes Ereignis der koreanischen Sprachwissenschaft in den sechziger Jahren war die Gründung der *Hanguk onohakhoe* (The Linguistic Society of Korea). Davor standen die *Hangulhakhoe* (The Korean Language Society), die älteste sprachwissenschaftliche Gesellschaft, und die *Kugohakhoe* (The Society of Korean Linguistics), die Ende der fünfziger Jahre gegründet wurde, einander gegenüber. Es existierten auch Gesellschaften für Linguistik und Literatur der Einzelsprachen wie Englisch und Deutsch. Dazu wurde an jeder Universität ein sprachwissenschaftliches Institut eingerichtet, das Sprachwissenschaftlern ein öffentliches Forum bietet. Zum Beispiel gibt es an der Seoul National University das *Language Research Institute*, das seit Mitte der sechziger Jahre die Zeitschrift *Ohak yongu* (Language Research) herausgibt, einmal im Jahr eine *Ohak yonguhoe* (Sprachwissenschafliche Tagung) veranstaltet und damit eine zentrale Rolle in der koreanischen Sprachforschung gespielt hat. Aber die Zahl der Sprachwissenschaftler nahm immer mehr zu, sie hatten über das Koreanische hinaus großes Interesse an Fremdsprachen und erkannten die Notwendigkeit, ausländische Sprachtheorien aktiv aufzunehmen. Dem folgend gründeten Vertreter der allgemeinen Linguistik, der Koreanistik, Anglistik, Germanistik und Französistik gemeinsam die *Linguistic Society of Korea*. Diese veranstaltet jährlich 4 Tagungen und

---

13) Die morphologischen Untersuchungen, die in den siebziger Jahren und noch danach den Schwerpunkt auf das moderne Koreanisch legten, sind in *Kugo hyongthaeron yongu* (Morphologische Studien zum Koreanischen) (1989) von Ko Yong-Kun und *Hyondae kugoui choobop yongu* (Studien zur Wortbildung des modernen Koreanisch) (1996) von Kim Kye-gon zusammengestellt.

alle 5 Jahre eine internationale Konferenz *SICOL* (Seoul International Conference on Linguistics), die die Sammelbände *Linguistics in the Morning Calm* herausgibt. Ihre vorbildliche Tätigkeit ist in Korea allgemein anerkannt.

In Nordkorea waren bis in die sechziger Jahre gute Sprachforschungen mit dem Schwerpunkt auf Struktur und System des Koreanischen getrieben worden, aber ab Ende der sechziger Jahre zeigten die Sprachforschungen mit der Entfaltung der *Munhwao undong* (Bewegung für eine kultivierte Sprache) praxisorientierte Tendenz. In Nordkorea stellte man basierend auf der übernommenen sowjetischen Sprachtheorie eine eigene sogenannte 'Chuche-Sprachtheorie' auf. Auf dieser Grundlage trieb man viele praktische Sprachforschungen, um die Nationalsprache gegen die Fremdsprachen zu schützen und weiterzuentwickeln. Eine Zeitschrift für das Studium der Nationalsprache namens *Munhwao haksup* (Studium der kultivierten Sprache) wurde gegründet, und damit wurden viele Forschungsergebnisse auf den Gebieten Grammatik und Lexikologie erbracht. Zudem wurden neue Wörterbücher kompiliert. Diese Forschungsrichtung ist bis jetzt fortgeführt worden. Darin wird die Sprache als ein Werkzeug der Revolution und des Aufbaus des Staates angesehen, wobei im Hintergrund die materialistische Sprachphilosophie steht, die die Sprache als eine Norm auffaßt, mit der sich Menschen, Gesellschaft und Natur reformieren lassen.

7. Rückkehr zur historischen Sprachwissenschaft (1980~1990)

Während in den siebziger Jahren die Sprachforschungen zumeist den Schwerpunkt auf das moderne Koreanisch legten, begannen ab den achtziger Jahren traditionell eingestellte koreanische Sprachwissenschaftler Interesse an der historischen Grammatik zu zeigen, die lange außer Acht gelassen worden war. Sie stützten sich einerseits auf die Resultate, die der Strukturalismus und die Transformationsgrammatik in den Forschungen zum modernen Koreanisch erbracht hatten. Andererseits begannen sie im Rahmen der Textlinguistik, die von Coseriu in Korea vorgestellt wurde, die grammatische Struktur des Mittelkoreanischen neu zu untersuchen.[14] Die historischen Forschungen, die bis in die sechziger Jahre aktiv betrieben worden waren, wurden unter dem Einfluß der neuen Theorie wieder aufgenommen. Zugleich wurden viele Materialien des Alt- und Mittelkoreanischen entdeckt. Damit verbesserte sich die Basis, auf der die Struktur und die Geschichte des Koreanischen ausführlich beschrieben werden können. *Hyangga haedokbop yongu* (Eine Studie zur Entzifferungsmethode der *Hyangga*) (1980) von Kim Wan-jin erfuhr die Einschätzung, daß mit ihrer Hilfe dank der strengen Kriterien folgenden Entzifferung der ältesten koreanischen Lieder viele Probleme der Forschungen zum Altkoreanischen gelöst wurden. W. Sasses *Studien zur Entzifferung der Schrift altkoreanischer Dichtung*(1988) finden Beachtung insofern, als sie gestützt auf die Häufigkeit der Chaja-Schrift neue Möglichkeiten der Entzifferung für die altkoreanischen **Hyangga** aufzeigten.

In den vergangenen siebziger Jahren wurden die Forschungen zur genealogischen Verwandtschaft des Koreanischen, die schon in den fünfziger Jahren aktiv betrieben worden waren, wieder aufgenommen. Ein repräsentatives Werk dafür ist *Hangugoui kyethong* (Die

---

14) Ein repräsentatives Werk dieser Forschungen ist *Chungsekugoui sisangkwa sobop* (Tempus, Aspekt und Modus des Mittelkoreanischen) (1981) von Ko Yong-Kun.

genealogische Verwandtschaft des Koreanischen) (1983)[15] von Kim Pang-han. Im Buch stellt er die Theorie der genealogischen Verwandtschaft auf, nach der sich im Koreanischen ein nicht-altaisches Urkoreanisch mit altaischen Elementen vermischt hat, gibt einen Überblick über die sprachlichen Merkmale der mongolischen, tungusischen und Turksprachen und diskutiert die Verwandtschaft des Koreanischen mit diesen Sprachen. Außerdem übersetzten oder erläuterten Vertreter der allgemeinen Sprachwissenschaft und der Fremdsprachendisziplinen wichtige Werke abendländischer Sprachwissenschaftler wie Saussure, Trubetzkoy, Helbig, Jakobson, Benveniste, Weisgerber, Coseriu und Humboldt, und übernahmen damit die abendländische Sprachtheorie aktiver als je zuvor. Es ist bemerkenswert, daß Werke wie *Yoksa pigyo onohak* (Die historisch-vergleichende Sprachwissenschaft) (1988) von Kim Pang-han und *Inguo pigyo onohak* (Die indoeuropäische vergleichende Sprachwissenschaft) (1988) von Kim Yun-han veröffentlicht wurden. Kim Pang-han beschrieb Theorien und Methoden der historisch-vergleichenden Sprachwissenschaft basierend auf der allgemeinen Sprachwissenschaft, der Indogermanistik und der altaischen Sprach-wissenschaft,[16] und Kim Yun-han, ein Germanist, stellte die Forschungs-ergebnisse der indoeuropäischen vergleichenden Sprachwissenschaft seit dem 19. Jh. zusammen.

Ein bemerkenswertes Ereignis der koreanischen Sprachwissenschaft in den achtziger Jahren war die Vereinheitlichung der Grammatik-

---

15) Das Buch wurde ins Japanische übersetzt. Die exakte Bibliographie lautet: Kim Pang-han / Obayashi Naoki (大林直樹) 譯, '韓國語の系統', Sannichi Shoho (三日書房), 1985.

16) Das Buch wurde ins Japanische übersetzt. Die exakte Bibliographie lautet: Kim Pang-han / Iwaya Michio (岩谷道夫) 譯, '歷史比較言語學', Izumiya Shoten (泉屋書店), 1999.

Lehrbücher für das Gymnasium. Obwohl in den sechziger Jahren die grammatische Terminologie und das grammatische System vereinheitlicht worden waren, bestanden weiterhin so große Unterschiede zwischen den Lehrbüchern, daß man Schwierigkeiten mit der Ausbildung im Fach Muttersprache (Koreanisch) hatte. Diesmal trug das Kultusministerium einigen Sprachwissenschaftlern auf, ein vereinheitlichtes Lehrbuch herauszugeben. So wurde die systematische und terminologische Vereinheitlichung verwirklicht. Zu Beginn der neunziger Jahre wurde auch die historische Grammatik vereinheitlicht. Das vereinheitlichte Lehrbuch kam als Frucht des Kompromisses zustande, den Nam Ki-sim und Ko Yong-Kun, die Nachfolger der Idealisten bzw. der Positivisten sind, zwischen den beiden Theorien und Terminologien eingegangen waren. Damit wurde das kognitive System, das sich in den sechziger Jahren gespalten hatte, wieder integriert.

Seit der ersten Hälfte des 19. Jh. sind zahlreiche grammatische Forschungen in Korea geleistet worden. Die Zahl der grammatischen Untersuchungen zum Englischen, Japanischen, Chinesischen, Deutschen und Lateinischen einschließlich des Koreanischen sowie der Materialien mit Bezug auf die Sprachpolitik beläuft sich auf mehr als 300. Diese Forschungen wurden im Verlaufe von 10 Jahren unter dem Namen *Kompendium der grammatischen Arbeiten in Korea*[17], das aus 102 Büchern besteht, kompiliert. Damit wurde die Basis gelegt, auf der die Geschichte der grammatischen Forschungen und der Sprachpolitik systematisch beschrieben werden kann.

---

17) Die Herausgeber sind Kim Min-su, Ha Tong-ho und Ko Yong-Kun.

8. Differenzierung und Synthese der sprachwissenschaftlichen Forschungen (1990~1999)

Ab den neunziger Jahren haben sich die Forschungen zur koreanischen Sprache erweitert und vertieft. Abteilungen für Linguistik, die den Nachwuchs der Sprachwissenschaft ausbilden, wurden an fünf Universitäten neu eingerichtet. Dazu wurden viele Gesellschaften und Zeitschriften mit Beziehung zur Sprachforschung gegründet: Gesellschaft für Transformationsgrammatik, Gesellschaft für Textlinguistik, Gesellschaft für kognitive Linguistik, Gesellschaft für Inhaltbezogene Grammatik, Gesellschaft für Soziolinguistik, Gesellschaft für Semantik, Arbeitskreis für formale Grammatik und Arbeitskreis für Phonologie. Als eine nationale sprachwissenschaftliche Institution wurde *Kungnip kugo yonguwon* (Staatliche Forschungsanstalt für koreanische Sprache) eröffnet. Sie erfüllt eine ähnliche Funktion wie *Sahoe kwahakwon* (Akademie für Sozialwissenschaften) in Nordkorea und erbrachte als Zentralstelle für praktische Forschungen zur koreanischen Sprache im Laufe von sieben Jahren eine große Leistung in Form der Kompilation des *Pyojun kugo taesajon* (Standardwörterbuch des Koreanischen) (1999). Das Wörterbuch erfaßt zum ersten Mal auch dialektale und veraltete Wörter unter Einschluß des süd- und nordkoreanischen Wortschatzes, die sich inzwischen auseinanderentwickelt haben, und enthält rund 500.000 Wörter. Außerdem wurden viele gute koreanische Wörterbücher in Süd- und Nordkorea herausgebracht. Im letzten Jahr wurde die Halbjahreszeitschrift *Hyongthaeron* (Morphologie) gegründet, in der Aufsätze zur Morphologie der Einzelsprachen einschließlich des Koreanischen erscheinen. Die Gründung der Zeitschrift ist bedeutsam in dem Sinne, daß sie sich von der Tradition löst, daß in Korea jede wissenschaftliche Zeitschrift an eine Gesellschaft gebunden ist, indem diese Zeitschrift von einem Redaktionskollegium herausgegeben wird.

In den neunziger Jahren gab es eine starke Tendenz zur Synthese der bisherigen sprachwissenschaftlichen Forschungen zum Koreanischen. Es wurde ein grammatisches Modell aufgestellt, in dem sich alle Varianten des Koreanischen zusammengefaßt beschreiben lassen.[18] Nacheinander wurden Werke herausgebracht, in denen die koreanische Grammatik und Sprachgeschichte neu beschrieben werden. *Kugomunbop* (Koreanische Grammatik) (1994) von So Jong-su, die die grammatische Struktur des Koreanischen hauptsächlich vom generativen Standpunkt beschreibt, wird so hoch gewertet, daß es *Urimalbon* (Unsere Grammatik) (1937) von Choe Hyon-bae übertreffe. Heo Ung, der in den sechziger Jahren phonologische Grundzüge des Koreanischen und in den siebziger und achtziger Jahren die mittelkoreanische Grammatk des 15. und 16. Jahrhunderts beschrieb, vollendete seine sechzigjährige Forschungstätigkeit auf dem Gebiet der koreanischen Sprache in den neunziger Jahren mit der *Morphologie* (1995) und *Syntax* (1999) des modernen Koreanisch. Diese zwei Bücher sind mit zusammen 2500 Seiten äußerst umfänglich. Wie oben beschrieben, hatte Lee Ki-mun ab Mitte der fünfziger Jahre ein Interesse am Vergleich des Koreanischen mit den altaischen Sprachen wie dem Mongolischen und dem Tungusischen und verfaßte eine Geschichte der koreanischen Sprache. In den neunziger Jahren gab er einen Sammelband *Kugo ohwisa yongu* (Studien zur Lexik-Geschichte des Koreanischen) (1991) heraus, in dem er seine bisherigen Leistungen auf dem Gebiet des Lexik-Vergleichs und und -Wandels zusammenstellte. Damit läßt sich die koreanische Sprachgeschichte mit

---

18) Das ist *Urimalui chongchesosulkwa munbopchegye* (Gesamtbeschreibung und grammatisches System des Koreanischen) (1993) von Ko Yong-Kun.

dem Schwerpunkt der Lexik-Geschichte ausführlich interpretieren. *Hangugo pyonchonsa* (Geschichte der koreanischen Sprache) (1998) von Kim Tong-so faßt die Forschungen zur Geschichte der koreanischen Sprache seit Lee Ki-mun(1972) hauptsächlich aus der Sicht der phonologischen Periodisierung zusammen. In Korea gibt es viele Materialien in koreanischer Sprache, die sich über Generationen hinweg angehäuft haben. In *Kugosa charyo yongu* (Studien zu den Materialien der koreanischen Sprachgeschichte)(1993) von Ahn Pyong-hi wurden hauptsächlich die seit dem Mittelkoreanischen in koreanischer Schrift vorliegenden Materialien philologisch untersucht. Es wird als ein so gutes Werk gewertet, daß es die von Japanern während der Zeit der japanischen Besatzung durchgeführten Forschungen zur koreanischen Sprache überwindet und die Grundlage für Forschungen zur koreanischen Sprachgeschichte bereitet. Bemerkenswerte Werke am Ende des 20. Jahrhunderts, beide im letzten Herbst bzw. letzten Winter erschienen, sind *Manchuowa altaiohak yongu* (Studien zum Mandschu und zur altaischen Sprachwissenschaft) (1999) von Song Baek-in und *Mongolo yongu* (Studien des Mongolischen) (1999) von Kim Pang-han. Beide Bücher legen den Schluß nahe, daß zum Beweis der Verwandtschaftsbeziehung zwischen Sprachen die Erforschung der Einzelsprachen vorausgehen muß.

Die neunziger Jahre erbrachten viele wichtige Arbeiten über das sino-koreanische Lautsystem (die Lautung der chinesischen Zeichen im Koreanischen), die Dialekte und 'Kugyol', das ein altkoreanisches Schreib-system ist. Die Forschungen über das sino-koreanische Lautsystem, die die Hauptströmung der koreanischen Sprachforschungen im vormodernen Zeitalter bildeten, wurden unbedeutend, indem das Koreanische zur Gemeinsprache in Korea wurde. Aber nach der Entdeckung des *Tonggukjongun*, das in der Zeit des Königs Sejong kompiliert wurde, wurden zahlreiche Forschungen über die Rekonstruktion seines Lautsystems angestellt. Dazu wurden viele Forschungsergebnisse über die koreanische Lesung der chinesischen Schriftzeichen in der Zeit der Drei Reiche und über ihren Wandel veröffentlicht,[19] die von den Forschungsergebnissen der mittelalterlichen chinesischen Phonologie beeinflußt sind. Ein repräsentatives Werk dafür ist *Samguksidaeui hanjaum yongu* (Studien zum sino-koreanischen Lautsystem in der Zeit der Drei Reiche) (1991) von Yu Chang-kyun, in dem die Ergebnisse seiner dreißigjährigen Forschungstätigkeit zusammengestellt sind. Daraus ließ sich der Entwicklungsprozeß des sino-koreanischen Lautsystems einigermaßen erhellen. Ich denke, daß die Probleme in Zusammenhang mit dem sino-koreanischen Lautsystem zukünftig weiter erforscht werden, weil sie nicht nur zur Schreibung des Altkoreanischen Bezug haben, sondern das Lautsystem des Altkoreanischen insgesamt widerspiegeln. *Kugyol yongu* (Studien zum Kugyol) (1999) von Nam Phung-hyon, in dem die Forschungsergebnisse über 'Soktok-kugyol(釋讀口訣)' (Kugyol mit bedeutungswertiger Lesung), das seit Mitte der achtziger Jahre entdeckt worden war, zusammengestellt wurden, gibt einen weitreichenden Überblick über die Schreibung und die grammatischen Merkmale des Altkoreanischen.

In den neunziger Jahren erschienen nacheinander viele Werke, die eine neue Epoche in der koreanischen Dialektforschung einleiteten. An erster Stelle ist *Hanguk onojido* (Language Atlas of Korea) (1993) der *National Academy of Sciences* anzuführen. Nach dem Plan für den Weltsprachenatlas der *Union Académique Internationale* wurde dieser Sprachatlas angefertigt, und zwar ist er ein koreanischer Dialektatlas,

---

19) Vgl. *Hanjaum yongu* (Studien zum sino-koreanischen Lautsystem) von Lee Ton-ju in Ko(1985) über die Forschungsergebnisse der letzten dreißig Jahre zu den sino-koreanischen Lauterscheinungen.

der den Schwerpunkt auf das prosodische System legt. Als nächstes kann man synthetische Forschungen zu den koreanischen Dialekten anführen. *Hanguk pangon yonguui silje* (Stand der koreanischen Dialektforschung) (1998) von Choe Myong-ok, das, mit dem Schwerpunkt auf den südöstlichen Dialekten, phonologische und grammatische Erscheinungen sowie das Abgrenzungsproblem der Dialekte tiefschürfend behandelt, wird als ein wichtiges Werk in der koreanischen Dialektforschung gewertet. *Urimal pangon songjoui pigyo* (Vergleich der Töne in den koreanischen Dialekten) (1999) von Gim Cha-Gyun, in dem die Töne in den einzelnen koreanischen Dialekten untereinander und mit dem mittelkoreanischen tonalen System verglichen werden, klärte deren regionale Verschiedenheiten und historischen Veränderungen ausführlich auf.

Es ist bemerkenswert, daß sich der Forschungsbereich der Sprachwissenschaft in den neunziger Jahren vom Satz zum Text oder zum Diskurs erweiterte. Die Forschungen in diesem Bereich, deren Notwendigkeit ab Anfang der siebziger Jahre erkannt wurde, begannen gute Ergebnisse zu erbringen. Unter Führung von Sprachwissenschaftlern, die in Deutschland studiert hatten, wurde die Gesellschaft für Textlinguistik gegründet und die deutsche Texttheorie aktiv aufgenommen.[20] Die Werke von Coseriu, Harweg, Lang, Isenberg, Brinker, Vater, Viehweger und van Dijk wurden ins Koreanische übersetzt oder kommentiert. Dazu wurden viele verwandte Theorien vorgestellt. Vom Standpunkt der Synthese der deutschen Textlinguistik und der texttheoretischen Konzeption, die in der Poetik und in der Rhetorik sowohl in China als auch in Korea zu beobachten ist, wird in *Theksuthu iron* (Texttheorie) (1999) von Ko Yong-Kun eine Texttheorie

---

20) Vgl. Ko(1990a, b) über die diesbezügliche Diskussion.

dargelegt, die den Schwerpunkt auf die Textanalyse der koreanischen Materialien legt. Das Buch erhält inzwischen in Philologenkreisen die anerkennende Kritik, daß es Anlaß dazu gegeben habe, Sprachwissenschaft und Literaturwissenschaft miteinander zu verbinden.

Während ich oben die Zahl der Fremdsprachen, die in Korea gelernt werden, mit 24 angegeben habe, wurde von Pyon Kwang-su *Segyeui ono* (Sprachen der Welt) (1993) kompiliert, das die sprachliche Struktur und Geschichte von 29 Sprachen umreißt. Dieses Buch ist so inhaltsreich, daß es die morgen- und abendländischen Sprachen und die afrikanischen Sprachen einschließlich des antiken Griechischen und Lateinischen behandelt, und läßt sich als eine Art Enzyklopädie der Sprachen ansehen. Im Vergleich mit den Lexiksammlungen und Konversationsbüchern des 18. Jahrhunderts, die auf Chinesisch, Japanisch, Mandschu und Mongolisch beschränkt waren, ist die Zahl der Fremdsprachen, die die Koreaner heute lernen und erforschen, gewaltig angewachsen. Ferner ist *Yongosa* (Geschichte der englischen Sprache) (1993) von Kim Sok-san erschienen, der als Wissenschaftler auf dem Gebiet der englischen Sprachgeschichte internationalen Ruf genießt. So läßt sich sagen, daß die Forschungen zu den Fremdsprachen in Korea in dieser Epoche in eine Stabilisierungsphase eingetreten sind.

9. Zusammenfassung und Ausblick

Ich habe oben einen Überblick über die koreanische Sprachforschung vom 15. Jh. bis zum Ende des 20. Jahrhunderts gegeben, wobei ich die wichtigeren Werke in den Mittelpunkt rückte. Heute, am Anfang des 21. Jahrhunderts, will ich einen Ausblick auf die Richtung geben, die

die koreanische und morgenländische Sprachforschung nehmen sollte.

Korea ist seit einem halben Jahrhundert in einen Nord- und einen Süd-Teil zerschnitten. Als Deutschland vor zehn Jahren wiedervereinigt wurde, hat man von der koreanischen Vereinigung geträumt, aber der Weg zur Vereinigung wird mit der Zeit immer weiter. Obwohl sich inzwischen Sprachwissenschaftler mehrmals im Ausland (in China) getroffen haben, gibt es leider keine Vereinbarung, sich erneut zu begegnen. Ich denke, daß noch vor der staatlichen Wiedervereinigung, ja sogar selbst unter den Bedingungen einer ewigen Teilung, die wissenschaftliche Synthese zwischen Süd- und Nordkorea erreichbar ist, wenn nur alle möglichen Anstrengungen unternommen werden. Die Sprachwissenschaft ist ebenfalls geteilt. Der Idealismus in Südkorea steht ein halbes Jahrhundert lang dem nordkoreanischen Materialismus gegenüber. Während in Südkorea viele Forschungsergebnisse in Bezug auf das Sprachsystem zustande gekommen sind, sind in Nordkorea vorrangig praktische Sprachforschungen getrieben worden. Andererseits hat sich auch in Südkorea seit längerer Zeit eine Schule herausgebildet, die auf die praktische Sprachforschung Wert legt. In Nordkorea wurden viele gute Resultate in Bezug auf das Sprachsystem bis Anfang der sechziger Jahre erbracht. Wenn Südkorea in Richtung auf praktische Forschungen und Nordkorea in Richtung auf Forschungen zum Sprachsystem einen Schritt vorwärts gehen würden, denke ich, wird es möglich sein, die koreanische Sprachwissenschaft gemeinschaftlich aufzubauen. In der Tat hat man seit den neunziger Jahren viele Gelegenheiten genutzt, die nordkoreanische Sprachforschung zu beobachten. Daraus läßt sich sagen, daß die sprachwissenschaftliche Synthese zwischen Süd- und Nordkorea im Gang ist. Die Arbeiten zur Geschichte der koreanischen Sprachwissenschaft, die in letzter Zeit in Nordkorea erschienen sind, lassen erkennen, daß in Südkorea entdeckte

Quellen und südkoreanische Forschungsergebnisse auch in Nordkorea aufgegriffen werden.[21] Dies läßt sich als ein Anzeichen der Synthese zwischen den unterschiedlichen kognitiven Systemen Süd- und Nordkoreas interpretieren.

Seit einigen Jahren ist Korea ins Informationszeitalter eingetreten. Alle Länder in der Welt einschließlich Korea durchleben gegenwärtig die Geburtswehen beim Einstieg in das Informationszeitalter. Niemand kann voraussagen, ob der Gegenstand der Sprachforschung wie bisher auf die geschriebene oder gesprochene Sprache beschränkt sein wird. Alle Informationen haben den Charakter eines Massenmediums und gehen im Nu hin und her. Es ist sogar der Begriff einer nur im Bild existierenden Sprache (d.h. visual language) neu entstanden. Dazu sagt man, daß die Grenzen zwischen Alltagssprache, Schriftstücken praktischer Art und literarischen Werken verschwinden werden. Wohin soll die Sprachforschung der Menschen des 21. Jahrhunderts gehen, die mit komplizierten bildlichen Medien leben werden? In der klassischen Rhetorik und Poetik sowohl in China als auch in Korea gibt es keine Trennung zwischen literarischen Werken und nicht-literarischen. Ich denke, daß die zukünftige Sprachforschung zu diesem alten Zustand zurückkehrt. Aber das bedeutet kein einfaches Zurückkehren. Für die Informationsgesellschaft muß eine neue Sprachtheorie aufgestellt werden. Ich erinnere mich, daß P. Hartmann im sprachwissen-schaftlichen Kolloquium, das im Jahr 1968 in Konstanz stattfand, darauf hinwies, daß eine realistische Sprachwissenschaft die zukünftige Sprachforschung anführen müsse.

Die moderne Sprachwissenschaft wurde am Anfang des 19. Jh.

---

21) Ein repräsentatives Buch dafür ist *Chosonohaksa* (Geschichte der koreanischen Sprachwissenschaft) (1996) von Kim Yong-hwang.

genau hier, in Berlin, als eine selbständige Wissenschaft geboren. Inzwischen haben sich die Menschen in Asien viel Mühe gegeben, um die abendländische Sprachwissenschaft zu verstehen. Ich lernte Englisch und Deutsch auf dem Gymnasium und Französisch und Latein an der Universität. Meine Lehrer hatten sogar Griechisch, Mandschu und Mongolisch gelernt. Verstehen die Abendländer das Morgenland so gut, wie die Morgenländer das Abendland verstehen? Als Grundlagenwerk für die Aufstellung einer neuen Theorie für das Verständnis der Geschichte der Weltliteratur schrieb Cho Dong-Il, ein Kollege von mir, bisher 7 Bücher in diesem Zusammenhang, allen voran *Segyemunhaksaui hosil* (Wahres und Falsches in der Geschichte der Weltliteratur)(1996), und wird in nächster Zukunft eine Methodologie zur Beschreibung der Geschichte der Weltliteratur in 11 Bänden fertigstellen.[22] Er untersuchte 37 Bücher in 8 Sprachen über die Geschichte der Weltliteratur. Im Ergebnis dessen kritisierte er, daß die meisten bisherigen abendländischen Bücher über die Geschichte der Weltliteratur den Schwerpunkt auf Europa legten. Weiter behauptete er, daß eine neue Theorie über die Geschichte der Weltliteratur aufgestellt werden müsse, die auch die Literatur der Dritten Welt einbezieht. Für die Geschichte der Sprachwissenschaft gilt das gleiche. Auch die meisten bisherigen Bücher über die Geschichte der Sprachwissenschaft sind eurozentrisch.[23]

Auch im Morgenland haben sich inzwischen sprachwissenschaftliche

---

22) Die Methodologie zur Beschreibung der Geschichte der Weltliteratur von Cho Dong-Il wird in 'Toward a New Theory of a Periodization of World Literary History' im folgenden Buch zusammengefaßt: *Korean Literature in cultural context and comparative perspective*, Jipmoondang Publishing Company, 1997. Es gibt eine Rezension dieses Buches von Franca Sinopoli.

23) Eine Ausnahme ist Amirova(1980), die die Geschichte der chinesischen Sprachwissenschaft behandelt. Aber die Beschreibung ist bruchstückhaft und nicht tiefschürfend.

Traditionen angehäuft, die denen des Abendlands nicht nachstehen, sondern ihnen im Gegenteil überlegen sind. Das *Munsimjoryong* (文心彫龍), das eines der alten chinesischen Poetik-Bücher ist, und die chinesische Exegetik (chin. Shun-ku-hsueh, 訓詁學), die eine chinesische traditionelle Linguistik ist, weisen viele sprachwissenschaftliche Kenntnisse einschließlich textlinguistischer auf. Die mittelalterliche chinesische Phonologie steht in einem Zusammenhang mit moderner Phonetik und Phonologie. Das *Hunminjongumhaerye* aus dem Korea des Mittelalters gründet sich auf eine großartige phonetische und phonologische Theorie. Japan hat seit Ende des 19. Jh. die abendländische Sprachwissenschaft gründlich aufgenommen und nimmt in der internationalen Linguistik einen hervorragenden Platz ein. Die Geschichte der Sprachwissenschaft wie die der Literatur ist vom Standpunkt entweder des Idealismus oder des Materialismus beschrieben worden.[24] Im 21. Jh. sollte eine Makro-Geschichte der Sprachwissenschaft entstehen, die sowohl die europäischen Sprachforschungen als auch die asiatischen (in China, Korea und Japan) und die der Dritten Welt einschließt. Auf diesem Fundament sollte eine Spachtheorie neu aufgestellt werden. Ich glaube, daß eine Makro-Sprachtheorie zur Synthese des kognitiven Systems zwischen Morgen- und Abendland aufgestellt werden könnte, wenn das Ost-West-Kolloquium in Berlin weiter fortgeführt wird.

Die Geschichte entwickelt sich dialektisch, nicht wahr?

---

24) Arens(1955), Ivic(1965) und Parret(ed.)(1976) fußen auf dem Idealismus, Helbig(1970) und Amirova(1975/1980) auf dem Materialismus.

Literaturverzeichnis

Ahn, Pyong-Hi(1999), "Shejin Choi-ui Saengae-wa Yonbo" (Das Leben von She-jin Choi und seine biographischen Daten), *Kyujangkak* 22 : 49-67.

Amirova, T.A. et. al.(1975/1980), *Abriß der Geschichte der Linguistik* (deutsche Übers.), Leipzig : VEB Enzyklopä die.

Amsterdamska, O.(1987/1999), *School of Thought : The Development* of *Linguistics from Bopp to Saussure* (Kor. Trans. by Hyesoon Im), Seoul : Arche.

Arens, H.(1955/1974), *Sprachwissenschaft : Der Gang ihrer Entwicklung von der Antike bis zur Gegenwart* (Bd. 1, 2), Frankfurt am Main : Fischer.

Helbig, G.(1970/1984), *Geschichte der neueren* Sprachwissenschaft(Kor. trans. by Hwanjae Im).

Ivic, M.(1965/1982), *Trends in Linguistics* (Kor. trans. by Pang-Han Kim), Taegu : Hyongsol Chulpansa.

Kang, Shin-Hang(1989), *Kugohaksa* (Geschichte der koreanischen Sprachwis-senschaft) (neu bearbeitete Auflage), Seoul : Posong Munhwasa.

____(1990), *Hunminjongum yongu* (erweiterte Auflage), Seoul : Sung-kyunkwan University Press.

____(2000), *Hanguk-ui yokhak* (Fremdsprachen im alten Korea), Seoul National University Press.

Kim, Wan-Jin(1970), "Linguistic Contact of Korean with Chinese in the Early Stages" (in Korean.), *Language Research* 6.1 : 1-16.

Kim, Yongwhang(1996), *Choson onohaksa yongu* (Studien zur Geschichte der koreanischen Sprachwissenschaft), Pyongyang : Kim Il Sung University Press.

Ko, Yong-Kun(1983), *A Study of Korean Grammatical Works* (in Kor.), Seoul : Tower Press.

_____(1985), *Kugohak yon'gusa* (Geschichte der koreanischen Sprachwissen-schaft), Seoul : Hakyonsa.

_____(1989), "1930nyondaeui yurop onohakui suyong yangsang" (Die Übernahme der europäischen Sprachwissenschaft in den dreißiger Jahren), *Festschrift für Prof. Lee Hye-suk zum 65. Geburtstag,* Seoul : Hanshinmunhwasa.

_____(1990a), "Text-ironkwa kugo thongsaron yongu-ui panghyang" (Texttheorie und Richtung der syntaktischen Forschungen zum Koreanischen), *Paedalmal* 15 : 1-33.

_____(1990b), "Munjang-kwa iyagi-ui kwanryonsong-e taehan yon'gu (A Study on Relationship between Sentence and Text"), *Kwanak omun yon'gu* 15 : 1-47.

_____(1995), *Choe Hyon-baeui hakmunkwa sasang* (Wissenschaft und Gedanken von Choe Hyon-bae), Seoul : Jipmoondang.

_____(1998), *The Korean Language Movements and Modernization of Korea* (in Korean.), Seoul : Tower Press.

_____(1999), *Sprachkultur von Nordkorea* (in Korean.), Seoul National University Press.

Parret, H.(1976), *History of Linguistic Thought and Contemporary Linguistics,* Berlin : de Gruyter.

Song, Ki-joong(2001), *The Study of Foreign Languages in the Choson Dynasty* (1392~1910). Seoul : Jipmoondang

Yu, Chang-Kyun(1999), *The Origin of Peoples hidden in Writing Systems (in Korean.),* Seoul : Jipmoondang.

【English Summary】

History of Language Research in Korea

1. Korea is proud of its history of language research. In ancient times, we borrowed Chinese characters and conceived Chaja-writing System. In medieval age we invented our own phonemic writing system, Hangul. During the modern ages, we completed standardization of the Korean language, integrating our traditional language theory with Western theories. In present day, we have succeeded in developing independent language theories based on the language theories of foreign countries. I'm going to overview the history of language research in Korea on the basis of the concept for continuity and discontinuity of the cognitive system presented in Amsterdamska (1987). And I'd like to present a direction for which language researches of East Asia, including Korea, should take.

2. Language research in traditional ages

  (1) Phonological research of medieval ages (15 c).

    Invention of the national writing system, Hangul. It triggered the researches on consonant, vowel, and tone system. And the sino-korean sound systems were intensively researched. Primary works are Hunminjongumhaerye (訓民正音解例, Explanations and examples of new writing system) and Tongkukjongun (東國正韻, Sino-Korean Dictionary) by Chiphyonjon's (集賢殿, Academy of King Sejong's period) scholars.

  (2) Research in the practical science age (實學時代)(17, 18, 19 c)

    Positivistic researches on writing system, phonemes, vocabularies, and etymologies of the Korean language / Researches on the Korean grammar were done for the first time by von Siebold.

  (3) Studies on Chinese, Japanese, Mongolian, and Manchu. Choi Se-jin's researches on Chinese were prominent.

3. Integration of language theories of the East and the West, and the birth of scientific research on the Korean language (1894~1910)

Basic researches for sound, grammar, and vocabulary for the standardization of the Korean language were completed. Primary work is Chu Shi-gyong's Kugomunbop (Grammar of the Korean Language). He integrated the idealistic language philosophy of the East with those of the West and then with the positivistic researches. Thus he presented the base for phonology, morphology, and syntax research / Study of foreign languages such as English, German, French, and Russian.

4. Practical research on the Korean language and the birth of historical linguistics (1910-1945)

(1) Promulgation of orthography by Post-Chu Shi-gyong school. / Compilation of the national language dictionary / Publication of Urimalbon (Our Grammar) by Choi Hyon-bae.

(2) Paul's theory of language history was introduced (Yu Eung-ho) and applied to the researches on historical phonology (by Lee Sung-nyong), starting positivistic historical linguistics away from the ideal research.

(3) Discovery of Hunminjongumhaerye - this made it possible to integrate the traditional Korean phonological theory with the European one.

5. Liberation and Division : the establishment of historical linguistics and the introduction of structural linguistics (1945-1970)

(1) Division of the country : Founding departments of linguistics, and of individual languages and literatures in colleges / Surmounting the research works of Japanese scholars (Lee Sung-nyong) / North Korea also founded departments of linguistics and of individual languages and literatures / Post-Chu Shi-gyong schools led the Korean language recovery movement and Korean purification movement / Cognitive system of Peninsula's language research was divided into 3 schools: idealism, positivism, and dialectic materialism.

(2) Researches on genealogy of the Korean language were carried out, influenced by Altaic language scholars such as Ramstedt, and Poppe.

(3) Description of the whole history of the Korean language : Making of the Korean language, history of phonology, grammar, vocabularies, dialects, writing systems, and history of linguistics (joint work, Korea University) / Systematic description of Korean language history (Lee Ki-mun).

(4) Introduction of structural and descriptive linguistics and its application to phonology and morphology / Integration of the phonological theories of the East and the West by Heo Ung

(5) Unification of school grammar system and terminology.

6. Establishment of structural linguistics and introduction of the generative grammar (1970-1980)

(1) Acceptance of the generative grammar and its application to the study of Korean phonology and syntax / Introduction of textlinguistics, dependent grammar, and inhaltbezogene Grammatik / Invitation of foreign linguists (England, U.S.A., Germany, France) / Foundation of the Linguistic Society of Korea.

(2) Systematic description of the morphology of Middle Korean (Heo Ung).

(3) North Korea made achievements in lexicology and grammar on the basis of Chuche linguistics.

7. Return to historical linguistics (1980~1990)

(1) Application of textlinguistics to Korean materials and revival of historical linguistics

(2) New understanding of the ancient Korean language and its genealogy.

(3) Translation of foreign linguistic publications (Saussure, Trubetzkoy, Helbig, Jakobson, Weisgerber, Coseriu, Humboldt).

(4) Systematic description of historical-comparative linguistics (Kim Pang-han) and Indo-european comparative linguistics (Kim Yun-han).

(5) Compilation of a unified grammar text for high school (Ko Yong-kun, Nam Ki-shim).

(6) Compilation and publication of compendium: 300 Korean grammartical works thus far.

8. Differentiation and synthesis of language research (1990~1999)

(1) Increase of departments of linguistics (6) in colleges and foundation of National Language Institute.

(2) Foundation of many branch societies of linguistics (Circles of Phonology, Morphology, Formal Grammar, and Societies of Textlinguistics, Generative Grammar, Socio-linguistics, Discourse-Cognitive Linguistics, Inhaltbezogene Grammatik,

Semantics / Founding of Semi-annual Journal Morphology.

(3) Compilation of Korean language dictionaries in North and South Korea / Compilation of Pyojunkugotaesajon (The Great Standard Korean Dictionary) by National Language Institute (collecting 500,000 vocabularies).

(4) Many publications on the Korean language grammar: describing Korean language grammar in terms of the generative grammar (Soh Chung-su) / Describing syntax and morphology of the Korean language of the 20 c (2 volumes, 2,500 pages).

(5) Publication of important works on the history of vocabulary of the Korean language (Lee Ki-mun), history of the Korean language (Kim Tong-so), historical sources of the Korean language (Ahn Pyong-hui), Manchu (Song Paik-in), Mongolian (Kim Pang-han), History of sino-korean sound system (Yu Chang-kyun), and Soktok-Kugyol (Nam Pung-hyon).

(6) Publication of the Korea language map by National Academy of Sciences. General research on dialects in Korea (Choi Myong-ok, Kim Cha-gyun).

(7) Introduction and translation of some theories relating to textlinguistics (Coseriu, Harweg, Lang, Isenberg, Brinker, Vater, Viehweger, van Dijk) / Describing textlinguistics on the basis of text material of Korea and other East Asian countries (Ko Yong-kun).

(8) Systematic description of English history in terms of the generative grammar (Kim Sok-san).

(9) Publication Segyeui ono (Languages of the World) (Pyon Kwang-su, ed) describing 29 languages of the world.

9. Conclusion — Perspectives

(1) Our assignment in the Korean language research is to unify the materialism of North Korea and the idealism and the positivism of South Korea which have been confronted for over 50 years..

(2) We should make out a new language theory which comprehends today's information society and also includes the linguistic knowledge of exegetics and classical poetics in ancient China and medieval Korea.

(3) In 21 c we need a macro-linguistics history which surmounts the 1st and the 2nd Worlds' history of linguistics and comprehends the 3rd World's linguistic research (China, Japan and Korea). Then language theories should be rebuilt upon that base.

By keeping up East-West Linguistic Colloquium of Berlin we may make out a macro-language theory integrating the linguistic cognitive systems of both the East and the West.

After all, doesn't history develop dialectically?

주시경 연구의 어제와 오늘*
― 서거 74주기를 맞으며 ―

1. 들어가기

알려진 바와 같이 한힌샘 周時經(1876. 12. 22~1914. 7. 27)은 국어와 국문을 과학적으로 연구하여 그 결과를 보급하는 데 평생을 바쳤으며 크게는 애국계몽사상가의 면모까지 갖추고 있었던 한국 개화기의 큰 학자의 한 사람이었다. 그에 대한 연구는 시대가 내려올수록 고조되어 남한뿐만 아니라 북한에서도 연구의 표적이 되어 있었으며, 그 기운은 해외에까지 확산되어 있다. 북한은 탄생 80주년부터 연구에 착수하였고, 남한은 탄생 100주년이 연구의 큰 계기가 되었다. 한힌샘이 세상을 떠난 지 올해로 74년이 된다. 그 사이 한힌샘에 대한 관심은 추모의 경지를 벗어나 사상 및 학문체계를 본격적으로 구명함으로써 한국의 사상사 내지 학문사를 다시 정비하려는 단계로 접어들고 있다.

이러한 주위의 움직임을 고려할 때 한힌샘 연구의 어제를 돌이켜 보고

---

* 이 글은 「周時經學報」 1(1988)에 실었던 것인데 내용을 많이 보강하였다. 이 글의 본문에서 언급하는 주시경 관련의 연구문헌은 「周時經學報」 창간호(1988)의 끝에 실린, 연대순으로 작성한 "周時經研究 論著 目錄"(이현희 작성)을 보기 바란다. 단 위의 목록에 제시되지 않은 연구문헌은 각주나 본문에서 언급하였음을 밝혀 둔다.

오늘의 상황을 점검한다는 것은 여러 가지로 뜻 있는 일이라 생각한다. 연구서와 자료집 등은 10편에 가깝고 연구논문은 80편 이상이나 되며, 전기, 회고담, 추념사, 추념시, 자료해설, 대담, 수상류의 글들은 100편에 육박한다.1) 이밖에 개별논문이나 국어학개설, 국어학사 종류의 문헌에 언급된 것을 포함한다면 숫자가 더 불어난다. 공식적 추념·추모행사도 30여 차례나 된다. 이곳에서는 한힌샘에 직접 관련되는 모든 기록물은 물론이려니와 추모·추념행사까지 대상으로 하여 그에 대한 연구성과를 6시기로 나누어 고찰해 보고자 한다. 남한의 연구성과뿐만 아니라 북한과 해외의 연구성과도 함께 서술하려고 한다.

  역사에 실존했던 한 인물을 연구함에 있어서는 우선 그가 오늘의 우리와 숨을 같이 쉴 수 있는가 하는 현대적 평가에 초점을 맞추어야 할 것이고 다음으로는 그의 업적이 한 사회의 학문사나 사상사에서 어떤 자리를 차지하느냐 하는 문제를 생각해야 한다. 이에 앞서 전기적 사실이나, 학설의 발전 및 그 계승에 관련된 문헌학적 측면에 대한 연구는 반드시 거쳐야 한다. 한힌샘 연구사를 엮음에 즈음하여 필자는 위의 세 가지 사항에 유의하기로 한다.

2. 제1기(1914~1944) : 추모·추념의 시대

  제1기는 추모·추념의 글이 발표되거나 그러한 행사가 큰 흐름을 이루었던 시대이다. 한힌샘에 관한 연구는 작고하던 해 「靑春」 1호(1914. 10. 1)에 실린 "周時經先生歷史"에서 비롯된다. 지은이는 밝혀져 있지 않지만 육당 최남선이 집필하였다는 견해가 설득력이 있다.2) 최남선은 중후한

---

1) 「주시경학보」 창간호(1988)와 김민수(편), 「周時經全書」 권6(탑출판사, 1992)에 실린 "주시경 연구논저목록"과 "주시경 추모일지"(고영근 작성)를 보라.
2) 지금까지 청춘본 주시경전은 권덕규가 집필한 것으로 보아 왔으나(김민수 1977/1986 : 24), 임홍빈(1988)에 기대면 최남선일 가능성이 농후하다. 최남선은 주시경을 도와 「말모이」를 편찬하였으나 뒤에는 어떤 연유인지는 몰라도 박승빈학파로 돌아 반주시경학파의 대열에

문체로 주시경의 생애, 업적, 인격, 유업을 부각시켰다. 최남선의 전기에는 한힌샘이 병자(4209)(서기 1876) 11월 7일에 태어나서 갑인 7월 27일 오전 6시 반 천만 뜻밖에 39세로 세상을 버렸으며 유업으로는 朝鮮語講習院, 유저로는 「國文初學」, 「國語文典音學」, 「國語文法」과 기타 고본(稿本) 몇 가지가 있다고 적었다. 당시 신문의 부고난과 신문보도에 6시라 되어 있으므로 사망시간이 일치하지 않는다.[3] 같은 해 11월 1일자 발행의 「靑春」 2호에는 한샘(최남선)의 "한힌샘 스승을 울음"이라는 애도가가 실려 있다. 평소 한힌샘을 존경하였던 육당이 한힌샘의 국어국문 연구의 위업을 기린 것이다. 최남선의 전기에 이어 권덕규의 "주시경선생전"(1923)이 나왔다. 권덕규는 1911~1913년 사이 조선어강습원을 다닌 한힌샘 제자의 한 사람이었다. 그는 청춘본의 "주시경 선생 역사"를 토대로 하여 주시경의 생애, 업적, 인격, 유업에 걸쳐 국한문혼용체의 전기를 서술하였다. 이 글은 나중에 한힌샘의 제자 내지 후학들의 손으로 일곱 번이나 첨삭을 거치거나 표현을 달리하면서 여기저기 실렸을 정도로 주시경 전기의 표본이 되는 글이다.[4] 1926년 「別乾坤」 창간호는 "名士의 遺族訪問記"를 마련하고 그 첫 기획으로 한힌샘의 둘째 아들 周白山의 가정을 찾아 유족들의 근황을 살피고 유영(遺影) 게재와 함께 유업을 기리는 기사를 썼다. 이곳에서는 한힌샘 자녀들의 사진도 실려 있다.

한힌샘에 대한 최초의 평가는 권덕규와 함께 조선어강습원에서 수학한 申明均의 손으로 이룩되었다. 그는 「한글」(동인지) 창간호(1927. 2)에 기고한 "한글과 周時經先生"에서 한글이 과학적 체계를 얻어 학문의 반열 속에 한 자리를 차지하게 된 것은 그의 스승 한힌샘의 노력 때문이라고 말하였다. 이어 같은「한글」 1~5(1927. 7)의 표지에는 서거 13주기를 맞아

섰다. 우선 다음 관련 자료를 보라.

　一聲子, 「한글」, 「正音」 對立 小史, 「四海公論」(1938. 7), 「역대한국문법대계」 3-23, 767쪽

3) 한힌샘의 서거를 보도한 「每日申報」를 가리킨다. 이에 대해서는 「주시경학보」 창간호의 "한힌샘 서거에 대한 새 자료"를 보라.

4) 金敏洙(1977 : 24)에는 3편 밖에 소개되지 않았으나 「新民」 13(1926), 「東光」 4-7(1932),「한글」 1-3(1932),「한글」 4-10(1936)에서 비슷한 전기를 발견할 수 있다. 최남선의 전기와 다른 이본과의 대교는 임홍빈(1988)에 자세하다.

진영(眞影) 게재와 함께 약력을 소개하고 한 편생을 국어연구에 바친 한 힌샘의 정신을 추모하였다.

본격적 한힌샘 추모행사는 「新生」 2-9(1929. 9)가 마련한 "周時經先生 十五週朞紀念特輯"이다. 표지는 「말의 소리」에 나오는 가로풀어쓰기로 장식되어 있다. 먼저 권덕규의 "周時經先生傳"이 나온다. 이는 그의 「朝鮮語文經緯」(1923)에서 옮겨 실은 것이다. 李秉岐는 "周時經先生印象記"에서 한힌샘의 인격적 측면을 추모하였다. 말과 글의 연구뿐만 아니라 인격적으로도 당시의 제1인자였다고 술회하였다. 白南奎는 "周時經先生을 追憶함"에서 강습원 시절의 숨은 이야기[일화]들을 소개하고 "순진한 교육가, 천재의 교육가, 처음이요 나중인 위인"이라고 평가하였다. 백남규는 한힌샘 작고 이후 1916년에 조선어강습원을 수료한 사람인데 "地誌시간…"이란 말이 나오는 것을 보면 중앙학교의 제자였던 것 같다.5) 한힌샘 별세 당시 백남규는 하기 휴가를 맞아 시골에 가 있었기 때문에 영결식에 참석하지 못하고 대신 편지로써 조문을 표하였다고 그의 일지에 적어 놓았던 것을 위의 글의 끝에 옮겨 두었다. 그는 이곳에서 每日申報에 실린 당시의 부고도 적고 있다. 백남규가 남긴 부고는 한힌샘의 서거 일시를 알려 주는 유일한 자료로 이용되어 왔다.6) 이곳에도 작고 일시는 7월 27일 오전 6시로 되어 있다.7)

鄭烈模는 "周先生과 그 周圍의 사람들"에서 자기는 어린 축에 속하였기 때문에 한힌샘의 가르침을 받았다는 것 이외에는 별다른 접촉이 없었으며 신명균과 가장 친하였고, 김두봉, 최현배, 이규영, 윤창식과는 아는 정도에 그쳤으며 권덕규는 나중에 알았다는 이야기를 적고 있다. 정렬모는 1913~1914년 사이 조선어강습원을 다닌 한힌샘의 문하생이다. 그는 이글에서 한힌샘을 "조선어 연구의 創導者"라 평가하고 그의 동지는 조선

---

5) 「한글모 죽보기」에는 백남규가 1916년 고등과 제4회를 졸업한 것으로 되어 있다. 高永根 (1983가/1994 : 262)를 보라.

6) 金敏洙(1977/1986 : 31 주26)를 보라.

7) 백남규의 일지와 매일신보의 부고에 대하여는 「주시경학보」 창간호의 "한힌샘에 관한 새 자료"를 보라.

어강습원장을 지낸 솔벗뫼 南宮㠀이고 그의 학문을 계승하고 있는 사람은 권덕규, 이병기, 장지영이며, 이들이 조선어연구회를 다시 일으켜 한글혁신운동을 일으키고 있다고 말하였다. 신명균은 "朝鮮語의 學的體系와 周時經先生의 地位"에서 세종 이후 조선어를 성음과 어법에 걸쳐 과학으로 체계를 세운 사람은 한힌샘이라고 말하고 한힌샘의 공업(功業)은 조선어와 함께 자라나서 조선어와 함께 영원히 빛날 것이라고 업적의 위대함을 기렸다.

李能和는 "舊韓國時代의 國文硏究會를 回顧하면서"에서 학부 안에 설치되어 있었던 국문연구소 주임위원으로 한힌샘과 활약하던 당시의 사정을 알려 주고 있다. 이능화는 당시의 10개 연구주체를 제시하고 한힌샘과 자기가 가장 열심히 보고서를 제출하였으며 그 보고서는 학부(學部)의 편집국장이던 魚允迪이 수합·보관하였다고 증언하였다. 그리고 자기들이 만든 의정안이 당시 심의중이던 총독부의 언문철자법의 개정안8)과 큰 차이가 없다는 사실을 증언하였다. 이로써 1930년의 총독부의 개정언문철자법이 대한제국시대의 국문연구소의 보고서가 뒷받침되어 있다는 것을 알 수 있다. 그리고 국문연구소 위원 가운데서도 주시경과 의견교환을 가장 많이 하였다고 하였다. 자기는 뒤에 종교·역사 방면으로 전공을 바꾸었지만 한힌샘은 처음 뜻대로 정음강습회 같은 사업을 벌림으로써 국문보급의 기초를 닦아 놓았으니 단연코 훈민정음의 제일공신이라 하지 않을 수 없다고 하였다.

이 특집호에는 외솔(崔鉉培)의 "한힌샘 스승님을 생각함 ― 가신 지 열다섯해에 ―"라는 연시조 12수가 실려 있다. 한힌샘의 공적과 자신과의 관계를 한 편의 시를 통하여 형상화하였다. 최현배는 1910~1913년 사이에 조선어강습원에서 한힌샘의 가르침을 받았다. 이곳에서는 1915년의 한글배곧(조선어강습원)의 "마친보람"(졸업증서), 1914년의 졸업사진, 한힌샘의 일기 몇 편이 소개되어 있다. 또 여기에는 "당시의 애도가"라고 이름 붙인 "周時經先生을 哭함"이라는 글이 실려 있는데 이는 앞에서 본 한

---

8) 언문철자법의 개정 경위에 대하여는 고영근(1998 : 59~68)을 보라.

샘(최남선)의 애도가를 거의 그대로 옮겨 놓은 것이다. 무슨 까닭으로 지은이가 밝혀져 있지 않은지 현재로는 알 수 없다. "謹告"난을 보면 원래는 李光洙, 李允宰, 張志暎의 글도 싣기로 되어 있었던 것 같다. 어쨌든 「新生」의 한힌샘 특집은 뒤에 한힌샘 연구의 자료로 많이 활용되었다.

「新生」의 기념특집 이후 이듬해 1930년 11월 19일, 조선일보는 한글발표 484주년 기념특집을 마련하였다. 이곳에는 이극로, 정렬모, 이병기, 장지영 네 어문학자들의 글이 실려 있다. 이중 장지영은 "한글날에 追慕되는 周時經先生"을 기고하였다. 장지영은 한힌샘의 이른 시기의 제자로서 1909년 하기국어강습소에서 한힌샘의 가르침을 받았으며 1910년에는 하기국어강습소의 강사까지 맡았던 사람이다.9) 그는 이곳에서 창제 후 천대받던 한글이 한힌샘에 의하여 독립적인 문자로 자리가 잡혔으며 한힌샘을 세종대왕 이후의 오직 한 사람이라고 단정하였다. 이곳에는 "周時經先生의 遺筆"이라고 하여 석판 「말의 소리」 일부가 소개되어 있다.

두 번째의 추모기념행사는 서거 18주기가 되는 1932년에 있었다. 金善琪는 "한글學의 先驅 周時經先生"(「東光」 4-7, 1932. 7)에서 한힌샘은 조선사상(史上)에서 영원히 빛나는 어른이며 그의 참된 가치가 아직도 밝혀지지 않았음은 물론, 전기다운 전기가 없다고 말하면서 그에 대한 연구의 필요성을 힘주어 말하였다. 김선기는 약전 이외에 한힌샘의 조선어학사상의 위치, 인격과 업적, 저서 비판에 걸쳐 한힌샘을 연구할 생각을 가졌으나 약전을 서술하는 정도로 그친다고 하였다. 이곳에는 한힌샘의 사진도 실려 있다. 김선기는 당시 25세의 청년으로 조선어학회 사전편찬원이었으며 한힌샘 제자의 제2세대였기 때문에 이렇게 어느 정도 객관적 평가를 꾀했던 것이 아닌가 한다. 김선기는 권덕규의 전기를 중심으로 다시 전기

---

9) 장지영은 1908년 한힌샘에게 수학했다고 그의 연보에 적혀 있으나 (「나라사랑」 29, 1978), 이는 기억의 착오일 것이다. 「한글모 죽보기」에는 장지영이 제3회(1909) 하기국어강습소 졸업생이며 이듬해(1910) 강사로 피빙(被聘)되었다고 적고 있다(高永根 1983가/1994 : 245). 그리고 최근에 공개된 윤무영(尹茂榮)의 제4회 하기국어강습소 강습증서(이겸로 소장, 한자+문화 7호, 2000. 3에 실림)에 장지영이 박제선과 함께 강사직을 수행하였음을 적고 있어 「한글모 죽보기」의 기록의 신빙성을 더해 주고 있다.

를 쓰되 "어린이 시절"과 "젊은이 시절"로 나누어 서술하였다. 끝에는 한
힌샘 서거 당시 「매일신보」에 실렸던 기사를 옮겨 실었다. 이 기사를 읽
으면 한힌샘 별세 후의 가족들의 정상이 어떠하였는가를 능히 짐작할 수
있다. 이 기사는 그 뒤 한번도 주목되지 못하였다.10)

김선기와 같은 달에 「한글」(기관지) 1-3(1932. 7. 19)은 "周時經先生紀
念"을 마련하였다. 이곳에는 조선어학회가 기관지 「한글」을 창간하자 처
음 맞는 주기(18주기)인 점을 고려하여 기념호를 낸다는 이윤재의 "머리
말"이 있고 이어 가람(李秉岐)의 추모시조 "한힌샘 스승님", 전기 "周時經
先生(지은이 안 밝힘)", 감메(崔鉉培)의 "周스승님을 생각함"이란 글이 실
려 있다. 전기의 끝 부분에는 한힌샘의 「말의 소리」(1914)가 석판 인쇄의
책이라는 것과 경영만 하고 이루지 못한 「말모이」라는 사전이 있었다는
사실이 적혀 있다. 감메의 글에는 지방에서 하기강습을 하는 도중에 스승
한힌샘의 부음을 듣고 강습생과 같이 통곡하였다는 숨은 이야기가 적혀
있다. 이곳에는 한힌샘의 조상(照相)과 함께 1913년 조선어 강습원 고등
과를 마친 尹福榮의 졸업증서 "맞힌 보람"이 공개되어 있다.11)
시간이 흐름에 따라 한힌샘에 대한 추모 내지 평가는 범위가 넓어져 갔
다. 1935년 1월 1일자 「東亞日報」는 "建設途上 의 거룩한 礎石 祭物로 自
任한 開拓者의 全生涯"란 표제 아래

> 을해(乙亥)의 첫날 동천에 솟는 햇볕이 히망에 더욱 빛나고 잇지 안흐냐. 희
> 망의 첫날 우리의 개척자 선배들의 거룩한 창조와 노력의 자최를 새 희망으
> 로 함께 다시금 더듬어 살펴보기로 하자(원문대로)

라는 머리말에 이어, "한글 · 한힌샘 周時經", "大倧敎 · 弘巖 羅喆", "細菌

---

10) 필자는 김선기의 글을 보고 매일신보의 기사를 찾을 수 있었다. 「주시경학보」 창간호
(1988)의 "주시경 서거에 대한 새 자료"를 보라.
11) 윤복영의 증서는 북한 과학원(편)의 「주시경선생유고집」(1957)의 끝에도 옮겨 실려 있다.
가로풀어쓴 사람의 이름이 윤복영으로 해독되고 또 「한글모 죽보기」, 고등과 제1회(1913)
졸업생 명단에 "尹福榮"이란 이름이 나오므로 두 사람이 같은 인물이란 사실이 확인된다.
(高永根 1983가/1994 : 258)

學者·兪日濬"의 세 사람의 생애를 크게 비추었다. 「동아일보」는 가람 이병기의 추모시조를 인용하면서 한글 연구를 위해 바친 30평생을 "애닲은 눈물과 살 아픈 피와 땀의 역사"라고 한힌샘을 평가하였다.

李允宰는 "한글運動의 先驅者周時經先生"(「三千里」 7-10, 1935)에서 남의 비웃음에도 아랑곳하지 않고 한 평생을 조선어문연구에 바친 한힌샘의 걸은 길을 더듬고 한국어의 성음과 문법 연구의 기초를 닦았다고 평가하였다. 한힌샘이 작고한 지 20여 년이 되는 그 때 한글과학운동이 번창하여 통일의 완성이 가까워 옴은 그가 끼친 은택이며 그의 훈업(勳業)은 조선어가 존재하는 날까지 영원히 빛날 것이라고 하였다. 이윤재는 앞의 김선기와 함께 한힌샘의 직계 제자는 아니었다. 마산 창신학교 재직 시절 한결 김윤경을 통하여 주시경을 사숙(私淑)하였던 것이다. 그러다가 한힌샘의 제자들이 중심이 되어 세운 조선어학회의 회원이 되어 사전을 편찬하면서 유업을 계승한 사람이었다.12) 이곳에서도 한힌샘의 진영(眞影)이 실려 있다.

이미 1932년에 한힌샘에 대한 회상기를 썼던 감메(외솔) 최현배는 「朝光」(1936. 1)에 "朝鮮語의 恩人 周時經先生"을 기고하였다. 이 글은 "나의 스승, 각계 제씨의 스승 예찬기"라는 특집난에 실린 것인데 최현배는 한힌샘을 자기의 가장 존경하는 스승이라고 말하고 官立漢城高等學校에 입학하던 1910년 그의 내종형 朴彌周와 그의 친우 김두봉의 주선으로 한힌샘의 가르침을 받게 되었다고 하였다. 이들 세 사람은 모두 국어연구학회 제2회(1911)의 졸업생이다. 그밖에도 3년 동안 조선어강습원을 다녔다든지 고등과 졸업시에는 최우등생으로서 답사를 했다는 이야기를 적었다. 이들은 대부분 「한글모 죽보기」의 기록과 일치되는 것으로 소중한 증언이 아닐 수 없다.13)

1936년은 한힌샘이 태어난 지 60돌이 되는 해이다. 죽은 사람의 회갑을 기념한다는 것은 여간 쉽지 않은데 이 해에 한힌샘의 회갑 기념행사가 있었다. 먼저 조선어학회는 「한글」 4-10(1936. 11. 1)을 회갑기념특집호로

---

12) 이윤재에 대하여는 「나라사랑」 13 (1973)과 고영근(1988, 1992/1998 : 161~207)을 보라.
13) 「한글모 죽보기」 68장과 高永根 (1983가/1994 : 260)를 같이 보라.

꾸몄다. 책의 머리에 "追慕! 周時經先生"이라 하여 초상을 싣고 그 당시 한글운동이 더욱 확산되어 바른 본을 찾게 된 것은 한글의 바른 길을 잡아 준 한힌샘의 성력(誠力)의 결정으로 보고 추모의 뜻을 표하였다

먼저 권덕규의 "주시경 선생전"을 기초로 하여 한글만으로 쉽게 쓴 전기 "周時經先生"(지은이 안 밝힘)이 다음으로 나와 있고, 이어 崔奎東, 中瑛澈의 글이 실려 있다. 최규동은 "偉大한 그 人格"에서 한힌샘은 남을 잘 감복시키는 감화력을 지녔으며 생활이 엄격하여 금주와 단연을 하였다는 인격의 일면을 드러내었다. 입지가(立志家)로서 조선어를 처음부터 끝까지 연구하고 가르쳤으며 국어 이외에도 지리·역사를 가르쳤다는 것과 밤에는 유일선이 경영하는 정리사(情理舍)에 나가 수리학을 배웠다는 사실을 증언하고 있다. 최규동이 휘문학교에 봉직했으니 그 당시의 동료였을 가능성이 많다. 신영철은 "周時經先生을 追慕하며"에서 각별히 회갑을 맞아 쓰는 글임을 강조하고 한힌샘을 반동이라고 하는 견해에 대해 위대한 사상은 반동에서 나온다는 사실을 들어 한힌샘을 변호하였다. 신영철은 당시 조선어학회 회원으로서 「한글」에 기고하던 사람이었는데 한힌샘의 직접 제자는 아니었던 것 같다.

1936년 11월 17일(음력)에는 한힌샘을 길러 낸 배재고등보통학교 강당에서 회갑기념식을 거행하였다. 崔奎東, 金鎭浩, 辛鳳祚, 中明均, 李秉岐, 崔鉉培, 周白山(한힌샘의 둘째 아들) 등 40여명이 모여 기념식을 갖고 다과회를 베풀었다. 11월 7일이 탄생일인데 사정이 있어 날짜를 늦추었다고 하였다.14) 1937년 「朝光」 3~5에는 "名家의 後孫을 찾아서"를 마련하고 그 첫 기획으로 한힌샘의 둘째 아들 周白山의 집을 찾아 기사를 실었다. 이곳에는 지금까지 알려지지 않은 태몽 등 숨은 이야기가 소개되고 주백산 가족의 사진이 실려 있다.

한힌샘의 저술로서 살아 있을 때 정식으로 출판된 것은 「國語文典音學」 (1908), 「國語文法」(1910)(재판과 개정판도 있음), 「말의 소리」(1914)이다. 中明均은 1933년 위의 세 저술을 「周時經先生遺稿」라는 이름을 붙여 간

---

14) 「한글」 5-1(1937) 머리에 회갑연 사진과 32면에 관련기사가 실려 있다.

행하였다. 첫머리에 권덕규의 "小傳", 「靑春」 1호(1914)에 발표한 한샘(崔南善)의 "哀辭"가 차례로 실려 있고, 권1에 「朝鮮語文典音學」, 권2에 「朝鮮語文法」, 권3에 「말의 소리」가 배당되어 있다. 세 저술이 다시 조판되어 있다. 그런 만큼 원본과 다른 점이 많다. "國語"를 "朝鮮語"로 바꾼 것이 큰 차이점이다. 일제강점기라는 시대적 제약을 받았기 때문이다. 특히 「말의 소리」에서는 어절, 단어, 이른바 늧씨의 부호가 전혀 표시되지 않았으며 늧씨에 대한 보기가 제외되어 있다.

한힌샘에 대한 부정적 시각은 생전에도 있었지만 사후에 더 격렬하였다. 安廓(안확)은 한힌샘의 문법연구태도를 국수적·독단적이라 하여 통열하게 비판한 일이 있다.[15] 다 아는 바와 같이 周時經學派에 대하여 정면으로 도전한 것은 조선어학연구회를 중심으로 한 朴勝彬學派였다. 주시경 학파에서는 한힌샘의 회갑을 맞아 「한글」기념호를 내고 회갑잔치까지 베푼 것과는 대조적으로 박승빈학파는 한힌샘을 깎아 내리는 글을 실었다. 林圭는 "周時經論"(「正音」, 15, 1936)이란 글에서 한힌샘이 우리 語文研究의 선진자의 영예를 받을 수는 있으나 고루한 생각에 사로잡혀 독단에 빠져 버렸다고 개탄하였다. 비판의 표적으로 삼은 것은 언문의 이름을 "한글"로 지은 것, 'ㄲ, ㄸ' 등의 각자병서를 경음부호로 삼은 것, 용언의 어간을 '먹, 잡'으로 잡은 것, '終聲復用初聲'을 잘못 해석했다는 것, 한글식 신조어를 만든 것 등이다. 신조어에 대하여는 "한 민족의 언어라는 것은 그 시대를 따라 자연적으로 발생하는 것이요 결코 一, 二 개인의 고의적으로 제조하지 못하는 것"이라 하여 그 부당성을 논박하였다. 임규는 당시 공포된 "한글맞춤법통일안"의 주창자들이 한힌샘의 신봉자임을 이유로 하여 이렇게 비판하게 된 것이다.

朴壽南의 "周時經先生을 追慕함"(「正音」, 17, 1936)도 같은 취지의 글이다. 이 글은 그의 표현대로 옮기면 "우리 어문연구의 선구자인 故한힌샘 두루때날先生의 周甲"을 맞아 쓴 것이다. 38세라는 짧은 생애에도 불구하고 우리 語文의 法則을 설정하고 文典을 운위한 사람은 훈민정음 창제 후

---

15) 姜馥樹(1972 : 196), 高永根(1983나 : 47/1998 : 1부)을 보라.

한힌샘이 효시라는 점을 인정하였다. 그러나 그가 세운 법칙은 편곡기괴(偏曲奇怪)하여 "우리 어문 破滅者"의 책임을 지지 않을 수 없다고 말하고 그러한 책임은 오히려 그의 후학들이 더 크다고 비판하였다.

한힌샘에 대한 임규, 박수남의 비판은 당시 조선어학회와 조선어학연구회 사이에 대립되어 있었던 정서법 문제와 직접 관련되는 것이었다. 조선어학회의 맞춤법 이론이 한힌샘의 정서법 이론에 뿌리가 닿아 있었으므로 그에 대한 평가가 가혹할 수밖에 없었다.

한힌샘의 국어학 연구가 정식으로 학문적 평가의 대상이 된 것은 金允經의 「朝鮮文字及語學史」(1938)이다. 김윤경은 한힌샘이 尙洞 靑年學院 시절의 제자로 알려져 있다.16) 그는 고대로부터 현대에 이르는 한국문자사와 어학사를 서술하는 자리에서 한힌샘의 업적을 평가대상으로 삼았다. 그는 먼저 "국문연구소 위원들의 연구보고서"에서 한힌샘의 활동과 보고서의 내용 일부를 소개하였다. 이어 그는 한힌샘의 「國語文法」을 소개하는 자리에서 권덕규의 전기와 대동소이한 전기적 내용과「國語文典音學」, 「國語文法」, 「말의 소리」의 3종의 저서를 먼저 언급하였다. 「國語文法」의 "序"를 소개한 뒤에 그것이 "소리갈"(音學), "기난갈"(字分學), "짬듬갈"(格學, 文章組織學)의 세 부분으로 되어 있음을 말하고 차례로 내용을 분석·소개하였다. 끝에는 「말의 소리」의 내용은 물론, 부록으로 실려 있는 "씨난의틀", "우리글의 가로쓰는 익힘"도 그 개요를 소개하였다. 김윤경의 한힌샘에 대한 서술은 이후의 어학사들이 궁극적으로 기댄 연구물이었다는 점에서 큰 의의를 지닌다.17) 1960년대까지 국문연구소 보고서는 이것밖에 참고할 것이 없었으며 문법연구도 원전을 보기 힘든 상황이었다는 점을 상기할 때 그러하다. 바로 뒤에 나온 최현배의 「한글갈」(1942)이 김윤경의 서술을 딛고 있다.

김윤경의 연구도 엄격한 의미의 한힌샘 연구라 하기가 어렵다. 학설의 줄거리를 정리·기술한 것 이외는 큰 특징을 발견할 수 없다. 부분적이기는 하지만 한힌샘 학설에 대한 李崇寧의 평가는 언어학적 관점에 서 있다

---

16) 「한결金允經全集」 1(1985), 연세대학교 출판부 "해적이"를 보라.
17) 자세한 사항은 李基文(1970 : 47)을 보라.

는 점에서 주목할 만하다. 그는 「ㆍ音攷」(1940)에서 'ㆍ'音의 음가를 논의한 과거의 업적들을 평가하였는데 한힌샘이 힘들여 증명한 'ㆍ'音의 'ㅣㅡ' 합음설은 음운론적 방법을 등한히 한 이론이라고 비판을 가하였다.

3. 제2기(1945~1955) :
광복을 계기로 한 유고집의 중판과 한힌샘의 재인식

1945년을 한힌샘 연구의 제2기의 출발점으로 잡은 것은 광복을 계기로 하여 한힌샘을 다시 찾아 우리 어문의 연구와 그 보급의 기틀로 삼았다고 보았기 때문이다. 이 시기에는 또 한 뿌리에서 자라난 한힌샘의 제자들이 이념의 대립으로 말미암아 남북으로 갈라지는 아픔을 겪기도 하였다.

우선 주목할 것은 식민지 시대에 나왔던 「周時經遺稿集」이 해를 이어 다시 얼굴을 내밀었다는 사실이다. 申泰和는 1945년 9월 30일자로 신명균의 유고집을 다시 찍어내었다. 초판 끝에 있었던 "우리글의 가로쓰는 익힘"이 삭제된 것만 다르다. 나머지는 초판의 지형을 그대로 이용하였다.

이듬해 1946년 4월에는 「朝鮮語文法」(周時經先生遺稿)이 나왔다. 한힌샘의 세째 아들 周王山이 일제강점기에 나온 신명균의 「주시경선생 유고집」을 제목을 바꾸어 출판한 것인데 여기에는 몇 가지 차이점이 발견된다. 초판과 재판의 최남선의 애사 대신에 이병기가 「한글」 1-3(1932)에 발표했던 추모시조가 들어갔다. 따라서 卷首의 목차도 "小傳, 哀辭"가 "小傳, 追慕詩"로 바뀌었다. 책 끝의 "우리글 가로쓰는 익힘"이 1945년의 재판과 같이 빠지고 장지영의 서문이 더 붙었다. 신태화의 유고집이 재판이라면 이 책은 삼판이 된다. 같은 지형을 사용하고 있다는 점에서 그러하다. 신태화는 최남선의 애사를 그대로 두었지만 이 책은 이병기의 추모시로 바꾸었다. 무슨 까닭으로 최남선의 애사를 이병기의 추모시로 바꾸었는지 알 수 없다. 앞에서 잠시 본 대로 육당과 주시경학파가 갈라선 데 까닭이 있을지 모른다.

장지영은 "서문"에서 한국을 침략한 왜적이 기어이 무릎을 꿇게 되어 한국 말과 한글이 다시 살아나 언덕에 붙는 불처럼 퍼져 나가고 있음을 감개 깊게 서술하고 자기에게 한국 말법을 가르쳐 준 스승 한힌샘과의 만남을 술회하였다. 작고한 어버이를 사모하여 책을 박겠다는 한힌샘 아드님의 요청으로 서문을 쓴다고 적었다. 우연의 일치인지는 알 수 없으나 1946년은 한힌샘의 탄생 70주년이 되는 해이기도 하여 어떤 의의를 줄 수 있을 것 같다. 장지영과 같은 추모의 글은 이 시대에도 더 보인다. 최현배는 "주시경 스승과 나"(1947)에서 해방이 되어 한힌샘의 한국말과 한글에 대한 사랑과 가르침이 열매를 맺을 때가 되었음을 강조하였다. 최현배는 또 "나의 존경하는 교육자, 주시경 선생"(1953)이라는 글에서 한힌샘을 한국 겨레의 최대의 스승, 사모하는 교단의 스승이라고 사모의 정을 토로하고 있다.

이 시기에는 한힌샘의 문하생이 아닌 사람들의 손으로 한힌샘의 인격과 생애 및 학문이 정식으로 조명되기 시작하였다. 정태진은 "周時經先生"이라는, 당시로서는 보기 드문 2편의 논문을 발표하였다. 정태진은 조선어학회 회원으로서 조선어학회 사건에 연루된 바 있으며 사전편찬에 공이 많았다.18) "周時經先生(一) — 그의 생애와 인격 — 한글 頒布五百周年紀念日을 당하여"(「한글」 12-1)(봄맞이호)(99호)(1947)에는 작은 제목에 밝혀진 바와 같이 생애와 인격적 측면을 다루었다. 한글 반포 500주년을 맞아 한힌샘을 존경하는 사람들에게 참고자료로 이바지한다는 뜻에서 쓴다고 적었다. 정태진은 한힌샘의 일기와 저술, 그리고 일제강점기에 발표된 권덕규, 이병기, 백남규, 정렬모, 이윤재, 신명균, 최규동, 최현배, 신영철의 글과 아들 주왕산의 글을 이용하여 한힌샘의 생애와 인격의 이모저모를 종합적으로 서술하였다. 정태진은 "周時經先生(二)--우리 語文學界에 끼친 그의 功績"에서 작은 제목과 같이 우리 語文學界에 끼친 공적과 학설의 줄거리를 소개하였다. 그는 자신의 글을 읽은 뒤에는 1946년

---

18) 정태진의 생애와 업적에 대하여는 다음 전집을 보라.

　　羅州丁氏月軒公派宗會, 「석인 정태진 전집」(상, 하), 서경출판사, 1995.

의 「朝鮮語文法」을 읽기를 권하고 있다. 한힌샘 공적을 다음 9항목에 걸쳐 정리하고 있다.

1. 선생의 民族愛
2. 純조선的인 硏究態度
3. 우리 語文의 全般的 硏究
4. 선생의 綴字革命
5. 國語 淨化運動의 先驅者
6. 漢子 안쓰기 運動의 唱導者
7. 한글풀어쓰기 運動의 先鋒
8. 一生을 語文硏究에 바친 先生
9. 弟子를 통하여 나타나는 先生의 功績

다듬어지지 않은 측면이 없지 않으나 그때까지 드러난 한힌샘의 공적이 거의 망라된 것으로 보인다. 학설소개에 있어서는 聲音論(소리갈), 品詞論(기난갈), 文章論의 내용을 도표로 만들어 보이었다. 정태진은 한글의 기원, △ 음론, ㆍ音論, 言語觀과 文字觀도 논의의 대상이 될 수 있다고 붙였다.

남한에 이어 북한에서도 한힌샘이 평가를 받기 시작하였다.[19] 그 첫 업적은 신구현의 "국문운동의 선각자 주시경 선생의 생애와 업적"(「조선어연구」 1권 4~5호)(1949)이다. 신구현은 경성제국대학 조선어문학과 졸업생으로 해방후에 북한으로 간 것으로 알려져 있다. 2회에 걸쳐 한힌샘의 생애와 업적을 집중적으로 조명하였다. 신구현은 1권 4호의 머리에 주시경이 1907년 「西友」에 발표하였던 "국어와 국문의 필요"의 한 구절을 인용하였으며 끝에는 전문을 원문대로 옮겨 놓으므로써 북한의 당시의 어문정책의 기조가 주시경의 사상에 연원하고 있음을 드러내었다.[20] 신

---

19) 북한의 한힌샘연구의 동향과 흐름은 최호철(1991)에 자세하다.
20) 주시경이 「서우」에 발표하였던 "국어와 국문의 필요"는 「대한국어문법」의 跋文을 개작한 것이다. 이는 고영근(1999 : 299~301)에서 현대맞춤법으로 고쳐 적고 주석을 달아 보이기도 하였다.

구현은 한힌샘의 사상적 근거를 외래 침략세력의 지배와 간섭을 배격하고 자주독립을 쟁취하는 이데올로기적 무기로 인정한 데서 찾았으며, 북한이 당시 추진하고 있었던 민족어 재건발전운동은 바로 한힌샘의 유산을 계승·발전시키는 것이라고 하였다. 그러면서도 신구현은 주시경의 업적이 역사적 제약으로 말미암아 미숙한 곳이 없지 않지마는 이는 후학들이 극복하여야 하는 과제임을 천명하였다. 요컨대 북한은 초기부터 한힌샘의 어문민족주의 철학에서 민족어 재건운동의 당위성을 찾았던 것이다. 김수경은 "주시경 선생의 생애와 학설"을 주시경 서거 40주년을 맞아 「과학원학보」 5호(1954)(조선민주주의 인민공화국)에 기고하기도 하여 북한의 주시경연구가 지속되어 왔음을 알 수 있다.21)

주시경의 국어연구는 李熙昇의 「國語學槪說」(1955)에서 본격적으로 평가를 받는다. 이희승은 최현배, 김윤경과 같은 또래의 학자이기는 하지만 한힌샘을 사숙하였을 뿐이지 직접 배우지는 않았다.22) 그는 국어학의 성립을 논하는 자리에서 김윤경의 저술에 소개된 국문연구소 보고서의 내용을 평가하고 한힌샘이 연구원 가운데서 가장 명성이 높았고 가장 열심히 국어를 연구하였다고 하였다. 이희승이 진정한 의미에서 국어학의 출발을 갑오경장 이후로 잡은 것도 한힌샘이 업적 때문이었다. 한힌샘은 발분망식하다시피 국어를 연구하였고, 그 보급에 노력하여 김두봉, 최현배, 이규영, 권덕규, 김윤경 등의 제자를 양성하였다고 하였다. 한힌샘이 국어연구에 새로운 기축(機軸)을 지은 것은 진지한 학구태도와도 관련이 되지마는 그가 섭취한 외국어의 지식에서 힘입은 바가 많았다고 보았다. 한힌샘은 영어와 그 문법을 학습하여 이를 국어에 이용하였으므로 다른 학자에 비하여 보다 과학적 결실을 맺을 수 있었다고 평가하였다.23)

이희승은 한힌샘의 「國語文法」을 평가하는 자리에서도 한힌샘을 국어

---

21) 이 자료는 콘세비치 박사가 제공하였다.

22) 이희승은 주시경의 「소리갈」을 통하여 모국어 연구에 뜻을 세웠다고 하였다. 관련 논의는 고영근(1985/1996 : 245)를 보라.

23) 李熙昇(1955 : 48~50)을 보라. 한힌샘이 영문법으로부터 받은 영향관계는 최호철(1989)에 자세하다.

학을 개척한 선각자 중에서도 가장 공로가 많은 분이라고 말하고 4개 항목에 걸쳐 그의 공적을 들고 다음과 같이 평가였다.

> 즉 그는 研究와 實踐과 宣傳으로 國語學을 樹立하고 開拓하기에 畢生의 精力을 기울이다가 쓰러진 분이다(39歲때). 이러하므로 後日에 끼친 그의 影響은 가장 커서, 오늘날까지 그가 國語學界에서 追慕의 的이 되는 것은 결코 偶然한 일은 아니라 생각된다.

이희승이 한힌샘의 문법평가에서 대상으로 삼은 것은 품사분류인데, 김윤경, 정태진과 같이 내용소개에 그치지 않고 앞 시대의 문법가들과 유기적으로 관련을 맺음은 물론 자기 나름의 비판도 아끼지 않았다.24) 어학사 서술의 좋은 모범을 보였다고 할 만하다.

4. 제3기 (1956~1965) :
탄생 80·85주년을 계기로 한 한힌샘 연구의 시작

이미 말한 바와 같이 제2기에는 한힌샘의 제자들이나 그와 취향을 같이 하는 인사들이 남북으로 갈라졌다. 장지영, 최현배, 김윤경, 이병기는 남한에 머물렀고, 김두봉은 해방후 중국에서 바로 북한으로 갔으며, 이(리)극로, 이(리)만규, 이(리)상춘은 김구의 남북협상을 전후하여 북행하였으며, 정렬모는 한국전쟁 때 북으로 간 것으로 알려져 있다. 이만규는 주시경의 동료였다. 이극로는 저술을 통하여 한힌샘을 사숙하였다.(후술) 이들중 김두봉, 이극로, 정렬모는 북한의 언어연구와 어문정책의 수립 및 수행과정에서 중추적 역할을 하였다.

조선민주주의 인민공화국 언어문학연구소는 1956년 12월 22일 주시경 탄생 80주년을 맞아 한힌샘이 남긴 고귀한 유산을 계승하고 발전시키기

---

24) 李熙昇(1955 : 324)를 보라.

위한 사업으로 「주시경유고집」을 편찬하였다.[25] 이미 1929년 「新生」지에 한힌샘에 관련된 글을 썼던 정렬모는 권덕규의 "주시경선생역사"를 비롯하여 이봉운의 「국문정리」, 한힌샘 자신의 자전적 서술을 종합하여 "한힌샘 주시경 선생 략전"을 서술하였다. 한힌샘은 그 문하에서 많은 학자들을 배출하였고 조선민주주의 인민공화국 언어학자들이 그의 업적을 계승·발전시키고 있다는 사실을 감안할 때 한힌샘의 일생은 헛되지 않았으며 그 유업은 영원히 빛날 것이라고 강조하였다.

정렬모는 약전에서 한힌샘의 생신을 12월 22일로 잡았다. 1936년의 회갑행사는 음력 11월 7일을 기준으로 했었다. 최초로 양력 환산이 된 셈이었다. 권덕규의 "주시경선생역사"에는 작고일시가 7월 27일 오전 6시 반으로 되어 있는데 정렬모의 "략전"에는 7월 27일 오전 6시로 되어 있다. 우선 별세 당시의 부고가 오전 6시로 되어 있고 이를 옮겨 적은 백남규의 일지에 6시로 되어 있으니 어느 것을 보았는지 모르지만 정렬모의 서술이 옳음을 알 수 있다.[26] 권덕규의 역사에는 천만몽외(千萬夢外)에 세상을 떠난 것으로 서술하고 있지만 정렬모의 "략전"에는 천만 뜻밖에도 무하(無何)의 증세(병의 이름을 몰라서 고칠 수 없는 병이란 뜻)로 세상을 떠났다고 더 구체적으로 별세원인을 밝혔다. 당시의 신문보도(매일신보)에는 한힌샘은 건강을 돌보지 않고 연구와 교육에 열중한 나머지 병을 얻어 작고하였다고 되어 있다. 정렬모의 사인이 정확함을 알 수 있다.

정렬모의 약전에는 국학연구원을 사설하여 과학적 성과가 탁월한 사람에게 "하남"의 학위를 주었다고 적혀 있다. 이곳의 「국학연구원」은 "조선언문회"의 잘못이라 생각된다. 「한글모 죽보기」를 보면 조선언문회에서 「하남」의 학위를 수여한다고 규정하고 있다.[27] 또 이 약전에는 조선어강

---

25) "발간사"와, 정렬모의 주시경 "약전"의 연대는 1956년 12월 22일로 되어 있으나 판권의 발행인은 1957년 10월 30일로 나와 있다.

26) 「신생」 2-9(1929)에 실린 白南奎의 글 마지막을 보라. 백남규의 글과 별세당시의 신문보도에 대하여는 「주시경학보」 창간호(1988)의 화보와 이곳에 실린 "한힌샘 서거에 대한 새 자료"를 보라.

27) 高永根(1983가/1994 : 2부 1장)를 보라.

숙원을 중심으로 산직장려계(産織獎勵契)를 조직하여 기금을 모집하다가 일제의 탄압으로 중지되었다는 기록도 나온다.

또 정렬모는 한힌샘의 자작동요

범아 범아
자는 범아
잘남을 뛰랴느냐
울남을 뛰랴느냐
('잘남'은 '만길', '울남'은 '십만길'의 뜻임)

를 소개하고 이를 민족의 만년대계를 주선한 한힌샘의 애국적 열의가 표백된 것으로 해석하였다. 이 동요는 지금까지 알려지지 않은 한힌샘의 새 자료라 생각된다.

한편「주시경유고집」에는「國語文典音學」,「國語文法」,「말의 소리」,「訓蒙字會再刊例」, 졸업증 사본의 순서로 편성되어 있다.「말의 소리」는 원본을 영인하였고 나머지는 다시 조판하였다. 당시 남한의 주시경 연구는 해방전의 신명균의「주시경선생 유고집」이나 이의 해방후의 중판을 이용하는 것이 고작이었음과 관련시켜 볼 때 북한의 한힌샘 연구는 적어도 자료에 관한 한 남한보다 한걸음 앞섰다는 것을 알 수 있다. 졸업증 사본은「한글」1~3(1932)에 실렸던 尹福榮의 것을 옮겨 놓은 것이다.

유고집의 간행과 함께 북한 과학원은「조선어문」6(1956. 12)에서 한힌샘에 대한 집중적 평가를 시도하였다. 이곳에는 신구현, 정렬모, 박의성의 논문이 실려 있다. 대중성을 띤「말과 글」6(1958)에도 한힌샘을 찬양하는 서윤범의 글이 실려 있다. 한힌샘 탄생 80주년을 맞아 그네들의 천리마운동을 추진하는 정신적 기둥으로서 한힌샘의 업적을 찬양하였다. 이곳에는 한힌샘의 상동청년학원 시절의 동료였던 리만규(李萬珪)의 "인민속의 주선생"이라는 회고담도 실려 있다. 한힌샘의 조선어 연구는 열렬한 애국심에서 우러나왔다고 평가하였다. 리만규는 해방전 배화여자고보에서 교편을 잡으며「한글」에 기고한 일도 있고, 해방 후에는「조선교육사」

를 간행한 바 있으며, 북한에 가서도 가로풀어 쓰기와 한글전용 문제에 관한 논문을 「조선어연구」에 기고한 일이 있다.[28]

　이미 1949년에 "주시경 선생의 생애와 업적"을 발표하였던 신구현은 탄생 80주년을 맞아 다시 주시경론을 썼다. 신구현은 이전의 기고를 더 다듬고 당시의 북한의 사상적 흐름에 발을 맞추어 새로이 집필한 주시경론이었다. 신구현은 "주시경 선생의 생애와 활동 — 그의 탄생 80주년을 맞으면서"에서 한힌샘을 탁월한 과학자이고 교육자이며 열렬한 애국자라고 전제한 다음,

　　사람이란 보통 시간이 흐르면 흐를수록, 거리가 멀면 멀수록 소원하여지기가 일수다. 그러나 력사상에는 이와 반대로 갈수록 기억에 새로워지며 보다 더 친근하여지며 추모와 존경의 정으로 보다 더 불타오르게 하는 사람이 있다. 력사상에서 이러한 사람이 위인인데 주시경 선생은 바로 이런 걸출한 사람의 한 분이다.

라고 평가하였다. 이어 그는 한힌샘이 과학문화활동에서 새로운 길을 개척하고 낡은 것을 용감하게 물리치고 새로운 것을 확인함으로써 조선과학문화의 찬란한 미래를 예견하고 그를 향하여 매진하였다고 적었다. 이어 신구현은 한힌샘의 생애 및 활동을 엮고 나서 해방후 조선어가 조국의 통일독립과 사회주의건설에 힘을 쏟는 조선인민들의 민족어로 개화발전할 수 있는 기초를 닦았다고 그의 업적을 평가하였다. 그는 한힌샘이 남긴 문화유산의 의의를 다음과 같이 간추리고 있다.

　　(1) 언어의 사회적 기능에 대한 정당한 견해를 수립함
　　(2) 회화어와 서사어를 일치시켜 민족어를 수립함
　　(3) 조선어를 문학어로 단련하고 세련시키는 방법론을 제시함
　　(4) 형태주의에 입각한 조선어 철자법의 기초를 마련함
　　(5) 가로풀어쓰기를 제창함

---

28) 북한에서의 리만규의 활동에 대하여는 고영근(1994 : 1부 7장)을 보라.

정렬모는 "조선어 문법에 대한 주시경 선생의 견해"에서 한힌샘을 탁월한 국어학자요 애국지사라는 사실을 전제하고 특히 「國語文法」을 종합적으로 분석하였다. 「국어문법」은 어음론("음학/소리갈"), 형태론--품사론("자분학, 기난갈/씨난갈"), 단어조성론("기몸바꿈/씨몸바꿈"), 철자법("국문기습"), 문장론("격학/짬듬갈")로 구성되어 있다고 보고 당시의 북한의 문법체계의 관점에서 현대적 해석을 꾀하였다. 정렬모는 한힌샘이 「국어문법」을 통하여 조선어 전반에 걸친 연구를 지향하였다고 평가하였다. 정렬모는 "말"을 꼭지점으로 하여 "기(씨)", "다"로 갈리고 "다"가 "모, 드, 미"로 갈라지는 그림(「國語文法」 p.37)을 하나의 언어체계로 파악하고 있으며 각 단위에 대한 형태적 해석도 꾀하고 있다. "기" 등의 문법단위에 대한 어원을 탐색하고 있으나 대부분 미상으로 돌렸다. 다만 "씨"에 대하여 자기가 직접 들은 바로는 '씨 經'의 새김을 취한 것이고 후계학자들은 훈민정음의 '~ㄹ 씨라'의 '씨'를 염두에 둔 듯하다고 증언하였다. 한힌샘이 "씨"의 어원을 '經'의 새김에서 가져왔다는 것은 정당성 여부와는 관계없이 지금까지 알려지지 않았다. "미"는 여러 문장이 모여서 한편의 설화를 이루는 것이며 이는 문장론의 대상은 될 수 없고 수사학적, 문체론적, 문학적 연구대상이 된다고 정렬모는 해석하였다. 이는 최근 언어학에서 문제가 되고 있는 텍스트 단위와 일치하는 해석으로서 한힌샘의 문법이 문장의 경계를 넘어서지 않았다고 보는 것이다.29)

정렬모는 이어 소리갈, 국문기습, 씨난갈, 짬듬갈, 단어조성론에 걸쳐 현대적 안목에서 평가를 내렸다. 특히 단어조성론을 독립시킨 것은 탁견이라고 하였다. 이는 물론 당시 소련의 서술문법의 영향을 받은 북한문법체계의 안목으로 보았기 때문이다. 요컨대 정렬모는 한힌샘의 「國語文法」이 영어문법의 영향을 받기는 하였으나 모방은 하지 않고 한국어의 본질 천명에 기여하였다고 해석하였다. 이러한 태도는 조선문화의 특수성을 천명하되 자주독립을 갖추게 하자는 데서 우러나온 것으로 해석하였

---

29) 「국어문법」의 검열본에 "미"에 대하여 "一編文"이라고 하여 "한 일을 다 말한 바를 이름"으로 되어 있음을 보면 정렬모의 해석이 비교적 온당하다는 것을 알 수 있다. 관련 내용은 고영근(1995나 : 252)를 보라.

다. 미비한 점은 환경의 제약에 말미암은 것으로 옥에 티이며 상당기간의 연구를 통하여 한힌샘 학설의 참모습을 파악할 필요가 있다고 역설하였다.

박의성은 한힌샘이 한글의 가로풀어 쓰기를 처음으로 주장했다고 말하고 그것이 조선노동당 및 공화국정부의 문자개혁운동과 일치한다는 점에서 그의 문자개혁안을 깊이 연구할 필요가 있다고 평가하였다. 한힌샘의 가로풀어 쓰기는 「국문연구」(1909)와, 「말의 소리」(1914)의 끝에도 나오고 조선어강습원 졸업장, 어린이 잡지 「새빛」(별의 잘못), 「아이들보이」에 실용되었는데, 김두봉, 이필수, 최현배 등에 의해서 확대·발전되었으며,[30] 해방후 남북한에서도 시안이 많았다.[31] 가로풀어 쓰기란 한글의 음절식 철자를 자모식 철자로 바꾼다는 뜻인데 이 문제에 대하여 박의성은

> 우리 문자의 본래의 자모적 성격을 살려 자모·음절문자로부터 완전한 자모·표음문자로 이행함으로써 보다 발달된 서사어로 만들며, 그러함으로써 인민들의 서사생활을 보다 편리한 것으로 만들자

라고 끝맺었다. 한힌샘의 문자개혁안을 북한의 문자개혁과 결부시켜 전통문화를 계승·발전시켜야 한다는 방향으로 논지를 이끌었다.[32] 말하자면 선인들의 문화유산 가운데서 오늘날의 당위적 과업을 찾아내는 것이다.

주시경 탄생 80주년에 즈음한 추모행사는 북한 노동당의 기관지인 「로동신문」에서도 찾을 수 있다. 「로동신문」 1956년 12월 22일자(3면)에는 한힌샘을 추모하는 세 편의 글이 실려 있다. 그중 1편은 주시경의 생애와 업적을 적은 기사이다. 나머지 2편은 정렬모와 리상호의 기고이다.

정렬모는 "선생께 배우던 날의 회상"에서 자신이 한성사범학교 졸업후 19세가 되던 해 신명균의 권유에 따라 박동 보성중학교의 조선어강습원

---

30) 김두봉, 이필수, 최현배의 가로풀어쓰기 안에 대하여는 고영근(1998 : 제1부, 1995가 : 64 등)를 보라.
31) 金敏洙(1977 : 23), 이응호(1974 : 435~483)를 보라.
32) 북한의 가로풀어쓰기운동은 고영근(1993/1994 : 214~216)을 보라.

에서 한힌샘의 가르침을 받았다고 말하고 한힌샘에 관련된 숨은 이야기를 많이 공개하였다. 서양사람들은 중국이 죽은 사자라고 하여 뜯어먹으려고 하지마는 언젠가는 깨어나서 "어함" 소리를 칠 날이 있을 수 있듯이 우리 조선도 죽은 물건으로 알고 있지마는 졸고 있는 범처럼 언제든지 깨어날 날이 있을 것이라고 하면서 다음과 같은 노래를 칠판에 적어 주었다고 술회하였다.

> 범아 범아 자는 범아
> 천길을 뛰랴느냐
> 보아지라 보아지라
> 깨는 날이 보아지라

앞의 "약전"의 동요와 비교해 보면 표현이 달라지고 뒷부분이 추가되었다. 약전본은 '보아지라' 이하가 생략된 것 같고 로동신문본은 '잘남, 울남'과 같은 신조어는 쉬운 '천길' 등으로 바꾸었다. 주시경 자작 동요는 두 이본을 비교하면 다음과 같이 재구성할 수 있어 보인다.

> 범아 범아
> 자는 범아
> 잘남을 뛰랴느냐
> 울남을 뛰랴느냐
> 보아지라 보아지라
> 깨는 날이 보아지라

조선문자개혁 연구회 위원장 리상춘은 "조선어문 연구의 탁월한 선각자 주시경 선생 ― 그의 탄생 80주년을 맞이하여 문자개혁에 대한 주시경 선생에 대한 사상"을 기고하였다. 리상춘은 주시경이 언어학자로서, 사회 활동가로서 빛나는 업적을 후세에 남겨 주었다고 하면서 가로풀어 쓰기 이론을 집중적으로 조명하였다. 그는 주시경에게서 싹이 튼 문자개혁이론이 김두봉과 조선어학회를 거쳐 해방후 북한의 조선문자개혁위원회에 이르는 역사를 개관하면서 주시경 이론의 발전적 계승을 다짐하였다. 리상춘은 이 자리에서 당시 남한에서 물의를 빚고 있었던 "한글간소화방안"이 시대를 거스르는 민족문화 말살정책이라고 매섭게 비판하였다.

이곳에서 특기할 사항은 북한의 철학사에서 주시경의 철학사상을 조명한 사실이다. 정진석 밖에 두 사람이 저술한 「조선철학사」(상)(1960)에서는 "계몽사상가들의 사회정치적 견해"라는 제목을 내걸고 박은식, 신채호, 주시경의 사상을 한국철학사의 전면에 등장시켰다. 특히 주시경편에서는 주시경이 민중교양의 도구로서 국문확립운동을 전개하였다고 보고, 주시경의 국문연구를 일제의 문화침략에 대항과 관련시켜 해석하기도 하였다. 탄생 80주년을 맞아 왕성하였던 북한의 주시경 연구의 결실을 거두어들인 것으로 보인다. 이 책에서는 주시경이 「국어문전음학」(1908)의 서문에서 "性"을 "天, 上帝, 理"과 관련하여 해석한 것을 과학에 대한 확신으로부터 유물론적 세계관에 접근한 것으로 해석하였다. 주시경의 "性" 사상은 그의 「국어문법」(1910)에서 더 구체적으로 전개되거니와 이는 「대한국어문법」(1906)의 "기관"을 달리 표현한 데 지나지 않는다.[33] 이곳의 "性"은 언어와 문자가 독립자존의 가장 중요한 요소라는 의미로 사용되었다. 한국의 철학사를 지나치게 유물론의 관점에서 해석하려고 한 혐의를 떨쳐 버릴 수 없다.

북한의 한힌샘 연구는 탄생 85주년에도 발견할 수 있다. 1961년 12월 21일 저녁 평양문화회관에서 탄생 하루를 앞두고 기념행사가 있었다. 정렬모와 김병제가 주축이 되어 생애와 사업을 보고하고 한힌샘의 업적을 계승·발전시킬 것을 다짐하였다. 이와 함께 정렬모는 「말과 글」 12(1961)에 "탁월한 언어학자 주시경 — 그의 탄생 85주년을 맞으면서"을 기고하였다. 한힌샘은 조선언어학계가 해야 할 기초를 미리 닦아 두었다고 말하고, 그 내용을 어음론, 철자법, 문법, 문장론에 걸쳐 정리하였다. 황부영은 "주시경 선생의 과학적 리론과 견해"(「조선어학」 1, 1962)에서 한힌샘을 열렬한 애국자요 탁월한 언어학자로 규정하면서 "어음론, 철자법, 형태론,

---

33) 이 문제는 고영근(1990/1994 : 322)에서 구체적으로 논의한 바 있다.

단어조성, 학술용어, 한자폐지와 문자개혁"에 이르기까지 한힌샘의 업적을 총체적으로 조명하였다.

이 시기의 한힌샘 연구는 소련학계에도 알려졌다. 김병제는 노어로 "탁월한 언어학자 주시경"(1959)을 「새조선」에 기고하였고 장석훈은 "뛰어난 조선의 언어학자 주시경"(1959)을 역시 「새조선」에 노어로 기고하여 소련학계에 주시경을 알리는 데 선도적 역할을 하였다. 「새조선」은 평양에서 발간되던 노어판 잡지였다. 이에 앞서 최정후는 모스크바 국립대학교 대학원에서 박사논문을 준비하는 중에 「언어학의 제문제」에 "조선어에서의 언어학사개요"(1954)를 기고하여 소련학계에 주시경을 알리기도 하였다.34)

이 시기의 남한의 한힌샘 연구는 북한보다 다소 뒤져 있었다. 북한은 한힌샘의 초판 저술을 중심으로 공동집중연구를 수행하고 있었지만 남한은 식민지 시대의 유고집이나 이의 해방후의 중판본을 이용하는 것이 고작이었다. 한힌샘의 탄생과 관련된 행사나 집중연구는 기획되지 않았다. 당시의 학계가 대부분 국어사 연구에 힘을 기울이고 있었고 실천적 문제에 대하여서도 학교문법이나 한글전용 등의 눈에 보이는 문제에 매달려 있었기 때문에 한힌샘을 절실하게 생각할 여유가 없었던 것 같다. 그러는 가운데서도 일부의 한힌샘 제자나 소장학자들은 한힌샘에 관한 주의를 게을리하지 않았다.

일제강점기에 이미 저술을 통하여 한힌샘의 업적을 분석·평가한 바 있었던 김윤경은 "周時經論-우리 近代文化의 巨峰"(1958)을 통하여 생애와 업적을 구명하고 학설을 맞춤법, 소리갈, 씨난갈, 짬듬갈, 가로풀어쓰기에 걸쳐 분석·평가하였다. 그는 이 자리에서 한힌샘 묘소의 이장과 비석 건립을 건의하기까지 하였다. 이후에도 그 비슷한 내용의 글을 몇 편 더 썼다.35) 허웅의 "주시경의 생애와 업적"도 비슷한 내용의 글이다. 이 당시 兪昌均은 그의 「國語學史」(1959)를 통하여 기술적 태도를 벗어나지 못하던 한힌샘의 국어연구를 전대의 연구와 비교하고 현대적 관점에서

---

34) 김병제와 장석훈의 논문은 金敏洙(1985 : 600~628)을 보았고 최정후와 「새조선」에 대하여는 콘세비치 박사의 교시(2001. 7/2일자 서신)에 힘입었다.

35) 「주시경학보」 창간호에 실린 "주시경연구논저목록"의 제3기를 보라.

평가하는 태도를 보여 주기도 하였다. 이희승과 서술방법을 같이한다. 김
윤경의 한힌샘 연구 중 가장 큰 것은 "주시경선생 전기"(「한글」 126,
1960)의 집필이다. 그는 그때까지의 한힌샘에 관련된 업적을 발판으로 하
고 「培材史」, 「李承晩博士傳記」, 「徐載弼博士傳記」, 「尹致昊氏傳記」등을 두
루 참고하여 체재를 갖춘 전기를 썼다. 권덕규의 것은 "小傳"이었고 정렬
모의 것은 "략전"이었다는 점에서 한힌샘에 대한 상세한 전기의 필요성을
느끼지 않을 수 없었다. 김윤경은 한힌샘의 가정환경과 약력을 소개한 뒤
에 19항에 걸쳐 한힌샘의 일화와 생활의 각 방면을 살펴보았다. 수숫대집
짓기, 덜렁봉 위의 하늘 만지기, 배재학당 입학, 한글연구의 동기, 국문연
구소 설치, 국어학설의 보급, 갑작스런 작고 등 중요업적과 활동을 중심으
로 전기를 서술하였다.

 김윤경의 전기 가운데는 미심쩍거나 잘못된 데가 더러 보인다. 한힌샘
이 중국의 문호 梁啓超가 한국에 와서 조선 광문회를 방문했을 때, 「안남
망국사」를 얻어 보고 이를 번역했다는 서술은 번역 연대(1907)가 광문회
설립연대(1910)보다 앞서니 믿기 어렵다.[36] 한힌샘의 작고일자가 7월 27
일과 7월 28일로 통일되어 있지 않은데 이는 앞에서 이미 확인한 바와 같
이 7월 27일이 정확하다. 사망원인은 뜻밖에 체증(滯症)에 걸려 두어날
만인 7월 28일(7월 27일의 잘못임)에 작고하였다고 되어 있는데 앞의 권
덕규나 정렬모의 서술과 맞지 않다. 갑작스런 죽음이 왜정이 주치의 의사
에게 내린 지시의 흑막과 관련된다는 항간의 말도 전하고 있다. 이 전기
는 뒤의 한힌샘 연구가에게 큰 참고가 되었다. 金敏洙의 "周時經의 業
績"(1962), 허웅의 "주시경"(1965)도 김윤경의 전기를 기초로 이루어졌음
은 물론이다. 김윤경은 「새로 지은 국어학사」(1963)에서 한힌샘을 국어연
구에 새 기원을 이룬 학자요 국어운동의 가장 큰 공로자라 평가하였다.

 1960년 10월 1일에는 어문학계가 한결같이 바라오던 한힌샘의 묘소가
이장되었다. 그 사이 서대문 밖 수색 고택굴 공동묘지에 있던 한힌샘의
무덤을 경기도 양주군 진접면 장현리로 옮기고 묘비제막식도 가졌다. 묘

---

36) 이 문제는 李基文(편), 「周時經全集(下)」 (1976)의 "해설"에서 지적되었다.

비명은 최현배가 짓고 글씨는 정인승이 썼다.37) 최현배, 장지영, 김윤경, 이희승, 이태극 등 학계의 후학들과 문교장관, 유족들이 참배하였다. 이미 1959년 최현배 등 후학제자들의 발기로 「고 주시경 선생 이장추진위원회」가 발족되어 묘소이장과 묘비건립이 추진되었던 것이다.

우리는 앞에서 한힌샘을 연구하던 학자들이 대부분 참고한 것은 「주시경유고」(1933, 1946)였다고 하였다. 그런데 이 책은 조판을 다시 하는 과정에서 빠진 것이 많다. 「말의 소리」가 대표적이란 사실을 이미 확인하였다. 金敏洙는 이미 「大韓文典攷」(1957) 등의 연구를 통해 근대국어학사 연구의 기초를 닦은 바 있거니와 60년대에 들어서면서부터는 한힌샘연구에 전념하기 시작하였다. 그는 우선 「말의 소리」의 초판본을 대상으로 "늣씨"라는 용어를 찾아내어 현대언어학의 형태소(morpheme)와 비교함으로써 한힌샘의 선구적 업적을 높이 평가하였다. "'늣씨'와 'Morpheme'"(1961)38)에서 김민수는 "늣씨"란 Bloomfield의 최소의 유의적 단위를 의미하는 morpheme의 개념과 일치한다고 말하고 Bloomfield보다 20년이나 앞서서 늣씨 중심의 국어형태론을 구성했다고 그 공적을 드러내었다. 한힌샘의 문법에는 구조언어학이나 변형생성이론을 연상케 하는 부분이 상당한데 김민수로부터 한힌샘 이론의 참 모습이 하나하나 드러나고 현대적 평가를 받게 되었다. 한힌샘의 늣씨는 북한 학자들에게도 주목을 받았다. 김례추는 "조선어의 문법적 단위들과 토에 대한 주시경의 견해"(「조선어학」 1964. 6)에서 늣씨가 최소의 유의적 단위인 "형태부"란 사실을 주장하였다. 일찍부터 북한어학계는 남한의 어학연구에 눈을 뜨고 있었으므로 김민수의 연구로부터 어떤 암시라도 받았는지 알 수 없다.

김민수는 이어 "周時經의 業績"(1962)39)을 발표하였다. 사실 그때까지의 남한의 한힌샘 연구는 연구라기보다 수상류라고 해도 지나치지는 않다. 한힌샘처럼 수를 다하지 못하고 젊었을 때 죽음을 맞은 학자의 경우는 신변으로부터 활동과 업적에 이르기까지 안개 속에 묻혀 있는 부분이

---

37) 관련화보와 묘비명은 「나라사랑」 4(1971. 가을호), 관련기사는 「국어국문학」 23(1961)을 보라.
38) 이 글은 1973년에 크게 보완되어 金敏洙(1977/1986 : 98~121)에 다시 실렸다.
39) 이 글은 크게 보정되어 金敏洙(1977/1986 : 24~43)에 다시 실렸다.

많다. 한 학자의 학문의 세계를 올바로 인식하려면 생애에 대한 면밀한 연구와 함께 업적에 대한 문헌적 연구가 앞서 있어야 한다. 한힌샘은 개화기라는 정치적 소용돌이 속에서 국어국문의 연구와 보급이라는 큰 짐을 어깨에 메고 있다가 중도에 작고하였다. 이러한 점에서 그에 대한 여러 가지 배경적 연구가 필요한 것이다. 김민수의 위의 업적이 이러한 목표를 겨냥한 최초의 연구라고 할 수 있다. 그는 먼저 한힌샘 전기의 표본이 되는 「靑春」지 소재의 "周時經先生歷史"(1914)를 중심으로 하고,[40] 이어 배재학당 기념관에 간수되어 있는 한힌샘의 履歷書草稿를 갖은 어려움 끝에 찾아내어,[41] 믿음성 있는 연보를 작성할 수 있었다. 그때까지 작성한 한힌샘 연보 가운데서 가장 완벽한 것이라 생각된다. 김민수는 이곳에서, 한힌샘이 어떤 이력서에 그의 생일을 양력으로 환산하여 명치 9년 12월 23일로 적어 놓은 것이 있는데, 이는 12월 22일의 잘못이라는 사실을 밝혔다. 북한의 정렬모의 환산일자와 일치한다. 또 이곳에는 찬밥덩이에 금방 뜯어온 상치를 먹고 체증을 일으켜 두어달만인 7월 27일 6시 30분에 작고했다고 되어 있다. 6시 30분은 6시의 잘못이라 함은 이미 보았다. 김윤경보다는 사인이 더 구체적이기는 하나, 보다 믿음성 있는 자료가 나오기 전에는 한힌샘의 사인이 무엇이라고 단정하기 어렵게 되어 있다. 또 앓은 기간이 김윤경은 두어 날만이고 김민수는 두어 달만으로 되어 있어 차이가 난다. 김민수의 탄생일 양력환산은 그뒤 김윤경의 "「배재」가 낳은 우리 국어학의 위대학 개척자 주시경의 학설"(1965)에 수용되어 있다. 또 사망 연월일도 김민수가 제시한 백남규의 일지에 근거하여 7월 27일 6시로 되어 있다. 이곳에는 김민수의 연구결과를 중심으로 매우 자세한 연보가 작성되어 있다. 후배의 연구 결과를 경청하는 노학자의 성실한 태도에 감복할 뿐이다.

같은 해(1962)에 김민수는 "周時經의 學術用語"를 발표하였다. 여러 저술에서 용어가 될 수 있는 338개의 사항을 모아 대응되는 한자용어를 붙이고 출전과 용례도 밝힌 한힌샘 용어사전이다. 한힌샘의 용어는 우리말

---

40) 주(2)를 보라.
41) 이에 얽힌 일화는 「국어생활」 12(1988 봄호)에 실린 김완진의 글을 보라.

로 된 것이 많을 뿐더러 일상어와는 쉽게 관련을 맺을 수 없는 조각말들이 많아서 읽기가 불편하였는데 이 사전이 나옴으로써 한힌샘 저술에 대한 접근이 한결 쉬워졌다.42) 김민수는 또 "「新訂國文」에 關한 研究"(1963)에서 "大韓國文說", "國文正式" 등의 새로운 자료를 분석함으로써 ᆞ의 음가가 ㅣ ㅡ 의 합음이라는 사실을 지석영이 주장했다는 종래의 학설을 수정하여 주시경이 일찍부터 가져온 견해임을 분명히 하였다. 이렇게 실증적 · 문헌적 연구가 나타남으로써 한힌샘을 중심으로 한 개화기의 국어연구도 제 모습을 드러내기 시작하였다. 김민수는 「新國語學史」(1964)에서 자신의 연구를 포함하여 한힌샘의 학설을 간략하게 평가하였다.

5. 제4기(1966~1975) :
탄생 90주년을 계기로 한 한힌샘 연구의 진전과 자료의 발굴

이 시기에도 북한은 한힌샘을 추모하고 그 업적을 계승하는 행사를 가졌다. 1966년 12월 21일 김병제, 홍기문, 이극로, 이기영 등 언어학자, 과학자, 교육자, 문화인들이 모여 "열렬한 애국자, 뛰어난 언어학자, 정열적인 교육자인 주시경 탄생 아흔돐"을 기념하였다. 그들은 한힌샘이 애국적 정치문화운동의 한 고리[一環]로서 한국민족의 말과 글을 지키고 발달시키려 한 사실을 조선노동당의 언어정책 수행과 관련시킴으로써 한힌샘 연구의 당위성을 강조하였다.

김백련의 "주시경의 품사이론" 「어문연구」(1966. 4)은 주시경탄생 90주년을 맞아 나온 논문이다. 그는 첫머리에서

> 자신의 과학연구사업에서 나타난 모순과 결함을 과감하게 시정 · 극복하면서
> 새롭고 독창적인 것을 향하여 힘있게 나아가는 겸손하고도 진취성 있는 학자
> 의 풍모를 보게 한다.

---

42) 이 글은 金敏洙(1977/1986 : 253~286)에 크게 보정되어 실려 있다. 이 곳에는 416개가 올려 있다.

와 같이 평가하였다. 우리가 한힌샘에게 배우는 것은 정연한 논리전개의 방법에도 있지마는 자신의 학설을 끊임없이 수정·보완하는 태도에도 있다. 이렇게 볼 때 김백련의 평가는 비교적 온당성을 유지하고 있다고 볼 수 있다. 김백련은, 한힌샘이 어음론, 문자론, 어원론에 치중해 있던 중세기의 연구범위를 넘어섰다는 것은 19세기 말 20세기 초의 우리 언어학이 이룩한 획기적인 성과라는 점도 지적하였다. 그는 「말의 소리」(1914)가 「국어문법」(1910)의 품사체계의 모순을 극복하고 부족하나마 조선어 단어의 어휘·문법적 특성을 깊이 반영했다는 점에서 조선어 문법이론의 역사에서 귀중한 가치를 띠는 것임도 또한 말하였다.

탄생 80주년 행사 때와 마찬가지로 「로동신문」(1966. 12. 21)은 특집난 (6면)을 마련하였다. 이곳에서는 이극로와 박의성의 두 기고를 볼 수 있다. 먼저 리극로의 기고를 보기로 한다.

리극로는 1948년 김구의 남북협상 때 북한으로 가서 그곳에 머물렀다. 그는 주시경학파에 속하기는 하였어도 직접 배운 일은 없고 저술을 통하여 사숙하였다. 리극로는 1912년 중국 동북 환인현 동창학교(조선인학교)에 근무할 때는 박은식과 김백주를 통하여[43], 상해에 머무를 때에는 한힌샘의 제자였던 박건병을 통하여 한힌샘의 저술에 접하고 그의 학문을 알게 되었다. 1923년부터 베를린대학에서 조선어를 가르칠 때 한힌샘의 연구결과에 기대어 조선어를 가르치고 조선어 연구에 대한 동기를 얻었으며 귀국하여서도 그는 주시경학파가 주축이 되어 결성된 조선어학회에 가입하여 민족어수호운동에 동참하였던 것이다. 리극로는 「로동신문」의 기고에서 미제국주의의 침략으로 민족어가 멍들어 가고 있는 남한의 어문정책을 매섭게 비판하였다.

박의성은 주시경 탄생 80년 행사 때 이미 「조선어문」을 통하여 주시경의 문자개혁사상을 조명한 바 있는데 「로동신문」에서는 "주시경의 애국주의 사상과 국문운동 — 그의 탄생 90주년을 맞으며"을 통하여는 한힌샘

---

43) 백주 김 진이 한힌샘의 제자였으며 조선어연구의 좋은 참고서를 많이 가지고 있었다는 사실은 이극로의 「苦鬪 40年」 (을유문화사, 1947, 9쪽)에도 나와 있다.

의 애국자주사상과 국문운동을 조명하였다. 박의성은 주시경의 국문운동은 처음부터 반침략·반봉건의 구국투쟁과 밀접하게 관련되어 있었으며 특히 인민대중을 깨우쳐 자주독립을 위한 투쟁정신을 불러일으키고 그들로 하여금 애국자주사상을 길러 주게 하였다고 평가하였다. 이는 물론 당시 자주적 노선을 걷고 있었던 북한의 주체사상의 태동과 관련된 해석이기는 하였으나 주시경이 국어국문의 연구를 통하여 당시의 조선민족에게 자국사상을 불어넣어 주었다는 사실은 「한글모 죽보기」 등의 자료를 통해서도 충분히 증명된다.44) 박의성은 「국어문법」과 「말의 소리」를 중심으로 한힌샘이 조선어에 기반한 문법체계를 세우고 형태주의 맞춤법을 정리하였음을 특별히 부각시켰다.

북한이 한힌샘 연구의 절정을 이루고 있을 무렵, 남한에서는 60년대 초의 싹트기 시작한 문헌적 연구를 바탕으로 한 한힌샘 연구가 깊이를 더하고 있었다. 먼저 金敏洙는 한힌샘이 국어운동가로 많이 알려져 있지만 국어학자로서도 큰 공적을 이루었다고 말하고 그의 국어학의 연구영역을 음운·형태·구문의 세 영역으로 나누어 이론상의 특징을 밝혔다. "고나, 늣씨, 듬난"은 현대구조언어학의 음소, 형태소(어소), 직접구성성분(직소)의 분석에 해당한다고 해석하고 그 선구적 업적을 높이 평가하였다. 또 계층적 문장분석, 문장의 기저형과 영형태의 설정은 촘스키의 문법모형을 연상케 한다고 말하였다. 이 당시는 50년대 말에 이 땅에 들어온 구조언어학이 어느 정도 뿌리를 내리고 있었으며 이와 함께 변형생성이론을 수용하던 시기였으므로 한힌샘의 문법을 두 가지 관점에서 평가한다는 것은 자연스런 추세였다고 말할 수 있다. 그러나 현대적 해석에 있어 한힌샘의 품사분류의 단위가 형태소(그의 "어소")라는 점 등 확대·적용된 면도 없지 않다.

마지막으로 김민수는 한힌샘의 공적을 일반언어학사와 관련시키면서

이처럼 세계적으로 선구를 달린 언어학자가 일찍이 존재했었다는 뚜렷한 사실을 새삼 인식하는 바이며, 이후 그의 학설이 학사상으로 더욱 정확하게 평

---

44) 주시경의 자국사상과 국문운동의 상관관계에 대하여는 고영근(1983/1994 : 244~245)를 보라.

　　가되어야 할 것이라고 생각한다. 묻혀 있던 문헌이 새로 발굴됨으로써 역사
　　상의 서술이 수정되는 것은 東西古今을 통하여 당연한 귀결이기 때문이다
(金敏洙 1977/1986 : 144)

와 같이 한힌샘의 이론이 더 정확하게 평가되어야 한다고 강조하였다.

　김민수는 한힌샘이 영어문법을 통한 19세기의 언어학, 소장문법학자의 이론, 오츠키(大槻文彦) 등의 일본문법에서 영향을 받았을 가능성을 조심스럽게 타진하였다. 김민수는 동시에 한힌샘의 국어운동에 대한 인식도 새로이 하였다. 김민수는 앞의 국어연구에 이어 같은 때에 "周時經의 國語運動"(1968)을 발표하였다. 그는 이곳에서 한힌샘의 저술을 국어정책론, 국어교육론, 국어학의 세 분야로 나누어서 고찰하고 정책론에 해당하는 국어운동을 중점적으로 분석하였다. 한힌샘의 국어운동을 이믹(emic)한 언어관에서 우러나온 것으로 해석하였다. 이는 언어가 독립의 성(性)이라고 하는 한힌샘의 언어철학을 두고 하는 말이다. 한힌샘은 언어현실을 관찰하는 데 만족하지 않고 규칙을 세워 그것에 맞도록 고쳐야 한다고 생각하였다.

　김민수는 한힌샘의 국어운동을 철자개혁, 국어순화, 한글개혁으로 정리하였다. 철자개혁은 형태음소적 표기법(더러 형태주의)을 가리키고, 국어순화는 한자폐지와 이에 따르는 고유어의 활용을 의미하며 한글개혁이란 「말의 소리」에 나타나는 가로풀어 쓰기를 뜻한다. 김민수는 그때까지 쌓은 한힌샘에 대한 이해의 토대 위에서 「국어문법」과 「말의 소리」를 「한국의 명저」(1969) 가운데 넣어 두 권의 저술을 평이하게 해설하였다.

　1970년에 이르면서부터 한힌샘에 대한 연구는 새로운 전기를 맞게 되었다. 우선 한힌샘과 직접·간접으로 관련되는 자료가 많이 나왔다. 「靑春」에 실린 "주시경 선생 역사"(1914)에서 우리는 세 권의 저술 이외에 고본 몇 가지가 있다는 것을 확인한 바 있었다. 그리고 김윤경의 "주시경 선생 전기"(1960)을 보면 한힌샘의 장서는 유족이 성숙하지 못하여 육당 최남선이 보관한다고 가져 간 것으로 적혀 있다. 필자가 보기에는 육당이 "주시경선생역사"를 집필할 때 가져가서 되돌려 주지 않았나 한다. 육당

의 장서가 1967년 육당 10주기를 기하여 고려대학교 아세아문제연구소에 기증되고 육당문고가 설립되매 한힌샘의 고본들이 얼굴을 드러내기 시작하였다. 만약 육당이 유족의 요청을 들어 주었더러면 한힌샘의 자료가 모두 오유(烏有)로 돌아갔을지 모른다.

李基文의 「開化期의 國文研究」(1970)에는 육당문고에 간수되어 있던 한힌샘의 수택본 「國文研究案」 7책이 이용되어 있다. 그때까지 이 방면 자료는 김윤경의 「조선문자급어학학사」(1938)에서 부분적으로 볼 수밖에 없었는데 육당문고에 자료 전부가 보존되어 있었던 것이다. 이기문은 그 때까지 전혀 알려지지 않았던 한힌샘의 油印稿本 「대한국어문법」도 이용하였다. 또 그는 일본 도쿄대학 오구라(小倉)문고에서 얻은 필사본 「國文研究議定案」을 이용하고 영인까지 붙여 놓았다. 이기문은 이상의 기본자료를 바탕으로 국문연구소 시절의 한힌샘의 활동을 소상하게 밝혔다. 國文, 字體, 발음의 연혁을 비롯하여, 횡서, 곧 가로풀어 쓰기에 이르는 10항목의 내용을 분석하였다. 이곳에는 한힌샘의 연구에는 언어사 내지 음운사에 대한 개념이 잡혀 있지 않았으며 한힌샘의 "音學"은 역사적 연구보다는 이론적인 연구를 지향했다는 점이 지적되어 있다.

金敏洙는 "周時經의 初期研究"(1971)에서 앞의 이기문이 발견한 자료에다 다시 자신이 얻은 자료 「國文文法」(1905)를 더하여 한힌샘의 초기의 학설의 발전과정을 세밀하게 밝혔다. 愼鏞廈의 "獨立協會의 社會思想"(1973)에서는 한힌샘의 22세때(1897)의 논설 "국문론"이 알려지고 이와 함께 한힌샘의 독립협회 안의 역할이 소상히 드러났다.[45]

1970년을 앞뒤로 한 시기는 한힌샘과 관련되는 일이 많았다. 앞서 말한 한힌샘의 자료발굴 이외에도 한힌샘의 학문을 계승·발전시킨 김윤경, 최현배가 세상을 떠났다. 또 이 시기는 변형생성이론을 한국어에 어떻게 적용하느냐 하는 문제를 놓고 고민을 거듭하던 때이기도 하였다. 이 무렵 허웅(1971)은 한힌샘의 삼대저작 「國語文典音學」, 「國語文法」, 「말의 소리」에 대한 집중적 분석을 꾀하였다. 그러나 그가 이용한 것은 신명균의 「周

---

45) 독립협회를 중심으로 한힌샘의 활동에 대하여는 愼鏞廈(1976 : 134~249)을 보라.

時經先生遺稿」(1933)였다. 이 책은 편찬과정에서 첨삭과 보정(補正)이 가해진 것이 많다는 사실을 이미 보았다. 한힌샘의 세 저술의 초판과 「국어문법」의 개정판격인 「조선어문법」(1911, 1913)에 대한 탐색을 전혀 꾀하고 있지 않다. 또 그의 논술에는 김민수, 이기문의 문헌학적 연구결과가 전혀 수용되어 있지 않다. "씨"가 「말의 소리」에서 처음 나온다든가 "늣씨"에 대한 해석을 빠뜨린 것 등이 모두 문헌학적 측면이나 선행연구를 외면한 데서 빚어진 결과인 것이다.

허웅은 세 저술의 기술방법을 음미한 바탕 위에서 "언어와 국성, 훈민정음과 그 밖의 옛 문헌에 대한 연구, 말소리의 연구, 말본의 연구, 그의 문체와 맞춤법, 새로 만든 말들"의 6개 항목에 걸쳐 내용을 분석하고 있다. 허웅은 "언어와 국성"에서 한힌샘의 학문은 단순한 학문을 위한 학문이 아니라 국가의 터전을 바로잡기 위한 방법으로 출발되었으며 그런 사상체계는 후계자들에게 큰 영향을 미쳤다고 하였다. 김민수의 이믹(emic)한 언어철학의 해석과 같다. 말본의 연구에서는 "짬듬갈"을 사이에 두고 나누어져 있는 "기난갈"을 한 군데 모아 서술하고 있으며 "기몸바꿈"을 조어법으로 이해하여 "기난갈"과 구별·서술하였다. 이는 이미 정렬모가 단어조성론이란 이름 아래 "기몸바꿈"과 "기몸헴"을 포괄시켜 서술한 방법과 비슷하다. "짬듬갈"의 해석에는 한힌샘의 "속뜻"을 변형생성문법의 속구조에 해당하는 것이라 보았으며 "말한이의 뜻대로 풀"어야 한다는 표현을 언어의 생성적인 면을 강조한 것으로 보고 앞의 속뜻과 함께 속구조를 암시하는 것이라고 하였다. 허웅은 복합문에서 속구조에 대립되는 겉구조의 인식을 찾아 내면서 두 가지의 구조적 측면을 이해한 한힌샘을 높이 평가하였다. 그리고 한힌샘의 "일은 한 때에 여러 가지가 있으나 말은 한 줄뿐이니라"에 나타나는 "한 줄"을 소쉬르의 언어의 선형성과 관련시켰다.

지나간 시대의 이론을 평가할 때는 항상 그 이론을 정확히 이해하기에 앞서 자기가 알고 있는 이론을 확대·적용하려는 경향이 짙음을 부인할 수 없다. 허웅도 예외는 아니다. "속뜻"과 "말한이의 뜻대로……"가 같은 개념인지 좀더 깊이 생각해 볼 필요가 있으며, "꾸미다"란 말은 '조직하다'

란 뜻인데 단순히 「꾸미다」(수식하다)로 이해한 것은 큰 잘못이다. '빗, 미'에 대한 해석도 과녁을 벗어났다. 이런 기본적 문제는, 이를테면 김민수의 "周時經의 學術用語"와 같은 선행업적을 보지 않았기 때문에 빚어진 잘못이라 생각된다. 허웅은 한힌샘의 국어연구의 동기가 표기법을 바로잡으려는 데서 시작되었기 때문에 그의 연구분야가 소리에서 출발하여 말본으로 나아갔다고 보았다. 앞의 다른 사가들과 마찬가지로 허웅도 한힌샘을 국어학의 선구자인 동시에 국어정책의 길잡이였다고 그 공적을 평가하였다.

한힌샘의 제자 가운데서 가장 큰 업적을 쌓은 학자는 외솔 최현배이다. 외솔이 1970년 세상을 떠나자 그의 문하생들이 중심이 되어 외솔회를 창립하고 계간지 「나라사랑」을 발간하기로 하였다. 이 책은 나라와 겨레를 위해 몸바친 근세사 100년 이래의 선각자들을 가려 "한국의 인간상"을 정립하는 것을 목적으로 하였다.[46] 최현배, 한용운, 신채호에 이어 네번째로 뽑힌 사람이 한힌샘이었다. 이리하여 「나라사랑」 4(1971. 9. 23)는 한힌샘 주시경 선생 특집호가 되었다. 초상과 이력서를 중심으로 한 화보, 정인승의 머리말, 해적이(김종해 작성), 이병기의 추모시, 묘비명이 차례로 나와 있다. "해적이"는 꽤 성실하게 작성한 것처럼 보인다. 그러나 이곳에서도 탄생일은 음력 11월 7일로 되어 있다. 김민수의 연구결과가 수용되어 있지 않은 것이다. 서거일자는 7월 27일 6시로 되어 있다. 백남규의 일지나 김윤경의 기록(1965)에 따라 고친 것으로 보인다. 한힌샘의 자작시를 비롯하여 "必尙自國文言", 「朝鮮語文法」(「國語文法」)의 "序", 일기, 수필, "「대한국어문법」의 짤막한 보기(略例)" 등의 유고가 실려 있다. 당시까지 세 저술, 그것도 일제시대의 유고집이나 해방후의 중판밖에는 볼 수 없었던 사정을 감안하면 이들 자료의 공개는, 비록 출전은 밝혀져 있지 않지만, 한힌샘 연구사상 큰 의의를 지니고 있었다. 이곳에는 한힌샘의 이른 시기의 제자인 장지영의 회상기, 허웅, 이강로의 학자와 교육자로서의 한힌샘에 대한 평가가 나와 있다. 허웅의 글은 앞의 글을 제목만 바꾸어 실은

---

46) 외솔회의 창립경위에 대하여는 「나라사랑」 1(1971)을 보라.

것이고 이강로의 글은 한힌샘의 교육정신과 국어교육의 목표 및 내용을 다룬 것이다. 교육자로서의 한힌샘의 모습과 업적이 새로이 부각되었다. 한힌샘의 후계학자 최현배와 김윤경에 대한 김계곤, 문효근의 글도 실려 있다. 한힌샘의 학문이 두 제자들에게 어떻게 계승·발전되어 왔는가를 밝힌 것이다.

한힌샘의 업적이 그때마다 국어학 사가들의 서술 대상이 되어 왔음은 앞에서 여러번 확인하였다. 이제 그 구체적인 사정을 보기로 한다.

姜馥樹의 「國語文法史硏究」(1972)는 국어문법연구의 역사를 문법학설의 종적 계보와 외국문법과의 횡적 교섭을 추구하는 관점에서 쓰여진 것이다. 강복수는 한힌샘의 문법이 용어에 있어서는 일본이나 중국에서, 체계는 서양문법과 일본문법에서, 도해법은 서양문법에서 영향을 받았으나 단순한 모방이 아닌 국어사실을 존중한 문법체계를 개척하였다고 평가하였다. 국어문법의 계보구명에 있어서는 한힌샘 문법을 중심으로 그 발전과정을 밝혔다. 크게 한힌샘 계열과 이와 대조되는 문법가로 나누고 전자는 다시 한힌샘을 추종하는 것(제1유형), 부분적으로 한힌샘을 추종하는 것(제2유형), 전면적으로 부인하는 것(제3유형)으로 나누고 있다. 국어문법 연구의 큰 흐름은 한힌샘과 그 후계들의 손으로 이루어져 온 것으로 보았다. 일찍이 「東光」 지상에서 한힌샘을 평가하였던 김선기는 40년만에 다시 한힌샘을 평가하였다. 그는 "한힌샘 어른이 하신 일들"(1972)에서 전기를 편성하고 현대의 맞춤법이 한힌샘에게서 비롯되며 훌륭한 제자들을 기른 것과 언어의 선형성을 언급한 것 등 업적의 탁월함을 부각하였다.

金錫得의 「韓國語硏究史」(1975)는 역대 국어학 연구가의 철학관에 기대어 훈민정음 창제로부터 현대에 이르는 국어학의 발전사를 구명한 것이다. 그는 이곳에서 한힌샘의 국어학이 과학적 신학문과 민족자존의 사상을 발판으로 이루어졌다는 것과 특히 한힌샘의 언어관은 훔볼트적 언어관을 방불하게 한다고 말하였다. 김석득은 한힌샘의 「國語文法」을 중심으로 현대적 평가를 시도하였다. 이 책은 부분적 결함이 없는 바 아니나 조음음성학, 음성배합론, 직접구성성분의 분석법에 접근하였을 뿐 아니라 문장구조의 변형성도 암시하고 있다고 보았다. 그는 한힌샘의 "기몸바꿈"

에 대하여는 임시적 기능변환까지 포함시켰다고 비판을 가하고 있다. 앞의 김민수나 허웅처럼 현대적 가치척도가 너무 강하게 적용되었다는 느낌을 받는다. 그것은 어쨌든 한힌샘의 언어관을 훔볼트적인 언어관과 결부시켰다는 것은, 문제가 없지 않지만, 그런 대로 의의가 있다고 생각된다.

한힌샘이 우리의 말글연구와 그 보급에 이바지한 공로를 생각할 때 누구든지 읽을 수 있는 전기가 필요함을 느낄 수 있다. 김윤경의 전기가 나오지 않은 바 아니었으나 교양서적의 성격을 띤 것은 아니었다. 金世漢의 「周時經傳」(1974)은 그런대로 일반의 기대를 충족시킬 수 있는 전기라 생각된다. 그는 한힌샘의 생애를 무릉골, 정동시절, 상동시절, 박동시절로 나누어 서술하되 저술의 내용도 함께 소개하였다. 보아야 할 연구물을 소홀히 한 탓인지 모르지만 잘못된 서술이 더러 눈에 뜨인다. 탄생일은 여전히 음력 11월 7일로 되어 있고 서거일은 1914년 7월 20일로 되어 있다. 백남규가 남긴 부고일자를 본 것이 틀림없는데 잘못 적혀 있는 것이다. 그리고 병의 원인이 체증으로 되어 있다. 김윤경의 서술과 비슷하다.

한글학회는 민족문화협회, 세종대왕기념사업회, 외솔회와 공동으로 한힌샘 서거 60주기를 맞아 1974년 7월 27일 추모행사를 가졌다. 식민지 시대에는 몇차례 서거를 되새기는 행사가 베풀어졌지만 해방 뒤에는 60주기 행사가 처음이었다. 흉상 제막식, 강연회, 묘소참배가 있었고 한힌샘의 제자 정규명이 참석하여 회고담을 하였다. 이 무렵 「한글새소식」에는 허웅, 이은상, 정인승, 지춘수의 글이 실리고 주시경 선생 전기가 연재되기도 하였다.47)

앞에서 우리는 북한학자들의 노력으로 주시경이 소련학계에 알려졌음을 본 바 있는데 1970년대 중반에 와서는 소련의 한국어학자의 힘으로 주시경을 평가하기 시작하였다. 마주르는 "주시경과 현대한국어학"(1974)을 「극동의 제문제」에 기고하여 주시경이 한국어학의 건설에 바친 주시경의 업적과 활동을 조명하였다. 이어 콘세비치는 「엣센스 문학백과사전」(1975)를 통하여 주시경의 업적과 활동을 평이하게 서술하여 소련의 지성계에

---

47) 「한글새소식」 23~25(1974. 7.5, 8.5, 9.5)을 보라.

주시경을 알리는 데 큰 역할을 하였다.

6. 제5기(1976~1985) :
탄생 100주년을 계기로 한 전집 출간과 한힌샘 연구의 성황

한힌샘 탄생 100주년을 맞은 1976년은 한힌샘 연구에 새로운 기원을 그은 해였다. 전집과 연구서가 간행되고 한힌샘의 학문과 사상을 본격적으로 평가한 업적이 줄지어 나왔기 때문이다. 지난 50년대 중반부터 10여년 동안 성황을 이루었던 북한의 한힌샘 연구는 탄생 90주년을 끝으로 막을 내리고 말았다. 자료의 한계에 부딪혔는지 아니면 김일성의 주체언어이론에 기초한 문화어운동에 기울어진 나머지 한힌샘을 찾을 필요가 없어졌는지 모르지만 그렇게 추앙해 마지않던 한힌샘에 대한 언급은 아무데서도 볼 수 없다. 탄생 100주년부터 한힌샘 연구는 남한의 전유물이 되었다. 편의상 전기와 후기로 나누어 살펴보기로 한다.

(1) 전기(1976~1980)

전기의 특징으로 첫째 꼽아야 할 것은 한힌샘 전집의 출간이다. 李基文은 그때까지 발견된 한힌샘의 저술을 비롯하여, 일기, 이력서, 진영(眞影), 인장(印章), 졸업증서 등의 자료를 상·하 두 책으로 나누어 「周時經全集」(1976)을 엮었다.[48] 그는 한힌샘의 탄생일을 김민수가 환산한 12월 22일을 따르지 않고 한힌샘의 한 이력서에 나타나는 12월 23일(음력 11월 7일)을 따라 100주년을 계산하였다. 권상(上)에는 신문, 잡지에 발표한 논설문과 국문연구소 보고서를, 권하(下)에는 음학과 문법에 관련된 글을 실었다. 그리고 각 권 끝에는 게재자료에 대한 해설을 붙였으며 권하 끝에는 그때까지 나온 주시경에 대한 연구논저목록을 실었다. 「국어문전음

---

48) "머리말"을 쓴 것은 "1976년 10월 어느 맑은 날"로 되어 있고 발행일은 1976년 12월 30일로 되어 있다.

학」, 「국어문법」, 「말의 소리」 밖에 볼 수 없었던 당시로서는 이 전집은 한힌샘 연구에 새로운 바람을 불러일으키기에 충분하고도 남음이 있었다. 그러나 이 전집은 영인시에 표지가 들어가지 않았다든지 영인상태가 고르지 못한 결점이 눈에 띄인다.

한힌샘전집과 함께 생각해 둘 것은 金敏洙·河東鎬·高永根의 「歷代韓國文法大系」의 공동 기획·편집이다. 이들은 1976년에 1세기에 걸쳐 나온 역대한국문법서류를 계통적으로 수집하여 해설을 붙여 간행하기로 하였다.49) 책은 1977년부터 나왔지만 서문을 보면 개항 100년을 맞아 책을 낸다고 되어 있으니 이는 한힌샘의 탄생 100주년과 일치되어 편찬의의가 더욱 돋보였다고 할 수 있다. 이 대계에는 한힌샘의 국어학 업적이 모두 수록되어 있어 한힌샘 자료를 대할 기회가 그만큼 넓어졌다고 할 수 있다.

100주년 기념행사는 두 군데서 거행되었다. 한글학회는 11월 7일 "주시경 선생 나신 100돌 기념강연회"를 세종문화회관에서 가졌다. 연사와 내용은 이은상의 "주시경 스승의 생애", 신용하의 "주시경 선생의 사회사상"이었다.50) 11월 7일은 한힌샘의 음력 생신인데 어찌하여 양력 11월 7일에 행사를 가졌는지 알 수 없다. 일제강점기부터 내려온 관행이 아닌가 한다. 김민수나 김윤경의 연구결과를 참조하지 않았던 것이 틀림없다. 이 무렵 허웅, 이은상, 신용하, 김석득이 「한글새소식」에 한힌샘 탄생을 기념하는 글을 썼다.51) 국어학회는 1976. 12. 19~21 사이에 열렸던 제3회 공동연구회 "周時經先生 100돌 記念講演"을 열었다. 연사와 내용은 김민수의 "周時經의 國語研究에 대하여", 이기문의 "周時經의 著述과 研究方法"이었다.52) 한편 허웅은 1976년 새해를 맞으면서 "주시경 선생 나신 지 100년을 맞는다"(「한글새소식」 41)를 통해 한힌샘의 업적을 되새기고 보

---

49) 「역대한국문법대계」의 편찬에 얽힌 숨은 이야기는 「歷代韓國文法大系 總索引」 (별책)(탑출판사. 1986)에 실린 김민수, 하동호, 고영근의 "편집후기"를 보라.

50) 「한글」 160의 "소식"과 「한글새소식」 51~52(1976. 11.5, 12.5)을 보라.

51) 「한글새소식」 52(1977. 1. 5)을 보라.

52) 「국어학」 5(1977)의 "휘보"를 보라.

답하는 문제를 깊이 생각해 볼 필요가 있음을 강조하였다.

당시의 신문보도에 기대면,53) 소련 관영 모스크바 방송은 1977년 1월 4일 한글학자 주시경의 탄생 일백돌을 맞아 특별프로를 마련하고 어문학자로서의 그의 업적을 높이 찬양했다고 한다. 그들은 한힌샘이 한국어의 음성학과 문법을 연구한 큰 학자로만 보지 않고 일제의 침해에 반대한 완강한 헌신적 투쟁을 높이 평가한다는 그들 나름의 해석도 곁들였다고 하였다. 한힌샘이 소련 사회에 알려진 것은 1950년대 중반부터였고 1970년대 중반에 마주르와 콘세비치의 손으로 본격적으로 평가되기 시작하였는데 탄생 100주년을 맞아 기념 방송을 했다고 하니 그네들의 한힌샘에 대한 연구와 관심이 상당한 수준에 이르러 있음을 짐작할 수 있다.

「주시경전집」과 「역대한국문법대계」의 발간을 계기로 하여 한힌샘의 학문과 사상에 대한 이론적 연구와 문헌적 연구는 폭을 넓히고 깊이를 더해 갔다.

이기문은 「주시경전집」의 편찬을 계기로 하여 한힌샘의 학문을 전면적으로 다시 검토하였다. 그는 "周時經의 學問에 대한 새로운 理解"(1976)에서 한힌샘의 학문과 인간을 알려면 그의 모든 저술을 한 데 모아 놓고 철저히 검토하지 않으면 안된다는 전제 아래에서 국문론, 학문적 배경, 술어, 독창성의 문제를 종합적으로 다루었다. 이기문은 한힌샘의 「국문식」(1897?) "국문론"(1897), 「國語文法」(1898) 등의 저술과 국문동식회의 조직을 통하여 19세기 마지막 10년간에 국어연구 분야에서 가장 많은 활약을 한 사람은 한힌샘이었다고 평가하였다.54) 한힌샘학의 배경을 이룬 지식은 당시의 신학문기관이었던 배재학당에서 배운 영문법과 만국지지가 기초가 되고 이밖에 중국어문법, 수리학, 물리학, 특히 수리학 지식이 큰 영향을 미쳤을 것이라고 보았다. 한힌샘의 학문이 만국지지와 수리학의 영향 아래 이루어졌다는 해석은 이전의 한힌샘 연구에서는 지적된 일이 없었다. 한힌샘의 술어가 토박이말로 되어 있기는 하여도 그 가운데는 "기, 씨, 듬"과 같이 일상적으로 쓰이는 말과 인연을 맺기가 어려운 것이

---

53) 「동아일보」 1977. 1월 6일자(170009호) 1면 11단을 보라.
54) 이러한 생각은 그의 "19세기말의 國文論에 대하여"(1977)에서도 되풀이되어 있다.

많다. 그리하여 어원을 찾으려고 노력한 사람이 많았다. 그러나 한힌샘의 용어는 "表"라고 부르는 새로 지은 말임을 분명히 인식할 필요가 있다고 보았다. 한힌샘의 용어는 수학이나 자연과학에서 쓰는 부호의 성격을 띠었다고 보면 된다고 하여 한힌샘 술어의 해석에 대한 한계점을 지적하였다. 끝으로 이기문은 한힌샘이 유럽에서 발달한 언어학의 지식을 흡수할 기회가 없었음에도 불구하고 독창성을 띠게 된 것은 앞서 말한 수리학의 방법론을 도입하기 때문이라고 풀이하였다.

愼鏞廈의 "周時經의 愛國啓蒙思想"(1977/1984 : 39~86)은 한글학회 100주년 기념강연 내용을 논문으로 쓴 것이다. 전부터 독립협회에 있어서의 한힌샘의 활동에 대하여 관심을 기울여 오던 신용하는 국어학자로 알려져 오던 한힌샘을 이곳에서 애국계몽사상가로 규정하였다. 한힌샘의 국어국문연구를 애국계몽사상 전개의 한 고리로 해석하는 것이다. 한힌샘의 언어철학은 사회학적 견해로 일관되어 있으며 이에 기초하여 "어문민족주의"라고 부를 수 있는 독자적 사상체계를 수립하였다고 보았다. 이러한 관점에서 신용하는 한힌샘의 국어국문의 연구와 보급을 관찰하였으며 사회관습개혁과 신문화보급활동 및 구국교육운동도 그의 애국계몽사상의 테두리 안에서 파악하였다. 국어학자만의 관심영역이던 한힌샘이 신용하의 연구를 계기로 하여 사회학자의 눈에 들어오게 되었다. 이리하여 한힌샘의 연구는 국어학자의 힘만으로는 그 세계를 밝히기가 어렵다는 것을 점차로 인식하게 되었다.

金敏洙의 「周時經研究」(1977)는 한힌샘탄생 100주년을 기념하여 나온 한힌샘에 대한 최초의 본격적인 연구서이다.[55] 1962년 남한에서는 처음으로 본격적인 한힌샘 연구에 발을 디뎠던 김민수는, 앞에서 살펴본 바와 같이, 한힌샘에 관한 연구를 지속적으로 수행하여 그 결과를 한 권의 단행본으로 묶은 것이다. 단순히 묶은 것이 아니라 8장으로 체계를 세우되 보정(補正)을 가하였기 때문에 새로운 연구의 성격을 띠었다고 말할 수 있다. 책의 머리에는 유영(遺影), 각종 인장, 저술표지, 이력서, 수료증이

---

55) 서문을 쓴 것은 한힌샘의 탄생일인 1976년 12월 22일이고 발행일자는 1977년 8월 10일이다.

나와 있고, 책의 끝에는 주시경 年表와, 자료 「國文文法」, 검열본 「말의 소리」가 붙어 있다. 연표는 그때까지 나온 연보류 가운데서 가장 확실하고 자세하다. 필사본 「國文文法」(1905)은 한힌샘의 문하생 兪萬兼의 필기장인데, 「주시경전집」(하)에 일부가 소개된 일이 있다. 검열본 「말의 소리」는 조선총독부 검열본으로서 한힌샘의 친필로 되어 있으며 역시 「주시경전집」(하)에 표지가 소개된 바 있다.

「주시경전집」과 「주시경연구」의 간행은 한힌샘에 관한 자료의 정리 및 발굴과 그에 대한 연구를 가속화하는 동력이 되었다. 우선 「역대한국문법대계」의 편찬자들은 제1차 배본 28책 가운데서 한힌샘의 3대 저술을 김민수의 해설을 붙여 1책(제1부 제4책)으로 간행하였다. 제1부 4책에 들어간 저술은 「국어문전음학」, 「국어문법」, 「말의 소리」와, 「국어문법」의 재판 「조선어문법」(1913), 「말의 소리」의 총독부 검열본이다. 김민수는 70년대초에 발견된 「대한국어문법」의 “해제”(1977)를 발표하였다. 「國文文法」과 비교도 하고 한힌샘 자신이 손을 댄 수정사항을 표로 보이고 있으며 원문을 구두점을 치고 띄어쓰기하여 활자화하였다. 국립도서관의 일산문고(김두종 문고) 소장의 「高等國語文典」이 하동호의 “고등국어문전에 대하여”(1976)에서 알려졌다. 김민수의 “油印 「高等國語文典」에 대하여”(1977)에서는 이 책이 1909년경의 한힌샘의 저술임을 밝혔다. 김민수는 1977년 6월 육당문고의 미정리 도서 가운데서 또 하나의 고본 「말」을 찾아내었다. 그는 “周時經의 草稿 「말」에 대하여”(1978)에서 「말」을 1898년에 지은 「國語文法」의 1905~1908년간의 산제본(刪除本)임을 밝히고 그 자료를 공개하였다.56)

이 무렵 우리 학계에서 전설처럼 전해 오던 최초의 국어사전 「말모이」의 원고본이 李秉根의 “最初의 國語辭典 「말모이」(稿本)”(1977)에서 알려졌다. 이병근은 내용의 일부를 공개하면서 편찬자는 주시경, 김두봉들이며 “알기”(범례의 뜻)를 중심으로 사전의 특징을 구명하였다.57) 1977년 9

---

56) 자료는 「亞細亞硏究」 61(1978), 62(1979)에 나뉘어 실려 있으며 김민수(1977/1986 : 258~76)에 다시 실려 있다.
57) 「말모이」에 대한 진전된 최근의 연구는 안병희(2001)을 보라.

월에는 지금까지 전혀 알려지지 않았던 유인본 「소리갈」이 영남大 도서
관에서 崔明玉에 의하여 발견되고 이어 1977년 12월 21~23일에 있었던
제4회 국어학회 공동연구회에서 그 내용이 알려졌다. 이 책은 최명옥의
"周時經의 「소리갈」에 대하여"(1978)[58]와 김민수의 "周時經著 油印 「소
리갈」에 대하여"(1978)의 두 편의 문헌학적 연구를 통하여 1912~1913년
사이에 저술되었으며 「말의 소리」로 넘어가는 중간 단계의 저술임이 밝
혀졌다. 특히 최명옥의 연구에는 「소리갈」 전부가 영인되어 있다.

한힌샘의 「國語文法」은 「朝鮮語文法」이란 이름으로 두 번이나 판을 거
듭하였다. 세 판의 차이에 대해서는 「주시경전집」의 해설에서 언급된 바
없지 않으나 각 판을 정밀하게 비교·대조할 필요성을 느낄 수 있다. 蔡
蓮康의 "周時經의 文法書에 대한 比較硏究"(1978)는 용어, 철자, 오식, 삭
제, 누락, 추가의 부분은 물론, 도해에 이르기까지 차이나는 점을 한 눈으
로 볼 수 있도록 치밀한 비교를 수행하였다.

한힌샘의 업적에 대한 문헌적 연구와 함께 그의 학설을 평가하여 현대
의 연구에 접합시키거나 어학사의 서술에 통합시키려는 노력 또한 진지
하였다. 李秉根의 "愛國啓蒙主義時代의 國語觀"(1978)에서는 한힌샘을 '理
言'과 '立學'에 기댄 애국계몽사상가로 규정하고 그의 자연발생론적인 국
어관과 국수주의적 서술을 비판하기도 하였다. 나아가 국어를 국토 및 국
민과 연결시키는 언어관도 일반성을 얻기 어려운 견해라고 비판을 받을
수 있다고 보았다. 한힌샘의 언어관에 대한 최초의 부정적 평가이다. 긍정
적 평가에서와 같이 이곳에서도 현대적 척도가 너무 강하다는 인상을 받
는다. 한편 그는 '理言'에 근거한 한힌샘 국어연구가 외래이론과 전통적인
것을 접합했다는 점을 들어 독창성을 띠었다고 높이 평가하고 있다. 또
이병근은 "周時經의 言語理論과 '늣씨'"(1979)에서 음학, 씨난갈, 짬듬갈에
서 간취되는 일관된 이론은 "元素의 설정과 合成의 元素的 分析"이라고
말하고 '늣씨'에 대해 형태소의 개념을 부여했던 김민수 등의 견해를 비판
하고 있다. 늣씨란 한힌샘 나름의 씨의 단위라는 것이다. 철저한 원소적

---

58) 최명옥은 이에 앞서 "「소리갈」 해제"(1979)를 발표하기도 하였다.

분석을 체계적으로 시도하여 독창성을 보여 준 점은 국어학의 역사에서 여전히 높은 지위를 차지할 수 있다고 평가하였다. 그러나 이 연구에는 「국어문법」과 「말의 소리」를 같은 차원에서 비교하였다는 문제점을 지니고 있다. 두 책은 상이한 문법모형을 지향하고 있다는 점을 놓쳐서는 안 된다.

주시경의 학문이 벌판의 불길처럼 학자들의 눈길을 끌게 되자 「韓國學報」(一志社) 편집자는 이기문과 이병근의 학술좌담 "周時經의 學問을 다시 생각한다"(「韓國學報」 1979, 가을)를 마련하였다. 이들은 "周時經論의 再認識, 音學의 理論, 文法體系와 文法敍述, 國語運動家로서의 周時經, 民族思想과 言語觀"의 5개항에 걸쳐 주로 두 사람의 연구결과를 확인하는 방향으로 대담을 진행하였다. 끝으로 이기문은

> 한힌샘 …개화기를 대표할 수 있는 우리나라의 학자요, 또 그 어려운 시대를 산 가장 진실한 한국인… 그 당시 우리 학문이나 사회가 近代化의 초기에 있었고 우리나라의 學界가 제대로 형성된 것도 아니었고 여러 가지 면에서 혼란을 빚고 있던 시대에 태어나서 순수하게 學者로서 志士로서 그분만큼 순수하게 사신 분도 드물지 않나 하는 생각이 듭니다. 따라서 그분은 국어학자로서뿐만 아니라 우리 민족의 學問史, 思想史와 같은 넓은 관점에서도 매우 주목을 받아야 할 인물이라고 생각합니다.

와 같이 한힌샘을 평가하였다. 과거에도 이런 평가가 없었던 것은 아니나 대부분 그의 문하생들에 의한 감상담이었음에 대해 위의 평가는 한힌샘을 실증적으로 연구한 토대 위에서 내려진 결론이란 점에서 그만큼 객관성을 띠었다고 말할 수 있다.

한힌샘의 연구분야는 그 폭을 좁히면 문법으로 귀착된다. 그의 문하생들의 대부분이 문법학자이고 오늘날도 문법학자들이 대부분 한힌샘을 연구하는 것도 이런 사실 때문이다.

박지홍은 "주시경의 「국어문법」"(1978)에서 한힌샘이 살았던 역사배경, 사회배경을 살피고 국어관을 검토한 토대 위에서 「국어문법」의 각종 이

본들의 특징과 학설의 줄거리를 언급하였다. 문법술어를 비롯하여 소리·형태·통사에 관련된 문제를 논의하였다. 그는 관형사형을 '언'에 귀속시킨 것을 한문문법의 영향으로 보고 있다. 한힌샘이 한문문법 내지 중국어 문법으로부터 어떤 영향을 받았으리라고 추측은 하고 있었지만 그 증거를 잡지 못했는데 이러한 접근법은 한힌샘의 문법이론의 형성배경을 구명하는 데 어떤 실마리를 제공한 것이 틀림없어 보인다. 또 그는 짬듬갈의 끝에 나오는 '말, 그림, 맘'의 개념을 중심으로 한힌샘 문법연구의 목적을 독해와 관련시키고 한힌샘의 문법이 '월' 중심으로 구성되어 있다고 보았다. 박지홍의 해석은 이전의 연구가들이 보지 못한 일면을 드러내었다는 점에서 눈길을 끌 수 있으나 피상적 관찰에 머물렀다는 느낌을 지울 수 없다. 홍양추의 "주시경의 국어 문법론(1980)"에서도 「국어문법」이 '짬듬갈'을 중심으로 구성되어 있다는 견해가 나와 있다.

김석득의 「주시경문법론」(1979)는 한힌샘의 문법만을 전문적으로 다룬 단행본이다. 그는 자신의 「한국어연구사」(1975)에서의 한힌샘 서술과 이전에 이루어진 한힌샘에 관한 연구업적을 발판으로 삼고 「말의 소리」와 「國語文法」을 대상으로 하여 한힌샘 문법의 전반을 분석하였다. 그는 '늣씨'를 형태소라기보다는 '씨'의 하위단위로 보고 있다. 김석득도 박지홍과 같이 짬듬갈의 끝부분에 나오는 '말, 그림, 일의 뜻, 맘'에 주목하기는 하였으나 문장의 의미파악을 위한 중요한 표준으로 삼았다고만 말할 뿐 그 이상의 언급이 없다. 그것은 어쨌든 한힌샘의 문장분석을 의미파악과 관련시킨 것은 주목의 대상이 된다.

문법가로서 한힌샘을 파악하려는 노력은 高永根(1979/1983 : 268-310)에서 더 분명해진다. 그는 당시까지 나타난 한힌샘 관계의 자료를 대상으로 언어·문법관을 해석하고 문법이론을 추구하는 방법론을 택하였다. 한힌샘의 언어관은 빠롤적인 성격이 강한 것으로, 이와 함께 문법관은 실용·규범적으로 파악하였다. 문법이론의 구명에 있어서는 「國語文法」과 「말의 소리」를 구별하였다. 전자는 보편문법의 원리에 입각하여 국어의 특수성을 가미한 문장중심의 모형으로, 후자는 국어의 특수성을 더 한층 깊이 인식한 형태구조중심의 모형으로 보았다. 고영근도 짬듬갈의 끝부분

을 주목하였다. 그러나 박지홍, 김석득과는 달리 "맘"은 언어사용자의 의
도와 관련시키고 "일"은 현실과 관련시킴으로써 「국어문법」의 "짬듬갈"
이 현실에 바탕을 둔 의미파악의 기초 위에 서 있음을 지적하였다.

이 시기에도 한힌샘의 국어학 연구를 어학사에 통합시키려는 노력이
엿보인다. 먼저 박태권은 "주시경 선생과 국문연구소"(1976)에서 새로 나
타난 국문연구소 보고서를 중심으로 한힌샘이 국문연구소 안에서 차지했
던 역할이 가장 컸음을 언급하였다. 그는 「대한국어문법」, 「국어문전음학」
의 어학사적 위치를 계속해서 구명하였다.59) 高永根의 "國語文法研究一
世紀"(中)(1978)은 한국 문법연구의 발전과정을 서술한 것이다. 그는 이곳
에서 한힌샘문법의 발전과정과 이론적 특수성은 물론, 이전의 문법가, 특
히 서양인과의 교섭관계에도 초점을 맞추었으며 그의 이론이 후대에 어
떻게 전승되는가 하는 문제에 대해서도 언급하였다. 풍부한 자료를 활용
함으로써 문법연구사에서 차지하는 한힌샘의 위치가 점차로 뚜렷해져 가
고 있는 것이다. 李秉根은 "「말의 소리」에서 「조선말본」으로"(1980)에서
한힌샘의 음학이론이 그의 제자 김두봉에게 어떻게 계승·발전되었는가
하는 문제를 다루었다. 姜信沆은 「國語學史」(1979)에서 그때까지 이루어
진 한힌샘의 국어연구와 국어운동을 종합하였으며 한힌샘의 문법연구를
중점적으로 다루었다. 이곳에는 한힌샘이 개화기 문법가 가운데서 이론이
가장 정치하였으며 후대의 문법가들에게 많은 영향을 미쳤다고 하였다.
김민수도 「新國語學史」(全訂版)(1981)에서 자신의 오랫 동안의 한힌샘 연
구의 경험을 기초로 하여 문자론, 철자법, 음운론, 품사론, 구문론, 형태론
에 걸친 연구성과를 적절하게 서술하였다.

앞의 채연강과 같이, 「국어문법」의 이본들을 비교하여 차이점을 밝히
는 작업이 완성되면 정본(定本)수립을 시험해 볼 수 있다. 채연강의 연구
와는 관련없이 이루어졌지만, 허웅·박지홍의 「주시경선생의 생애와 업적」
(1980)은 어설픈 대로 정본수립을 겨냥한 업적으로 간주될 수 있다. 이 책

---

59) 박태권의 한힌샘 연구논문은 「주시경학보」 창간호 끝의 "주시경연구논저목록" 제5기(전
기)를 보라.

은 이기문의 「주시경전집」에 실린 「국어문전음학」, 「국어문법」, 「말의 소리」를 현대맞춤법에 따라 고치고 표현도 더러 쉽게 고쳤으며 주석도 달고 있다. 특히 「국어문법」과 그 재판본들은 차이점을 괄호 안에 명시하였다고 하나 복잡한 것은 거의 손을 대지 않고 있다. 주시경 문법을 일반에게 보급시키는 정도의 역할밖에는 가치를 인정하기 어렵다고 하겠다. 끝에 붙은 허웅의 한힌샘의 생애와 업적은 이미 발표된 것이다.60)

한힌샘에 대한 문헌이 계속 발굴·정리되고 이에 대한 연구가 깊어짐에 따라 한힌샘의 문하생들의 저술도 점차 주목을 받게 되었다. 김민수는 육당문고에서 한힌샘의 가장 충실한 제자였던 李奎榮의 저술들을 발굴하였다. 그는 "李奎榮의 文法研究"(1980)에서 비망록 「온갖 것」, 문법서 「말듬」, 자료집 「한글적새」, 교안 「읽어리 가르침」의 네 저술을 중심으로 이규영의 문법연구를 소개하고 이를 한힌샘은 물론 김두봉의 문법과 비교함으로써 그 특성을 밝히었다. 이곳에는 한힌샘 이름으로 발부된 오봉빈의 "한말 익힘 곳"의 졸업증서가 소개되기도 하였다.

(2) 후기(1981~1985)

후기는 한힌샘의 탄생 105주년을 맞는 해이다. 누구도 105주년과 관련된 말을 하거나 행사를 치른 일은 없지만 결과적으로는 이 해가 그런 대로 하나의 전기를 이루었다고 말할 수 있다.

앞 해에 이규영의 문법연구를 수행했던 김민수는 이규영의 稿本 「말듬」을 공개하였다.61) 1981년 12월 3일은 한글학회 창립 60돌을 맞는 해였다. 한글학회는 이날을 기념하는 뜻으로 국어학 도서회를 열었다.62) 이 자리에는 윤재영 소장의 「한글모 죽보기」란 필사자료가 공개되었다. 이 책을 검토한 고영근과 김민수는 이미 알려진 「말듬」과 최범훈 소장인 「한글적새」 첫째 권과의 비교를 통해 그 편자가 이규영이란 사실을 밝혔으며 신

---

60) 주시경선생의 생애는 "周時經"(1965)에서, 학문은 "주시경선생의 학문"(1971)을 그대로 실은 것이다.
61) 「한국학보」 23(1981, 여름)을 보라.
62) 「한글」 175(1982)의 "학회소식"을 보라.

문에 표지와 함께 내용일부가 보도되었다.[63]

　12월 11~13일 사이에는 국어학회에서 "周時經의 國語硏究"란 제목의 공통토론회를 열었다. 이기문과 고영근이 각각 "周時經의 音韻文字硏究", "周時經의 形態統辭硏究"로 주제 발표를 하고 김민수, 남기심, 이병근, 최명옥이 토론에 응하였다.[64] 한힌샘의 학문이 문자, 음운, 형태, 통사, 의미에 걸쳐 자세히 조명되었다. 같은 날 12월 12일에는 한글학회와 광복회의 주관으로 한힌샘의 무덤을 국립묘지 국가유공자 제2묘역으로 옮겼다. 12월 16일에는 "우리말과 글을 키우신 스승들을 위한 합동추모제전"이 열렸다. 서재필, 주시경 등 18위가 추모대상이 되었다.[65] 이런 일들이 모두 탄생 105주년을 맞은 1981년에 일어난 것이다. 이러한 일들을 겪게 되자 한힌샘 연구는 전기와는 다른 양상을 보여 주었다.

　이기문의 "한힌샘의 言語 및 文字理論"(1981)은 독창성의 관점에서 한힌샘의 언어 및 문자이론을 조명한 것이다. 한힌샘의 문자이론은 23세 때 쓴 "국문론"에 벌써 줄거리가 써 있는데 그는 이 곳에서 문자와 언어를 구별할 줄 알고 있었으며 글씨를 왼쪽에서 오른쪽으로 횡서를 하고 뒤에 가서 가로풀어 쓰기를 제안하여 이를 실천한 것으로 보아, 문자론에 관한 한, 한힌샘은 급진적인 이상주의자였다고 해석하였다. 'ㆍ'음의 음가가 'ㅣㅡ'음의 합음이라고 한 것이 잘못이라 함은 이미 여러 사람이 지적하였다. 그러나 이기문은 한힌샘의 합음론이 현대구조언어학의 빈칸이론에 매우 가깝다고 말하고 한힌샘의 인식이 제대로 계승·발전되지 못한 점을 반성하였다. 한힌샘의 연구는 문자체계의 수립에서 싹이 터서 음학에서 원소이론이 전개되고 형태론과 통사론 방면으로 관심이 확대되어 갔으며 특히 짬듬갈에 대하여는 깊이 있는 연구가 요망된다고 하였다.

　고영근의 "주시경의 문법이론에 대한 형태·통사적 접근"(1982)은 앞의 이기문의 논문과 함께 1981년 국어학회 공동연구회에서 발표된 주제 논문이다. 한힌샘의 「국어문법」은 보편문법의 틀 위에서 엮어진 구문중심

---

63) 「중앙일보」(1981. 12. 11. 10면)를 보라.
64) 「국어학」, 11(1982) "휘보"를 보라.
65) 「한글새소식」, 113(1982. 1. 5)을 보라.

의 문법이며 품사분류는 의미와 직능을 기준으로 하되 국어의 특수성도 고려하였음을 주장하였다. 짬듬갈에서는 우선 종래의 한힌샘 문법연구에서 동의적이라고 한 '속뜻'과 '숨은 뜻'을 구별하였다. '속뜻'은 화용상으로 나타나지 않는 기본성분이고 '숨은 뜻'은 통사상으로 나타나지 않는 잠재성분이라고 해석하였다.

고영근은 「국어문법」에 나타나는 '말, 일, 맘, 일의 뜻, 맘으로 살핌'이 한힌샘의 문법이론 내지 의미이론이 개념화한 것으로 보고 Morris 및 Carnap의 기호이론과 관련시켜 그 정당성을 평가하였다. 한힌샘에 있어서 그림풀이의 목적은 문장의 의미를 명백히 하는 것이라고 파악하고 짬듬갈의 끝부분을 의미파악의 4단계를 설명한 것으로 해석하였다. 현대기호학의 관점에 설 때 한힌샘의 「국어문법」은 일차적으로는 통사론에 근거해 있고 이차적으로는 의미론과 화용론을 존중하는 바탕 위에 서 있다고 해석하였다. 끝으로 고영근은 한힌샘의 학문을 더 잘 이해하고 이를 계승·발전시키기 위하여는 "주시경연구회"나 "주시경연구소"의 설립이 불가피하다는 의견을 제시하였다.

李南淳의 "周時經의 意味理論"(1982)에서는 '숨은 뜻, 속뜻'에 대한 파악을 더 깊게 하고 '말, 일, 뜻' 사이의 관계를 Ogden/Richards의 기본삼각도와 관련시켜 해석하였다. 한힌샘의 문법이론은 우선 「국어문법」 안에서 그 타당성이 검증되어야 하겠지만 다른 이론과의 비교를 통해서도 그 특징이 면밀하게 추구될 필요가 있다.

1981년 12월에 잠깐 선을 보였던 「한글모 죽보기」는 고영근의 "開化期의 國語研究團體와 國文普及運動"(1983)에서 그 내용이 완전히 분석·공개되었다. 「한글모 죽보기」는 "朝鮮言文會一覽"이란 뜻을 표시하며 이규영이 편찬했다는 사실을 정식으로 고증하였다. 1907년부터 한힌샘이 개설한 "하기국어강습소"가 국어연구 및 국문보급의 모태였으며 이것이 기초가 되어 국어연구학회가 창립되고 그 아래에 국어강습소가 부설되었다. 국어연구학회는 뒤에 "조선언문회"(흔히 "한글모")로, 강습소는 "조선어강습원"(흔히 "한글배곧")으로 바뀌었으며 한글모는 다시 "조선어연구회, 조선어학회, 한글학회"로 발전하였다는 사실을 밝혔다. 이곳에서 고영근은 현재의 한글학회는 1908년의 국어연구학회에까지 거슬러 올라 갈 수 있다는 사실을 주장하였다. 또 고영근은 「한글모 죽보기」의 검토를 통해 드러나는 한힌샘의 활동이 종전에 알려진 것보다 훨씬 다양하고 그의 학문 또한 나날이 빛을 더해 간다는 사실을 들어 주시경학회와 주시경연구소의 설립을 강력히 주장하였다.

이어 김민수는 "國文同式會에 대하여"(1983)에서 지금까지 전설처럼 전해 오던 "국문동식회"가 1896~1906년 사이에 한힌샘에 의해 이끌어진 철자법 연구회라는 사실을 비롯하여 구성원과 활동상황을 정식으로 밝혔다. 고영근은 "'한글'의 유래에 대하여"(1983)에서 한국 문자의 이름인 "한글"이 "한나라글"에서 '나라'를 빼고 만들어진 말로서 한힌샘이 지었으며 1913년 3월 23일부터 쓰였음을 고증하였다. 당시까지 나타난 자료를 바탕으로 이끌어 낸 성과라 하겠다.

앞에서 우리는 한힌샘과 그 문하생들의 손으로 편찬되던 「말모이」란 사전원고가 이병근에 의해 알려졌음을 본 일이 있다. 김민수는 "「말모이」의 編纂에 대하여"(1983)에서 1910년대의 국어사전의 편찬과정을 소상하게 밝혔다. 그는 육당문고에서 「辭典」이라는 원고 일부를 발견하여 이미 알려진 「말모이」와 유기적 관련을 맺었다. 갑오경장을 계기로 국어사전 편찬의 필요성이 논의되기는 하였지만 편찬에 착수한 것은 국권이 상실되던 1910년부터였다. 조선광문회에서는 한힌샘을 비롯하여 그의 제자 김두봉, 이규영, 권덕규 등이 「朝鮮語辭典」의 편찬에 손을 대어 1914년경에 「말모이」라는 사전 원고를 남겼다. 그 뒤에 한힌샘이 작고하고 편찬방향이 바뀜에 따라 김두봉이 중심이 되어 1915년경부터 「辭典」이라 부르는 원고를 남겼다. 이 「사전」 원고는 나중에 계명구락부로 넘어 갔으며 결국은 육당의 소장이 되어 오늘날 남아 있게 되었다는 전말을 밝혔다. 한힌샘과 그 둘레 사람들의 자료가 나타남에 따라 한힌샘은 물론, 그를 중심으로 펼쳐졌던 국어국문의 정리와 보급의 양상이 거울에 비추듯이 분명히 드러나게 되었다.

한힌샘의 연구업적은 이미 지적된 바와 같이 철자법, 음학, 품사론, 형태론, 통사의미론, 사전편찬, 가로풀어쓰기, 국문보급활동에 걸쳐 있으나

음학과 문법분야가 중추가 되고 문법에서는 "짬듬갈"로 대표되는 통사·
의미론 분야가 핵심을 이루고 있다. 더욱이 통사·의미론 분야는 현대문
법이론과 접맥되는 곳이 많아 최근에 와서 특히 젊은 국어학도들에게 큰
관심을 끌고 있다. 1983년부터는 한힌샘의 국어학을 분야별로 파헤치려는
경향이 강함을 엿볼 수 있다. 음운론은 박영환, 품사론은 박지홍, 최낙복,
형태론은 박영환이 다루었다. 이들은 한힌샘학문의 이론상의 특징과 그
형성과정은 물론, 이후의 문법가들에게 미친 영향도 다루었다. 통사·의
미론 방면은 박영환, 李光政, 진말득, 강기진, 박태권 등의 업적이 있는데
변형문법 등의 현대문법이론과의 관련, 후대문법가와의 영향 관계를 중점
적으로 다루고 있다.66)

이 시기에도 한힌샘의 업적을 국어학사 등에 통합·서술하려는 노력을
발견할 수 있다. 고영근의 「國語文法의 硏究」(1983)은 문법연구사 관련의
글을 모은 것인데 한힌샘 69주기를 맞아 책을 낸다는 말이 머리말에 나와
있다. 그는 표지에 제2회 국어연구학회 강습소 "한말익힘곳"의 졸업증서
를 중심으로 중요문법서들의 내제(內題)를 적절히 배치함으로써 한국의
문법연구가 한힌샘을 중심으로 발전되어 왔음을 물론, 외국인 문법가들과
의 교섭도 끊임없었다는 사실을 상징적으로 표현하였다. 이 책의 첫머리
에는 작고한 문법가들의 사진을 생년월일에 따라 배열하였는데 한힌샘을
유길준 다음에 놓았다.

김석득은 「우리말연구사」(1983)에서 자신의 「주시경문법론」(1979)를 비
롯하여 그 동안 이루어진 한힌샘연구를 어느 정도 참고하면서 그의 「韓
國語硏究史」(下)(1975)보다는 훨씬 충실하게 한힌샘의 국어연구를 분석하
고 그 전승관계를 다루었다. 고영근은 "國語學史의 敍述對象과 認識方法
論"(1984)에서 그 동안 이루어진 한힌샘에 대한 연구결과를 중심으로 한
힌샘을 국어학 창건의 비조(鼻祖)라는 사실을 주장하였다. 한힌샘은 동양
적인 틀과 서양적인 틀을 통합시켜 한국의 국어학을 건설했다고 본 것이

---

66) 개별 연구가의 구체적인 업적은 「주시경학보」 창간호(1988)에 실린 "주시경연구논저목
   록" 제5기(후기)를 보라.

다. 또 李秉根은 「국어연구의 발자취」(Ⅰ)(1985)에서 "周時經"이란 제목 아래 한힌샘의 평전을 엮었다. 학문의 형성과정, 국어관, 서술방법, 사전 편찬 및 맞춤법의 원리에 걸쳐 현재의 국어학도를 대상으로 학문적인 평전을 서술하였다. 60년대의 김윤경의 전기나 70년대의 김세한의 전기와는 성격을 달리한다. 고영근은 "國語學研究史"(편)(1985)에서 한힌샘의 업적과 활동을 평가한 논문 5편을 실었다. 이에 의하여 한힌샘의 학문세계는 물론 그의 사회활동을 한 자리에서 살펴볼 수 있는 계기가 마련된 것이다.

1985년에는 「歷代韓國文法大系」 제4차 배본 20책이 나왔는데 한힌샘의 저술이 또 얼굴을 내밀었다. 제1부 제3책에는 「대한국어문법」, 「말」, 「고등국어문전」이 실려 있고 제3부 제5책에는 「국문연구안」이 실려 있다. 「국문연구안」은 원자료가 판독이 쉽지 않아서 다시 조판하여 활자화하였다. 역시 김민수가 해설을 맡았다. 한글학회는 「한글새소식」 160(1985. 12. 5)을 "한힌샘 주시경 선생 특집"으로 삼았다. 표지 전체가 한힌샘의 얼굴로 꾸며져 있고 한힌샘 자신의 글과 최현배, 이병기, 박지홍, 손인수, 신용하의 글들이 실려 있다. 서거 71주기를 맞은 추모특집으로 간주된다.

이 시기의 한힌샘 연구로서 특기할 것은 북한의 연구이다. 북한은 1949년부터 주시경 연구에 착수하여 1950년대 중반부터 1960년대 중반까지 10년 동안 북한에서 펴낸 유고집을 바탕으로 삼아 시대적 특수성에 상응하는 연구업적을 10여편 내었음을 확인한 바 있다. 그러나 주체사상이 등장하는 1960년대 후반부터는 연구의 흔적을 찾을 수 없는데 1980년대 중반에 이르러서야 다시금 주시경이 역사의 전면에 등장하기 시작하였다. 김병제는 「조선어학사」(1984)에서 1970년대 전반에 남한에서 발견된 국문연구소와 주시경 자료를 이용하여 주시경의 활동을 소상하게 설명하고 ,이미 발간한 1950년대 중반에 간행한 「주시경 유고집」의 「국어문전음학」, 「국어문법」, 「말의 소리」를 중심으로 음학, 품사론, 단어조성론, 문장론, 철자법에 걸쳐 그 내용을 평설하고 소견을 붙이었다. 대체로 5,60년대에 이루어진 연구결과를 평설하였으나 개중에는 달리 생각한 부분도 없지 않다. 그 한 예로 "짬듬갈"의 말미부분에 나오는 "말, 일, 맘, 일의 뜻, 맘으로 살핌"(앞에서 나옴)에 대한 다음과 같은 해석이다.

> 주시경이 강조한 이 말은 그가 문장을 문법적으로 분석하는 과정에 여러개의
> 구체적인 대상 가운데서 공통성을 찾아내는 고도의 추상성을 보여주는 실속
> 있는 말이라 할 수 있다. (249쪽, 원문대로)

주시경이 의도한 것은, 앞에서 확인한 바와 같이(140쪽), 한 문장에 대한 의미해석의 다양성이라고 생각되는데 구체적인 대상 가운데서 공통성을 찾아내는 방면으로 해석한 것은 주시경 문법이론을 올바로 이해하지 못한 데서 빚어진 견해로 보인다. 그는 또 주시경이 표현적 효과와 어조와 같은 문제를 소홀히 하였다고 비판을 가했지만 이는 주시경의 문법이론을 제대로 이해하지 못한 데서 결과된 추론이다. 김병제의 어학사를 통하여 북한은 그 사이 남한에서 발굴된 어학자 자료는 물론 그 연구결과까지도 수용하고 있었음을 군데군데서 확인할 수 있다.

7. 제6기(1986~) :
학회와 연구소의 발족을 계기로 한 한힌샘 연구의 자리잡음

1986년은 한힌샘이 태어난 지 110주년이 되는 해였다. 탄생 110주년부터 시작되는 제6기는 한힌샘 연구사상 큰 고비를 이룬 때라고 말할 수 있다. 그것은 80년대 초부터 필요성을 느껴 오던 주시경학회와 주시경연구소가 발족되어 한힌샘을 연구할 수 있는 터전이 잡혔기 때문이다. 그밖에도 탄생 110주년을 기념하는 연구 업적이나 행사가 많았다.

1986년 12월 20일자 「조선일보」는 "한글 中始祖 周時經先生"이라는 제호를 달고 12월 22일로 맞는 한힌샘의 탄생 110주년기념특집을 마련하였다. 탄생 100주년까지는 음력 생신을 기준으로 기념행사를 가졌는데 110주년부터는 양력생신을 기념하게 된 것이다. 일찍이 김민수가 양력환산한 12월 22일이 1986년부터 정식으로 사용된 것이다. 이 자리에서는 그때까

지 밝혀진 한힌샘의 업적과 활동이 조명되고 학계의 한 모퉁이에서 일고
있었던 주시경학회의 결성 움직임까지 보도하였다. 이러한 기사에 영향을
받았는지는 모르지만 한글학회에서는 12월 22일자로 "한힌샘 연구모임"
(대표 : 허웅)이라는 주시경학회가 창립되었다는 소식이 보도되었다.67)
그것은 어쨌든 주시경학회가 생겼다는 것은 한힌샘 연구가 자리를 잡아
간다는 사실을 뜻한다. 이에 앞서 10월 9일 한글날에는 충남 천원군 독립
기념관 뜰에 한힌샘의 "말씀비"[語錄碑]가 세워졌다. 이어 고영근은 "周時
經先生과 한글"(「국민정신」 1986. 10)에서 한힌샘의 생애와 업적을 되새
기고 그것을 계승·발전시키는 문제를 제기하였다. 「한국언어학회」 1986
년도 겨울연구회(1987. 2. 16~2. 20)에서는 고영근의 "국어문법의 전통 :
周時經의 「國語文法」"이라는 제목의 특강행사가 있어 한힌샘의 유업계승
을 위한 노력이 여러 가지 형태로 나타나고 있다는 사실을 깨달을 수 있
다.

　　탄생 100주년을 계기로 한 연구활동 가운데서 눈길을 모으는 것은 한
힌샘의 중요한 저서인「國語文法」의 교감본이 10월 9일 한글날에 나왔다
는 점이다. 高永根·李賢熙의 「周時經, 國語文法」(1986)은 그 사이 열망해
오던 「국어문법」의 이본(異本)을 비교하여 정본을 수립하고 주석을 붙인
것이다. 머리말에는 한힌샘의 문법이론이 1985년부터 시행되는 고등학교
통일문법교과서의 중요한 바탕을 이루고 있으며 탄생 100주년을 기념하
는 기구나 모임이 이루어져야 한다는 의견이 제안되어 있다. 이곳에서 李
賢熙는 "「國語文法」의 定本 수립에 대하여"라는 글을 통하여 교감과정을
세밀하게 보여 주기도 하였다. 같은 날 김민수는 탄생 100주년을 맞아 간
행하였던 「周時經研究」의 증보판을 내었다. 그 사이 발표한 한힌샘 관계

---

67) 「한글」 195(1987. 봄치)와 「한글새소식」 173(1987. 1. 5)를 보라. 1986년 12월 22일자 「東
　　亞日報」 (석간) 6면에는 다음과 같은 기사가 보도되었다.
　　　한글학회는 국어학자 周時經선생의 1백 10주년이 되는 22일 오후 선생의 학문과 사상을
　　　연구하기 위한 연구회 발기인 모임을 한글회관에서 가졌다.
　　신문에는 "한힌샘연구회"라 보도되었는데 「한글새소식」에는 "한힌샘연구모임"으로 이름
　　이 바뀌어 있다.

의 논문 5편을 덧붙인 것이다. 책의 앞에는 새 자료의 표지와 「말모이」 등의 내용 일부가 원형대로 제시되어 있다.

이 해에도 한힌샘 업적에 대한 집중적 평가가 줄을 이었다. 權在善의 "주시경이 권정선에게서 받은 영향"(1986)은 한힌샘의 저술에 인용되는 권정선의 학설을 중심으로 그로부터 받은 음학과 문법의 영향을 다룬 것이다. 박태권의 "주시경학설과 그 어학사적 위치 —「국어문법」을 중심으로"(1986)에서는 「국어문법」의 "속뜻"이 허웅 등이 해석해 온 "속구조"라기보다는 논리구조로 보는 것이 좋다는 의견을 제시하였다. 강기진은 "주시경의 품사이론연구"(1986)에서 한힌샘의 품사분류기준을 의미와 기능으로 잡고 최현배와의 비교를 시도하였다. 이밖에 "움씨", "언씨"에 대한 최낙복의 연구, "부름만"에 대한 리의도의 연구가 있어 앞 시대에 이어 한힌샘의 문법을 형성과정에서부터 후대 문법가와의 영향관계에 이르기까지 깊이 있게 분석하였다.

1986년은 한힌샘 탄생 100주년에 즈음하여 기획·간행되어 오던 「歷代韓國文法大系」 102책이 탄생 110주년을 맞아 완간되는 해이기도 하여 깊은 뜻을 줄 수 있다. 제5차 배본 22책 중의 제1부 제39책은 지난날 산발적으로 얼굴을 내밀었던 「國文文法」, "국문", 「소리갈」, "한나라말", 「朝鮮語文法」(1911)이 실렸다. 제3부 제6책에는 「國文研究議定案」(1909)가 실렸다. 여기서도 김민수가 해설을 썼다. 이로써 적어도 한힌샘의 문법 및 국문관계의 업적은 한 자리에 다 모일 수 있었다. 이미 앞 시기의 전반부에 고본 「말모이」의 내용을 분석하여 주목을 받았던 李秉根은 자신의 소장본을 다시 조판하여 활자화함으로써 (「韓國文化」 7, 1986) 누구든지 이 자료를 볼 수 있게 하였다. 이렇게 한힌샘의 자료가 계속해서 공개되고 활자화되어 가고 있는 것이다.

1987년 12월 22일은 한힌샘 탄생 111주년이 되는 해였다. 110주년 때의 주시경학회의 결성에 이어 이번에는 "周時經研究所"(소장 : 金敏洙)가 도서출판 탑출판사(대표 : 金炳喜) 안에 설립되었다. 탑출판사는 「歷代韓國文法大系」의 편찬 등 국어학 관계의 도서 출판에 이바지 한 바 많거니와 개인 출판사로서는 드물게 재정지원의 책임을 맡게 된 것이다. 연구소의 설립목적은 주시경의 학문과 사상을 연구하고 발전시킴으로로써 국어학을 중심으로 한 민족문화의 창달에 이바지하는 데 있는 것이다.68) 한글학회는 1987년부터 학회창립 기념일을 8월 31일로 잡고 79돌 행사를 치렀다. 이는 한힌샘과 그의 동료·제자들이 1908년 8월 31일에 세운 "國語演究學會"에 뿌리를 대어 학회의 역사를 길게 잡은 것이다.69) 이는 고영근이 이미 「한글모 죽보기」를 분석할 때 제기했던 문제가 실현된 것으로 보고자 한다. 한힌샘의 숨겨진 업적들이 역사의 큰 흐름 위에 하나씩 통합되어 가는 것이다. 한글학회 안에 설치된 「한힌샘연구모임」은 탄생 111돌을 맞아 「주시경 선생에 대한 연구 논문 모음 1」(1987. 12. 22)을 펴 내었다. 음력 생신을 기념하던 「한글학회」가 1986. 12. 22일을 기하여는 「한힌샘연구모임」을 결성하였고 1987년 12월 22일에는 연구논문집을 펴내었다.70) 이 논문집에는 주로 탄생 100주년부터 10여 년에 걸쳐 발표된 30편의 논문을 모은 것으로 한힌샘의 문자/음학, 품사론, 형태론, 통사·의미론에 관련된, 전문성을 띤 논문을 모은 것이다. 이 책으로써 우리는 적어도 최근의 대한민국(남한)의 한힌샘의 국어학 업적에 대한 연구동향을 한 자리에서 굽어 볼 수 있게 되었다.

1987년에도 한힌샘 연구는 꾸준하였다. 언어관에 대한 강기진의 연구, "엇씨"에 대한 최낙복의 연구, "토씨"에 대한 리의도의 연구, 통사이론에 대한 강기진의 연구, 음학에 대한 김기성의 연구가 눈에 뜨인다. 李光政은 「國語品詞分類의 歷史的 發展에 관한 硏究」(1987)에서 한힌샘의 품사분류를 "도입·수립기"에 속하는 것으로 처리하였다. 곧 서구문법체계를 도입하여 우리말의 품사분류체계를 수립하였다는 것이다. 권재선은 「국어학발전사」(1987)에서 한힌샘의 음운이론과 문법이론을 자세히 다루었다. 음운이론은 국문연구소 보고서를 중심으로 하였고 문법이론은 「국문문법」, 「국어문법」, 「말의 소리」 등의 문법서를 중심으로 3기로 나누어 문법양상을 구명하였다. 국어학사류의 저서로는 가장 방대하게 한힌샘의 업적을

다룬 것이라 하겠다.

8. 마무리 - 앞으로 할 일 -

지금까지 필자는 한힌샘 周時經에 대한 연구업적과 각종 추념·추모행사를 대상으로 한힌샘 연구의 어제와 오늘을 더듬어 보았다. 논의된 결과를 간추려 보기로 한다.

첫째, 제1기는 추모·추념의 시대이다. 그의 문하생, 동료, 후학에 의한 추모적인 회고담이 주축을 이루었다. 이런 작업은 엄격한 의미의 연구라고 하기에는 어려운 점이 없지 않으나 이런 단계를 거치지 않고는 본격적 연구가 불가능하다는 사실을 인식할 필요가 있다. 이 시기에도 한힌샘에 대한 비판이 있었으나 이성을 잃은 비방에 지나지 못하였으며 객관적 평가나 어학사 통합을 위한 시도도 있었으나 극소수에 그쳤다. 제1기의 연구성과는 한힌샘이 국어국문을 최초로 과학적으로 연구한 학자이며 그것을 보급하는 데 있어 앞장을 섰던 교육가라는 사실을 인식한 점이다.

제2기는 광복을 맞아 잃었던 말과 글을 되찾는 데 있어 한힌샘을 인식하여 저술을 다시 출판한 시대이다. 그러나 그의 제자들이 남북으로 흩어지고 전쟁을 치르는 동안 한힌샘을 심각하게 생각할 수 있는 계기가 마련되지 않았다. 식민지 시대에 이루어진 성과를 바탕으로 한힌샘을 객관적으로 평가하려는 움직임이 서서히 꿈틀거리고 있었다는 것이 이 시기의 소득이다.

제3기는 한힌샘의 탄생 80, 85주년을 계기로 유고집이 간행되고 현대적 평가가 시작되는 시대이다. 이런 작업은 북한에서 먼저 시작되었다. 남한은 전기를 다시 쓰고 문헌적 연구를 시발로 하여 한힌샘 연구의 기초를 세웠다. 한힌샘의 학문세계가 현대학문의 기준으로 서서히 평가되는 시기로 간주된다. 한힌샘은 언어학자로서 뿐만 아니라 교육자, 애국자, 사상가라는 사실이 지적되었다.

　제4기는 한힌샘의 탄생 90주년을 계기로 그의 학문이 더 깊이 조명되고 한힌샘관계의 새 자료가 하나씩 얼굴을 내미는 시대이다. 한힌샘의 국어학 업적이 현대언어학의 관점에서 적극적으로 조명되고 이를 현대 국어학 연구와 국어학사 서술에 통합시키려는 노력이 일어나는 것을 특징으로 꼽을 수 있다.

　제5기는 탄생 100주년을 맞아 한힌샘 자료가 집성되고 이를 계기로 한힌샘 연구가 성황을 이룬 시대이다. 전기는 「주시경전집」과 「주시경연구」가 출간되고, 계속해서 값진 자료가 세상에 알려지고, 이에 대한 문헌적 연구가 이루어졌으며, 그의 학문과 사상이 전면적으로 검토되었다. 한힌샘의 학문이 매우 독창적이라는 사실이 지적되었고 사회학자에 의해 한힌샘이 애국계몽사상가라는 평가를 받았다. 한힌샘의 문법이론은 문장중심의 서술모형을 토대로하고 마지막에는 형태구조중심의 문법으로 나아갔다는 사실이 지적되었다. 후기는 한힌샘의 연구 가운데서 “짬듬갈”에 대한 연구가 집중적으로 이루어졌다. 한힌샘의 통사이론을 현대기호학과 연결시켜 해석하는 노력이 엿보이기도 하였다. 한힌샘 연구를 위한 모임이나 기구의 발족 필요성이 여러 번 지적되었다.

　제6기는 탄생 110주년을 계기로 하여 학회와 연구소가 태어나서 한힌샘과 그가 살았던 시대를 종합적·집체적으로 연구할 수 있게 되었다. 한힌샘 연구가 헌옷을 벗고 새옷을 갈아 입는 시기인 것이다. 지난 2년간의 짧은 시간임에도 불구하고 연구서와 논문들이 줄을 이어 나왔다.

　한힌샘연구사를 기초로 하여 한힌샘 연구가 앞으로 나아가야 할 방향을 생각해 보고자 한다.

　우선 새로운 형태의 한힌샘전집이 나와야 한다. 이기문의 「주시경전집」과 김민수 등의 「역대한국문법대계」 속의 자료를 합치면 한힌샘 자료가 거의 망라된다. 그러나 아직도 빠진 자료가 많고 나왔다고 하더라도 자료를 이용하기에 안전하지 않은 것이 많으므로 원본대로 선명히 찍은 새로운 형태의 전집이 간행되어야 한다. 현재 거의 마무리 단계에 있는 김민수의 「周時經全書」6권이 나오면 우리의 기대를 충족시킬 수 있다.

둘째, 한힌샘의 연보가 다시 만들어져야 한다. 현재까지는 김민수의 「周時經硏究」(1977, 1986)에 실려 있는 "周時經年表"가 가장 정확하고 상세하다. 그러나 지난 10여 년 동안 한힌샘의 자료가 많이 나타났고 그의 사회활동의 연구에 절대적으로 필요한 「한글모 죽보기」가 나타났으므로 새로운 연보의 작성은 필수적이다. 이와 함께 전기도 다시 써야 함은 물론이다.

셋째, 한힌샘 저술의 현대화이다. 원자료는 표현이 낡고 맞춤법도 통일되지 않아 전문가가 아니면 쉽게 접근할 수 없다. 독자층을 넓혀 한힌샘의 학문과 사상을 널리 알리려면 현대맞춤법에 따라 다시 고쳐 쓰고 주석을 붙이는 자료의 현대화를 도모해야 한다. 앞으로 주시경 연구소는 이 작업을 지속적으로 펴 나갈 것이다.

넷째, 한힌샘學에 대한 집체적 연구이다. 한힌샘의 학문은 "한힌샘學"이라 부를 수 있을 정도로 일관된 메타이론의 토대 위에 서 있다. 지난 10년 동안 한힌샘학의 모습들이 많이 밝혀지기는 하였으나, 종합적·집체적 성격이 결여되어 있었다. 한힌샘학을 밝히는 데 있어서는 언어학 이외에, 기호학, 심리학, 사회학, 수리학, 역사학, 지리학, 종교학, 철학 등의 인접학문의 도움을 받지 않으면 안 된다. 한힌샘 연구가 종합적·집체적 성격을 띠어야 한다는 까닭이 여기에 있다.

다섯째, 한힌샘의 업적과 활동에 대한 객관적 연구의 결과는 끊임없이 국민교육에 반영되어야 한다. 한힌샘의 전기적 사실은 해방 후 초등학교와 중학교 초급과정 국어교과서에 반영된 일이 있고,[71] 1960년대 초에 중학교 국어과정에서 다루어진 일이 있으며,[72] 현재도 중학교 국어 교과서에서 한힌샘 전기를 배우고 있다.[73] 대학에 따라서는 한힌샘 논설의 독해

---

71) 조선어학회(편), 「중등국어교본」(상)(1, 2년소용), 1946. 9. 1에 "주시경"(지은이 없음)이 실려 있고, 문교부, 「초등국어 5-1」, 1950. 3. 20(재판 정정인쇄) "주시경"(지은이 없음)을 가리킨다.

72) 문교부, 「학국어」 2-2, 1963. 9. 1의 "주시경-덜렁봉 위의 하늘-"(지은이 없음)을 가리킨다.

73) 문교부, 「중학국어」 1-1, 1984. 3. 1에 나오는 "주시경선생"(장지영 지음)을 가리킨다.

를 통해서 그의 학문과 사상의 특수성을 학습하는 일도 있다.[74] 한힌샘의 한 평생은 국어·국문의 연구와 보급으로 점철(點綴)되어 있다. 그는 또 많은 일화도 남겨 놓고 있다. 인격, 학문, 사상과 관련되는 내용을 적절하게 교재물로 엮어 초·중·고등학교과정에 고루 넣어 국어교육을 강화할 필요가 있다고 생각한다. 대학은 한힌샘의 원자료를 직접 독해하여 한힌샘의 사상은 물론 개화기의 문체를 익히는 방향으로 교재편찬을 할 필요가 있다.

---

74) 대표적으로 서울대학교 「大學國語」에서는 1978년부터 한힌샘의 "대한국어문법 跋文"이 실려 있어 모든 학생들에게 필수적으로 부과되고 있다.

참고 문헌[*]

[*] 이곳의 참고문헌은 각주에서 성명 옆에 연대를 표시한 것에 한하여 보인다.

姜馥樹(1972),「國語文法史硏究」, 螢雪出版社.

高永根(1983가), "開化期의 國語硏究團體와 國文普及運動",「韓國學報」30(봄).

______(1983나),「國語文法의 硏究」, 塔出版社.

______(1994), 통일시대의 論文問題, 도서출판 길벗.

______(1995가),「최현배의 학문과 사상」, 집문당.

______(1995나),「주시경「국어문법」의 형성에 얽힌 문제」,「大東文化硏究」30.

______(1996),「우리 언어문화의 뿌리를 찾아서」, 한신문화사.

______(1998),「한국어문운동과 근대화」, 탑출판사.

______(1999),「북한의 언어문화」, 서울대학교 출판부.

金敏洙(1977, 1986),「周時經硏究」, 塔出版社.

______(1985),「北韓의 國語硏究」, 高麗大學校出版部.

愼鏞廈(1976),「獨立協會硏究」, 一潮閣.

______(1984),「韓國現代社會思想」, 지식산업사.

안병희(2001), "북한의 맞춤법과 김두봉의 학설",「정신문화연구」봄(통권 82호).

李基文(1970),「開化期의 國文硏究」, 一潮閣.

이응호(1974),「미군정기의 한글운동사」, 성청사.

李熙昇(1955),「國語學槪說」, 民衆書館.

최명옥(1979), "주시경의「소리갈」에 대하여",「진단학보」44.

임홍빈(1988), "周時經 先生의 筆者에 대하여",「주시경학보」2.

최호철(1989), "周時經과 19세기의 영문법,"「周時經學報」4.

______(1991), "북한의 한힌샘연구",「주시경학보」8.

【붙임】

1988년 6월 이후의 주시경 연구의 흐름*1)

1. 들어가기

　필자의 "주시경 연구의 어제와 오늘"은 1988년 5월까지 나온 업적을
중심으로 엮은 것이다. 이곳에서는 그 이후부터 20세기말까지 나온 자료
문헌과 연구문헌을 종합하여 지난 1세기에 가까운 세월에 걸쳐 나온 주
시경 연구사를 총괄·서술하기로 한다. 1988년 5월 이후 한국의 국어학계
에서는 주로 주시경연구소의 「주시경학보」와 한글학회의 「힌힌샘연구」
(뒤에 「한힌샘 주시경 연구」로 이름을 바꿈)의 두 학술지를 통하여 한힌
샘 연구를 수행하였으며 부산과 대구의 국어학자들의 기여도 특기할 만
하다. 주시경을 대상으로 한 석사논문이 나오는가 하면 박사논문까지 출

---

* "주시경연구의 어제와 오늘"의 [붙임]편의 집필에 즈음하여 자료제공에 협조하여 주신 최
　낙복, 엄정호 교수(동아대)와 원고를 읽고 부족한 서술을 보충해 주신 박종갑(영남대), 이
　현희(서울대) 교수 등 여러분께 고마운 인사를 드리는 바이다.

1) 이 "붙임"은 원칙적으로 1988년 6월 이후에 나온 업적을 대상으로 하였으나 본문을 집필
　할 때에는 「한힌샘연구」 1(1988. 5)에 실린 논문을 참조하지 못하였기 때문에 실제로는
　1988년 5월부터 평가의 출발점으로 삼았다.

간되어 주시경이 한국어학을 창건한 비조답게 그 학사적 실체가 역사의 전면에 등장하여 가고 있다. 이제 그 사정을 자료적 측면과 이론적 측면의 두 방면으로 나누어 살펴보기로 한다. 연구업적의 자세한 서지사항은 끝의 "주시경에 대한 자료문헌"과 "주시경연구문헌"으로 미루고 연구의 흐름을 더듬는 데 있어서는 홍길동(1989)의 방식으로 표시하기로 한다.

2. 주시경에 대한 자료문헌('87. 5 이후)

A. 주시경에 대한 자료발굴(자료문헌 1A 참조)

1988년 7월에 창간된 「周時經學報」는 주시경연구소의 사업의 한 고리로 주시경의 1차 자료의 발굴과 정리, 1, 2차 자료의 현대화를 기획하여 학보에 연재하기로 하였다. 이 과정에서 서울대학교 이현희 교수와 주시경 연구소 이사장이며 탑출판사 사장 김병희와, 한신대학교 국문과 졸업생인 황재건 등 여러분의 협조가 있었음을 밝혀 둔다.

주시경이 남긴 자료는 그 동안 이기문의 「주시경전집」(1976)의 간행을 계기로 하여 많이 알려져 있으나 주시경연구소의 창립을 계기로 하여 새로운 자료들이 하나씩 얼굴을 드러내기 시작하였다. 그 첫 수확이 주시경이 1901년 「신학월보」 1권 10호에 발표한 "말"이었다. "말"은 말과 글에 대한 주시경의 견해가 최초로 표백된 글인데 문답식으로 구성되어 있다. 이 글의 끝에 주시경의 아명(兒名)인 "주상호"가 적혀 있다. 내용은 말의 개념, 발화과정, 말의 용도, 생각과 말과 의사소통의 관계 등 9개 항목이다. 다음으로는 「신학월보」 2권 9호에 실린 "사람의 지혜와 권력"이 얼굴을 내밀었다. 이곳에서도 필자는 아명인 주상호로 적혀 있다. 이글은 190 6~7년 사이에 나온 이를테면 "必尙自國文言" 등의 모태가 되는 글로 주시경의 이른 시기의 사상과 학문을 구명하는 필수적인 자료로 평가된다.

주시경의 국어국문에 관한 1차자료는 노력 여하에 따라 얼마든지 발굴이 가능해 보인다. 19세기말의 「독립신문」에는 주시경의 문체로 보이는 사설이나 기사가 많이 보인다. 이 모두가 주시경이 쓴 글이라고는 할 수 없어도 주시경이 집필하였다는 심증이 가는 것이 많다.[2]

또 주시경이 만년에 「新文界」에 발표한 "朝鮮語에 관한 參考文" 이 나온 것도 주시경의 학문세계를 밝히는 데 참고가 된다. 주시경의 학문과는 직접 관련이 없으나 숙명여자고등보통학교 봉급명세서와 아우 주시강에게 보내는 편지, 그리고 백범 김구가 옛 동지의 영전(靈前)에 바친 휘호가 발견된 것도 주시경 연구사에서 빼놓을 수 없는 자료이다. 특히 숙명학교 봉급명세서는 주시경 만년(晩年)의 연보를 보충하는 데 이용할 수 있다.[3]

주시경의 1차자료의 발굴에서 특기할 것은 주시경의 「국어문법」의 원고본이 얼굴을 내밀었다는 사실이다. 이 원고본은 주시경이 「국어문법」을 출간하기 위하여 대한제국 통감부 內務警務局에 제출하였던 검열용 원고본이다. 원고본의 검토를 통하여 검열을 받고서도 활자화하는 과정에서 고친 부분이 많아 주시경의 문법용어와 문법체계의 변모상황을 밝히는 데 있어서 어느 1차 자료보다도 중요성을 띠고 있음이 밝혀졌다.[4] 이 원고본은 「한힌샘연구」 3(1990)에 실려 있다. 「한글모 죽보기」는 개화기의 국문운동의 양상을 밝히는데 절대적인 중요성을 차지한다. 이 책에는 주시경의 친필로 된 자료가 보이고 대부분의 자료가 주시경이 남긴 자료를 정리하여 편찬하였다는 점에서 주시경의 1차 자료로 보아도 좋다. 이규영이 편찬한 것으로 짐작되는 「한글모 죽보기」는 1981년 얼굴을 내민 이후 복사본을 통하여 그 실체를 보았을 뿐인데 한글학회는 「한힌샘연구」 1(1988)의 부록으로 책 전체의 크기를 줄여서 공개하였다. 이를 통하여 한힌샘을 둘러싼 개화기의 국문운동의 제양상을 분명히 알 수 있게 되었다. 「한힌샘 주시경 연구」 9(1996)에는 조선어강습원 원장이었던 남형우의 생

---

2) 이 문제에 관하여는 다음을 보라.

　　고영근, "개화기의 한국어문운동", 「관악어문연구」 25, 2000.

3) 이 문제에 대하여는 다음 글을 보라.

　　고영근, "주시경 관련 자료 소개", 「한글」 232, 1996.

　　____, 「우리 언어문화의 뿌리를 찾아서」, 한신문화사, 1995, 204~210.

4) 「국어문법」의 검열용 원고본에 대한 검토는 다음을 보라.

　　고영근, "주시경 「국어문법」의 형성에 얽힌 문제", 「대동문화연구」 30, 1995.

애에 관련된 자료가 실려 있는데 이 역시 개화기의 국문운동의 제양상을 밝히는 데 있어 중요한 자료라 생각된다.

고영근은 「주시경학보」 5에서 주시경이 남긴 수업증서 등 각종 증서와 자작동요를 모아 해독을 꾀하였다. 수업증서 등은 해방전부터 얼굴을 내밀었으나 각종 서식은 「한글모 죽보기」에서 발견되었다. 이 자리에서 고영근은 주시경의 자작동요 '범아 범아 자는 범아…'를 소개하였다. 이 동요는 북한의 「주기경유고」(1957)에서 정렬모가 공개한 것인데 앞 부분만 나와 있는 것을 필자가 이 글의 본문에서 「로동신문」본과 교합하여 전문을 재구성하기도 하였다.(114쪽) 최근 통문관 주인인 이겸로의 소장인 제4회 하기국어강습소 강습증서가 공개된 일이 있다.5) 지금까지 이 증서는 「한글모 죽보기」를 통하여 그 서식만 볼 수 있었는데 강습생 윤무영(尹茂榮)이 받은 실제의 증서가 나온 것이다. 이 증서에는 제4회 하기국어강습소의 강사진(장지영, 박제선)과 교과과정, 소장 주시경이 명기되어 있는데 이는 「한글모 죽보기」의 서식과 완전히 일치하여 「한글모 죽보기」의 자료상의 신빙성을 더욱 짙게 하였다.

1990년까지 발굴된 주시경의 1차 자료는 문화부에서 낸 「10월의 문화인물 주시경」에 간행본, 원고본/유인본이 연대순으로 정리되어 있다. 표지와 내용 일부를 평설하였으며 인장과 증서, 주시경 연구물의 표지도 보이었다.

B. 1차 자료의 정리 · 편집(자료문헌 1B 참조)

주시경의 1차 자료는 해방전의 신명균이 편찬한 「周時經先生遺稿」(1933), 이의 해방후의 중판, 북한의 「주시경유고집」(1957), 이기문편의 「周時經全集」(1976)이 있고 「歷代韓國文法大系」(1977~1986)에 그 사이 발굴된 자료가 집성된 바 있다.6) 그런데 1960년초반부터 주시경연구에 손을 댄 김민수는 그 사이 발굴된 주시경의 1차자료와 주시경에 관계되는 2차자료를 묶어 「周時經全書」 6권을 편집 · 간행하였다. 이 책에는 각 권의 앞

---

5) 「한자+문화」 7호(2000. 2월)의 화보를 보라.
6) 「역대한국문법대계」 1부 3, 4, 39책, 3부 3, 5, 6책에 주시경의 1차 자료가 실려 있다.

에 화보를 넣었고, 자료는 원본대로 영인하였으며, 필사본은 원본대로 보이되 판독한 것도 붙였다. 각 권마다 해설과 목차를 넣었으며, 원본에 없는 목차는 다시 만들어 붙였다. 각권의 내용은 뒤의 "자료문헌 1B를 참고하기 바란다.

C. 1차 자료의 일본어 번역(자료문헌 1C 참조)

　주시경의 대표적 저술은 「국어문법」(1910)이다. 그것은 「국어문법」에 주시경의 언어철학과 음학 및 정서법 등의 음성 및 문자이론, 품사론/형태론과 통사론 등의 문법이론, 그리고 단어형성론이 집약되어 있기 때문이다. 그런데 이 책은 용어가 우선 낯선 것이 많고 단락 등이 구분되지 않았으며, 판을 거듭함에 따라 내용이 수정되고 용어가 바뀐 것이 많아 전문가라도 한 두번 읽어서는 내용을 정확하게 알기 어려운 부분이 많다. 이런 점을 타개할 목적으로 고영근과 이현희는 주시경탄생 110주년을 맞아 「周時經, 國語文法」을 공동교감하여 간행하였다. 이 책이 나옴으로써 주시경의 문법이론에 접할 수 있는 길이 많이 넓어졌다. 그러나 주시경의 「국어문법」이 많은 독자를 확보하여 이에 담긴 이론이 정당한 평가를 받으려면 현대화가 이루어져야 한다. 그런데 이에 앞서 일본의 한 한국어학도인 이카라시 고이치(五十嵐孔一)는 한국어역과 일본어역을 붙인 私家版을 간행하였다. 그것도 그 흔한 컴퓨터로 작성한 것이 아니라 직접 손으로 썼다. 한국어학을 일본인의 잣대로 평가하는 것을 경계하고 주시경의 독창적인 이론을 일본에 알린다는 목표를 세우고 이 일에 착수하였다. 앞으로 이런 작업이 토대가 되어 주시경의 「국어문법」의 현대화가 하루 빨리 이루어지기를 기대해 본다.

D. 원자료의 현대화(자료문헌 1D 참조)

　주시경의 1차 자료에 대한 현대화는 주시경연구소의 사업의 일환으로 시작되었다. "국문론", 「국문문법」, 「대한국어문법」, 「국문연구안」, 「말」에 대한 역주가 이루어졌다. 나머지는 주시경학보의 휴간으로 손을 대지 못하였다.

E. 2차 자료의 발굴(자료문헌 1E 참조)

첫째로 들 수 있는 것은 「매일신보」와 「신한민보」에 실렸던 주시경 서거기사 발굴이다. 전자는 1932년에 김선기가 소개한 것을 고영근이 당시의 신문을 찾아 현대화한 것이고 후자 역시 고영근이 미주 한인사회의 신문이었던 「신한민보」에서 주시경의 서거기사를 찾아 내어 역시 현대화한 것이다. 「신한민보」의 기사는 홍익대학교 정호웅 교수의 협조로 발굴되었다.

둘째로는 1940년대 후반부터 1960년대 중반까지 나온 북한의 주시경연구를 원문대로 재현하여 보이었다. 주시경연구에 참여한 사람은 신구현, 박의성, 정렬모, 황부영, 김례추, 김백련 등이며 김수경과 김금석은 김두봉에 대한 연구업적을 남겼다. 이밖에도 주시경에 대한 크고 작은 글을 쓴 사람이 많다.(본문 108~116쪽)

F. 2차 자료의 현대화(자료연구문헌 1E 참조)

주시경에 관한 2차 자료는 1914년에 「靑春」에 실린 "周時經先生歷史"를 비롯하여 회고담, 연구물이 많다. 주시경연구소는 주시경의 2차자료에 대한 역주사업을 벌여 잡지기사를 비롯하여 주시경의 동료나 후계학자인 신명균, 이능화, 정렬모, 임규, 신영철, 장지영, 정태진 등이 집필한 글을 주석을 붙여 현대화하였다.

3. '88년 6월 이후의 주시경 연구의 흐름[7]

'88년 6월 이후의 주시경연구를 뒤의 목록의 순서에 따라 연구문헌의 정리와 그에 대한 연구, 추모행사, 생애·업적, 활동·사상·교육, 학문과 사회활동의 순서로 그 흐름을 둘러보기로 한다.

---

7) 이곳에서는 뒤의 "주시경 연구문헌"('87. 6월 이후)의 성명과 연대를 이용하기로 한다.

A. 연구문헌의 정리와 그 연구(연구문헌 2A 참조)

주시경에 대한 연구문헌은 1976년까지는 이기문의 「周時經全集」에 집성되어 있고 1988년 5월까지는 북한과 러시아에서 이루어진 성과까지 합하여 「周時經學報」 창간호(1988)에 실려 있다.8) 소략하지만 「한힌샘연구」에도 강기진이 작성한 1987년 당시까지의 목록이 실려 있다. 이곳에서 특기할 것은 임홍빈(1988)의 2차 자료에 대한 문헌적 연구이다. 주시경의 전기는 해방 전에 나온 것만 하여도 1914년 「靑春」에 실린 "周時經先生歷史"를 비롯하여 8종이 전하고 있다. 당시까지는 무기명으로 된 청춘본 주시경전의 필자를 권덕규로 보아 왔으나 이본(異本)을 대교한 결과 청춘본이 최남선의 소작이란 사실을 다각도로 증명하였다. 한 개인의 전기가 이렇게 많은 것도 드물거니와 그 많은 전기를 비교하여 남본(藍本)을 추정한 연구 또한 한국의 지성사에서 보기 드물다. 주시경의 업적과 활동이 그만큼 남달랐기 때문이었다

최호철(1991)에서는 북한의 어문학 잡지와 신문에 실린 주시경에 관한 회고담과 연구업적을 대상으로 북한의 주시경 연구사를 개관하였다. 앞으로 언어통일에 관한 남북한 학자들의 모임이 이루어질 경우, 제일 먼저 논의의 대상으로 삼을 수 있는 주제가 주시경이라는 사실을 감안할 때9) 최호철의 작업은 통일로 가는 하나의 디딤돌이 될 수 있다고 생각된다.

B. 추모행사(연구문헌 2B 참조)

한글학회는 1987년 주시경 탄생 111주년을 맞아 주시경에 대한 연구발표대회를 가진 데 이어 1988년 5월에는 「한힌샘연구」라는 연 1회 간행의 기관지를 내어 한국의 어학사를 조명하기 시작하였다. 1987년 12월 22일에는 도서출판 탑출판사 내에 "주시경연구소"가 창립되어 서거일과 탄생

---

8) 이 목록은 김민수의 「周時經全書」 6(1992)에 그대로 전재되어 있다.
9) 이 문제에 대하여는 다음을 보라.
  고영근, "남북한 언어·문자의 이질화와 극복방안," 「주시경학보」 3, 1989.
  ____, 「통일시대의 어문문제」, 도서출판 길벗, 1994.(1부 1장)
  ____, 「북한의 언어문화」, 서울대학교 출판부, 1999.(1부 1장)

일에 맞추어 반연간의 「주시경학보」가 나오기 시작하였다. 주시경의 학문과 사상을 연구하고 발전시켜 한국의 학문사와 지성사를 건전한 전통의 토대 위에서 연구하는 것을 설립취지로 삼았다.

주시경에 대한 추모행사는 1991년 10월이 "주시경의 달"로 정해지면서 탄생 100주년 이후 잠잠해 있었던 주시경에 대한 평가와 추모가 다시금 불을 지피기 시작하였다. 주시경연구소는 문화부의 후원을 얻어 10월 19일에 신용하 외 5사람이 주시경의 사상과 학문을 집중적으로 조명하였다. 국립국어연구원은 추념문집을 펴내었고 세종대왕기념사업회는 「주시경 스승 어록」이라는 책자를 내어 추모의 정을 표시하였다. 그밖에도 주시경의 달을 맞아 벌인 행사가 많다.10)

C. 생애, 업적, 활동(연구문헌 2C 참조)

최호철은 상주(尚州) 주씨의 족보를 대상으로 가계도를 작성함으로써 종전에 나온 연보의 잘못을 고치고 새로 추가할 사항을 많이 확인하였다.(「주시경학보」 2) 임홍빈(1991)에서는 전기의 이본을 비교하여 취사선택의 기준을 제시함으로써 주시경 전기연구의 기초작업을 수행하였다. 임홍빈(1991)에서는 「10월의 문화인물: 주시경」에서 주시경의 생애를 탄생, 성장, 수학, 사회활동, 인격으로 나누어 평설하였다. 고영근(1991)에서는 당시까지의 연구결과에 기대어 주시경의 생애와 업적을 평설하였다. 김계곤(1991)에서는 15종의 이력서를 대조하여 일치와 불일치를 가려냄으로써 연보작성의 토대를 마련하였다. 박지홍(1996)에서는 한글모의 성격이 거대한 독립단체임을 주장하였다. 오동춘(1996)에서는 상동청년학원과 하기국어강습소의 상관관계를 밝혔는데 상동교회가 민족운동의 산실임을 주장하였다.

---

10) 자세한 내용은 문화부와 한국문화예술진흥원에서 공동으로 낸 「10월의 문화인물 : 주시경」 을 보라.

D. 사상, 교육(연구문헌 2D)

학자들 중에는 주시경의 언어철학이 훔볼트로부터 양향을 받았다고 생각하고 있었는데 고영근(1990)에서는 훔볼트보다는 이전의 데카르트, 라이프니츠, 하만과 비슷한 면이 많다는 점을 실증함으로써 주시경이 당시의 서양의 언어철학과 접촉하고 있었음을 주장하였다. 신용하(1991)에서는 사회사상가 내지 민족운동가로서의 주시경을 조명하였다. 신용하가 주시경 탄생 100주년을 맞아 주시경을 사회사상가로 해석한 연장선 위에서 내려진 결론으로 보인다. 손인수(1990)에서는 주시경의 국어국문연구를 교육사와 정신사의 관점에서 조명하였다는 특징을 지니고 있다. 이덕주(1991)에서는 주시경의 신앙 및 사상이 기독교의 보편적인 유일신관을 기초로 하고 있다는 해석을 내렸다. 나중에 주시경이 대종교로 개종을 하였는데 그것이 어디에 연유하는지도 앞으로는 밝힐 필요가 있다. 고영근(1999)에서는 주시경에 의하여 한국의 전통적 언어철학이 1차적 근대적 변용을 입었음을 밝히고 그것이 어문정리의 철학적 토대가 되었음을 주장하였다. 주시경의 사상체계는 얽히고 설킨 데가 많아 학제적으로 접근하지 않으면 그 실체를 파악하기가 어렵지 않은가 한다. 앞으로 이 방면에 대한 깊이 있는 연구가 나오기를 바란다.

E. 학문활동과 사회활동

<총론>

주시경의 학문활동은 그 사이 소련학자들에게 주목되지 않은 바 아니었으나 서방세계에는 그렇게 널리 알려지지 않았다. 독일의 한국어학자로서 계림유사와 향가해독 등 고대한국어와 중세한국어 연구로 국제적 명성을 떨치고 있는 삿세 교수는 Sasse(1996)를 통하여 주시경을 서방세계에 알리는 역할을 하였다. 그는 한국의 대표적인 어학자 몇 사람을 들고 주시경에 대하여 그 사이 이룩된 연구결과를 중심으로 생애와 학문적 업적을 개관하고 그가 한국어연구에 기여한 공로를 간명하게 평가하였다. 주시경은 한국어학연구의 창건자로서 영예를 누리고 있으며 외국의 언어이론이 밀어닥치더라도 그의 영향력은 변함이 없다고 하였다. 특히 삿세

는 공시론과 통시론을 준별하는 관점에서 음운의 단위인 "고나"와 형태론
의 단위인 "늣씨"를 발견한 것을 큰 공적으로 평가하였다.

<국문보급운동>

주시경은 한편으로는 국어국문의 법식을 연구하고 한편으로는 이를 언
론기관이나 교육기관을 통하여 보급하는 일에 일생을 바쳤다. 따라서 그
에 대한 연구도 소홀히 할 수 없다. 이기문(1989)에서는 서재필이 한국어
문운동의 횃불을 올렸음을 주장하고 "서재필 — 주시경 — 주시경 후계"
의 도식을 세웠다. 지금까지는 주시경이 한글문화의 단초를 제공한 것으
로 알려져 왔으나 「독립신문」 2권 92호(1897)에 실린 서재필의 논설을 기
초로 하여 그 이전에 서재필이라는 큰 지렛대가 있었음을 주장한 것이다.
박지홍(1988)은 주시경의 국어정책에 관한 글을 대상으로 하여 주시경
의 정책과제가 어휘, 문자, 국어교육, 국어운동, 말다듬기에 걸쳐 있음을
드러내었다. 신용하(1996)에서는 독립신문과 국문동식회에서 주시경이 차
지하는 위치를 밝혔다. 특히 전자에서는 계몽적 역할에 중점을 두었다고
말하고 국문동식회로부터 국어국문의 연구가 시작되었음을 주장하였다.
이 글에는 지난 80년대 이후 발표된 이 방면의 업적을 참조하지 않은 탓
인지 비약한 부분이 적지 않아 보인다. 임홍빈(1996)에서는 한국의 문자
이름 "한글"이 주시경이 창안한 것이 아니고 최남선이 지었다는 종래의
한 설에 동조하였다. 최남선이 뒤에 주시경학파와 결별하여 박승빈학파로
돌았다는 전말에 대한 검토를 가하지 않고 내린 견해라는 점에서 아직도
일반의 동의를 얻기 어려워 보인다. 고영근(2000)에서는 주시경이 자연스
런 국문체 문장을 창도하여 한글전용의 바탕을 닦았다는 사실을 실증하
였다.

<자학/음학, 철자법>

허웅(1988)에서는 현대맞춤법의 변동규칙이 1906년의 「대한국어문법」
에서 시작하여 1908년과 1909년의 수정을 거쳐 1914년에 완성되었으며
이것이 기반이 되어 1933년 한글맞춤법이 완성된 것으로 보았다. 1914년

의 「말의 소리」에 나오는 맞춤법은 이전과는 매우 이질적이라는 사실이 이미 밝혀져 있음에도 불구하고 그에 대한 탐색이 되어 있지 않다. 한국 인문학문의 병폐 중의 하나는 자기 둘레의 연구업적만 참조하고 그러한 테두리에서 벗어나는 연구결과는 외면하거나 참고하여도 모르는 척 하는 학풍이다. 이러한 태도는 학문의 발전을 가로막는 암적 요인이라는 것을 각성할 필요가 있다. 이현복(1988)은 「말의 소리」의 장단점을 가려내면서 주시경의 음성학연구가 음운론적인 음소 차원에 머물러 있었으며 동시에 이 책은 국어음성학의 효시를 이루었다고 하였다. 허웅과는 달리 이현복은 당시까지 나온 업적을 두루 참고하고 있어 연구사적 맥락이 비교적 분명하다.

김영문(1989)는 주시경의 표기법이론을 「말의 소리」 중심으로 구명한 석사논문이다. 지금까지 한국에서는 어학사에 관한 문제는 석사나 박사논문으로 택하지 않는 것이 보통인데 이렇게 학위논문으로 어학사 문제를 다루었다는 것은 한국어학사 연구가 제 자리를 잡아가는 징후로 해석할 수 있다. 김성수(1994)는 「국어문법」과 「말의 소리」의 "낫내"의 개념적 차이를 밝힌 것이다. 선학들의 업적을 무조건 찬양하는 것도 문제이지만 그것을 외면하는 것도 올바른 학문의 길이 아니라는 것을 인식할 필요가 있다. 한편으로는 나아가면서 다른 한편으로는 뒤를 돌아보는 자세의 견지가 전통에 뿌리 박은 학문의 길이라는 사실을 명심할 필요가 있다.

<문법론>

주시경의 언어이론의 핵심이 문법에 있고 그에 관한 업적도 많기 때문에 자연히 그에 대한 평가업적도 많을 수밖에 없다. 먼저 「국어문법」에 대한 문헌적 연구를 들 수 있다. 먼저 고영근(1995)에서는 「국어문법」의 검열용 원고본을 활판본과 비교하여 내용과 형식면의 차이점을 하나하나 지적함으로써 「국어문법」의 정본 확립의 토대를 마련하였다. 장경희(1991)에서는 주시경의 「국어문법」에는 전통문법에서 현대언어이론에 이르기까지 다양한 관점의 이론을 볼 수 있는데 그것이 발전적으로 계승되지 못한 것은 안타까운 일이라고 하였다. 전통계승에 대한 강한 의욕이

보인다.

  박종갑의 주시경의 「국어문법」에 대한 일련의 연구(1994가,나, 1995)는 90년대 이후 나온 주시경연구에서 가장 돋보이는 업적이다. 1994가에서는 「국어문법」에 나타나는 "기"의 성격을 구명하고 「국어문법」이 통사론적 형태론을 지향한 문법모형을 보여 주고 있다고 하였고, 1994나에서는 자격법을 집중적으로 조명하였다. 1995에서는 「국어문법」의 띄어쓰기가 주시경의 문법모형의 바탕 위에서 이루어진 것임을 주장함으로써 지금까지 밝혀지지 않았던 주시경문법의 새로운 일면을 부각시켰다. 유필재(1995)도 박종갑과 같이 문장부호가 문법단위와 밀접한 상관성이 있음을 주장하였다. 최규수·서민정(1996)에서는 「국어문법」의 "숨은 뜻"과 "속뜻"에 반영된 문법적 인식과 이의 국어학사적 의의를 밝히고 있다. 특히 주시경은 논리의미적 사고에 바탕을 두고 있는 데 대하여 최현배는 기술문법적 사고를 깔고 있다고 보았다. 비교적 온당한 이해의 바탕 위에서 내려진 추론으로 보인다. 김명호(1997)는 앞의 김영문(1989)와 같이 주시경만을 다룬 석사논문이다. 이곳에서는 주시경의 문법관과 언어관 그리고 그의 문법기술에 사용된 일관된 잣대가 무엇인지를 집중적으로 논의하였다.

<품사론과 형태론>

  최낙복(1988)은 주시경의 품사설정의 변천과정을 4종의 저술을 대상으로 주시경의 품사체계는 초기, 중기, 말기가 다른 만큼 그에 대한 엄정한 변모양상을 추적할 필요가 있다. 최낙복(1989나)도 비슷한 취지의 연구이다. 허남갑(1989)는 주시경을 중심으로 김두봉, 최현배로 이어지는 형태론의 계승과정을 추적하였다. 특정인 중심의 학설사 서술이 어느 정도 유익할지 재고해 볼 필요가 있다. 강우원(1989)는 「국어문법」의 "잇기"에 대한 연구로서 연결어미를 뜻에 따라 분류하여 체계를 세운 것을 높이 평가하였다. 사실 최현배의 이음법체계도 주시경의 잇기를 딛고 서 있다는 것을 유의할 필요가 있다.

  이곳에서 특기할 것은 주시경문법에 대한 형태론적 연구가 박사학위의 논문으로 얼굴을 내밀었다는 사실이다. 외국에는 어학사에 관한 주제를 전문적으로 연구하는 사람이 많고 그에 관한 학술지도 나온다는 사실을 고려할 때 한국의 어학계도 이런 방면에 눈을 돌릴 필요가 있다. 최낙복(1989)는 주시경 문법의 형태론을 집중적으로 연구한 박사학위논문이다. 주로 품사설정을 중심으로 주시경의 문법서에 나타나는 품사분류의 변천과정을 다루고 그것이 김두봉과 최현배에 어떻게 계승되는가 하는 문제를 검토한 다음, 각 품사의 성립과 분류문제를 다루었다. 앞으로 이런 작업을 모형으로 삼아 역대문법가들의 문법이론을 철저히 파헤칠 필요가 있어 보인다. 문제는 특정 인맥 중심의 연구에 너무 집착하다 보면 객관성을 보장받기가 어렵다. 학문이란 결코 특정인의 독창으로 이루어지지 않는다. 종횡으로 서로 영향을 주고받으면서 발전한다는 사실을 기억할 필요가 있다.

최규수(1992)는 주시경 문법의 굴절접사의 처리방식을 중심으로 그의 품사이론을 밝힌 것이다. 최낙복(1993)은 주시경의 높임에 관한 기술이 그의 품사체계에 어떻게 반영되고 있으며 동시에 그것이 후계학자들에게 어떻게 계승되는가 하는 문제를 다루었다. 최낙복(1994)는 주시경의 시제를 집중적으로 다룬 것이다. 특히 '-었-'과 '-었었-'의 차이에 주목하고 주시경의 시제체계에 aspect적인 의식이 나타나 있음도 아울러 지적하였다.

<단어형성론>

주시경의 단어형성론은 당대나 후대의 문법사들과 비교할 때 독특한 점이 많다. 단어형성의 문제를 문법 서술의 독립된 분야로 세웠기 때문이다. 따라서 그에 대한 연구도 필연적으로 요청된다고 하겠다. 김계곤(1988)은 주시경의 조어법이 한국 최초의 조어법 기술이라고 전제하고 이를 발전시켜야 한다는 점을 강조하였다. 이점은 북한의 주시경 연구에서도 항상 지적되는 문제였다. 최낙복(1998가)는 주시경의 자필원고본 「말」에 나타나는 단어형성의 문제를 집중적으로 구명하였다. 최낙복(1998나)는 「국어문법」의 "기몸바꿈, 기뜻바꿈, 기몸헴"을 파생법과 합성법으로 정리하여 그 특수성을 구명하였다. 최낙복(1998다)는 「말」과 「국어문법」을 중심으로 주시경의 조어법 전반을 총괄하였으며 그것이 주시경문법의 특징임도 아울러 주장하였다.

<통사론>

그 사이 연구된 바에 기대면 주시경의 「국어문법」은 통사론 중심의 문법임이 틀림없다. 이런 점 때문에 특히 1970년대 후반부터 "짬듬갈"을 중심으로 연구하는 기운이 고조되어 왔다. 김석득(1988)에서는 "짬듬갈"이 단어의 통합론을 다루는 통어론이라고 규정하였다. 특히 이곳에서는 말을 속구조와 겉구조의 두 층위로 인식하는 변형관이 자리잡고 있다는 점에 근거하여 매우 선진적 이론을 창출하였다고 보고 있다. 과연 주시경의 "속뜻"이 현대문법의 심층구조에 대응될 수 있는지 문제가 적지 않다. 김석득도 허웅과 같이 그 사이 이루어진 이 방면 업적을 거의 참고하지 않고 있다. 주경혜(1988)은 주시경의 도해를 의미론적으로 조명한 것이다. 주시경의 도해가 이후의 도해와 다르다고 함은 벌써 지적된 바 있는데 주경혜는 주시경의 구문도해가 심층구조와 표면구조를 효과적으로 파악하기 위한 시도로서 이루어졌다고 보았다. 전정례(1989)는 「국어문법」의 "듬"이 통사·의미론적 단위인 격범주와 일치한다는 사실을 밝힘으로써 지금까지 묻혀 있었던 주시경의 문법이론의 중요한 한 측면을 드러내었다. 구연미(1992)도 도해에 관련된 연구인데 그림과 설명을 중심으로 본보기 문장을 해석하였다. 최규수(1997)은 앞의 박종갑과 같이 통사론 중심의 문법임을 주장하였다. 고영근(1999)에서는 주시경의 문법이론이 행위이론적 기호학을 등에 지고 있음을 서양의 소쉬르와 퍼스의 기호학과 비교함으로써 그 사이 묻혀져 있었던 주시경의 문법이론의 중요한 또 다른 측면이 드러나기 시작하였다. 최낙복(2000가)는 주시경 문법연구의 한 고리로 이루어진 것인데 "짬듬갈"에 설정되어 있는 문장성분을 다루었다. 최낙복(2000나)는 주시경의 '짬듬갈'에 나타난 10개의 '본드'와 11개의 '버금본드'를 어떻게 풀이했는가를 밝힌 것이다. 이렇게 함으로써 지금까지 베일 속에 숨어 있던 주시경의 문법이론이 하나씩 둘씩 그 정체를 드러내기 시작하는 것이다.

<용어론>

주시경의 문법용어는 일상생활에 사용되는 어휘와 쉽게 관련을 맺을 수 없는 이른바 "표"로 불리는 것이 대부분을 차지하고 있다. 앞서 말한 검열용 원고본을 보면 원래 한자로 되어 있던 용어가 고유어로 바뀐 것이 적지 않다. 때로는 단어의 첫 글자를 따는가 하면 첫 음절과 끝 음절을 조합하여 만들기도 하고 접미사를 가져다가 용어로 삼는 일이 많아 전문가라도 그 뜻을 이해하기 어려워 용어사전까지 나온 일이 있다고 함은 본문에서 언급한 바 있다.(119쪽) 김영환(1991)은 한자어 용어를 고유어로 바꾸자는 주시경의 용어관을 긍정적으로 평가하고 이러한 기운은 한국학문의 모든 영역에 적용되어야 한다고 주장하였다. 김영환과 같은 주장에 아무도 반기를 들 사람이 없겠지만 그 방법이 문제라는 점을 직시할 필요가 있다. 독일의 수많은 철학용어도 모두 현실어휘에 일정한 철학적 개념을 불어넣은 것이다. 고영근(1995)에서는 고유어 중심으로 학술용어를 만들자는 주시경의 용어관이 그 정신은 좋지마는 국어조어법을 무시하거나 "表"에 기댄 용어는 대중들의 동의를 얻을 수 없다는 부정적인 해석을 내렸다.

<영향관계, 주시경후계학파와 그들 상호간의 연구>

지난 세기 80년 후반부터 일기 시작한 주시경 연구의 특징은 주시경의 학문과 사상이 이전의 누구로부터 영향을 받고 후세에 어떻게 전승되는가 하는 문제에 많은 관심을 기울였다. 고영근(1991)에서는 주시경후계학자들의 활동과 업적을 평설하였고 박지홍(1991) 등에서는 「한글모 죽보기」에 기록되어 있는 주시경 제자들의 후일담을 실었다. 주시경이 후학들에게 미친 영향관계는 주시경을 축으로 하는가, 아니면 그의 후학들을 축으로 하느냐에 따라 서술방식이 달라진다. 이곳에서는 양자를 특별히 구별하지 않고 연대순서에 따라 그 전말을 서술하기로 한다.

흔히 주시경의 학문을 독창적이라고 한다. 그러면 무에서 출발하였을까. 그것은 결코 아니다. 최호철(1989)에서는 주시경이 19세기의 영문법학자인 Murray로부터 영향을 받았다는 사실을 실증하였다. 특히 문답식 서술, 문법단위, 구문도해 등을 영향의 증거로 해석하였다. 이현희(1991)에서는 주시경의 학문이 후세에 전승되는 과정을 밝힌 것인데 주시경의 학문상의 미비점이 김두봉과 이규영에 의하여 극복되는 것으로 보았다. 이규영을 역사의 전면에 부각시킨 것은 그런 대로 의의가 있어 보인다. 사실 이규영은 주시경을 도와 가면서 많은 일을 하였다.11)

최규수(1996, 1997)에서는 토를 다루는 방식과 통사체계가 김두봉, 최현배, 김윤경, 이극로, 정렬모 등에게 전승되는 양상을 다루었다. 개화기 당시로부터 일제강점기에 이르기까지 한국어문을 연구한 사람치고 주시경의 영향을 받지 않은 사람이 없다. 특정 인맥에만 국한하지 않고 범학계를 망라한 거시적인 관점에서 그 전수관계를 밝힐 필요가 있다. 안확을 비롯하여 박승빈, 홍기문, 권영달이나, 반도 밖의 계봉우, 오창환 등에게 미친 영향도 적지 않다.12) 이런 점도 포괄하는 거시적 영향관계에 눈을 돌려야 한다. 특히 박승빈 중심의 조선어학연구회는 주시경학파와는 대척적인 입장에 섰던 만큼 그에 대한 연구를 소홀히 하면 안된다. 앞으로 박승빈학파와의 비교를 시도하면 주시경학파의 공과(功過)가 뚜렷이 드러날 것으로 보인다.

주시경후계학자에 특별히 초점을 맞추되 주시경과 비교하는 연구도 보인다. 김봉모(1997)에서는 김두봉의 "월갈"의 통사론적 특징을 구명하고 이를 기반으로 하여 주시경과 최현배를 비교하였다. 박종갑(1994, 1995)는 주시경과 최현배의 문법모형을 상호 비교하였다. 일종의 체계 대 체계의 비교라고 하겠다.

주시경후계학파란 주시경의 학문과 사상을 직접 계승하거나 그를 사숙한 무리를 가리킨다. 그러나 이곳에서는 반주시경학파의 기치를 내건 사람들도 같이 다루어 그 영향관계를 따지기로 한다. 이기문(1988)에서는 안확이 주시경의 업적을 딛고 국어연구를 하였음에도 불구하고 반주시경

---

11) 이규영에 대하여는 다음을 보라.
   김민수, "이규영의 문법연구", 「한국학보」 19, 1980.
12) 이 문제는 필자가 다음 글에서 그 전말을 밝힌 바 있다.
   고영근, 「한국어문운동과 근대화」, 탑출판사, 1998, 제1부.

의 기치를 내걸고 그 나름의 독창적인 업적을 많이 쌓았음을 실증하였다.

　주시경후계학자나 이에 준하는 학자들의 연구 가운데서 눈에 띄는 업적은 김두봉, 이윤재, 장지영, 김윤경, 이병기, 이극로, 오창환, 계봉우, 최현배, 정렬모, 이희승에 관한 연구이다. 이 가운데서 오창환과 계봉우는 소련 한인사회의 어문학자였다.

　김두봉의 문법연구에 대하여는 일찍이 북한에서 김수경과 김금석의 손으로 평가된 바 있다.(자료문헌 1F 참조) 남한에서는 한국정부의 북방정책의 추진에 힘입어서 1990년대에 들어오면서 생애, 정치적 행적, 업적 등이 조명되기 시작하였다.13) 「한힌샘연구」2(1989)에는 김두봉의 문법서에 대한 평가가 이루어지기 시작하였다. 김승곤(1989)에서는 김두봉의 「조선말본」과 「깁더조선말본」을 전반적으로 비교하였다. 부록인 "좋을 글"이 추가되고 "소리갈"에서 내용상의 변화가 있었음을 지적하였다. 김차균 (1989)에서는 김두봉이 주시경의 음학이론을 이어받고 현대의 음성학이론을 수용하여 수준 높은 국어음성학을 수립하였다고 평가하였다. 남기심 (1989)에서는 김두봉이 주시경의 통사론 - 품사론의 모형을 지양하고 품사론 - 통사론의 모형을 확립하여 이후 한국전통문법의 기점이 되었다고 해석하였다. 사실 김두봉의 문법모형은 유길준의 「대한문전」에서 이미 선을 보인 당시의 보편적인 문법모형이었다.

　「한힌샘주시경연구」 5 · 6(1993)에서도 김두봉이 평가되어 있다. 이곳에는 "김두봉의 발자취"가 나와 있으나 잘못된 곳이 더러 보인다. 김두봉이 보성학교를 다녔다는 것이 그러하다. 김두봉은 기호학교(현재의 중앙고등학교)를 다녔다.14) 그 사이 연구된 결과를 충실하게 반영하지 못하였다. 박선자(1993)에서는 「깁더조선말본」의 "씨갈"을 김두봉이 주시경의 "짬듬갈"에 맞설 수 있는 형태론을 수립하였다고 평가하였다. 이 책은 최현배에게도 큰 영향을 미쳤으며 북한의 문법에도 영향을 미쳤다고 하였다. 김

---

13) 김두봉의 생애와 정치적 행적에 관하여는 다음을 보라.
　　심지연, 「김두봉, 근대인물연구사 219」, 동아일보, 1992.
　　＿＿, 「잊혀진 혁명가의 초상 : 김두봉 연구」, 인간사랑, 1993.
14) 「역대한국문법대계」 1-22에 실린 김민수의 해설을 보라.

봉모(1993)에서는 김두봉의 "월갈"을 주시경 및 최현배와 비교하여 그 특징을 밝혔다. 특히 도해에 있어서는 최초로 가로로 그림을 그렸다는 사실을 지적하였다. 최근에 나온 「김두봉 말본 연구」(김차균 · 박선자 · 김봉모)는 위의 세 편의 글을 모은 것으로 보인다. 이필영(1992)도 김두봉의 국어연구를 새로운 안목에서 평가한 것이다. 「깁더조선말본」의 "좋을글"에 대한 평가가 돋보인다.

이밖에 주시경의 후계학자에 대한 연구로는 오창환과 계봉우에 대하여는 고영근(1997나, 1998), 이윤재에 대한 강신항(1992), 고영근(1992가,나), 이병기에 대한 안병희(1989), 이극로에 대한 조남호(1991)과 김하수(1992), 김윤경에 대한 고영근(1995나), 장지영에 대한 고영근(1997가), 정렬모에 대한 김민수(1989)와 김진형(1999), 이극로에 대한 김하수(1992), 최현배에 대한 고영근(1995), 김석득(2000), 이희승에 대한 이병근(1992), 정인승에 대한 조오현(1994) 등을 들 수 있다. 이들은 대부분 주시경의 직계제자이며 제자가 아니라 하더라도 그를 사숙하거나 사상적으로나 학문적으로 영향을 받은 사람들이다.

4. 마무리

이상과 같이 필자는 1988년 6월 이후에 나온 주시경 연구를 자료발굴과 그에 대한 연구성과를 중심으로 그 흐름을 개관하여 보았다. 그 줄거리를 간추리면 다음과 같다.

> (1) 주시경의 1차 자료나 2차 자료가 계속 발굴되고 전서가 간행되어 과거 어느 때보다 주시경을 객관적으로 연구할 수 있는 터전이 잡혔다.
> (2) 주시경이나 주시경과 관련되는 자료의 현대화가 많이 이루어졌다. 그 중에는 「국어문법」의 일본어 번역이 나오기도 하여 주시경의 학문과 사상을 대외적으로 알릴 수 있는 기반을 잡았다.
> (3) 1991년 "주시경의 달"을 맞아 남한에서는 처음으로 주시경을 국가적인

차원에서 추모 행사를 벌였다. 이는 1950년대 중반에 북한에서 벌인 국가적인 행사보다 30여년이 늦다. 앞으로도 적당한 계기가 주어지면 이런 행사가 지속되어야 한다.

(4) '88년 이후의 주시경 연구중 외적인 측면으로는 생애, 사상, 활동, 교육, 국문운동에 관한 사실이 새로 밝혀지거나 현대적으로 평가를 받았다. 그중 주시경의 언어철학이 전통적 동양의 언어철학의 토대 위에서 서양의 언어철학을 수용하여 성립되었다는 사실이 밝혀지기도 하였다.

(5) 학문 내적인 측면으로는 주시경의 국어연구가 과거 어느때보다 깊이 있게 수행되었다. 자학/음학, 철자법, 문법론, 품사론과 형태론, 단어형성론, 통사론, 용어론 등에 걸쳐 숨겨진 부분을 찾거나 현대적으로 평가를 받았다. 특히 「국어문법」의 "듬"이 현대생성문법의 격범주와 일치한다든지 주시경의 문법이론이 행위이론적 기호학을 등에 지고 있다는 사실이 드러난 것은 이 시기 주시경 연구의 큰 수확의 하나로 손꼽힌다.

(6) 주시경이 물려받고 끼친 영향관계가 많이 드러났다. 영문법의 영향이 컸다는 사실이 실증되었고, 후학들 특히 김두봉, 최현배에게 미친 영향문제와 후계학자들에 대한 연구가 심도 있게 전개되었다.

이제 본문의 서술과 관련하여 거의 1세기 걸쳐 연구되어 온 주시경에 관한 연구를 마무리하고 앞으로 주시경 연구가 나아가야 할 방향을 점쳐 보기로 한다.

주시경은 일찍부터 언어가 국가·사회 형성의 "性"이라는 언어철학을 창도하여 한국어문운동의 횃불을 올렸다. 그의 언어철학은 개화기 당시에는 국권수호의 정신적 구심체 노릇을 하였으며, 일제강점기에는 국권회복과 민족문화의 전승·창조의 구심체 노릇을 하였다. 그리고 해방후는 남북한을 통틀어서 민족어회복운동과 모국어교육의 나침판 역할을 하였다. 특히 북한에서는 언어를 혁명과 건설의 도구로 간주하는 유물론적 언어철학과 관련시켜 주시경의 언어철학을 수용하고 발전시켜 왔다.

주시경의 문법이론은 전통문법시대에는 품사론이 후계학자들에 의하여 발전되어 왔고, 구조문법시대에는 '丶'음의 합음설 및 "늣씨"의 발굴과 이의 현대적 수용문제가 진지하게 논의되어 전통에 뿌리박은 음운론 연구와 형태론 연구를 진작시키는 이론적 토대의 역할을 하여 왔다.15) 그리고 생성문법시대에는 주시경 문법의 가장 핵심되는 "짬듬갈"이 다각도로 평가를 받아 한국어 통사론 연구의 이론적 지주를 삼고 있다. 앞에서 본 바와 같이 주시경의 문법이론이 행위이론적 기호학을 등에 업고 있다는 사실이 밝혀짐에 따라, 21세기의 인문학문의 총아로 떠오르고 있는 "텍스트 과학"을 이론적으로 뒷받침할 수 있는 가능성이 제시되고 있다. 주시경의 사상과 학문은 한국인이 어떤 시대를 살아도 한국인의 정신적 욕구와 학문적 기대를 충족시킬 수 있는 엄청난 사상적·학문적인 부(富)의 원천을 담고 있다고 말할 수 있다. 그런 만큼 그의 학문과 사상에 대한 냉엄한 평가와 비판이 항상 병행하여 이루어져야 한다.

앞으로 주시경연구가 해야 할 일은 지난 10년 동안 수행되어 왔던 자료의 현대화가 계속되어야 할 것이고 무엇보다 중요한 것은 「국어문법」의 현대화가 이루어져야 한다. 현대화의 과정에는 탄생 110주년을 맞아 간행된 교감본을 바탕으로 하되 그 사이 발견된 검열용 원고본을 참조하여 「국어문법」의 정본 수립을 다시 꾀해야 하고 이를 기초로 현대화의 작업이 수행되어야 한다. 지금은 소수의 국어학자 밖에는 주시경에 접근할 수 있는 길이 열려 있지 않다. 「국어문법」 등의 주시경의 저작이 현대화가 완성되면 일반인들도 쉽게 주시경에 접근할 수 있다. 더욱이 그것이 많은 나라의 언어로 번역되어 널리 알려지면 세계 학문사상에 차지하는 주시경의 위치가 더 뚜렷이 부각될 것이고 한국의 학문과 사상도 국제학계의 반열에 설 수 있다고 믿는 바이다.

---

15) 최근(1999)에 창간된 편집위원 중심의 어학 전문학술지 「형태론」의 표지가 주시경의 「말의 소리」의 "늣씨" 부분으로 장식되어 있는 것이 그런 점을 웅변한다.

1. 주시경에 대한 자료문헌('88, 7월 이후)

A. 1차 자료의 발굴과 정리

"말"(1901)의 발굴(「주시경학보」 4, 1989, 최명옥 해설)

"사람의 지혜와 권력"(1902)의 발굴(「주시경학보」 5, 이현희 해설)

한힌샘의 자작동요와 "조선어강습원"의 각종 증서(「주시경학보」 8, 고영근 해설)

"朝鮮語에 關한 參考文", 「주시경학보」 2, 9, 10, 11, 「주시경전서」 권3 (「주시경학
　　　　　　　보」 11, 김민수 해설.

"주시경에 대한 새 자료"(백범의 휘호, 아우 주시강에게 보내는 안부 편지, 숙명
　　　　　　　학교 봉급 명세서)(「한글」, 232, 1996, 고영근 해설)

"남형우 선생에 대한 새로운 자료", 「한힌샘 주시경 연구」 9 , 1996.

영인: "한글모 죽보기", 「한힌샘 연구」 1(1989)

영인: "한힌샘 주시경 지은 「국어문법」 원고본"(영인), 「한힌샘 연구」 3, 1990

이겸로 소장의 "第四會 講習證書"(1910)(하기국어강습소)의 발견, 「한글+漢字문
　　　　　　　화」 7(2000. 2)

B. 1차 자료의 정리

고영근, "주시경의 저술목록", 「10월의 문화인물」, 문화부·한국문화예술진흥원,
　　　　　　　1991

김민수(편), 「주시경전서」(전 6권), 탑출판사, 1992.

권1: (1) 화보: 사진, 배재학당, 미이미출판사, 「협성회회보」(1898, 광무 2년),
　　　　　　「독립신문」(1897), 「황성신문」(1907)

　　　(2) 자료: "국문론"(1897), "말"(1901), 「국문문법」(1905) 등 초기의 논설과 저
　　　　　　서, 필사본 9편 소수

권2: (1) 화보: 사진과 인장, 국문연구소 공고문, 1910년경의 이력서, 반절표 등

　　　(2) 자료: 유인 「國文硏究案」(1907-8), 필사 「國文硏究」(1909)

권3: (1) 화보: 보성중학교, 유고집류 표지

　　　(2) 자료: 「國語文法」(1910) 등 8편

권4: (1) 화보: 졸업증서와 인장 등

       (2) 자료: 「訓蒙字會」, 「말모이」, 「온갖것」, 「한글적새」, 조선광문회 사전자료
권5: (1) 이규영 사진, 「新字典」, 「朝鮮語辭典」(계명구락부)
       (2) 조선광문회 「사전」(말모이의 개고본) 자료
권6: (1) 화보: 「매일신보」, 「신한민보」 기사, 전기 홍상, 묘비, 북한의 주시경유고집
       (2) 자료: 「월남망국사」, 「한글모 죽보기」, 전기류
            부록: 생애, 연보, 연구사, 전기류, 추모기사, 총색인

C. 1차 자료의 번역

이카라시 고이치(五十嵐孔一), 「飜譯 周時經 「國語文法」--現代韓國語譯과 日本
語譯, 私家版 2000.

D. 1차 자료의 현대화

"국문론" 역주(이현희, 「주시경학보」 1, 1988)

「국문문법」 역주(김민수, 「주시경학보」 1, 1988)

"국문" 역주(김민수, 「주시경학보」 2, 1988)

「대한국어문법」 역주(이현희, 「주시경학보」 3, 1989)

「국문연구안」(제3~6회) 역주(최호철, 「주시경학보」 7, 1991)

「국문연구안」(제7~8회) 역주(조일영, 「주시경학보」 8, 1991)

「국문연구안」(제9~10회) 역주(박영준, 「주시경학보」 9, 1992)

「말」 역주(시정곤, 「주시경학보」 10, 1992)

「말」 역주(서태길, 「주시경학보」 11, 1993)

「말」(변체학)(손남익, 「주시경학보」 13, 1994)

「말」 역주(최호철, 「주시경학보」 14, 1994)

E. 2차자료의 발굴과 문헌적 연구

한힌샘 서거자료(「매일신보」와 「신한민보」), 「주시경학보」 1, 88, 고영근 해설.

신구현의 "주시경 선생의 생애와 활동", 「주시경학보」 2, 1988, 고영근 해설.

박의성의 "문자개혁에 대한 주시경 선생의 사상", 「주시경학보」 3, 1989, 고영근 해설.

정렬모의 "조선어문법에 대한 주시경 선생의 견해", 「주시경학보」 4, 1989, 최호철 해설.

황부영의 "주시경 선생의 과학적 리론과 견해", 「주시경학보」 5, 1990, 최호철 해설.
신구현의 "국문운동의 선각자 주시경 선생의 생애와 업적(1)", 「주시경학보」 6,
　　　　1990, 최호철 해설.
신구현의 "국문연구의 선각자: 주시경 선생의 생애와 업적"(끝), 「주시경학보」 7,
　　　　1991, 최호철 해설.
김수경의 "조선어학자로서의 김두봉 선생: 선생의 탄생 60주년을 맞아하여", 「주
　　　　시경학보」 8, 1991, 최호철 해설.
김금석의 "김두봉 저『조선말본』: 간행 40주년에 제하여", 「주시경학보」 9, 1992.,
　　　　최호철 해설.
김례추의 "조선어의 문법적 단위들과 토에 대한 주시경의 견해", 「주시경학보」
　　　　10, 최호철 해설.
김백련의 "주시경의 품사리론", 「주시경학보」 11, 최호철 해설.

F. 2차 자료의 현대화

청춘본 "周時經 先生 歷史" 역주(임홍빈), 「주시경학보」 1, 1988.
"名士의 遺族 訪問記" 역주(최호철), 「주시경학보」 2, 1988.
신명균의 글 역주(3편)(최호철), 「주시경학보」 3, 1989.
이능화의 "舊韓國時代의 國文硏究會를 回顧하면서" 역주(이광정), 「주시경학보」
　　　　5, 1990.
정렬모의 "주선생과 그 주위의 사람들" 역주(박영준), 「주시경학보」 7, 1991.
임규의 "周時經論 역주"(김무림), 「주시경학보」 8, 1991.
신영철의 "주시경 선생을 추모하며" 역주(시정곤), 「주시경학보」 9, 1992.
"名家의 後孫을 찾아서" 역주(서태길), 「주시경학보」 10, 1992.
「朝鮮語文法: 周時經 先生 遺稿」의 장지영의 "서문" 역주(손남익), 「주시경학보」
　　　　11, 1993.
정태진의 "주시경 선생(1)" 역주(최호철), 「주시경학보」 13, 1994.
정태진의 "주시경 선생(2)" 역주(최호철), 「주시경학보」 14, 1994.

2. 주시경 연구문헌('88. 6월 이후)

A. 문헌 정리
강기진(작성)(1988), "한힌샘 주시경에 대한 연구 목록", 「한힌샘 연구」 1.

이현희(작성)(1988), "주시경연구 논저목록", 「주시경학보」 1.

임홍빈(1988), "'周時經 先生 歷史'의 필자에 대하여", 「주시경학보」 2.

최호철(1991), "북한의 한힌샘연구", 「주시경학보」 8.

B. 추모행사
1991년 10월 19일, "한힌샘 주시경 선생의 사상과 학문"(주시경연구소 주관, 문화
　　　　부 후원)

1987년 12월 21일, "한힌샘 주시경 선생에 대한 연구발표대회", 한글학회.

1991년 10월 9일, 「주시경 스승 어록」, 세종대왕기념사업회.

1991년 10월, 「주시경 선생 추념문 모음」(「새국어생활」 1권 4호 소수, 1991.
　　　　12.30), 국립국어연구원.

C. 생애, 업적, 활동
"연보의 정정과 추보", 「주시경학보」 2, 1988(최호철 족보 발굴 해설)

임홍빈(1991), "주시경에 대한 전기적 기술", 「주시경학보」 8.

임홍빈(1991), "주시경의 생애", 「10월의 문화인물」, 문화부·한국문화예설진흥원.

고영근(1991), "주시경의 생애와 업적", 월간 「同和」 10.

김계곤(1991), "한 힌샘 주시경 선생의 이력서", 「한힌샘 주시경 연구」 4.

박지홍(1996), "「한글모 죽보기」에 대하여", 「한힌샘 주시경 연구」 9.

오동춘(1996), 주시경의 상동청년학원과 하기국어강습소, 「한힌샘 주시경 연구」 9.

D. 사상, 교육
고영근(1990), "공리적 언어관의 형성·발전과 훔볼트 언어관의 수용양상", 「국어
학논문집 - 강신항 교수회갑기념」, 태학사.

신용하(1991), "주시경의 사상체계", 「주시경학보」 8.

이현희(1991), "주시경의 사상과 그가 후세에 남긴 영향", 「주시경학보」 8.

손인수(1990), "주시경의 민중교육사상", 「한힌샘 연구」 3.

이덕주(1991), "주시경의 종교행적과 신앙", 「한힌샘 주시경연구」 4.

고영근(1999), "한국의 전통적 언어철학과 그 현대적 변모", 「이승환 교수 정년퇴
          임논문집」, 한국문화사.

E. 학문과 사회활동
<총론>
Sasse, W.(1996), "Chu sigong", *Lexicon Grammaticorum*, Max Niemeyer.

<국문운동>
이기문(1989), "독립신문과 한글문화", 「주시경학보」 4.

박지홍(1988), "국어정책론", 「한힌샘 연구」 1.

신용하(1996), "독립신문과 국문동식회", 「한힌샘 주시경 연구」 9.

고영근(2000), "개화기의 한국어문운동", 「관악어문연구」 25.

<자학/음학, 철자법>
허웅(1988), "변동규칙과 맞춤법", 「한힌샘 연구」 1.

이현복(1988), "말소리 연구", 「한힌샘 연구」 1.

김영문(1989), 「주시경의 우리글 적기 연구」, 동아대 대학원 석사 논문.

김성수(1994), "주시경의 '낫내'", 우리말 연구 4, 우리말 연구회 (부산대).

<문법론>
장경희(1991), "주시경 「국어문법」과 현대언어이론", 「주시경학보」 8.

박종갑(1994가), "주시경의 「국어 문법」연구 (1)--형태론과 통사론의 관계설정
          을 중심으로", 영남 어문학 25.

박종갑(1994나), "주시경의 「국어 문법」연구 (2)--몇 몇 문법형태소의 <기> 처
          리 방식에 대하여", 「한글」 225.

박종갑(1995), "주시경의 「국어 문법」연구 (3)"--우규권점으로 표시된 띄어쓰

기를 중심으로, 「국어학」 25.
유필재(1995), "주시경의 문장부호와 문법단위", 「한일어학논총」, 국학자료원..
고영근(1995), "주시경의 「國語文法」의 형성에 얽힌 문제", 「大東文化硏究」 30
    (성균관대학교).
최규수·서민정(1996), "주시경의 부호에 반영된 문법적 인식", 「우리말 연구」 6,
    우리말 연구회.
김명호(1997), 「주시경 문법의 의미·논리적 의존성에 대한 연구」, 경성대대학원
    석사 논문.

<품사론과 형태론>
최낙복(1988), "씨 설정", 「한힌샘 연구」 1.
허남갑(1989), "주시경 말본의 형태론에 대한 연구", 「한힌샘연구」 2.
강우원(1989), "주시경 지은 「국어 문법」에 나타난 '잇기'에 대한 연구",
    「국어국문학」 26, 부산대 국어국문학과.
최낙복(1989가), 「주시경 말본의 형태론 연구」, 동아대 대학원 박사 학위논문.
최낙복(1989나), "주시경 말본의 9씨 설정 기반과 그 영역", 「지산 김재문 교수
    화갑 기념논문집」, 제일출판사 .
최낙복(1991), 「주시경문법의 연구」, 문성출판사.
최규수(1992), "주시경 문법서에서 굴곡 가지의 처리", 「우리말 연구」 2,
    우리말연구회.
최낙복(1993), "주시경 문법의 높임법 연구", 「국어국문학」 12, 동아대
    국어국문학과.
최낙복(1994), "주시경 문법의 때매김법", 「한글」 225.

<단어형성론>
김계곤(1988), "조어법", 「한힌샘 연구」 1.
최낙복(1998가), "주시경 문법의 「말」에 나타난 낱말 만들기", 「방언학과 국어학」,
    태학사.
최낙복(1998나), "주시경의 「국어 문법」에 나타난 조어법", 「부산한글」 17.

최낙복(1998다), "주시경 문법의 조어법 연구", 「한글」 242.

<통사론>

김석득(1988), "통어론", 「한힌샘 연구」 1

주경혜(1988), 「주시경의 구문 도해에 대한 의미론적 연구」, 고려대 대학원 석사
　　　　　논문.

전정례(1989), "「國語文法」의 '듬'과 格範疇", 「주시경학보」 12.

구연미(1992), "주시경 「국어 문법」의 짬듬갈 연구", 「부산한글」 11.

최규수(1997), "주시경 문법의 통어론적 특징", 「한글」 238.

고영근(1999), 「텍스트이론」, 아르케, 1999.

고영근(2000), "텍스트이론과 기호학", 「덕성어문학」 10.

최낙복(2000가), "주시경 문법의 월성분 연구", 「부산한글」 19집.

최낙복(2000나), "주시경 문법의 월구조 연구", 「동남어문논집」 11, 동남어문학회.

<용어론>

김영환(1991), "주시경의 학술용어론", 「한힌샘 주시경 연구」 4 .

고영근(1996), "문법용어와 문법체계", 「한일어학논총」, 국학자료원.

<영향관계, 후계학파와 그들 상호간의 연구>

이기문(1988), "안자산의 국어연구", 「주시경학보」 2.

고영근(1988), "이윤재 – 국어학사의 재조명", 「주시경학보」 2.

최호철(1989), "周時經과 19세기의 영문법", 「주시경학보」 4.

안병희(1989), "이병기 – 국어학사의 재조명", 「주시경학보」 4.

김승곤(1989), "김두봉의 「조선말본」과 「깁더 조선말본」의 비교연구",
　　　　　「한힌샘 연구」 2.

김차균(1989), "김두봉의 우리말 소리에 대한 국어학사적 고찰", 「한힌샘 연구」 2.

남기심(1989), "「조선어문법」(주시경)과 「깁더조선말본」(김두봉)의 '씨'에 대한
　　　　　비교·검토", 「한힌샘연구」 2.

문효근(1989), "김윤경의 말본연구와 '월'을 쪼가르는 논리", 「한힌샘연구」 2.

김민수(1989), "서평 : 신편고등국어문법", 「주시경학보」 4.

고영근(1991), "주시경 후계들의 우리말 연구의 계보", 「역사산책」 10.

이현희(1991), "주시경 선생이 후세에 남긴 업적과 영향", 「주시경학보」 8.

박지홍(1991), "초기의 한글학회 회원들", 「한힌샘 주시경 연구」 4.

김두봉・게봉우 특집호, 「한힌샘 주시경 연구」 5・6, 1993.

조남호(1991), "李克魯의 學問世界", 「주시경학보」 7.

강신항(1992), "국어정리의 공로자, 이윤재 선생", 「주시경학보」 10.

이병근(1992), "一石 國語學의 性格과 時代的 意義", 「주시경학보」 9.

고영근(1992가), "이윤재의 민족주의 사상과 그 형성의 문제", 「주시경학보」 10.

고영근(1992나), "이윤재의 사상체계", 「주시경학보」 10.

이필영(1992), "김두봉의 국어연구에 대하여", 「주시경학보」 10.

김하수(1992), "식민지 문화운동과정에 찾아본 이극로의 의미", 「주시경학보」 10.

박선자(1993), "김두봉 말본의 형태론적 이해와 계승", 「한힌샘 주시경 연구」 5・6.

김봉모(1993), "김두봉 말본의 통어론 고찰", 「한힌샘 주시경 연구」 5・6.

박종갑(1994), "주시경과 최현배의 문법모형비교연구(1)", 「우리말의 연구--권재선
    교수 회갑기념논문집」, 우골탑.

조오현(1994), "정인승: 국어학사의 재조명", 「주시경학보」 13.

박종갑(1995), "주시경과 최현배의 문법 모형 비교 연구 (2)", 「영남 어문학」 28.

고영근(1995가), 「최현배의 학문과 사상」, 집문당.

고영근(1995나), "김윤경의 어문관과 문법연구", 「어문연구」 10.4.

최규수(1996), "주시경의 토를 다루는 방식과 그 계승", 「한글」 232.

최규수(1997), "주시경 통어론의 계승 관계", 「우리말 연구」 7, 우리말 연구회.

고영근(1997가), "장지영의 문법연구와 어문관의 특수성", 「새국어생활」 7-3.

고영근(1997나), "1920년대 소련 한인사회의 한국어문 표준화운동", 「관악어문연구」 22.

김봉모(1997), "초기국어문법 통어론의 비교 연구", 「우리말연구」 7.

김차균, 박선자, 김봉모(1999), 「김두봉 말본연구」, 세종출판사.

고영근(1998), 「한국어문운동과 근대화」, 탑출판사.

김진형(1999), 서평: 정렬모의 「신편고등국어문법」, 「형태론」 1-1.

김석득(2000), 「외솔 최현배의 학문과 사상」, 연세대학교 출판부.

개화기의 한국어문운동*
- 국한문혼용론과 한글전용론을 중심으로 -

1. 들어가기

한국의 근대화가 언제부터 시작되는가 하는 문제는 사람에 따라 조금씩 다르기는 하나, 필자는 임진왜란 이후 서서히 불어닥친 서양세력의 동방진출의 물결에 휩싸이면서 근대화의 기틀이 다져져 온 것으로 보고자 한다. 한국 근대화가 가져다 준 문화적 변혁 가운데서 가장 큰 것은 한글에 대한 재인식과 그 公用化라고 규정할 수 있다. 이곳에서는 19세기 말의 갑오경장부터 1910년의 일본의 한국주권 침탈까지를 일단 개화기로 간주하고 이 시기의 한국어문운동의 한 면모를 밝혀 보고자 한다.

개화기의 한국어문운동의 주제에는 한글전용을 둘러싼 찬반양론, 문자 및 철자법의 개혁, 외래어와 로마자 표기, 규범문법과 사전의 편찬 등 많은 과제를 들 수 있으나 이곳에서는 한글전용과 국한문혼용에 관련된 하나의 주제에 국한하여 개화기의 한국어문운동의 성격을 밝히고 이를 현재의 어문문제와 관련시켜 앞으로 한국어문이 걸어나가야 할 방향을 더듬어 보기로 한다.

---

* 이 글은 제6회 韋菴 張志淵 기념학술세미나(2000. 11. 1, 한국프레스센터)에서 발표한 원고를 보강하여 「관악어문연구」 25(2000)에 실었던 것이다.

2. 한국어문운동의 시대적 특수성과 철학적 기반

한글이 15세기에 창제되었지만 공용문자의 구실을 하지 못하였다. 공
용문자는 여전히 한자·한문이었다. 한글은 불교나 유교의 경전을 번역하
는 데 이용되는 언해문이 고작이었고 그것도 대부분 한자를 앞세운 일종의
국한문혼용체였다. 그러나 근대로 접어들면서 서민들의 사랑을 받아 한글
은 그 사용기반을 넓혀 나갔다. 1820년대에 들어서면서 서양인들은 한국 접
근의 수단으로 한국의 어휘를 수집하였고 1830년대에 들어서면서는 한국어
문의 제반 사항이 밝혀지기 시작하였다. 독일인 지볼트(Fr. von Siebold)가
일본을 비롯한 동북아시아 지역의 제반 사정을 분석한 「일본」(1832~1851)
을 저술하면서부터 한국이 서방세계에 자세히 알려지기 시작하였다. 지볼
트는 네덜란드 정부의 동인도 회사 파견원으로 7년 동안 일본에 근거를
두고 서양의술을 보급하면서 일본을 비롯한 극동 지역의 인문과 자연에
관련된 자료를 수집하여 네덜란드에 돌아가 20년에 걸쳐 위의 책을 편찬
하였다. 이 책의 제7장에 한국기술이 배당되어 있다. 이곳에는 한국의 언
어·문자를 비롯하여 정치, 경제, 사회, 문화 전반에 관한 총체적 기술을
담고 있다. 지볼트는 1828년 나가사키에 난파해 있던 전라도 출신의 상
인·어부들을 만나 한국어 자료를 수집하여 한국어 문법을 처음으로 구
성하였고, 「千字文」, 「類合」 등의 한중 어휘집을 독일어로 번역하여 서양
인들의 한국 이해의 발판으로 삼았다. 이 책의 한국기술은 이내 러시아어
로 번역되었으며, 프랑스를 비롯한 서양 여러 나라의 한국 이해의 중요한
문헌이 되었다.[1]

한국어연구가 본격적으로 시도된 것은 프랑스 선교사들로부터 비롯된
다. 프랑스 선교사들이 한국에 들어온 것은 1840년대 중반이었다. 한국
안에 선교의 근거를 마련한 프랑스 선교사들은 한국어문 연구에 손을 대
어 원고가 불타는 수난을 겪으면서도 1880년대 초에는 완성된 사전과 문
법을 편찬하였다. 이 책은 나중에 영국, 미국, 러시아, 독일의 선교사, 외

---

1) 지볼트의 한국기록에 얽힌 제반 문제는 고영근(1989/1998 : 278~346)을 보라.

교관들에게 영향을 미쳐 외국인의 한국어 연구의 실질적 기반을 조성하였으며, 간접적으로는 한국인들의 민족어 연구에도 큰 자극제가 되었다.[2] 특히 1880년대에 들어오면서 서양 선교사들과 외교관들이 한국에 들어오는 일이 잦아짐에 따라 이들은 우선적으로 한국의 언어와 문자를 그 나름대로 정리하여 문법을 저술하고 사전을 편찬하는 일에 많은 성과를 거두었다.

서양인들이 선교나 외교의 목적을 달성하기 위하여 한국의 어문문제에 관심을 기울이고 있을 때 한국 안에서는 갑오경장이란 정치적 변혁이 일어나 중국으로부터 주권을 되찾았으며 이와 함께 창제후 한자의 그늘 속에 가려져 있던 한글이 제 위상을 차지하기 시작하였다.

고종은 1894년 11월에 내린 칙령에서

> 법률칙령은 모두 국문으로 본을 삼되 한문으로 번역을 붙이며 경우에 따라서는 국한문을 섞어쓸 수도 있다.(法律勅令總以國文爲本漢文附譯或混用國漢文)
>
> (현대역)

이라 말하였고 이듬해 5월에 칙령을 개정할 때에는

> 法律勅令은다國文으로써本을삼고漢譯을附ᄒ며或國漢文을混用홈(현대역 : 법률칙령은 다 국문으로 본을 삼고 한문 번역을 붙이며 경우에 따라서는 국한문을 섞어씀)

와 같이 법령 자체를 국한문으로 공포하여 국한문혼용의 전범을 보이었다. 고종의 두 번째 칙령에 의하여 한글이 비로소 한국사회의 공용문자의 구실을 할 수 있었다.[3] 한글은 창제이래 "언문(諺文)"이란 영예롭지 못한 이름으로 불려 왔는데 "국문(國文)"이란 이름을 붙임으로써 "어리석은 백

---

2) 프랑스 선교사들의 한국어 연구의 제반 동향에 대하여는 고영근(1983 : 207~13, 244~52, 261~62)를 보라.
3) 이 방면의 자세한 정보는 신창순(원고본)에서 얻을 수 있다.

성"에 국한되었던 한글의 사용범위가 전 인민으로 확대되었다.

"국문"을 본으로 삼는 대한제국시대의 언어정책적 기조는 어떠한 언어철학을 기반으로 하고 있을까.

먼저 개화기에 처음으로 국문관계의 저술을 집필한 이봉운은 그의 「국문정리」(1897) 에서 국문을 정리하고 연구하는 것이 "독립권리와 자주사무에 제일 긴요한 것"이라고 하였다. 이러한 생각은 같은 해 같은 이름의 책을 낸 이규대에게서도 발견할 수 있다. 이규대는 "글로도 남의 나라글에 종이 되지 않게 하여 나라 위하는 정신을 잃지 말기"를 바란다고 하면서 "내 나라를 생각하는 노래"를 지어 붙이기도 하였다. 갑오경장 직후의 한국의 지식인들은 한결같이 한글을 제정한 세종대왕의 위업을 찬양하고 오랫동안 국문을 천시해 온 풍조를 비판하면서 모처럼 공용문자의 자격을 획득한 국문을 정리하고 이를 연구하는 것이 독립국가의 정체성을 유지하는 길이라고 믿고 있었다. 특히 이들 가운데는 당시 한국에 발을 붙이기 시작하였던 외국인들로부터 자국 언어의 장단도 모른다고 비방하는 말을 듣고 의분을 느껴 한국어문연구에 관심을 기울인 사람들이 적지 않다. 한국어문의 정리와 연구를 나라의 독립자존과 연결시키는 철학적 기조는 주시경, 이상재, 박태서로부터 구체적으로 접할 수 있다.[4]

주시경은 「국어문법」(1910)에서

> 그러므로 구역은 독립의 "基"요, 인종은 독립의 "體"요, 언어는 독립의 "性"
> 이다. 이성이 없으면 몸이 있어도 몸이 있다고 할 수 없고 터가 있어도 터가
> 있다고 할 수 없다. 그러므로 국가의 성쇠도 언어의 성쇠에 달려 있고 국가
> 의 존부도 언어의 존부에 달려 있는 것이다.   (현대역)

이라고 말하여 언어를 독립의 가장 중요한 요소, 곧 "性(성)"으로 표현하

---

4) 필자는 고영근(1990/1994 : 319~37)에서 개화기로부터 일제강점기를 거쳐 해방공간에 이르기까지 한국의 언어철학이 걸어온 발자취를 더듬어 본 일이 있다. 그리고 고영근(1999)에서는 고대와 중세의 언어철학의 특수성을 구명하고 개화기에 와서 그것이 어떻게 서양의 언어철학과 접합하여 한국의 언어철학이 성립되는가 하는 문제를 추적한 일이 있다.

였다. 주시경은 「대한국어문법」(1906)에서는 말과 글을 사회형성의 "기관"이라고 하였는데 「국어문법」에 와서는 이를 "性"으로 달리 표현하였다. 이는 주시경의 사상체계의 변모와 관련하여 해석할 수 있다.5)

이상과 같은 언어철학은 박태서의 「국어유지론」(1908)에서도 볼 수 있다. 박태서는 유럽학자들은 국가의 3대 요소를 토지, 인민, 법률이라고 하나, 자기는 국어, 종교, 역사를 덧붙여야 한다고 말하고 국어 유지의 까닭을 다음과 같이 베풀었다.

> 사람이 이 세상에 살면 반드시 나라가 있고 이미 나라가 있으면 반드시 국어
> 가 있다. 국어는 한 나라의 사상을 발표하고 국시(國是)를 연기(演起)게 하며
> 문장을 대표하여 인민을 교육하고 역사를 술전(述傳)하는 천연적으로 형체가
> 없는 운용기(運用器)다. 그러므로 완전히 독립된 국어가 없으면 인민도 가르
> 치기가 어렵고 역사도 전하기가 어려우며 국시도 통일하기가 어렵다.

앞의 주시경과 같은 분명한 철학적 명제는 발견할 수 없지만 국어를 국가의 성립과 밀접한 관련을 맺고 있다는 점에서는 차이가 없다.

국어를 국가와 관련시키는 철학적 명제는 최광옥의 「대한문전」(1908)의 서문을 쓴 이상재에게서도 찾을 수 있다.

> 태서 문명국이 각기 자국의 문장과 언어의 규범이 있어 국민으로 하여금 일
> 정한 방향으로 나아갈 수 있게 하여 그 마음을 단합하게 한 것이 자못 까닭
> 이 있는 것이다. 우리 한(韓) 민족의 마음이 단합할 수 없는 것은 미상불 문
> 자와 언어가 궤범을 달리함에 연유한 것이다..... 이로써 국민을 가르쳐 이끌
> 면 언어나 문장이 갈라져 둘이 되지 않게 되리니 흐트러진 마음을 거두어 합
> 쳐 대중의 마음을 하나로 묶을 수 있도록 함이 반드시 하루만에 될 것이다.

이상재는 한국 민족이 단합되지 않는 것은 문장과 언어의 궤범이 다른

---

5) 주시경은 원래 기독교 신자였으나 나중에 대종교로 개종을 하였다. 주시경의 언어철학의
   변모는 이런 사실과 관련이 있어 보이지만 현재로서는 그 소종래(所從來)를 정확하게 판
   단할 수 없다.

데 그 까닭이 있다고 하면서 문법연구의 중요성을 설파하기도 하였다. 한 나라나 민족의 정체성을 표방하는 요소에는 앞의 박태서의 말과 같이 여러 가지를 들 수 있으나 한국과 같이 단일민족으로 구성된 나라에서는 언어가 그 한 부분을 차지한다는 철학적 명제가 결코 그르다고 할 수 없다.

요컨대 갑오경장 이후의 한국의 지식인들이 품고 있었던 언어철학은 국어를 독립자존의 중요 요소로 간주한 데 있다.6) 이러한 언어철학적 기조를 흔히 어문민족주의라고 한다. 어문민족주의 철학을 가장 극명하게 체계화한 사람은 주시경이라고 할 수 있는데 이는 신채호 등에 의하여 주창된 역사민족주의와 함께 개화기를 대표하는 양대 이념이었다.7) 개화기에 많은 사람들이 한국어문운동에 헌신하고 한국어문의 표준화를 위한 기초연구에 몰두한 것은 어문민족주의의 철학이 바닥에 깔려 있었기 때문이라고 말할 수 있다. 이러한 정신은 일제강점기에도 그대로 이어져 한국어문의 수호와 표준화에 적지 않은 영향을 미쳤다.

3. 한글전용과 국한문혼용에 얽힌 제 문제

앞에서 본 바와 같이 갑오경장 이후의 공식적인 문체는 국한문혼용이었다. 따라서 대부분의 공식적 문건은 국한문혼용체로 일관하였다. 간혹 한문체를 고집하는 일도 없지 않았으나 대중들은 국한문혼용체를 선호하였다.8) 유길준과 같은 사람은 국한문혼용체를 지향하면서도 한자를 훈독하는 새로운 문체를 제안하기도 하였으나 큰 호응을 얻지 못하였다. 그러나 독립신문처럼 처음부터 한글전용의 기치를 내걸고 서민을 독자로 하

---

6) 이 문제에 대한 자세한 논의는 고영근(1999)에서 편 바 있다.

7) 신용하(1976/1984)는 주시경의 사상체계를 "어문민족주의", 신채호의 사상체계를 "역사민족주의"라고 규정한 바 있다.

8) 황성신문 1899. 7. 18일자의 "國文交用으로 分明한 文章을"이라는 기사에서 한문에 토만 붙인 문장은 이해하기 어려우니 교용하는 것이 의사소통을 원활하게 한다는 점을 주장하였다.

는 새로운 문체를 개발하는 일도 있었다.

개화기의 한글전용운동은 유길준, 서재필, 윤치호, 박영효 등 미국과 일본 등의 해외 유학을 하고 돌아온 지식인들이 선도하였다. 서재필과 윤치호는 한글전용을 내걸었고 유길준과 박영효는 국한문혼용을 주장하였다.9) 개화기에 한글전용운동이 어느 정도 성과를 거둘 수 있었던 것은 한글사용의 역사적 기반과 사회적 여건이 조성되어 있었기 때문이었다. 한글전용운동은 멀리는 여성들의 한글애호와 근대 이후의 한국의 고전작품의 한글화에 그 뿌리를 댈 수 있고, 가까이는 1886년에 창간된 漢城週報에 근거를 둘 수 있다. 한성주보는 한문, 국문체, 국한문혼용체의 세 문체를 시험한 일이 있다.10) 다른 한편으로는 19세기 중엽 이후의 서양 선교사들의 성경번역에서 실마리를 찾을 수 있다. 선교사들은 한국에 기독교를 전파하는 데는 한글보다 더 좋은 도구가 없다고 생각하고 그 나름의 철자법에 근거하여 성경을 한국어로 번역하였다.11) 또 선교사와 외교관들이 한국문법서를 저술 할 때에도 예문을 모두 한글로 제시하되 띄어쓰기를 실시하였다. 그 가운데서도 프랑스 선교사들의 「한불자전」(1880)과 「한국어문법」(1881)은 비록 띄어쓰기는 하지 않았지만 새로운 시대에 호흡을 함께 할 수 있는 한글자체를 고안하여 오늘날 한국활자체의 원류를 이루기도 하였다.12)

독립신문의 한글전용은 이미 서양문물에 접한 서재필과 그의 제자였던 주시경의 합작품이라는 견해가 널리 알려져 있다.13) 주시경은 이미 17세 (1892) 되던 해부터 국어국문연구에 착안하였고 서재필이 독립신문을 창간할 때에는 배재학당 학생으로서 독립신문사의 교보원으로 일했던 만큼 어떻게 보면 독립신문의 기사가 대부분 주시경의 손으로 작성되었을 가

---

9) 개화기의 한국어문운동의 경위에 대하여는 김인선(1991)에서 자세히 다루었다.

10) 이기문(1984)에서 이런 문제가 집중적으로 다루어졌다.

11) 신창순(원고본)에서는 기독교가 한글전용의 선도적 역할을 하였음을 많은 자료를 통하여 실증하였다.

12) 유홍렬(1962)에서는 리델 등이 편찬·저술한 사전과 문법의 한글자체의 고안 및 보급에 관련된 자세한 사정을 다루었다.

13) 신용하(1976)에서 이런 문제가 설득력 있게 밝혀진 바 있다.

능성이 많다. 사실 독립신문의 기사들은 주시경의 문체로 보아도 좋을 것이 상당하다는 데서도 그런 추리가 잘못되지 않음을 알 수 있다.14) 주시경은 2차에 걸친 "국문론"(1897. 4/9)을 통하여 한문의 폐해를 지적하였고, 국문을 배워 독립의 기둥으로 삼아야 하며, 옥편과 문법을 편찬하여 철자법을 통일할 것을 강력하게 주장하였다. 그는 또 글씨를 왼쪽에서 오른쪽으로 쓰는 것이 오른쪽에서 왼쪽으로 쓰는 것보다 좋다는 점을 여러 가지 증거를 들어 실증하였다. 지석영도 "국문론"(1896. 12)을 통하여 국문천시의 관습을 비판하고 구체적인 예를 들어가며 국문정리의 필요성을 주장하였다.

주시경은 "必尙自國文言"(1907. 4)을 통하여 자신의 철학적 기조를 다져 나갔으며, "말"(1901. 9), "사람의 지혜와 권력"(1902. 9)15), "국어와 국문의 필요"(1907. 1)에서는 띄어쓰기를 하면서 한글전용의 글을 썼고, "한나라말"(1910. 6)에서는 문법용어를 고유어로 바꾸면서 한글전용의 전범(典範)을 보이었다. 이를테면 주시경은 자신이 이전부터 오던 子音과 母音을 "으뜸소리", "붙음소리"로 바꾸었다. 사실 한글전용이란 원칙적으로 한자교육을 배제하기 때문에 한자어는 한국 고유의 표현으로 바꾸어야 한다. 주시경의 국어순화사상은 많은 문제를 안고 있어 당시나 후세의 어문학자들로부터 비판을 받아왔지만 그 정신만은 존중할 필요가 있다. 개화 이후 수많은 어려운 한자어가 추방되고 고유어가 그 자리를 차지하게 된 뒤켠에는 주시경의 국어순화사상이 밑거름이 되어 있었기 때문이었다. 신해영은 "漢文字와 國文字의 損益如何"(1897. 6~7)에서 문명의 선진이었던 아시아가 낙후된 것은 한자만 숭상하고 자국 국문을 천시하였기 때문이라고 말하고 국문교육을 강화하여 국문보급에 매진해야 한다고 하였다. 독립신문은 "타국 글 아니다"(1899. 5. 20)라는 논설을 통하여 정부의 국한혼용의 정책을 비판하는 논조를 펴기도 하였다.

---

14) 앞으로 독립신문의 기사를 면밀하게 검토하여 주시경의 집필로 보이는 기사를 가려내어 독립신문의 간행에서 주시경이 차지하였던 위치를 다시 한번 가늠할 필요가 있어 보인다.
15) 뒤의 두 편의 글은 「주시경학보」 4(1989), 5(1990)에 공개되어 있으며 김민수(편), 「주시경전서」 1(1991)에도 실려 있다.

　　대한민국 초대대통령 이승만도 한글전용에 많은 기여를 하였다. 이승만은 700여 편의 국문논설을 발표한 것으로 알려져 있다.16) 그는 "국문이 나라 문명할 근본"(1898. 6. 17)이라는 논설을 통하여　당시의 국문천시의 풍조를 매섭게 비판하면서 국문이 한국을 문명화시킬 수 있는 가장 좋은 도구라는 점을 주장하였으며, "국문교육"(1903. 2. 3)을 통하여는 모든 교과서를 국문으로 편찬해야 하며 특히 국어문법이 필요하다고 주장하면서 주시경이 국어문법을 저술하였음도 아울러 기록하였다.17) 주시경의 문법은 그의 이력서에 기대면 1898년 12월 31일에 개성(槪成)하였다고 적혀 있는데 이승만의 증언은 그 기록의 신빙성을 더욱 짙게 한다.

　　독립신문의 한글전용은 뒤에도 영향을 미쳐 협성회회보(1898. 1), 매일신문(1898. 4), 京城新聞(1898. 3.)/대한황성신문(1898. 4.), 제국신문(1898. 8)이 모두 한글전용으로 편집되었다. 그러나 대한황성신문이 皇城新聞으로 개제되면서는 국한문혼용으로 바꾸었다. 그 이후의 대부분의 신문은 국한문혼용의 방향을 취하였다. 이는 당시의 어문정책이 국한문혼용의 기치를 내걸고 있었고 신문독자의 대부분이 국한문체를 선호했다는 사실과 관련이 있어 보인다.18) 그러나 드물기는 하였지만 신문에 따라서 국문판을 내는 일도 없지 않았다. 이는 어디까지나 독자층과 관련되는 문제로 보인다. 잡지가 국한문혼용체를 지향하고 소설과 같은 문학작품이 국문체로 방향을 정한 것도 모두 독자층과 관련하여 해석할 수 있다. 개화기의 교과서를 보아도 남성 상대의 교과서는 국한문을 혼용한다든지 혼용을 해도 한자어 옆에 한글로 음을 다는 체재를 보여 주는데 여성 상대의 교과서는 한글을 노출시키고 한자는 옆에 붙였다. 후자의 대표적인 예는 장지연이 편집한 「녀ᄌ독본」(1908)이다. 이는 전통적으로 여자는 한문소양이 남자에 미치지 못한다는 고정관념이 뿌리 박혀 있다는 사실과 관련하여 해석할 수 있다. 신문 가운데서도 신학월보와 같은 기독교 계통의 신문은 한글전용으로 나아갔다. 이렇게 기독교는 성경번역에부터 시작하여

---

16) 관련 정보는 김인선(1999)를 보라.
17) 이 문제는 이미 김인선(1999)에서 논의된 바 있다.
18) 이 문제는 이기문(1984)에서 상세히 다루어졌다.

신문 종류 등에 이르기까지 시종일관 한글전용의 기치를 조금도 바꾸지 않았다.

한글만으로 문자생활을 영위하여야 한다는 흐름은 1900년대에 들어와서도 꾸준히 제기되었다. 앞서 든 박태서는 분별없이 외국어를 사용하는 사람을 엄벌해야 하며 국어교육을 제대로 받지 않은 사람은 외국에 가지 못하도록 해야 한다고 하면서 국어유지의 방안을 자세히 제시하였다. 박태서의 견해는 국어교육이 몸에 배기도 전에 초등학교에서 영어교육을 실시하도록 하는 한국정부나 자녀들의 조기 외국유학에 들떠 있는 일부 계층에게 경종을 울려 주기도 한다. 경향신문(1907. 5. 10~17)에는 천주교의 영향을 받아 국문의 요긴함을 알게 되었으며 특히 19세기 후반의 프랑스 선교사들의 사전편찬을 부각시켰다. 사실 프랑스 선교사들에 의해 제대로 된 한국어문법과 사전이 나왔다는 것은 앞에서 검토한 바 있다. 이종일의 "論國文"(1908. 5)에서도 한문은 중국글이기 때문에 우리에게 맞지 않다고 하면서 국문의 진흥에 힘써야 한다고 하였다. 이승교의 "國漢文論"(1908. 6)에서는 국문을 숭상하면 우리나라를 사랑하는 것이요, 한문을 숭상하면 남의 나라를 사랑하는 것이라고 하면서 초등학교에서는 국문으로 전 과정을 영위하고 다음에 한문을 가르치라고 하였다. 신채호도 "文法을 宜統一"(1908. 12)에서 난무하는 당시의 여러 가지 문체를 비판하고 아무리 한문을 동아시아에서 폐지하기 어렵다고 하더라도 국문교육이 한문교육에 선행해야 함을 강조하였다. 황성신문은 "국문발달을 주의함"(1910. 4. 29)에서 국문사용이 줄어짐을 한탄하면서 보통교육을 잘할 것을 주장하였다. 이보경(이광수)은 "國文과 漢文의 過渡時代"(1908. 5. 24)에서 한문전용, 국한문혼용, 국문전용의 세 주장을 놓고 국문전용으로 나아가되 한문도 외국어의 하나로 보고 가르쳐야 한다고 하였다.

개화기의 어문정책 가운데서 가장 큰 아픔을 겪은 것은 한자 폐지, 한글 전용, 국한문혼용을 앞에 놓고 그 장단점을 가려내는 것이었다. 오늘날의 한글전용과 국한문혼용의 갈등에 뒤지지 않은 아픔을 겪고 있었다. 독립신문은 "잡보"(1896. 6. 4)를 통하여 "한문을 버리고 한글을 사용하는 것은 사람을 짐승으로 만든다"는 학부대신 신기선이 올린 상소문의 내용을 싣고 이를 비판하는 기사를 싣기도 하였다. 독립신문의 한글전용에 반기를 드는 사람들이 적지 아니하였음을 증언하는 자료로 활용할 수 있다.

앞에서 우리는 한국이 20세기로 접어들면서 몇몇 특수한 간행물을 제외하고는 대부분 국한문혼용의 길로 나아가고 있었음을 본 바 있는데 이는 고종의 칙령과 당시의 여론에 따른 부득이한 조처였다. 황성신문은 "사설"(1898. 9. 5)을 통하여 황제의 성칙(聖勅)을 준수하고 공람(供覽)의 편의를 제공한다는 뜻에서 국한문혼용이 옳다는 주장을 펴면서 신문을 국한문혼용하는 방향으로 만들었다. 또 "國漢文論"(1898. 9. 28)이라는 논설에서도 한문사용의 전통이 오래니 만큼 한자를 일시에 폐지할 수 없다는 주장을 내세웠다.

이능화는 "國文一定法意見書"(1906. 7)에서 한국과 일본은 국한문혼용을 하는 것이 편리하다는 의견을 내세우면서 한자 옆에 한글을 붙이는 이른바 훈독법을 제안하기도 하였다. 이러한 생각은 유길준이 일찍부터 가져오던 생각이었다. 강전의 "國文便利及漢文弊害의 說"(1907. 1)에서는 모든 공문서와 각급학교 교과서는 물론, 심지어는 소설도 국한문으로 적어야 함을 주장하였다. 사실 초기 신소설 가운데는 국한문혼용을 하는 작품이 있었다.19) 한흥교의 "國文과 漢文의 關係"(1907. 3)에서는 국문의 우수성을 선양하면서 일본의 가나문자의 예를 들어 국문과 한문을 섞어 쓸 것을 제안하였다. 이를테면 '孝悌忠信 仁義禮智'를 音으로만 가르쳐서는 교육에 도움이 되지 않는다고 하였다. 이광수는 "今日我韓用文"(1910. 7)에서 한글전용이 만년대계이나 국한문을 병용하는 것이 좋다고 하였다. 이광수는 전일의 국문전용론을 많이 후퇴시켰다. 요즈음 국한문혼용론자와 한글전용자 사이에 벌어지고 있는 행태가 이미 개화기에 싹이 뿌려져 있었음을 확인할 수 있다.

우리는 앞에서 19세기 말에 한문을 공용어의 자리에서 쫓아 낸 대한제국의 어문정책을 비판하는 일이 있었음을 본 바 있는데, 1900년대에도 그런 생각을 하는 사람들이 있었다. 개혁이 일어날 때에는 항상 신구의 갈

---

19) 이기문(1984)에 이런 점이 지적되어 있다.

등이 생기는 법이다. 여규형은 "論漢文國文"(1908. 2. 25)에서 한문을 폐지하고 국문을 사용하는 당시의 어문정책을 비판하고 특히 한문을 버리는 것은 공자의 道를 버리는 것과 같다고 하면서 국문사용을 강력하게 비판하였다. 여규형은 한문은 4000여년 동안 사용해 온 우리의 문자이고 언문은 어리석은 남녀중에 한문을 알지 못하는 자들을 가르치려 한 것이지 한문을 폐하고 언문을 세우고자 한 것이 아니라고 하면서 한문폐지론을 강력하게 비판하였다. 마치 세종때 최만리가 한글창제를 반대하여 올린 상소문의 내용과 비슷한 면이 없지 않다. 정교도 비슷한 취지로 한문폐지론을 신랄하게 비판하였다. 한문을 쓰는 것이 한인의 종이 아니라는 점을 서양의 예를 들어 옹호하였다. 이에 대하여 이기는 "一斧劈破"(1908. 6)에서 여규형의 漢文不可廢論은 국문의 역신이 되고 한문의 충노가 된다고 하면서 국문으로 독립의 기초를 닦아야 한다고 응수하였다.

개화기의 어문정책의 기조가 어디에 있었는가 하는 것은 당시 일본의 "漢子統一會" 회장의 글이 번역되었다는 사실에서 그 구체적인 사정을 알 수 있다. 「西友」 13/4(1907. 12/1908.1)에 역재된 글에 대한 편집자의 소견은 다음과 같다.

> 일본에 한자통일회가 있으니 그 회장 가네코(金子堅太郞)씨가 그 의견을 저술하였는데 이를 왼쪽에 역재하여 모든 동포들에게 참고하게 하노라.

내용인 즉 동아시아에서는 한자가 역사적으로 오랫동안 공용문자의 역할을 하여 왔기 때문에 버릴 수 없다고 말하고 로마자화의 부당성을 비판하였다. 가네코는 일본, 한국, 중국이 공통으로 사용할 수 있는 사전을 만들어 상용(商用), 학술, 외교에 사용하기를 바란다고 하면서 다음과 같은 견해를 피력하였다.

> 한문자는 중국과 한국을 결합할 수 있는 좋은 연쇄가 될 뿐만 아니라 두 나라 사람들의 사상을 교환하고 또 무역을 발달하게 함에 둘도 없는 이익이 있으니 이 이익은 유럽과 아메리카 여러 나라의 인민이 갖지 못하는 바이니

사실 한자는 동아시아 문명권의 오랜 공동문어로서 사용되어 왔기 때문에,[20] 이를 잘 활용하면 동양 세 나라의 의사소통에도 유리할 뿐만 아니라 서양에 대하여 동양의 문화적 우위성을 선양하는 데도 큰 도움이 된다. 이런 이점이 있기 때문에 현대에 와서도 동양삼국의 상용한자통일안을 만들자는 의견이 팽배하여 그 사이 왕래가 몇 번 있었던 것으로 알고 있다.[21]

4. 마무리

이상과 같이 필자는 한글의 공용화가 계기가 되어 팽팽하게 맞섰던 개화기 당시의 한글전용론과 국한문혼용론을 검토하여 보았다. 초기의 독립신문의 한글전용이 국한문혼용의 큰 흐름에 밀리기는 하였어도 기독교 등의 일부 종교의 경전과 소설 등의 문학작품에서는 우위를 견지하였고 주시경과 같은 사람은 자연스런 국문체의 문장을 창도하여 한글전용의 바탕을 튼튼히 닦았다. 한문 대신 국문을 공용화하는 데 대한 반대세력도 만만치 않았으나 국문에 공용성을 부여하는 대세에 항거하기에는 시대가 너무 달라져 있었다. 국한문혼용을 주장하는 사람들도 대부분은 국문교육을 우선하고 한자·한문은 뒤로 돌리는 태도를 취하였다. 전면적인 한자폐지를 반대하는 사람들은 한자가 동아시아의 공용문어로서 오랫동안 사용되어 왔고 동양삼국이 접촉하는 마당에서도 한자만큼 더 좋은 소통수단이 없다는 점을 들어 한자를 버려서는 안된다는 이유를 붙였다.

개화기에 틀이 잡힌 국한문혼용론은 일제강점기에도 꾸준히 그 지반이 확대되어 신문이나 잡지 등이 국한문혼용을 지향하였다. 그러는 가운데서도 주시경과 그의 후계들은 한글전용의 기틀을 그대로 밀고 나갔으나 시대가 내려올수록 국한문혼용의 흐름을 넘어설 수 없었다. 주시경의 한글

---

20) 조동일(1999)에서는 동아시아뿐만 아니라 각 문명권의 공동어문학과 민족어문학의 상호 보조적 기능을 자세히 고찰하였다.
21) 남광우(1996)에서 동양 세 나라의 한자표준화에 관련된 문제를 광범하게 논의하고 있다.

전용론은 자기의 후학들에 의하여 꾸준히 다듬어지다가 우선 해방후의 각급학교 교과서에서 제 자리를 잡았다. 이점은 북한도 큰 차이가 없었다. 남한은 1970년대에 들어서면서 한글전용의 기운이 전 사회에 미치기 시작하였으며 북한은 남한보다 15년 앞선 1954년부터 전면적인 한글전용을 실천할 수 있었다.

개화기의 한글전용과 국한문혼용론의 갈등은 한글이 전 사회의 공용문자가 된 오늘날에도 그대로 이어지고 있으며 한국사람이 한반도에 삶을 영위하는 한, 그러한 갈등은 지속될 것이다. 한글과 한자는 근본적으로 성격을 달리하는 문자이기 때문에 그것이 부딪힐 때에는 언제든지 불을 뿜을 수 있는 활화산과 같은 폭발력을 지니고 있다. 한글만 쓰고 한자를 버리면 한국고유의 어휘가 풍성해져 한국어의 발전을 가속화시킬 수 있고 통일의 바탕을 강화시킬 수 있는 반면에, 전통문화와의 단절을 불러일으켜 자칫하면 동양삼국의 문화적 고아가 될 수도 있다. 국한문혼용론을 지향하면 한자·한문교육이 필수적으로 뒤따라야 하며 그렇게 되면 전통문화와의 연계가 쉬워지고 동양삼국과의 교통이 원활해지는 반면에 통일의 바탕을 약화시키고 한국 고유의 어휘와 표현의 발전과 신장에 걸림돌이 된다.

앞으로 한국이 취해야 할 어문정책의 기조는 일단은 한글을 주체적인 자리에 놓되 한자를 비롯한 다른 외래문자는 종속적인 자리에 놓는 지금까지의 어문정책의 기조를 그대로 밀고 나가는 것이다. 다시 말하면 다른 외국문자는 괄호 속에 넣는다는 뜻이다. 단 한자는 초등학교 높은 학년에서 중등학교 과정에 이르기까지 일정한 자수를 정하여 단계적으로 가르쳐야 하며 영어는 적어도 초등학교 단계에서는 가르치지 말아야 한다. 정보화시대를 맞아 영어의 중요성이 아무리 높아졌다고 해도 모국어의 자유로운 구사력이 갖추어지지 않은 초등학교 단계에서는 영어를 가르치는 것은 옳지 않다. 개화기의 한국어문운동에 대한 검토는 현재의 한국어문정책을 수립하는 데 많은 것을 가르쳐 준다는 점을 끝으로 환기하고자 한다.

개화기 한국어문운동 일차자료[*]

* 다음 자료는 대부분 하동호(편), [역대한국문법대계](3부 3책), 탑출판사. 1985에
실려 있다.

“논설”, 1896. 4. 7, 「독립신문」 뎨일호

“잡보”, 1896. 6. 4, 「독립신문」 26호

“국문론”, 지석영, 1896. 12. 30, 「大朝鮮獨立協會會報」 1호

「국國문文졍正리理」, 리봉운, 1897. 1. 1

「국문졍리」, 리규대, 1897. 1.

“국문론”, 쥬샹호, 1897. 4. 22/24, 「독립신문」 47/48호.

“조선국문”, 윤치호, 1897. 5. 26, 「조선크리스토인회보」 1권 17호, 4면

“잡보기사”와 그 비판, 1897. 5. 29, 윤치호, 「독립신문」 2권 2호

“漢文字와 國文字의 損益如何”, 1897. 6. 30/7. 15, 申海永, 「大朝鮮獨立協會會報」 15/16호

“론셜”, 1897. 8. 5 「독립신문」 92호

“국문론”, 쥬샹호, 1897. 9. 25/28, 「독립신문」 134/135호

“국문이 나라 문명할 근본”, 이승만(김인선 1999 추정), 1898. 6. 17, 「매일신문」

“社說”, 1898. 9. 5, 「皇城新聞」 創刊辭

“사설(공사문첩을 국한문으로 혼용하라신 칙교)”, 1898. 9. 5 「황성신문」 창간호

“國文漢文論”, 1898. 9. 28, 「皇城新聞」 1권 20호 論說

“國文源流”, 1899. 5. 2/3 「皇城新聞」 2권 96/97호 別報

“타국 글 아니다”, 1899. 5. 20, 「독립신문」

“國文交用으로 分明한 文章을”, 1899. 7. 18, 「황성신문」

“두 가지 힘”, 1899. 9. 5, 「독립신문」 4권 202호

“론셜”, 1900. 1. 10, 「제국신문」 3권 5호, 1, 2면

“론셜”, 1900. 1. 17, 「제국신문」 3권 11호 1, 2면

“말”(론셜), 쥬샹호, 1901. 9, 「신학월보」 1권 10호

“사람의 지혜와 권력”, 쥬샹호, 1902. 9, 「신학월보」 2권 9호

“국문교육”, 이승만(김인선 1999 추정), 1903, 2. 3(?)

"상동청년회에서 학교를 설립함", 리승만, 1904. 10. 17, 「신학월보」4권 11호.

"國文一定法意見書", 李能和, 1906. 6. 1/2, 「皇城新聞」2615/6호

1906. 7. 31 「大韓自强會月報」6호

"국어와 국문의 필요", 쥬시경, 1907. 1. 1, 「西友」2호

"國文便利及漢文弊害의 說", 姜荃, 1907. 1. 24, 「太極學報」6/7호

"國語維持論", 朴太緖, 1907. 2. 5, 「夜雷」1호

"國文과 漢文의 關係", 韓興敎 1907. 3. 3, 「大韓留學生會會報」1호

"必尙自國文言", 周時經, 1907. 4. 1~6, 「皇城新聞」2442~2447호

"국문론", 미심ᄌ, 1907. 5. 10~17, 「京鄕新聞」30/31호

"社說", 국문신보 발간 1907. 5. 23, 「大韓每日申報」1호

"敎授와 敎科에 對ᄒ야", 張膺震, 1907. 9. 24/10. 24, 「太極學報」13/14호

"학문", 박일삼, 1907. 10. 1, 「自新報」1호

　　① 글과 말이라(뎨一부 뎨一공과)

　　② 언문의 자모 二十八자라(뎨一부 뎨二공과)

　　③ 언문의 다섯 가지 소리의 초성이라(뎨一부 뎨三공과)

　　④ 통용ᄒ난 언희의 본문이외다(뎨一부 뎨四공과)

"사립국문학교 취지서," 「대한매일신보」1권 128-9호, 1907. 10. 31-11. 2. 2,3면

"漢子統一會 開設에 關한 議見", 1907. 12. 1, 1908. 1. 1, 「西友」13/14호

"論漢文國文", 呂圭亨, 1908. 2. 25, 「大東學報月報」1호

"국문연구에 대한 관견", 1908. 3. 1, 「대한매일신보」6권 744호

"國文과 漢文의 過渡時代", 李寶鏡, 1908. 5. 24, 「太極學報」21호

"漢文과 國文의 辨別", 鄭喬, 1908. 5. 25, 「大東學報月報」4호

"論國文", 李鍾一, 1908. 5. 25, 「大韓協會會報」2호

"國漢文論", 李承喬, 1908. 6. 1, 「西北學會月報」1호

"小學校育에 對ᄒᄂ 意見", 兪吉濬, 1908. 6. 10, 「皇城新聞」2799호

"一斧劈破", 李沂, 1908. 6. 25/7. 25/8. 25, 「湖南學報」1/2/3 호

"文法을 宜統一" 附: 小別漢文, 窺豹子 申采浩, 1908. 12. 25, 「畿湖興學報」5호

"국문발달을 주의함", 1910. 4. 29, 「황성신문」3356호

"한나라 말", 1910. 6, 「보중친목회보」1호

"今日我韓用文에 對ᄒ야", 李光洙, 1910. 7. 24/26/27, 「皇城新聞」3430~3432

참고문헌

고영근(1979), "19세기 전반기의 서양인의 국어연구자료", 「관악어문연구」 3
　　　　　(백사전광용박사　송수기념논총).

　　　　(1979), "로우니(L. de Rosny)의 국어연구", 「여천서병국박사회갑기념논문
　　　　　집」, 형설출판사.

　　　　(1983), "개화기의 국어연구단체와 국문보급활동", 「韓國學報」 30(고영근
　　　　　1994에 다시 실림).

　　　　(1987), "주시경연구의 어제와 오늘", 「주시경학보」 1.(본서 93쪽에 보완되
　　　　　어 실림)

　　　　(1994), 「통일시대의 어문문제」, 도서출판 길벗.

　　　　(1995), "주시경 「국어문법」의 형성에 얽힌 문제", 「대동문화연구」 30

　　　　(1995), 「최현배의 학문과 사상」, 집문당.

　　　　(1998), 「한국어문운동과 근대화」, 탑출판사.

　　　　(1999), "한국의 전통적 언어철학과 그 현대적 변모", 「이승환 교수 정년퇴
　　　　　임기념논문집」, 한국문화사.

김민수(1960), 「國語文法論硏究」, 통문관.

　　　　(1976/1986), 「周時經硏究」(증보판), 탑출판사.

　　　　(1987), 「國語學史의 基本 理解」, 집문당.

김민수(편)(1991), 「周時經全書」(모두 6권), 탑출판사.

김민수·하동호·고영근(1985), 「역대한국문법대계」, 탑출판사.

김인선(1991), "갑오경장 전후 개화파의 한글 사용 - 독립신문에서의 한글전용
　　　　　배경," 「주시경학보」 8. 탑출판사.

　　　　(1994), "갑오경장 전후의 국문 한문 사용 논쟁 - 그 논의를 시작한 인물들
　　　　　을 중심으로", 「새국어생활」 4권 4호.

　　　　(1999), 「개화기 이승만의 한글 운동 연구」, 연세대 국학 협동과정 박사논문.

남광우(1996), 「東北亞 시대와 漢字·漢字敎育」, 한국어문교육연구회.

신용하(1976), 「獨立協會硏究」, 일조각.

신용하(편)(1984), 「韓國近代社會思想」, 지식산업사.

신창순(1994), "한글專用表記와 基督敎", 「한국어문」 3, 한국정신문화연구원.

신창순(원고본), "國文硏究所의 「國文議定案」과 周時經", 한국정신문화연구원.

유홍렬(1962), 「高宗治下西學受難의 硏究」, 을유문화사.

이기문(1970), 「개화기의 국문연구」, 일조각.

이기문(편)(1976), 「周時經全集」(상·하), 아세아문화사.

______(1977), "19세기의 국문론에 대하여", 「어문논집」 19·20(합집), 고려대 국
       문학과.

______(1984), "개화기의 국문사용에 관한 연구", 「한국문화」 5, 서울대 한국문화
       연구소.

______(1989), "《독립신문》과 한글 문화", 「주시경학보」 4, 탑출판사.

이응호(1975), 「개화기의 한글 운동사」, 성청사.

이병근(1978), "애국계몽주의시대의 국어관", 「한국학보」 12.

이홍식(2000) "개화기의 국문 관련 논설에 대한 고찰", 「덕성어문학」10, 덕성여
       대 국문과.

조동일(1999), 「공동어문학과 민족어문학」, 지식산업사.

King, Ross(1996), "Western Missionaries and the Origins of Language
       Modernation in Korea", 제9회 한국학 국제학술대회 발표논문, 한
       국정신문화연구원.

제2부

한국의 언어연구

<h1>제1장
국어학 체계의 형성과 발전*</h1>

1. 들어가기

국어학은 국어를 음운·문법·어휘에 걸쳐 그 구조를 밝히거나 그 시간적 변화 양상 및 공간적 변이 양상을 추적하는 우리 인문과학의 한 분과이다. 근대적 의미의 국어학은 주시경의 국어연구로부터 시작된다고 할 수 있으나 국어학의 체계가 완전에 가깝게 다듬어진 것은 1930년대 후반에 접어들어서야 비로소 가능하였다. 이 곳에서는 국어학 체계가 어떠한 과정을 밟아 형성되었는가 하는 문제를 안확, 정렬모, 이희승의 인식체계를 중심으로 다루어 보고자 한다.

2. 안확의 국어학 체계

우리말이 서양의 언어연구의 방법론에 따라 연구된 것은 멀리는 19세기의 서양인의 업적에까지 거슬러 올라갈 수 있고 가까이는 개화기의 유

---

* 이 글은 「國語學硏究 百年史100年史」 一朝閣, 1991에 실었던 것이다.

길준과 주시경에게서 그 뿌리를 찾을 수 있으나 서양의 전통문법의 문자/
음성, 품사, 문장의 3부체계를 넘어서지 못하였다. 국어학이 과학적 체계
를 어느 정도 갖추기 시작한 것은 安廓의 "朝鮮語原論"(1922)에서 비롯된
다. 이 글은 안확의 「朝鮮文學史」(1922)의 附編에 실려 있다.[1]

안확은 다음 15개 항목에 걸쳐 우리말의 원론적 과제를 들었다.

> (1) 1) 言語의 原理, 2) 言語의 生命, 3) 標準語, 4) 助動詞와 後詞, 5) 文
> 의 形式, 6) 朝鮮語의 聲音變化, 7) 方言變化의 態度, 8) 古地名의 解,
> 9) 朝鮮語의 特性, 10) 朝鮮語의 系統, 11) 漢語의 影響, 12) 梵語의 影
> 響, 13) 周氏一派의 曲說, 14) 朝鮮語學史, 15) 學者에 對한 希望

(1)을 내용별로 다시 묶으면 다음과 같다.

> (1′) 가. 총론 - 1)언어의 원리, 3)표준어, 9)조선어의 특성
> 나. 음운 - 6)조선어의 성음변화
> 다. 문법 - 4)조동사와 후사, 5)문의 형식
> 라. 언어사(방언사) - 2)언어의 생명, 7)방언변화의 태도, 8)고지명의
> 해, 10)조선어의 계통, 11)한어의 영향, 12)범어의 영향
> 마. 어학사 - 13)주씨일파의 곡설, 14)조선어학사, 15) 학자에 대한 희망

(1)에 나타나는 안확의 국어학 체계의 인식은 "朝鮮語의 價値"(1915)에서
이미 자리가 잡혀 있었으며 「朝鮮文法」(1917)의 연구결과를 징검다리로
삼아 이루어진 것으로 생각된다. 먼저 전자의 내용부터 검토하기로 한다.
이글은 다음과 같이 구성되어 있다.

> (2) 1)朝鮮語의 位置, 2)朝鮮語의 分布, 3)外國人의 硏究, 4)硏究의 急務

---

1) 안확(1922)는 이미 아래의 업적들에서 그 내용이 소개, 평가된 바 있다.
   최범훈, "자산 안확의 국어학사상의 위치", 「한국어학과 알타이어학」(우정박은용박사회갑기
   념논총), 효성여자대학교출판부, 1987.
   이기문, "안자산의 국어연구", (주시경학보) 2, 1988.

1)에서는 우리말을 문법상으로는 교착어로, 어족상으로는 우랄알타이어족에 속한다고 서양학자들이 말하고 있으나 이러한 구별은 우리 언어학자의 정밀한 연구가 있은 다음에 결정될 문제라고 단정을 삼갔다. 이 부분이 확대되어 (1)의 9), 10)의 "조선어의 특성, 조선어의 계통"으로 발전된 것이 아닌가 한다. 이곳에서는 전자에서 유보되었던 문법 및 계통에 관한 견해가 분명히 표출되어 있다. 2)는 우리나라는 세계 6대 문명국의 하나로서 역사적으로 일본 등의 이웃나라를 가르치는 처지에 놓여 있었기 때문에 우리말이 일본, 유구, 아이누, 몽고, 만주에 분포되어 있으며, 일본어는 우리말의 아들이라고 하였다. 안확의 이런 소견은 많은 문제를 포함하고 있어 선뜻 동의하기가 어려운 점이 없지 않으나 이러한 발상은 실증적인 바탕 위에 섰다기보다는 그의 國學思想의 산물로 보는 것이 온당하다.[2] 3)에서는 지볼트, 달레 등의 서양인과 일본인의 우리말 연구를 개관하였다. 이 부분이 확대되어 (1)의 14)의 "조선어학사"로 발전하였다. 4)는 14), 15)의 "조선어학사, 학자에 대한 희망"으로 나뉘어 서술되었다. (1)의 4), 5)의 "조동사와 후사, 문의 형식"은 「조선문법」에서 부분적으로 뽑아 낸 것으로 보인다.

   안확의 우리말과 글에 대한 관심은 일본 유학을 떠나기 전에 상당한 수준에 이르러 있었음이 알려져 있다.[3] 일본유학을 통하여 언어학 지식을 습득함에 따라 안확(1915)를 「學之光」에 발표하고[4] 귀국후 안확(1917)

---

2) 안확의 국학사상에 대하여는 다음을 보라.
   유준필, 「자산 안확의 국학사상과 문학사관」, 서울대학교 국문학과 석사논문, 1991.
3) 이러한 점은 이기문의 위의 글에서 자세히 지적된 바 있다.
4) 안확의 일본유학기간은 1910~1916년으로 알려져 왔으나(최범훈 앞의 글), 「창신 60년사」(1968)에 근거하여 1914년까지는 마산 창신학교에서 근무한 것으로 보기도 한다.(유준필 앞의 글) 그러나 김윤경의 일기에 의하면(「한결김윤경선생」, 보성문화사, 1979, 45쪽), 1913년 11월 19일까지 집무한 기록이 나온다. 일본 유학생 기관지 「學之光」 3호(1914.12)에서 부터 기고한 점을 고려하면 1914년 봄에 창신학교를 사직하고 이어 유학의 길을 떠났던 것이 아닌가 한다. 안확의 정확한 일본 유학 기간의 구명이 절실하다. 이와 관련된 논의는 다음 글에서도 나타난다.
   이태진, "안확(1886-1946)의 생애와 국학세계", 「역사와 인간의 대응」 (고병익선생 회갑기념사학논총), 한울, 1984.

을 상재하고 이를 바탕으로 다시 확대 개편한 것이 안확(1922)가 아닌가
한다. 사실 유길준, 주시경의 문법을 통하여 좁게 알고 있었던 안확의 언
어학 체계가 일본 유학을 통하여 시야가 넓어짐에 따라 음운과 문법은 물
론, 언어사와 어학사까지 포괄하는 참된 의미의 국어학개론을 구상하게
된 것이 아닌가 한다.5)

3. 정렬모의 국어학 체계

안확에 이어 국어학개론의 체계를 구성한 것은 鄭烈模(1927~1928)이
다. 이 글은 제목의 보편성 때문인지 지금까지 어떤 형태로도 평가된 적
이 없다. 정렬모는 「한글」 동인지에 다음과 같은 제목으로 「朝鮮語學槪要」
를 집필하였다.

   (3) 가. 朝鮮語硏究의 正體는 무엇?, 「한글」 1-2, 1927.
       나. 같음, 「한글」 1-3, 1927.
       다. 言語와 文字, 「한글」 1-4, 1927.
       라. 같음, 「한글」 1-5, 1927.
       마. 같음, 「한글」 1-6, 1927.
       바. 같음, 「한글」 1-7, 1927.
       사. 國語와 方言, 「한글」 2-1, 1928.

(3가,나)는 다음과 같은 내용으로 구성되어 있다.

   (4) 가. 發端, 나. 國語學의 性質, 다. 硏究의 部門, 라. 硏究方法, 마. 國語
       學의 應用的 方面

   ———, "안확 — 한국의 역사가", 「한국사시민강좌」 5, 1989.
5) 안확이 일본유학시절에 본 언어학 관계의 서적이 무엇이었던가는 아직 밝히지 못하였다.
   논조로 볼 때 明治 연간에 나온 언어학이나 문법 관계의 서적을 거의 섭렵한 것만은 틀림
   없어 보인다. 강복수, 「국어문법사연구」, 형설출판사, 197쪽에서는 당시의 일본문법과의 교
   섭관계가 논의되어 있다.

(4가)의 "발단"에서는 세상 사람들이 조선어연구가들을 "새말을 지어 내는 사람, 없어진 말을 찾아 쓰는 사람, 쉬운 말을 어렵게 쓰는 사람"이라고 비난한다는 사실을 지적하고 조선어연구의 목적이 무엇인지를 분명하게 밝혀 의혹을 풀어내는 것이 중요하다고 하였다. 정렬모는 국어는 우리 마음의 양식이요 마음의 사슬이라고 그 기능을 규정하였다. 그는 이어 국어는 먼 조상들로부터 물려받은 귀중한 유산이니만큼 이를 갈고 닦아 후대에 물려주는 것이 우리의 책임이라고 하였다. 앞의 안확과 국어 연구의 태도가 비슷하다고 하겠다. 당시의 사정을 고려할 때 조선어라 부르는 것이 마땅하겠지만 정렬모는 우리말을 당당히 "國語"라 불렀다.

(4나)의 "국어학의 성질"에서는 국어학을 문법과 같이 보거나 국문 읽는 법을 길러주는 학문이라고 인식하는 세상사람들의 잘못된 생각을 들고 국어학의 성격을 규정하였다. 국어학의 연구 대상이 되는 자료는 죽은 옛말뿐만 아니라 살아 있는 방언, 특수사회의 말도 똑같은 연구 가치를 지니고 있으며 문자로 적혀진 말뿐만 아니라 입을 통하여 내는 말도 같은 가치를 지니고 있다고 하였다. 앞의 "국어"에 이어 정렬모는 당시 통용되던 "조선어학"이라는 말 대신에 "국어학"이라는 말을 사용하였다. 그의 국어학의 성격 규정은 현대적인 눈으로 볼 때 조금도 나무랄 데가 없다고 평가할 수 있다.

(4다)의 "연구의 부문"에서는 "음운, 단어, 단어법, 문장법"의 4부문을 두었다. "음운"은 우리말의 음운조직, 자음과 모음의 수효, 그 발음방법, 역사적 변천을 다루는 것으로 보았다. 그리고 정렬모는 문자의 배후에 숨어 있는 실제의 발음과 음성의 미묘한 차이는 물론, 옛 문헌의 자료를 분석하여 고대의 음운과 역사적 변천을 밝히는 일도 음운연구의 대상이라고 하였다. 현대언어학의 공시음운론과 통시음운론의 개념이 잡혀 있었으며 문자를 통한 발음의 재구문제까지도 언급하였다. "단어"는 개별 단어의 의미, 어원, 의미변천, 단어구성법, 한자어와의 관계, 외래어의 사용현황, 새말의 형성을 다루는 것으로 보았다. 곧 공시어휘론과 통시어휘론의 개념을 분명히 인식하고 있었다. "단어법"은 품사의 직능, 변화, 각 품사 간의 관계를 다루는 것으로 품사론의 영역을 뜻한다. "문장법"은 문장의

조직에 관한 법칙을 다루는 것으로 통사론의 영역을 뜻한다. 정렬모는 문
장법의 고찰이 가장 중요한 가치를 지니는 것으로 보았다. 정렬모는 음운,
문법, 어휘를 공시적·통시적으로 연구하는 것을 국어학의 연구부문으로
설정하였는데 이는 현대의 국어학이 지향하는 바와 큰 차이가 있다.

  (4라)의 "연구방법"에서는 이전의 연구가 독단적이라는 비판을 거울로
삼아 충분한 자료의 수집을 바탕으로 법칙을 귀납하는 과학적 연구방법
을 써야 하며 현대의 모든 학술적 지식을 응용해야 한다고 하였다. 현대
의 학술적 지식이란 언어학, 음성학, 심리학, 문학, 사학, 고고학, 인류학
등의 제반과학을 뜻하는 것으로 국어학 연구의 보조과학의 지위를 차지
한다고 하였다. 이러한 정렬모의 태도는 오늘날의 국어학의 연구방법에서
말하는 국어학과 인접학문의 관계와 거리가 조금도 멀지 않다. 언어학을
국어학의 인접학문이라고 하는 것은 국어학과 언어학을 구별하여 생각하
는 당시의 일반적인 흐름을 반영한 것이다. 국어학 자체가 개별언어학이
라는 사실을 감안하면 언어학을 굳이 국어학의 보조과학이라고 보아야
할 당위성을 상실한다. 이어 정렬모는 국어연구에는 역사적 연구와 비교
적 연구의 두 분야가 있다고 하였다. 전자는 국어의 역사를 다루는 통시
국어학, 곧 국어사를 가리킨다. 그는 방언의 분열·발달도 국어사의 영역
으로 간주하고 있는데 이 역시 방언연구를 국어사연구의 한 방법으로 간
주하던 당시의 흐름을 반영한 태도라고 하겠다. 후자는 국어와 이웃하고
있는 언어와의 비교를 통하여 국어의 계통을 밝히는 비교방법을 뜻한다.
정렬모는 역사적 연구와 비교적 연구의 두 방면의 관찰을 통하여 언어연
구가 비로소 충분한 효과를 거둘 수 있다고 보았다. 방언은 그 자체가 독
자적인 실체를 이루고 있는데 이를 단순히 국어사연구의 방편으로만 간
주하는 것은 현대적인 눈으로 볼 때 문제가 없지 않다. 이런 점만 제외하
면 정렬모의 국어연구의 방법은 과히 과녁을 벗어났다고 하기가 어렵다.

  (4마)의 "국어학의 응용적 방면"에서는 국어학이 다른 과학의 보조를
받는 것과 마찬가지로 국어학도 다른 과학에 대하여 유력한 연구자료를
제공한다고 말하고 그 예로 국어교육을 들었다. 한편 국어의 통일, 표준어
의 제정, 방언의 교정, 국어·국자에 대한 문제의 해결을 위하여도 국어학

에 관한 지식이 필수적이라고 하였다. 이러한 점 역시 현대적인 눈으로 볼 때 조금도 나무랄 데 없는 국어학의 다른 과학에 대한 공헌이라고 할 수 있다.

(3다)~(3바)는 다음과 같은 내용을 담고 있다.

　　(5) 가. 言語란 무엇인가
　　　　　나. 言語의 習得
　　　　　다. 言語의 社會的 特質
　　　　　라. 言語와 文字와의 關係
　　　　　마. 우리말에 대한 漢字와 正音

　(5가)에서는 언어를, 사상을 표시하는 음성적 기호로 정의하였다. 새나 짐승도 소리를 통하여 생각을 교환할 수 있지마는 사람의 음성과 같이 분해·종합의 성격을 띠지 않았으므로 언어로 볼 수 없으며 사람의 말소리라 하더라도 본능적으로 내는 소리는 또박또박 떨어지는 특징이 없으므로 언어라고 할 수 없다고 하였다. 언어의 분해·종합적 성격은 언어가 논리적 사고작용과 밀접한 관련을 맺고 있음을 뜻한다. 논리적 사고작용이란 언어기호에 일정한 의미가 결부되어 있다는 것으로 이해된다.

　(5나)에서는 언어사용의 능력이 태어날 때부터 갖추어지는 것으로 보았다. 이는 조선에서 태어난 사람은 조선말만 할 줄 아는 천성을 타고났다는 뜻이 아니고 태어난 언어환경에 따라 주어진 언어를 사용할 수 있는 능력을 지니고 있다는 뜻이라고 주석을 붙였다. 다시 말하면 언어를 사용하는 능력은 선천적으로 타고났으나 그것을 배우는 것은 출생 뒤의 일이라는 것이다. 이러한 견해는 현대의 생성문법가들의 이론적 바탕이 되는 생득적인 언어습득이론과 맥을 같이 한다. 한편 정렬모는 언어와 음성의 관계는 전연 임의적이라는 사실을 구체적인 예를 들어 실증하였다. 의성어는 어원적으로 생각하면 언어와 음성 사이에 필연적 관계가 성립된다고도 할 수 있으나 이 역시 임의적 선택의 결과라고 보고 있다. 언어기호의 자의성에 관한 이러한 견해는 소쉬르로부터 비롯되는 것으로 알려져

있는데 정렬모는 벌써 이러한 일반언어학적 사고를 우리나라에 소개한 것이다. 언어기호가 자의적 성격을 띠고 있기는 하지만 한번 그러한 관계가 맺어지면 쉽게 변할 수 없다는 점도 지적하고 있다. 음성과 사상 사이의 필연적 관계는 뒤의 방비니스트(E.Benveniste)에서 체계화된다. 정열모는 우리가 언어를 습득함과 함께 사고하는 법도 배우게 된다는 사실을 특히 주목하고 있다.6) 이는 언어가 사고의 중요한 수단이라는 한 경향을 대변한다.

(5다)에서는 사회의 발전과 더불어 언어도 변천한다는 사실을 언급하였다. 한 나라 국민의 특성이 영속적이면서 변하는 측면이 있듯이 그것의 반영인 국어도 영속적이면서 변하는 측면이 있다고 하면서 그 예로 의미의 변천, 새말의 창조, 외래어의 채용을 예로 들었다. 이런 경우 항상 기존의 국어를 바탕으로 새것을 만들고 국어화하는 과정을 밟게 되니 국어에는 언제든지 국어 나름의 특징이 보존된다고 보았다. 국어는 고정불변적인 측면과 유동가변적인 측면을 동시에 지니고 있다고 보는 것이다. 이러한 사고는 일제치하에서 민족문화를 지키겠다는 공리적인 언어관에서 비롯된 것이지마는 실증적인 바탕 위에 서 있다는 점에서 긍정적으로 수용할 수 있다.7) 언어현상의 변천은 자연스럽게 일어나는 것이지 어느 개인의 의사나 인력으로 좌우할 수 없다는 점을 언급하고 있는데 그의 스승이었던 주시경이 인위적인 언어개혁을 강력히 주장하였던 태도와는 매우 대조적이다.

(5라,마)에서는 언어와 문자와의 관계를 설명하였다. 원래는 앞의 (5다)에 이어 "세계의 언어와 조선어"라는 제목의 글을 쓰기로 하였으나 최현배가 이미 "언어학상으로 본 조선어"를 이미 1권 3호에 썼기 때문에 중복을 피한다는 뜻에서 이를 생략하고 언어와 문자의 문제를 다루게 되었다

---

6) 정렬모는 계속하여 조선말의 특성을 집필하였으나 검열과정에서 삭제당하였다.
7) 일제치하의 우리 어학자들의 공리적 언어관에 대하여는 다음을 보라.
　　고영근, "공리적 언어관의 형성 발전과 훔볼트 언어관의 수용양상", 「국어학논문집」, 강신항 교수회갑기념, 태학사.
　　이 부분에서도 원문의 일부가 검열과정에서 삭제되었다.

고 하였다. 먼저 정렬모는 문자에 기대어 과거의 문화를 물려받고 이를 매개로 창조된 문화는 미래로 이어진다고 전제한 다음, 문자발달의 역사를 살펴보고 대부분의 문자는 다른 문자를 자신의 언어체계에 맞게 부분적으로 개조하여 사용하고 있으나 우리의 정음은 그렇지 않다고 하면서 한자와 정음과의 관계를 논의하였다. 단음절어인 중국어를 적기 위하여 만들어진 한자가 우리말의 표기에 맞지 않음을 느껴 정음을 만들어 내었다고 한글창제의 동기를 설명하였다.

(3사)는 다음과 같은 내용으로 구성되어 있다.

⑹ 가. 國語란 무엇인가
　　나. 文語와 口語

제목과는 달리 방언에 관한 문제는 다루지 않았다. 동인지 「한글」이 더 나오지 않게 되자 연재가 중단된 것이 아닌가 한다.

(6가)는 국어에 대한 개념규정을 시도하고 있다. 국어를 막연히 그 나라 안에서 쓰이는 말이라든지 한 국가의 판도 안에서 쓰이는 말이라 규정할 수 있지마는 서양의 경우는 한 나라 안에 두 개의 국어를 허용하는 일이 있고 영어는 영국 전 영토의 공용어임을 들어 개념규정이 어렵다고 하였다. 그러나 이곳에서는 우리말이 국어가 될 수 있는가 하는 문제는 다루어져 있지 않다.[8]

(6나)에서는 문어와 구어의 구별을 시도하고 있다. 문어는 문장에 쓰이는 말이고 구어는 일상담화에 쓰이는 말로서 양자가 일치되는 경우는 극히 드물다고 하였다. 구어가 일단 문자로 적혀지면 안주할 자리를 얻게 되니 변화해 마지 않는 구어와 차이가 생긴다고 하였다. 이어 정렬모는 「、」 아래 아자를 예를 들어 문자와 표기법의 보수성을 실증하였다. 이리하여 그는 문어는 옛말의 표현법이요 구어는 후대의 표현법으로 규정하기도 한다. 말이 처음 문자로 기록되었을 때에는 문어와 구어의 차이가

---

[8] 이곳에도 검열과정에서 삭제된 부분이 보인다. 이 부분에 우리말에 관한 언급이 있었을 가능성이 많다.

없었는데 시대가 내려옴에 따라 차이가 생겼으며, 문학의 발달은 양자의 틈을 더 벌려 놓는다고 하였다. 우리 조선에는 구어와 차별이 심하였던 문어가 물러나고 대신 현대의 구어를 바탕으로 한 새로운 문어가 세력을 얻었다고 하였다. 이는 김동인 이후에 이루어진 언문일치의 문장체를 두고 하는 말인 것 같다. 정렬모의 문어와 구어에 대한 정체 파악은 그 뒤 오래 동안 이 문제가 논의되지 않았던 사실과 대비해 볼 때 선구적인 일면을 인정하지 않을 수 없다고 생각된다.9)

이상과 같이 필자는 정렬모의 미완성 「국어학개론」을 검토하였다. 이글은 정렬모 자신이 밝힌 바와 같이10) 그의 은사인 안도(安藤正次)의 「小さい 國語學」(東京, 廣文堂書店, 1924)을 참조하여 썼다. 먼저 이 책의 목차를 보면 다음과 같다. 전부 6장으로 구성되어 있다.11)

> (7) 가. 제1장 서설
>   1) 국어학의 성질, 2) 연구의 부문, 3) 연구의 방법, 4) 국어학의 응
>   용적 방면
>   나. 제2장 언어와 문자
>   1) 언어란 무엇인가, 2) 언어의 습득, 3) 언어의 사회적 특질, 4) 세
>   계의 언어와 일본어, 5) 언어와 문자와의 관계, 6) 우리나라에
>   있어서 한자와 가나(假名)...
>   다. 제3장 국어와 방언
>   1) 국어란 무엇인가, 2) 문어와 구어, 3) 국어의 시대적 구분,
>   4) 표준어와 방언, 5) 방언의 지방적 구획
>   라. 제4장 국어의 음운

---

9) 구어와 문어에 대한 전반적인 논의는 아래의 글을 보라.
  장소원, "문법연구와 문어체", 「한국학보」 43(일지사), 1986.
10) 동인지 「한글」 1권 3호에 기대면(3쪽) 자신의 와세다대학시절의 은사였던 안도씨의 의견을 참조하였다고 하는데 정렬모가 귀국한 1926년 이전에 나온 안도의 저술은 앞에서 든 책밖에 없고 또 내용이 일치하는 곳이 많으므로 이 책을 대본으로 삼은 것으로 추정하였다. 정렬모의 일본유학에 대하여는 아래의 글을 보라.
  김민수, "정렬모 - 국어학사의 재조명", 「주시경학보」 4, 1989.
11) 편의상 우리말로 바꾸어 소개한다.

　　마. 제5장 국어의 語詞
　　바. 제6장 국어학의 발달(國語學史要)

　(7)을 앞의 (3)～(6)에서 보인 정렬모의 국어학 체계와 비교하면 목차
는 물론 내용에 있어서도 일본어에 관한 언어사실을 우리 것으로 바꾼 것
밖에는 거의 일치한다. 안도의 국어학 체계와 비교하면 정렬모는 (7다 2)
까지만 집필하고 나머지는 완결하지 못하였음을 확인할 수 있다. 정렬모
는 주시경의 제자이면서 용어는 한자어를 썼으며 주시경이나 안확에서
나타나던 관념적인 언어관을 실제의 국어사실을 통하여 실증하는 태도를
견지하고 있었다는 차이점을 지적할 수 있다. 정렬모는 같은 「한글」 동인
지에 "朝鮮語文法論"을 국어학개론과 함께 6회에 걸쳐 연재하였는데[12]
이곳에서도 같은 태도를 취하고 있다. 우리나라에 일본을 통한 서양언어
학의 이론과 방법이 도입된 것은 안확부터라고 할 수 있으나 극히 소묘적
이어서 구체적으로 누구로부터 무엇을 어떻게 받아들였는지 명백하지 않
았는데 정렬모에 이르러서는 일본유학을 통하여 당시의 이름 있는 일본
의 국어학자 안도로부터 가르침을 받으면서 현대언어학의 이론과 방법을
받아들여 우리말에 적용함으로써 국어학체계를 세웠다는 점에서 학사상
의 가치를 새로이 평가할 필요가 있어 보인다. 그러나 완결된 체계를 제
시하지 못했다는 약점을 지니고 있음도 또한 부인할 수 없다.

4. 이희승의 국어학 체계

　정렬모의 국어학 체계의 탐색적 구성에 이어 국어학체계를 완성한 것
은 이희승의 "조선어학의 방법론서설"(1938～1939)이다. 이희승은 경성제
국대학 조선어문학과에서 정식으로 언어학과 국어학을 수학하여 국어음
운사에 관련된 졸업논문을 써서 우리나라 최초의 국어학 학사의 칭호를

---

12) 정렬모의 「조선어문법론」에 대하여는 김민수 위의 글을 보라.

받은 사람으로서 이전의 누구보다도 학문적 기초를 튼튼하게 쌓았다.13) 그의 국어학체계를 앞의 글을 통하여 살펴보기로 한다. 그 목차는 다음과 같다.

    (8) 가. 머리말
        나. 言語學
        다. 言語의 定義
        라. 音聲의 研究 1) 音聲學, 2) 音韻論,
        마. 語義의 研究 1) 意義學, 2) 語原學, 3) 語彙學
        바. 語態의 研究
        사. 語法의 研究
        아. 結論

(8)은 총론에 해당하는 (가)-(다), 각론에 해당하는 (라)-(사), 그리고 전체를 휘갑하는 (아)의 세 부문으로 나눌 수 있다.

  (8가)에서는 언어학의 발달은 특수언어학과 일반언어학에 기대어서 이루어진다고 보고 나라 안팎의 언어연구서적을 참고하여 조선어의 연구방법론을 제창한다고 하였다. (8나)에서는 언어학은 언어의 본질, 언어의 구성, 언어의 기원, 언어의 발달 변천의 상황과 법칙, 언어분열의 원인, 언어의 내용과 외형, 세계의 언어와 분포, 기타 언어에 관한 일체의 현상을 관찰 연구하는 체계적 논술이어야 한다고 말하고 이 언어학을 통하여 언어 전체에 공통되는 일반적 법칙과 특수언어에서 발견되는 부분적 법칙을 밝힐 수 있다고 하였다. (8다)에서는 언어를 유의적인 표출운동의 일종으로서 분절된 음성을 사용한다고 하였다. 같은 표출운동이라고 하더라도 무의적 표출운동은 언어로 보지 않고 음성을 동반한 유의적 표출운동만이 언어가 될 수 있다고 하였다. 언어는 외부적으로는 분절된 음성이 있고 내부적으로는 의미가 있다고 하면서 양자의 결합은 필연적이 아니고

---

13) 이희승의 국어학사상의 위치에 대하여는 다음을 보라.
    고영근, "일석선생의 국어학연구", 「어문연구」 46·47(합병호), 1985.

사회적 습관 속에서 고정화된 것으로 보았다. 언어의 형식과 의미의 관계를 표출의 유의성과 음성분절의 관점에서 유기적으로 관련시켰다는 점에서 정렬모에 비하여 한 걸음 앞선 면을 열었다고 할 수 있다.

(8라)는 음성학과 음운론의 연구대상을 밝히었다. 음성에는 구체적 음성과 추상적 음성이 있는데 전자는 음성학의 연구대상이고 후자는 음운론의 연구대상이라고 하였다. 나아가 인공구개, 선면경(旋面鏡), 카이모그래프, 오실로그래프 등을 이용하는 실험음성학은 음성연구의 최신 경향이라는 사실도 언급하였다. 앞의 정렬모는 음성과 음운을 "음운"이라는 말로 뭉뚱그려 통시적 사실까지 연구대상으로 삼았음에 대하여 이희승은 음성과 음운을 구별하여 그 영역을 분명히 밝히었다. 이는 이희승이 당시의 음운론 연구에 있어 세력을 떨치고 있었던 프라그학파의 영향을 적지 않게 받았던 것 같다.

(8마)는 어의연구의 대상으로 의의학, 어원학, 어휘학의 세 분야를 두었다. 의의학은 어의의 변천을 다루는 통시어휘론에 주로 국한시켰다. 어원학은 의의와 음성은 물론, 언어 전체로서의 기원과 유래를 탐구하는 학문으로 잡고 특히 민간어원설을 경계하였다. 어원학의 내포가 다소 넓다는 느낌이 없지 않지만 어원연구에 대한 과학적 방법론이 서 있지 않은 당시의 사정을 고려할 때 어원연구의 대상과 방법론을 제시하였다는 것은 크게 눈길을 모은다. 어휘학은 어의의 횡적 관계를 다루는 것으로 공시어휘론을 뜻한다. 이희승은 어휘에는 문화가 잘 반영되어 있으므로 어휘학을 통하여 정신사적 변천과 한 사회의 문화의 원류, 민족의 이동을 밝힐 수 있다고 하였다. 개화기나 식민지시대의 어학자들의 추상적이고 관념적인 공리적 언어관을 구체적인 언어자료를 통하여 실증할 수 있는 길을 텄다는 점에서 앞의 정렬모의 태도와 함께 높이 평가를 받을 만하다. (8바)의 어태론은 언어의 구조, 양식 등 그 조직에 관한 내력과 이유를 고찰하는 학문으로 총칭하고 있는데 주격조사의 발달의 원인을 예로 들고 있는 것으로 보아 주로 문법사에 관련되는 사항을 다루는 분야인 것 같으나 그 정체를 분명히 잡기가 어렵다. (8)사의 어법론은 단순한 문법연구가 아니고 어떤 언어단체에서 관습상으로 행하여지는 일체의 법칙을 밝히는 것

을 목표로 한다. 국어에 대한 범시론적 연구라 해석된다.

(8아)의 결론에서는 앞에서 든 음성, 어휘, 어태, 어법의 네 분야를 통시적·공시적·비교적·보조적 방면에 걸쳐서 연구할 수 있다는 점을 들었다.14) 통시적 연구는 언어발달사를, 공시적 연구는 방언연구와 언어지리학, 비교적 연구는 비교언어학, 보조적 연구는 보조과학을 뜻한다. 끝으로 이희승은 언어연구의 방법론을 다음과 같이 간추렸다.

> (9) 대개 과학적 연구라는 것은 개개의 사실을 조사·음미하는 것으로부터 전체에 대한 완전한 체계적 지식에 도달하지 않으면 안된다...개개의 사실을 비교하여 그 사이에 공통되는 점과 차이되는 점을 발견하는 것이 가장 중요하다. 언어의 연구도 이와 같은 방식으로 나아가서 그 최고 이론이라든지 근본원리를 세우고 이 원리를 기본으로 하여 종합적으로 전체의 체계를 조직하지 않으면 안되리라 생각한다.
>
> (현대역)

개화기 이래의 국어연구가 대부분 관념적·연역적 성격을 띠고 있었다는 점과 비교해 볼 때 이희승의 실증적 귀납적 연구방법의 제안은 당시 침체상태에서 벗어나지 못하던 우리말 연구의 분위기를 새로이 할 수 있는 이유가 되기에 충분해 보인다. 앞의 정렬모에서도 이런 태도를 볼 수 있었으나 일관된 흐름 위에 서지 못하였는데 이희승은 당시까지의 언어학의 연구성과에 기대어 국어학의 체계를 다시 세우고 구체적인 연구방법론까지 제시함으로써 과학으로서의 국어학이 올바른 자리를 차지할 수 있도록 하였다. 이 글은 해방 뒤에 나온 국어학개설류, 이를테면 김형규의 「國語學槪論」(1949), 이진모의 「國語學槪論」(1953), 이숭녕의 "朝鮮語學槪說"(1947, 1948), 이숭녕의 「國語學槪說」(1953), 김민수의 「新國語學」(1964)는 모두 이희승의 국어학체계와 방법론의 구축에서 직접·간접으

---

14) 이희승의 이러한 국어학 체계가 구체적으로 어떤 사람으로부터 영향을 받아 이루어졌는지는 아직 밝힐 수 없다. 특히 어태와 어법에 대한 개념은 궁금한 점이 많다. 뒷날을 기다린다.

로 영향을 받아 이루어진 것으로 보인다. 특히 이희승의 「國語學槪說」 (1955)는 앞의 글을 뼈대로 삼아 그의 국어학체계를 완성하였다는 점에서 새로운 가치를 부여할 수 있으리라 믿는다.

5. 마무리

필자는 지금까지 안확으로부터 비롯하여 정렬모를 거쳐 이희승에 이르 기까지 주로 식민지 시대에 이루어진 국어학총설류의 업적을 중심으로 국어학 체계가 어떠한 과정을 밟아 형성되어 왔는가 하는 문제를 검토하 여 보았다. 논의된 바를 간추림으로써 내용을 휘갑할까 한다.

1. 국어학 총서류의 업적으로서 처음 나온 것은 안확의 「조선어원론」 (1922) 이다. 이 업적은 전통적인 국어연구의 업적이 날이 되고 메이지(明治) 년간의 일본의 언어학 및 국어학업적에서 씨로 삼아 언어학의 지식을 흡수한 것으로 보이나 구체적인 영향관계를 밝히기가 어렵다. 주체적인 관점에서 국어의 여러 문제를 해결하려는 노력이 엿보이나 반면 관념적 이고 국수주의적인 면이 강하여 실증성이 결여되어 있다는 인상을 떨쳐 버릴 수 없다.

2. 안확에 이어 국어학체계를 정식으로 구성하고 노력한 것은 정렬모의 「조 선어학개요」(1927~1928)이다. 그는 일본유학에서 직접 배운 안도(安藤 正次)의 국어학체계를 우리말에 적용하여 최초로 국어학체계를 얽어 내 려고 하였으나 끝내지 못하였다. 그는 국어학의 성질, 연구부문, 연구방 법, 응용적 측면과 같은 총론적인 지식체계로부터 비롯하여 언어습득, 언어와 문자와의 관계, 문어와 구어를 다루었다. 언어 습득에서는 생득 설을 전개하였다. 그는 주시경이나 안확에서 볼 수 있었던 비실용적이 며 국수주의적 관념적인 연구태도를 벗어나 실증과학적인 방법으로 국 어학을 건설하고자 하였다. 특히 일제치하임에도 불구하고 "조선어" 대 신 "국어"와 "국어학"이란 말을 씀으로써 은연중 민족주체적인 학문연

구의 태도를 견지하고 있었다. 이런 사정과 관련하여 그의 글은 더러 삭제의 비운을 겪기도 하였다.

3. 국어학의 지식체계와 연구방법론은 이희승의 "조선어학의 방법론서설"(1938)에 와서야 올바른 자리를 차지한다. 이희승은 특수언어학과 개별언어학의 관계를 분명히 한 바탕 위에서 국어학의 지식체계를 음성, 어의, 어태, 어법의 4개 분야에 걸쳐 설정하되 다시 통시, 공시, 비교, 보조의 관점에서 여러 영역으로 세분하였다. 이전의 국어연구에서 더러 보였던 관념적 국수적 태도를 벗어나 귀납적 방법으로 국어자료를 분석하여 기본원리를 세우고 이를 종합하여 전체의 체계를 조직해야 한다는 방법론을 제시하였다. 이후의 모든 국어학개설류는 이 업적을 발판으로 삼아 이루어졌다.

국어학체계의 구성에 있어 많은 지식체계가 일본을 통한 서양언어학의 영향을 크게 입었다는 것은 숨길 수 없는 사실이다. 그러나 그 가운데는 앞의 이희승과 같이 서양의 언어학 관계의 책을 직접 읽고 이론과 방법론을 습득하는 일이 시대가 내려 올수록 늘어났다. 1930년대에 유응호는 직접 유럽 언어학을 수용하는 임무를 짊어지고 있었으며 해방후에도 언어학 지식체계를 이땅에 소개하는 일을 게을리하지 않았다.15) 이숭녕은 유럽언어학의 지식을 바닥에 깔고 국어의 역사적 연구에 크게 기여하였음은 널리 알려져 있다. 뒤에 이희승의 「국어학개설」이나 김민수의 「신국어학」과 같은 체재를 갖춘 국어학개설류가 나타난 것도 우리 선학들의 끊임없는 언어학 지식의 수용과 우리말에 바탕을 둔 체계확립의 덕택이라고 생각된다.

---

15) 유응호의 유럽언어학의 수용에 관한 사정은 다음을 보라.
　　고영근, "1930년대의 유럽언어학의 수용양상", <이혜숙교수정년기념논문집>, 한신문화사, 1989(본서 248쪽)

평가논저 목록

安　廓(1915), “朝鮮語의 價値”, 「學之光」3.

______(1922), “朝鮮語原論”, 「朝鮮文學史」, 韓一書店.

鄭烈模(1927), “朝鮮語硏究의 正體는 무엇?”, 「한글」(동인지) 1-2.

______(1927),　같음　　　　　　　　　　같은책 1-3.

______(1927), “言語와 文字”　　　　　같은책 1-4.

______(1927),　같음　　　　　　　　　　같은책 1-5.

______(1927),　같음　　　　　　　　　　같은책 1-6.

______(1927),　같음　　　　　　　　　　같은책 1-7.

______(1928), “國語와 方言”　　　　　같은책 2-1.

이희승(1938), “朝鮮語學의 方法論序說”, 동아일보 6092~6097, 「한글」 7~9(10월호).

제2장
남북한 국어학 연구의 성과와 전망*

1. 들어가기

　한반도가 남북으로 갈라진 지 올해로 반세기가 되었다. 그 사이 남북의 우리 민족은 이념의 차이로 말미암아 사고방식으로부터 생활·습속에 이르기까지 상당한 변모를 겪었으며 우리의 학문 역시 이념의 차이는 물론 서로 정보를 교환하지 않은 탓으로 뛰어넘기 어려운 장벽을 쌓아 왔다. 그 가운데서도 우리 민족을 대외적으로 가장 확실하게 드러낼 수 있는 문자와 언어 방면의 이질화는 매우 심각하며 그에 대한 연구방법론 또한 다른 점이 많아 우리 학문의 어떤 분야보다도 이질성을 드러내 왔다. 이곳에서는 어문규범에 관련된 문제를 제외한, 양쪽의 국어학 연구의 성과를 훑어 보고 쟁점이 되는 문제를 중심으로 통일시대를 맞아 우리의 국어학이 걸어나가야 할 길이 무엇인지 짚어 보기로 한다.

---

*　이 글은 제38차 국어국문학 전국대회(1995)의 공동주제인 "남북한 국어국문학연구의 성과와 전망"에서 발표한 원고(「국어국문학」 115호, 1995에 실림)를 그 이후의 자료를 참고로 하여 보완한 것이다.

2. 남북한 국어학 연구의 어제와 오늘

2.1. 남한 국어학의 흐름과 움직임

남쪽의 국어학은 옛 경성제국대학의 조선어문학과의 문헌적·실증적 학풍과 조선어학회의 관념적·실천적 학풍을 물려받아 형성되었다. 국어학 연구자들은 대학의 "국어국문학과"에서 후진들을 가르치며 연구에 종사하였으며 기존의 학술단체인 조선어학회, 진단학회의 기관지를 통하여 연구결과를 발표하였고 우리어문학회를 결성하여 새로운 발표무대를 마련하기도 하였다. 광복후 몇년 동안은 일제시대의 관습을 이어받아 국어학을 "조선어학"이라고 불렀으나 대한민국이 수립됨에 따라 "국어학"으로 고쳐 부르기 시작하였으며, 일반언어학은 "언어학"이라는 이름으로 불려졌다. 이 당시는 학문으로서의 "국어학"과 "국문학"이 성립되어 있기는 하였어도 발표무대는 단일하였다. 어학 전문지인 「한글」만 하여도 그 가운데는 어학뿐만 아니라 문학에 관련된 논문이 실려 있었다. 이점은 한국전쟁중 부산에서 창립된 국어국문학회의 기관지 「국어국문학」도 마찬가지였다. 이러한 전통은 지금까지 지켜져 오고 있으며 어학과 문학의 국제적인 통합화 경향을 고려할 때 앞으로도 견지되어야 하리라고 믿는다.

국어학이 독자적인 발표무대를 마련한 것은 1959년의 국어학회의 창립으로부터 비롯된다[1]. 국어국문학회도 국어학 분과를 두고 있어 국어학의 발표무대가 마련되지 않은 것은 아니나 국어학회의 창립은 국어학자만의 모임이란 점에서 이전과는 다른 역사적 의의를 줄 수 있다. 국어학회의 창립이 계기가 되어 남쪽의 국어학은 각종 관련학술단체나 대학의 연구기관을 중심으로 발전을 거듭하여 왔으며 지금은 한국언어학회, 음운론연구회, 생성문법연구회, 텍스트연구회, 담화인지문법연구회 등의 크고 작은 모임이 생겨 국어학의 발전을 위한 이론적 토대를 구축하고 있으며 국어

---

1) 국어학회의 걸어온 발자취에 대하여는 국어학회에서 펴낸 「國語學會 四十年誌」(1959~ 1999)(태학사, 1999)를 보라.

학과 직접 관련되는 작은 학회로는 문법연구회, 국어사연구회, 구결연구회 등이 태어나서 국어학의 발전에 이바지해 오고 있다.

남쪽은 처음에는 교과서의 형태에서 벗어나지 못하였지만 서양의 전통문법을 뼈대로 삼아 현대문법구조에 대한 안목을 길러 왔으며,[2] 음운사 연구에 있어서는 유럽의 역사·비교언어학의 지식체계가 큰 영향을 미쳤다.[3] 1950년대 후반부터는 유럽의 구조언어학과 미국의 기술언어학을 받아들여 국어의 음운구조와 형태구조를 밝히는 데 많은 성과를 거두었다. 이러한 과정에서 기술언어학의 중요개념의 하나인 "어소(語素)"(흔히 형태소)를 주시경의 "늣씨"에 접목시킨 것은 우리의 전통적인 언어연구의 우수성을 대외적으로 선양하는 한 계기가 되었다.[4]

한편 1960년대 중반부터는 변형생성문법이 이땅에 발을 들여 놓으면서 통사론 연구가 성황을 이루어 왔다. 전통문법과는 달리 한 문장의 구조를 복합적으로 분석하고 문장이나 그 구성요소들의 의미를 어떻게 해석할 것인가 하는 문제가 심각하게 논의되었다. 이러한 과정에서 주시경의 문법이론을 현대적인 관점에서 다시 평가하는 기운이 일어나 맹목적인 외래이론의 수용에 경종을 울리기도 하였다.[5] 특히 1970년대를 넘어서면서부터는 문장의 테두리를 뛰어넘어야만 풀릴 수 있는 문법현상에 눈을 돌리면서 "이야기"(흔히 텍스트 또는 담화) 단위를 세움에 따라 텍스트/담화 문법연구가 성황을 이루어 왔고 지금은 이러한 경향이 국어학을 이론적으로 선도하는 듯한 느낌을 주고 있으며, 이에 힘입어서 국문학과의 접촉지점을 찾아 두 학문을 통합하려는 기운이 서서히 고개를 들고 있다.[6] 이러한 연구방법론이 자리를 잡기까지에는 주시경, 박승빈 등의 선학들의 선구적 업적이 큰 디딤돌이 되었음은 물론이다.

---

2) 국어문법연구가 서양의 전통문법으로부터 받은 영향관계에 대하여는 고영근(1983)과 고영근(2001)을 보라. 이 글의 많은 부분은 전자에서 가져왔다. 후자에는 서양인, 남북한을 비롯한 한국인, 소련과 중국 지역의 재외교민의 우리말 연구도 함께 서술하였다.

3) 이 방면의 정보에 대하여는 고영근(1989) 및 본서 257쪽을 보라.

4) 김민수(1977/1986 : 98~121)을 보라.

5) 대표적으로 고영근(1982/1983 : 268~310)을 보라.

6) 고영근(1999 : 55~63)에 그 사이의 성과가 집약되어 있다.

구조언어학과 생성언어학의 그늘 밑에서 한 동안 현대국어를 중심으로 성황을 이루던 국어학도 1970년대 후반부터는 중세어 방면으로 시야를 넓혀 나갔으며 특히 문헌학적 연구가 깊이를 더해 감에 따라 중세어에 대한 안목도 그전과는 달라진 것이 적지 않다.7) 1980년대에 들어서면서부터는 새로운 자료의 발견으로 한 동안 소강(小康) 상태에 머물러 있던 고대어 연구가 활기를 띠게 되었다.8) 최근에 와서는 그 사이 국어학의 외곽지대나 다름없었던 근대국어가 건실한 문헌학적인 연구에 힘입어서 젊은 학도들의 관심을 끌고 있다.9) 방언연구 또한 그 성과가 만만치 않다. 지역적 요인 밖에 사회적 요인을 고려함에 따라 종전의 방언연구에서는 주목되지 않았던 문제들이 드러나기 시작하였으며 방언분화를 언어지리학적으로 고찰하려는 기운이 성숙되고 있다.10)

새로운 자료의 발굴과 정리로 개화기 이후의 우리의 언어정책사가 제 모습을 드러내는가 하면,11) 북방정책의 추진으로 그 사이 금기시되어 왔던 북한의 어문문제에 대한 연구가 활기를 띠게 됨에 따라 언어정책론이 국어사회학의 한 분과로서 자리를 잡아 가고 있다.12) 특히 1991년에 국립국어연구원이 정식으로 발족됨에 따라 우리나라도 북한이나 다른 나라와 같이 어문정책을 국가적인 차원에서 연구하고 통제할 수 있는 요건을 갖추게 되었다.13) 역대한국문법연구자료14)를 집성함에 따라 음성과 문법,

---

7) 대표적으로 안병희(1992)가 국어자료에 대한 문헌학적 연구의 집성이다.
8) 고대국어연구에 대하여는 「구결연구」에 실린 일련의 논문과 남풍현(1999, 2000), 국립국어연구원(1998)을 통하여 중요 정보를 얻을 수 있다.
9) 대표적으로 홍윤표(1993)을 들 수 있다.
10) 대표적으로 이익섭(1981), 최명옥(1998)을 들 수 있다.
11) 김민수(1977/1986), 권재선(1987), 고영근(1994, 1995, 1998) 등이 그러한 결실이다.
12) 북한의 언어연구에 대하여는 그 사이 많은 업적을 쌓아 왔다. 대표적으로 김민수(1989), 김민수(편)(1991), 고영근(1994, 1999) 등에 그 사이의 업적이 집성되어 있다. 최근 연변에서 편찬하고 한국에서 출판된 이득춘 밖에(2001)에는 가나다 순서에 따른 어학자들의 논저목록(집체작과 외국인 포함)과 1940년대로부터 2000년까지의 연대별 논저목록이 정리되어 있어 북한 국어학의 어제와 오늘을 짚어 보는 데 많은 도움을 준다. 그리고 이득춘(편)(2001)은 북한의 대표적 어학자인 김영황의 논문집인데 국어사에 관련된 논문이 집성되어 있다.

언어정책에 관련된 연구가 깊이를 더하게 되었으며 이와 함께 근대국어
학사를 체계적으로 엮을 수 있는 바탕이 마련되기도 하였다.15) 최근에는
국어자료를 전산처리하는 전산국어학이 성립되어 정보사회에 부응하는
새로운 국어학이 제 자리를 잡아갈 날도 멀지 않은 것 같다.16)

남한의 국어학은 「국어학」, 「한글」 등의 전통적인 학회의 기관지와 그
밖에 대학의 어문연구 관련기관과 학과의 전문지를 통하여 국어학의 영
역을 넓혀 가면서 깊이를 더하는 방향의 연구를 수행하고 있다. 우리 선
인들이 쌓아 올린 국어학의 유산을 성실하게 계승하는 태도를 지니되 직
접적으로나 또는 일반언어학도와 개별언어학도들이 제공하는 나라 밖의
언어연구에 대한 지식체계를 선별적으로 수용하면서 우리말의 구조를 중
시하는 방면의 이론 개발에 많은 노력을 기울이고 있다. 이러한 점은 새
로운 시대적 요청에 부응하는 문법모형을 세우고 이를 토대로 하여 우리
말의 모든 변종을 한 그릇에 담아 총체서술하려는 기운이 일어나고 있다
는 데서도 확인할 수 있다.17) 벌써 현대문법 분야에서는 그러한 한 성과
가 우리 앞에 얼굴을 내밀었으며,18) 앞으로 이런 종류의 업적이 줄지어
나타날 것으로 보인다.

2.2. 북한 국어학의 흐름과 움직임

북한의 국어학은 1946년 민간단체로 닻을 올렸던 조선어문연구회가 모
태가 되어 건설되었다. 이 단체는 나중에 김일성대학으로 본부를 옮겨 북

---

13) 국립국어연구원의 발자취에 대하여는 국립국어연구원(편)(2000)을 보라.

14) 김민수, 하동호, 고영근이 1970년 중반부터 1980년대 중반까지 편찬한 「歷代韓國文法大系」
(1977~1986, 탑출판사)를 가리킨다.

15) 관련 업적은 김민수(1980), 고영근(1983, 1985, 2001)을 보라.

16) 국어정보학에 대하여는 서상규·한영균(1999)에 그 성과가 집성되어 있다. 특히 이 책의
[부록]에는 국내 국어정보학 관련 사이트와 중요 용어 등이 마련되어 있어 이 방면에 관
심을 가진 사람들에게 좋은 길잡이 역할을 하고 있다.

17) 대표적으로 고영근(1993가)에 총체서술의 모형이 제시되어 있다.

18) 대표적으로 서정수(1994), 허웅(1995, 2000)을 들 수 있다.

한의 어문문제 전반을 관장하였다. 북한 어학계는 주시경의 수제자인 김두봉과, 남쪽에서 올라간 이극로, 홍기문, 김수경, 김병제 등을 중심으로 남한의 조선어학회에 맞설 수 있도록 "조선어문연구회"를 강화하고 역시 「한글」에 맞서는 기관지 「조선어연구」를 1949년에 창간하였다.[19] 이를 계기로 하여 북한은 그들의 국호(國號)에 맞추어 우리의 국어학을 "조선어학"이라 불렀고 "한글"이란 이름도 점점 "조선문자"로 바꾸어 불렀다. 「조선어연구」의 성격 역시 남한의 「한글」과 비슷하였다. 문학관계의 논문이 실린 것이 그러하다. 조선어연구회는 1952년에 과학원이 창설됨에 따라 "조선어 및 조선문학연구소"로 개편되었다. 이를 계기로 하여 식견이 높은 어학자들은 과학원을 거점으로 연구를 수행하였다. 대학에서 교수와 연구를 병행하는 남한과는 대조적이다. 이는 공산권의 과학원의 체제를 그대로 본땄기 때문이다.

1956년에는 다시 언어문학연구소로 발전·강화되었으며 이와 함께 「조선어문」이 창간되었다. 이는 남한에서 1952년 국어국문학회가 창립되어 「국어국문학」이 창간되고 1956년에 「한글」이 복간된 점과 비교될 수 있다. 1961년에는 「조선어문」이 「조선어학」과 「조선문학」으로 분리·발간되었다. 이점 역시 남한에서 1959년에 창립된 국어학회가 1962년 기관지 「국어학」을 창간한 사실과 흐름을 같이한다. 뒤이어 1964년에는 언어문학연구소가 언어학연구소와 문학연구소로 나누어졌으며 같은 해 조선언어학회가 창립되었으나 특별한 활동이 보이지 않는다. 이는 사회과학원의 언어학연구소와 그 인적 구성이 완전히 중복된다는 데 까닭이 있다고 생각한다. 1966년에는 「조선어학」과 「조선문학」이 다시 통합되어 「어문연구」라는 기관지가 탄생되었다. 1968년부터는 주체언어학의 영향으로 「어문연구」가 폐간되고 문화어운동을 뒷받침하는 「문화어학습」이 창간되었으며 이 잡지는 1년에 4번씩 지금까지도 간행되고 있다.[20] 1986년에는 「조선

---

19) 최근(2000. 6)에 도서출판 역락에서 고영근의 해제를 붙여 「조선어연구」를 3책으로 분권하여 출판한 일이 있다.

20) 「문화어학습」은 1997-4(통권 191호)로 종간되고 1998년부터는 「조선어문」에 통합되어 간행되어 오고 있다. 「조선어문」을 보면 "문화어학습난"이 따로 마련되어 있기도 하고 그렇

어문」이 다시 얼굴을 내밀었다. 1967년에 폐간된 「어문연구」의 복간으로 보인다.

북한의 국어학은 철두철미 실용을 전제로 한다. 이는 언어가 혁명과 건설의 무기라는 유물론적 언어관의 영향을 받았기 때문이다. 북한의 국어학은 두 단계에 걸친 소련언어학의 수용과 주체언어이론을 배경으로 발전해 왔다.[21) 1950년까지는 언어가 토대 위의 상부구조라는 마르(Marr)의 언어이론을 부지런히 번역하여 우리말 연구의 이론적 기초로 삼았으며 주시경과 김두봉의 언어이론을 유물론적 관점에서 평가하여 언어정책의 뿌리로 삼았다. 그 결과로 나타난 것이 「조선어신철자법」(1948/1950)[22) 과 「조선어문법」(1949)이다. 1950년 중반에는 스탈린의 언어이론을 역시 큰 규모로 번역하여 시대적 요구에 부응하는 언어연구와 언어정책의 뿌리로 삼았다. 언어가 토대 위의 상부구조라는 마르의 이론을 비판하는, 1950년의 소련의 언어학대토론회 이후에 나온 언어학 관련 문헌을 번역하여 수용함으로써 문법과 어휘 중심의 조선어학의 체계를 다시 다듬었으며 특히 우리의 민족어가 19세기말부터 20세기초에 걸쳐 확립되었다는 공통된 견해를 수립하였다. 이러한 한 결실이 1960년대 초반에 나온 「조선어문법」과 「조선말사전」이다. 그러다가 1966년부터는 김일성의 두 차례에 걸친 담화가 계기가 되어 주체언어이론을 확립하였으며 이에 따라 어음, 문법, 어휘, 문체, 방언, 언어사, 어학사에 걸친 공동내지 개인의 업적들이 줄지어 나왔다. 그 가운데서도 문법과 사전편찬에 관련된 업적이 뚜렷한 봉우리를 이루었다고 말할 수 있다. 「현대조선어사전」, 「한자말사전」, 「조선어리론문법」, 「언어학사전」, 「조선말력사」가 대표적 업적으로 간주된다.

지 않은 것도 있다. 그 까닭을 모르지만 실용성을 지향하는 북한의 언어학이 성격을 같이 하는 두 종류의 책을 낼 필요가 없다고 생각하였을 가능성이 있고 아니면 이론과 실용을 통합하는 국제적 추세에 부응하는 조처로도 생각할 수 있다. 전자일 가능성이 많다.

21) 북한의 소련 언어이론의 수용 양상에 대하여는 고영근(1992/1994 : 3부 5장, 1999 : 2부 10장), 임홍빈(1994/1997 : 925~964)을 보라.

22) 「조선어신철자법」은 고영근(편), 「북한 및 재외교민의 철자법 집성」(도서출판 역락, 2000) 에 복원되어 실려 있다.

현재 북한은 「문화어학습」과 「조선어문」을 중심으로 국어연구의 성과를 발표하고 있으며 1980년대로 들어오면서부터는 개인의 이름으로 된 저술이 상당히 많이 보인다. 아직도 실용을 전제로 한 틀에서 크게 벗어나지 못하고 있지마는 개중에는 1950년대 후반기와 1960년대 전반기와 같이 구조 중심의 연구를 표방하는 경향이 눈에 띄고 있어 그 장래를 어느 정도 낙관할 수 있는 면이 없지 않은 것 같다.23) 북한도 남한과 함께 전산국어학의 구축을 위하여 많은 노력을 기울이고 있으며,24) 최근에 나온 「조선어문형개론」은 언어자료의 전산처리와 자동기계의 번역과도 깊은 관련을 맺고 있다.25) 또 최근에는 "조선어학"이라는 말 대신에 "국어학"이라는 말을 사용하고 있음을 볼 수 있는데,26) 이는 이념이나 계급보다는 "민족"을 앞세우는 최근의 북한의 사상적 움직임과 무관하지 않다고 생각한다.27)

3. 남북한 국어학연구의 주요쟁점

정보의 교환이 자유로운 한 사회 내부에서도 의견의 상충은 항상 있는 일이요 그렇게 함으로써 학문이 발전하는 것이다. 남북한과 같이 아무런 정보교환 없이 50년 동안 벽을 쌓아왔고 거기다가 이념을 달리해 온 사회

---

23) 해방 후 50년에 걸친 북한 언어학의 연구성과는 1996년 김일성대학 조선어문학부에 나온 분야별 연구사(언어정책, 어휘정리, 문체, 언어학사, 방언, 문장, 언어이론, 언어규범연구, 기계번역, 이두 및 향가, 수리언어학, 어휘 및 의미, 사전편찬, 형태, 어음 및 문자, 품사, 언어사)에 집성되어 있다. 관련 정보는 이득춘 밖에 공편(2001:302-4)를 보라

24) 대표적으로 문영호(1993)이 그러하다.

25) 문법연구를 중심으로 한 북한의 최근의 국어연구의 동향에 대하여는 임홍빈(1997), 고영근(2001)을 보라. 그밖에도 고려대학교에서 나온 홍종선·최호철(1998)의 업적이 중후하고 연세대학교에서는 남기심, 김하수, 서상규, 간노(菅野裕臣) 등이 2차에 걸쳐 보고서를 낸 바 있다. 연세대학교의 연구결과는 「동방학지」, 98(1997), 103(1999)에 실려 있다.

26) 대표적으로 김영황(1993)에 그런 표현이 보인다.

27) 북한의 최근의 언어철학의 움직임은 고영근(1999 : 2부 9장, 2000)을 통하여 엿볼 수 있다.

에서 의견의 상충이 있다는 것은 너무나 당연하다. 그러나 우리에게는 오랜 세월에 걸쳐 공통된 언어와 문자를 사용한 전통이 있고 더욱이 남북 양쪽에서 국어학을 건설한 사람들은 일제시대부터 한 동지였으며 국어학의 건설자인 주시경의 학문과 사상을 계승한다는 공통된 사관이 뿌리 박혀 있기 때문에 우리 학문의 어떤 분야보다도 통합이 쉬우리라고 예측할 수 있다. 그러나 이념과 통일정책이 서로 상반되고 국어학의 기초과학인 언어학의 성격이 다른 만큼 그 결과가 같을 수가 없다. 이곳에서는 남북한의 국어학을 통합시켜 우리의 현대국어학사를 다시 엮고 통일된 연구 방법론을 모색함에 있어서 쟁점이 될 수 있는 몇 가지 문제를 제시해 보려고 한다.28)

(1) 한반도 언어기층의 문제

북한은 그들의 사관에 따라 우리말이 처음부터 우리 땅에서 우리 인민 자신에 의하여 창조되고 발전하여 온 본토 기원의 말이라고 전제하고 전통적인 신라어 기층설에 대하여 비판의 화살을 놓치지 않고 있다. 사실 이러한 기층설은 별로 새로운 것이 아니다. 어문민족주의의 사상을 등에 짊어지고 있었던 개화기의 주시경은 아득한 옛날에 하늘의 명에 의하여 구역과 인종과 언어가 주어졌다고 보았으며 국어는 단군 이래로 4000여 년 동안 사용되어 온 천연특성(天然特性)의 언어임을 천명한 바 있다. 박승빈도 상고시대의 우리말은 다른 문화적 유산과는 달리 크게 변하지 않고 전승되어 왔다는 사실을 피력한 바 있다.29) 이러한 언어관은 어떤 선입견에 사로잡힌 것으로서 과학적 실증을 요구하는 현대 언어학으로서는 도저히 받아들일 수 없는, 지극히 관념적인 인식의 소산이라고 하겠다.

한반도의 언어의 기층이 알타이조어로 거슬러 올라가는지 아니면 다른 언어와 관련되는지는 쉽게 단정할 수 없다. 현재 남아 있는 고대어의 자료 가운데서 그래도 음운, 문법, 어휘에 걸쳐 우리말의 실상을 어느 정도

---

28) 이 부분은 필자가 고영근(1993나, 1994 : 3부 3장, 1995)에서 제시한 견해를 부분적으로 가져왔음을 밝혀 둔다.

29) 이러한 견해는 주시경의 「국어문법」(1910)과 박승빈의 「조선어학」의 서언에서 볼 수 있다.

전해 주는 자료는 신라시대에 창작된 향가와, 약간의 이두 자료뿐이다. 최근에는 고려시대의 석독구결 자료가 나와 자료의 공백을 많이 메꾸어 주고 있다. 이들 언어자료가 대부분 중세국어로 해독될 수 있다는 점에서 우리말의 직접적인 기층은 신라어임이 틀림없고 전통적으로도 그렇게 생각해 왔으며, 이 문제에 대하여는 나라 안팎에서 크게 의심하는 사람이 없다. 고려시대의 어휘집이나 이두 및 구결자료들30)도 대부분 중세국어로 해독되는 것을 보면 중세국어의 앞 단계는 고려어이고 그 앞 단계는 신라어임이 틀림없다. 고대의 세 나라의 언어가 어느 정도 차이가 있었는가 하는 문제는 자료의 부족으로 섣불리 단언하기가 어렵지만 주어진 확실한 자료만을 대상으로 할 때에는 누구든지 이런 생각을 할 수 있다. 그런데 북쪽에서는 문화어운동을 펼치면서부터 한반도의 기층어를 고구려어로 보고 그에 대한 연구를 많이 수행하여 왔다. 그 연구결과가 어느 정도 신빙성이 있는지 잘 모르기는 하지마는 어떤 선입견에 사로잡혀서 사실을 왜곡하거나 도(度)에 넘치는 해석을 가하여서는 안될 것이다.31)

(2) 규범문법의 품사체계와 토의 처리문제

한 나라에 있어 규범문법의 확립은 문화적으로나 교육적으로 중요한 의의를 지니고 있다. 규범문법체계가 확립되어 있어야 맞춤법을 만들 수 있고 사전을 편찬할 수 있으며 국민 전체를 위한 국어교육도 올바른 궤도 위에 세울 수 있다. 남쪽은 50년대 후반에 규범문법의 통일의 필요성을 느껴 1963년에 9품사체계와 용어를 확립하였다. 용어는 한자어가 주종을 이루었다. 그러나 당시의 통일문법은 여러 가지 미비한 점이 많아 80년대 중반에 이르러 통일된 모형을 개발하여 단일문법을 저술함으로써 실질적 통일을 이루었다. 1991년부터는 옛말에 대하여도 현대문법에 준거한 문법모형을 만들어 고전교육을 실시하고 있다.32) 북쪽의 문법은 본질적으로

---

30) 구결자료와 이두자료에 대한 최근의 성과가 많다. 대표적으로 남풍현(1999, 2000)을 보라.

31) 대표적으로 김수경(1989), 류렬(1990)을 통하여 북한 어학계의 국어사 연구 동향을 짐작할 수 있다.

32) 문법통일화에 대한 정보는 고영근(1988/1994 : 2부 3장)에서 얻을 수 있다.

규범문법을 지향한다. 초기에는 관형사를 제외하고 보조사를 단어로 인정하는 태도를 지니고 있었으나 1954년과 1960년대 초에 저술한 조선어문법류에서는 관형사를 살리고 보조사를 단어로 인정하지 않은 8품사체계를 확립하였다. 용어는 철저하게 한자어를 선택하였다. 문화어운동이 전개되면서부터는 부분적으로 고유어가 도입된 일이 없지 않으나 지금은 다시 한자어로 되돌아가고 있다. 다듬어 놓아도 쓰지 않기 때문에 한자어로 돌아갔다고 북한어문학자들은 말하고 있다.[33]

  남북의 규범문법체계에서 가장 쟁점이 되는 부분은 조사와 어미이다. 남쪽은 조사는 단어로 보되 어미는 단어의 일부분으로 처리하고 있으나 북쪽은 양자를 모두 "토"라는 범주에 넣어 단어로 인정하지 않고 있다.[34] 이러한 처리는 이른바 제3유형의 문법유형으로서 해방 직후부터 제안되었으며 오늘날도 역사문법에서는 이 모형이 선호되고 있다. 어미도 조사와 같이 문장형성에 직접 기여한다는 관점에 서면 주시경 등의 제1유형의 문법가들처럼 조사와 어미에 대하여 독립된 단어의 자격을 줄 수 있고 그것이 의존형식으로서 최소자립형식이 되지 못한다는 관점에 서면 제3유형의 문법가나 북쪽의 문법과 같이 단어의 자격을 주지 않을 수도 있다. 어느 것이 우리말의 문법현상을 빈틈없이 잘 설명할 수 있는가 하는 문제에 눈을 돌리면 합의를 이끌어 낼 수 있다고 생각한다.

(3) 언어사의 서술방법론과 시대구분 문제

  한 언어의 역사, 곧 언어사를 서술하는 데는 두 가지 방법론이 있을 수 있다. 문자/표기, 음운, 문법, 어휘 중심의 언어구조의 변화상을 서술하는 방식과, 문체를 포함하여 언어사를 해당 언어사용자의 역사, 곧 인민사와 밀접하게 관련시켜 서술하는 방식이 그것이다. 남쪽의 언어사는 전자의 방법론을, 북쪽의 언어사는 후자의 것을 선호하여 왔다. 북쪽도 초기에는 전자의 방식을 택하였으나[35] 시대가 내려올수록 후자의 서술법이 주종을

---

33) 북한의 학교문법의 흐름과 특징에 대하여는 고영근(1988/1994 : 3부 2장)에서 개략을 볼 수 있고 고영근(2001 : 4장)에서 자세한 사정을 알 수 있다

34) 북한문법의 "토"에 대하여는 볼프(1992)를 보라.

이루고 있다.36) 이러한 사정 때문에 시대구분에 있어서도 큰 차이를 보이고 있다. 남쪽은 언어중심지의 이동과 같은 언어사상(言語史上)의 변혁이나 음운 및 문법사실의 소멸·생성에 기대어 고대국어, 중세국어(전기/후기), 근대국어, 현대국어로 시대구분을 하고 있음에 대하여,37) 북쪽은 유물론적 사관에 따라 고대노예소유자시기, 봉건국가분립시기, 통일봉건국가시기, 봉건사회붕괴시기, 부르주아민족운동시기로 나누고 있다. 언어의 역사도 정치사, 경제사 등의 역사적 사건의 영향을 받지 않은 바 아니나 언어 외적인 역사에서만 주로 문제가 되고 언어 내적인 역사의 서술에는 큰 관계가 없다. 언어사의 서술에서도 일반역사의 시대구분을 완전히 도외시할 수야 없겠지만 언어사는 어디까지나 언어 내적인, 구조 중심의 서술방식을 취하는 것이 언어사 본래의 목적에 부합한다고 생각한다.

⑷ 어학사의 서술방법론과 시대구분 문제

어학사는 언어사에 비하면 이질화가 심각하지 않다. 북쪽에서는 어학사를 조선말 연구의 역사라 규정하고 조선조 이전의 차자표기에 관한 역사를 출발점으로 삼아 19세기 중엽까지의 조선조 시대의 연구, 19세기 중엽부터 20세기 초에 걸친 근대의 연구의 3시기로 나누고 있는데,38) 이러한 시대구분의 태도는 남쪽의 국어학사 서술시각과 큰 차이가 없다.39) 물론 남쪽에서도 어학사의 범위를 더 넓히는 일도 있고 좁히는 일도 있지만 차자표기를 포함하는 서술시각이 주류를 이루고 있다. 그러나 세부에 있어서는 차이가 많다. 언어사에 있어서와 같이 어학사에 있어서도 인민사와 밀접하게 관련시키는 태도를 표방하고 있다. 외국인의 업적을 제외하는 태도도 남쪽과는 다르다. 초기에는 주시경과 김두봉의 업적을 비롯하여 식민지시대의 조선어학회의 활동과 조선어학회사건을 크게 부각시켰

---

35) 언어구조를 중시하는 저술로는 홍기문(1966)을 들 수 있다.
36) 언어사를 인민의 역사와 관련시키는 대표적인 저술은 김영황(1978)이다.
37) 최근 김동소(1997)에서는 모음체계의 변천사실을 중심으로 새로운 시대구분을 시도한 일이 있다.
38) 대표적으로 김병제(1984)가 그러한 태도를 취하고 있다.
39) 이 문제에 대하여는 고영근(1984, 1985 : 1장 및 본서 235쪽)에서 자세히 다루었다.

는데 1970년대부터는 주시경의 업적과 김일성의 항일운동시기의 우리말의 수호와 발전만 서술하고 있다.

그런데 앞서 든 김영황(1993)과 최근에 나온 그의 어학사40)에는 한 동안 언급조차 하지 않았던 조선어학회의 활동과 조선어학회 사건을 크게 부각시켰다. 이는 최근에 나온 김일성의 회고록 「세기와 더불어」(2권)의 서술을 근거로 한 것인데 조선어학회의 간사장 이극로가 국내에 잠입한 최일천의 말을 듣고 조국광복회 10대강령을 지지함에 따라 민족문화와 민족정신을 고수하는 투쟁을 전개하였다고 하였다. 또 이곳에서는 초기에 표음주의에 흘렀다고 비판을 서슴지 않던 한글맞춤법통일안에 대하여 주시경과 그의 제자들이 주장하여 오던 것을 현실적 요구에 맞게 다듬었으며 오늘의 북한의 맞춤법이 여기에 그 본바탕을 두고 있다고 긍정적인 해석을 가하였다. 북한의 어학사관은 같은 역사적 사실이라도 현실을 파악하는 태도가 어떠하나에 따라 파묻히기도 하고 살아나기도 하는 것이다. 최근의 조선어학회에 대한 태도 역시 이념이나 계급보다는 민족을 우선하는 최근의 이념적 움직임과 관련되는 것으로 이해된다.

4. 마무리

지금까지 필자는 남북 국어학연구의 통합과정에서 제기될 수 있는 네 가지 주제를 골라 쟁점이 될 수 있는 문제점을 지적하고 해결의 길도 찾아 보았다. 이밖에도 사람에 따라 얼마든지 다른 문제점이 지적될 수 있으며 우리말 연구의 전 분야를 대상으로 한다면 크고 작은 문제를 얼마든지 찾아 낼 수 있다. 어떤 문제는 그 기초적 개념조차 파악하지 못하여 토론의 마당에 설 수 없는 것이 적지 않으며 어떤 문제는 우리보다 앞서 합리적인 해석을 내린 것도 없지 않다. 남북의 국어학을 통합하는 데 가

---

40) 김영황(1996)을 가리킨다. 이 책은 제목도 「조선언어학사연구」라 하여 우리말 외에 다른
    외국어 연구도 포함하는 문자 그대로 한국의 언어연구사를 서술대상으로 삼고 있다.

장 손쉬운 분야는 향가해독, 주시경연구, 차자표기연구, 훈민정음연구가 아닌가 한다. 향가해독과 주시경연구는 초기에는 연구가 활발하였으나 지금은 관련 업적을 거의 대할 수 없다.

남북의 국어학연구를 통합하여 현대국어학사를 엮는다든지 통합국어학의 방향을 모색함에 있어서는 먼저 북한의 국어학의 업적에 대한 깊은 이해가 선행되어야 하며 어떤 형태로든지 자주 만나 정보를 교환하는 일이 중요하다고 믿는다. 사실 남한은 그동안 실용보다는 국어구조의 해명에 많은 노력을 기울였고 북한은 국어의 구조보다는 실용적 목적에 부응하는 방면의 연구에 힘을 들여왔다. 앞으로 남북한의 국어학을 통합시키는 데 있어서 상대방의 이론과 방법론을 비방하는 데 그칠 것이 아니라 양측의 미비한 점을 서로 보충한다는 태도를 취할 필요가 있다. 1993년 여름에 북경에서 열렸던 "통일을 지향하는 언어와 철학"이라는 모임은 양측의 어문학자가 처음으로 머리를 마주대고 이야기를 나누었다는 점에서 역사적 의의가 자못 크다고 하겠다. 언제 다시 이러한 모임이 이루어질지 예측할 수 없지마는 우리는 그날에 대비하여 남북이 상대방 학계의 움직임을 그때그때 파악하여 지식을 축적해 두는 것이 필요하다고 믿는다. 이런 작업의 바탕 위에서 토론을 거듭하면 그것이 바로 남북의 국어학을 통합하는 문으로 들어서는 길이라고 믿는다.

참고문헌

고영근(1983), 「國語文法의 硏究」, 탑출판사.
______(1984), "國語學史의 敍述對象과 認識方法論", 「牧泉兪昌均博士還甲紀念論文集」, 계명대학교 출판부.
______(1985), 「國語學硏究史」, 학연사.
______(1989), "1930년대의 유럽언어학의 수용양상", 「이혜숙교수정년기념논문집」, 한신문화사.
______(1993가), 「우리말의 총체서술과 문법체계」, 일지사.
______(1993나), "한반도 우리말연구의 통합을 위한 테제", 「이중언어학회지」 10.
______(1994), 「통일시대의 어문문제」, 도서출판 길벗.
______(1995), 「최현배의 학문과 사상」, 집문당.
______(1998), 「한국어문운동과 근대화」, 탑출판사.
______(1999), 「북한의 언어문화」, 서울대학교 출판부.
______(2000), "통일언어철학을 어떻게 세울 것인가?", 「한국문화연구」 3 (경희대학교 민속학연구소).
______(2001), 「역대한국문법의 통합적 연구」, 서울대학교 출판부.
고영근·성광수·심재기·홍종선(공편)(1992), 「국어학연구 100년사」(모두 4권), 일조각.
국립국어연구원(1998), 「국어의 시대별 변천연구 3」(고대국어).
______(2000), 「국립국어연구원 10년사」.
국어국문학회(편)(1990), 「북한의 국어국문학연구」, 지식산업사.
권재선(1987), 「국어학발전사」(현대국어학), 한국고시사.
김동소(1997), 「한국어변천사」, 형설출판사.
김민수(1977/1986), 「周時經硏究」(증보판), 탑출판사.
______(1980), 「新國語學史」, 일조각.
______(1989), 「북한의 국어연구」(증보판), 일조각.
김민수(편)(1991), 「북한의 조선어 연구사」(모두 4권), 녹진.
김병제(1984), 「조선어학사」, 과학, 백과사전출판사.
김수경(1989), 「세나라시기 언어력사에 관한 남조선학계의 견해에 대한 비판적 고찰」, 평양출판사.

김영황(1978), 「조선민족어발전력사연구」, 과학, 백과사전출판사.

______(1993), "근대국어학의 발전과 조선어학회의 활동", 「조선어문」 2.

______(1996), 「조선언어학사 연구」, 김일성종합대학출판사.

남풍현(1999), 「口訣硏究」, 태학사.

______(2000), 「吏讀硏究」, 태학사.

류 렬(1990), 「조선말력사」(1), 사회과학출판사.

문영호(1993), 「응용언어학」, 사회과학출판사.

볼프(H. Wolf)(1992), "북한문법의 '토'에 대한 연구", 「국어연구」 106.

서상규·한영균(1999), 「국어정보학입문」, 태학사.

서울대학교 어학연구소(1992), "남북한 국어연구의 동질성 회복을 위한 기초적
            연구", (공동연구), 「어학연구」 28.3.

서정수(1994/1996), 「국어문법」, 뿌리 깊은 나무/한양대학교 출판부.

안병희(1992), 「국어사자료연구」, 문학과 지성사.

이익섭(1981), 「嶺東嶺西의 言語分化--江原道 言語地理學」, 서울대학교 출판부.

이득춘(편)(2001), 「조선어력사언어학」, 도서출판 亦樂.

이득춘·임형재·김철준(공편)(2001), 「광복후 조선어 논저 목록」, 도서출판 亦樂.

임홍빈(1988), "周時經先生歷史의 筆者에 대하여", 「周時經學報」 2.

______(1997), 「북한의 문법론 연구」, 한국문화사.

______(1998), 「국어문법의 심층(3)」, 태학사.

주시경연구소(편), 「주시경학보」, 1988~1994: "국어학사의 재조명", "서평", "북한의
            한힌샘연구", "북한의 국어연구동향" 난을 통해 북한의 어학연구를
            조명함.

최명옥(1998), 「한국어 方言硏究의 實際」, 태학사.

허 웅(1995), 「20세기 우리말 형태론」, 샘문화사.

______(2000), 「20세기 우리말 통어론」, 샘문화사.

홍기문(1966), 「조선어력사문법」, 평양 : 사회과학원출판사.

홍윤표(1993), 「국어사문헌자료연구」(근대편 1), 태학사.

홍종선·최호철(1998), 「남북 언어통일방안 연구」, 문화관광부.

제3장
국어학사의 서술대상과 인식방법론*

1. 들어가기

무엇을 안다는 것과 무엇을 인식한다는 것은 분명히 다른 개념에 대한 진술이다. 한반도에서 태어나서 어린 시절을 보낸 사람은 특별한 훈련의 계기가 마련되지 않아도 말을 할 줄 안다. 이를테면 '하늘을 푸르다'란 말을 어린이나 외국인들이 한다고 할 때 우리들은 누구든지 이 문장이 성립되지 않는다는 사실을 알고 고쳐줄 수 있다. 그러나 그들 가운데서 이 문장이 성립 불가능한 까닭을 아는 사람은 그리 많지 않다. 그것을 알려면 높은 단계의 인식활동이 전제되어 있어야 한다. 낱말의 성질은 말할 것도 없고 문장의 구성원리에 대한 일정한 인식체계가 필연적으로 요구된다.

국어학이란 한반도에서 사용되는 말, 곧 국어라는 대상을 그저 아는 데 그치지 않고 그에 대한 높은 단계의 인식을 목표로 삼는 지적 활동이다.[1) 국어학은 현대어만 대상으로 하는 것이 아니라 문자로 적혀진 문헌어도 연구대상으로 한다. 현대어건 문헌어건 국어를 대상으로 한 인식체계인

---

* 이글은 「牧泉兪昌均博士還甲紀念論文集」(계명대학교 출판부, 1984)에 기고한 것이다.
1) 김여수(1983)에는 "모든 학문은 일정한 존재영역에 대한 인식을 목표로 하는 지적 행위"라고 규정되어 있다.

국어학은 언제 성립되었을까?

국어학의 성립시기가 분명하게 그어져야만 국어학사의 서술범위가 결정된다. 국어학사란 국어학이 성립된 이후부터 오늘에 이르기까지 국어학이 걸어온 길을 뒤쫓음으로써 국어학 연구의 줄거리를 엮는 것이다. 국어학 연구의 흐름에 대한 올바른 인식이 앞서 있지 않으면 오늘의 국어학 연구의 움직임을 올바로 파악할 수 없으며 나아가서 앞으로 국어학이 걸어나가야 할 길도 바르게 점칠 수 없다.

2. 국어학사의 서술의 범위한정

국어학사의 연구대상은 국어학사가들의 사관(史觀)에 따라 일정하지 않았다. 고대인의 언어에 대한 신앙적 태도[2]에서부터 시작하여 삼국시대의 차자표기[3]까지 올려 잡는 일도 있었고 훈민정음 창제를 국어학사 서술의 출발점으로 삼는가 하면[4] 극단적으로는 19세기의 서양인의 연구로부터 국어학사가 서술되어야 한다고 주장하는 이도 있다.[5]

언어학사에서도 같은 사실을 발견할 수 있다. 사관에 따라 역사언어학의 막을 올린 19세기초부터 서술의 기점을 삼는 일이 있으며,[6] Humboldt와 Sapir, Saussure의 철학적 내지 사회·심리적 접근법으로부터 Bloomfield의 경험·기술적인 접근법, Saussure, Trubetzkoy, Hjelmslev, Chomsky의 원자론적 접근법에 이르기까지 서술의 기점을 내려 잡을 수 있다. 요컨대 현재의 언어학이나 국어학연구의 목적을 어디에 두느냐에 따라 언어연구와 국어연구의 역사가 길어질 수도 있고 짧아질 수도 있다.[7]

---

2) 유창균(1959 : 17~21)이 대표적이다. 그러나 그의 「改稿國語學史」(1969 : 18~20)에서는 언어의식이론이란 측면에서 달리 해석되어 있다.
3) 강신항(1979 : 19), 김민수(1980 : 16~66)가 대표적이다.
4) 이숭녕(1956)이 대표적이다.
5) 강윤호(1967)가 그러하다.
6) Helbig(1974)는 19세기초의 역사언어학의 성립을 서술의 출발점으로 삼아 「신언어학사」 (Geschiche der neueren Sprachwissenschaft)란 제목을 붙였다.

역신을 쫓은 처용가 등의 향가에 나타나는 주술적 힘을 들어 한국 고대인의 신앙적 태도를 논의하는 일이 없지 않으나 이러한 태도는 사람의 언어(language) 자체에 대한 철학적 심리적 사고의 소산이지 언어들(languages)에 대한 경험적 관찰의 소산은 아니다. 국어학사 내지 언어학사의 대상이 되는 것은 구체적 언어자료를 모으고 분석한 문헌학적 소산이라는 사실을 새겨 둘 필요가 있다.8) 차자표기자료들은 한자를 국어표기에 응용했다는 점에서 문헌학적 소산으로 간주될 수 있으나 국어 자체를 대상으로 한 인식활동의 성과라고는 할 수 없다. 이를테면 향찰에 나타나는 의미부와 형태부에 대한 표기방식의 차이는 한자를 이용하여 국어를 표기하는 가운데서 빚어진 우리 선인들의 국어에 대한 관심의 표명 내지는 국어의식의 소산이라고 해석하는 것이 온당할 것이다. 단순히 한자와 국어를 안다는 경지를 넘어 고도의 인식 끝에 얻어진 표기체계란 점9)에서 그것을 국어학사의 대상으로 삼을 수도 있겠으나 그렇다고 하더라도 이는 우리의 문자론 내지 문자사의 대상에 불과한 것이다.

훈민정음 창제로부터 실학시대를 앞뒤로 하여 나온 언어관계의 업적 가운데는 국어학사의 대상이 될 수 있는 것이 많다.10) 「訓民正音解例」나 「東國正韻」에는 국어의 음운 일반에 대한 탁월한 통찰력이 뒷받침되어 있다. 「訓民正音解例」는 15세기 당시의 국어의 음운체계와 음절구조에 대한 깊은 인식을 바탕으로 저술되었기 때문에 당시의 음운체계를 구명하는 데 있어 절대의 가치를 발휘하고 있으며 현대언어학의 관점에서도 수용할 수 있는 것이 많다.11) 「東國正韻」은 국어의 음운체계를 바탕으로 저술되었다는 점에서 국어학의 업적임에 틀림없다. 그것이 보여주는 한자음이 비록 현실음과는 거리가 있는 이상음(理想音)이라고 하더라도 그 음계(音系)를 밝히고 체계를 정확히 이해하는 것은 한자음 자체나 국어의 음

---

7) 언어학 연구의 역사 획정에 대한 문제는 Bugarski(1976) 참조.
8) Bugarski(1974) 참조.
9) 김완진(1979)에는 향찰의 차자표기 체계를 중국인들의 훈차와 음차를 바탕으로 창안한 것이라고 말하고 있다.
10) 대표적으로 유창균(1969 : 43~178), 강신항(1979 : 30~128), 김민수(1980 : 105~96) 참조.
11) 「훈민정음해례」의 국어학사적 가치에 대하여는 강신항(1979 : 44~53) 참조.

운체계 구명에 크게 이바지할 수 있다.12)

그러나 우리는 「훈민정음해례」와 「東國正韻」의 저술목적을 분명히 이해하지 않으면 안된다. 「훈민정음해례」(1446)는 집현전 학사들의 공동저술로서 새로 만든 문자체계인 훈민정음의 제자원리와 그 사용법을 설명한 것이고 동국정운은 한자 발음사전이다. 이들 책 가운데는 당시의 음운체계를 이해하는 데 직접·간접으로 도움이 되는 정보는 들어 있지만 그것들이 국어의 음운체계나 우리 한자음의 본질과 역사를 밝힐 목적으로 저술되지는 않았다. 이런 점에서 「훈민정음해례」와 「동국정운」은 엄격한 의미의 국어학의 업적이라고 하기가 어렵다.13) 실학시대의 어학적 업적들, 신경준의 「訓民正音韻解」, 柳僖의 「언문지」 등도 같은 관점에서 해석될 수 있다.

19세기 전반기부터 나타나는 Siebold, Ross, Rosny, Ridel, Underwood 등의 서양인들의 업적은 서양의 전통언어학을 발판으로 하여 한국어의 음운, 문법, 어휘, 계통에 걸친 체계적인 서술을 담고 있다는 점에서 이전의 어느 업적보다도 국어학사의 서술대상이 될 수 있다. 특히 Ridel의 업적은 서울 공통어의 음운, 문법, 어휘에 걸친 총체적 기술과 계통에 관한 연구까지 보여 준다.14) 이러한 사정을 중시하여 국어학사의 서술기점을 19세기의 서양인의 업적에 두는 일도 있다.15) 그러나 이들 업적도 엄격한 의미의 국어학연구였다고 하기가 힘들다. 한국어 자체의 본질을 밝히거나 한국인의 언어·문자 생활에 편의를 주기보다는 한국을 올바로 이해하여 선교나 외교를 원활히 할 목적으로 한국어를 연구하였던 것이다.16)

우리 선인들의 국어에 대한 신앙적 태도나 차자표기자료에 비쳐진 국어의식의 자취는 마땅히 국어학사의 테두리에서 벗어나야 할 것이다. 조선조시대의 우리 선인들의 업적과 서양인들의 연구는 국어학적 인식활동

---

12) 「東國正韻」의 국어학사적 가치에 대하여는 유창균(1969 : 84~97) 참조
13) 이런 견해는 강윤호(1967)에서도 표명된 바 있다.
14) Ridel의 업적은 Grammaire Coréene(1881)와 「한불ᄌ뎐」(1980)을 가리킨다. 자세한 것은
   고영근(1976/1983 : 244~52, 261~2), 이응호(1983) 참조
15) 강윤호(1967) 참조.
16) 서양인의 한국어 연구의 목적에 대하여는 고영근(1976/1983 : 264) 참조.

의 소산이라는 점에서 완전히 배제될 수는 없다. 이들 연구들을 "국어학적 업적"이라 불러 참된 의미의 "국어학 업적"과 구분하기로 한다.

3. 주시경과 국어학의 창건

앞에서 던졌던 물음으로 되돌아 가서 국어학의 성립시기를 구체적으로 논의해 보기로 한다. 국어가 학문적 대상으로 인식된 것은 갑오경장 (1894) 이후이다.17) 이때부터 국어와 그것이 기록된 국문에 대한 연구가 본격적인 궤도에 오르게 된 것이다. 오랜 세월에 걸쳐 한자와 한문에 억눌려 돌보아지지 않았던 국어와 국문이 공용어와 공용문자의 역할을 맡게 되자 이에 대한 연구의 필요성이 절실히 인식되기에 이르렀다.

갑오경장(1894)으로부터 국권상실(1910)까지는 15년 정도의 짧은 세월이었지만 이 기간은 국어학사에서 중요한 자리를 차지한다. 이 시기에 국어학의 기초가 다져지고 그것이 하나의 학문으로 자리를 잡았기 때문이다. 우선 국어와 국문에 대한 개념을 제대로 잡고 그것을 독립자존의 중요한 요소라고 믿는 데서부터 국어·국문의 연구에 대한 자세를 가다듬기 시작하였다.18) 이러한 국어·국문관의 이념을 짊어지고 이 방면 연구에 몸바친 사람은 유길준(兪吉濬), 김규식(金奎植), 김희상(金熙祥), 주시경(周時經) 등이었는데 이들은 국어학자라기보다 문법학자라고 표현하는 것이 오히려 온당할 것이다. 그들은 국어연구가 곧 문법연구요 문법연구가 곧 국어연구라고 믿고 있었다. 유길준은 「大韓文典」(1909)을, 김희상은 「初等國語語典」(1909)을, 김규식은 「大韓文法」(1908~9?)을, 주시경은 「國語文典音學」(1908)과 「國語文法」(1910)을 각각 펴 내었는데 이들은 「文法」(어전, 문전)이란 이름 아래 국어의 음성 일반과 문법(품사론과 문장론)을 다루었다.

---

17) 이 점은 이희승(1955 : 46)에서 분명히 피력된 바 있다. 이곳에는 갑오경장 이전의 국어 연구는 國語에 대한 自覺이라고 규정하고 있다.
18) 개화기 국어연구가들의 國語國文觀의 특수성에 대하여는 이병근(1978) 참조

개화기의 국어연구 가운데서 주시경의 국어국문연구는 남달리 뛰어났다. 그는 20세 이전에 국어연구에 뜻을 굳혔으며 23세(1898) 때는 「國語文法」을 개성(槪成)하였다고 그의 이력서에 적고 있다.[19] 나아가서 그는 각종 강습기관을 통하여 자신의 연구결과를 보급하였으며 1907~1910년 사이에는 당시 학부에 설치되어 있었던 국문연구소의 주임위원(奏任委員)으로서 국어·국문 연구의 주도적 자리를 차지하였다. 이 가운데서 국어학의 형성과 관련시킬 수 있는 것은 국어연구단체의 창립이다. 주시경은 그의 손으로 길러 낸 하기국어강습소 졸업생과 힘을 합쳐 1908년 8월에 "국어연구학회"를 만들었던 것이다.

최근에 발견된 이규영편 「한글모 죽보기」에는 다음과 같이 적혀 있다.

國語夏期講習所 卒業生과 其他 有志諸氏의 發起로 <u>國語를 演究할 目的</u>으로 한 會를 組織하고자 하야 創立總會를 奉元寺에 開하다…會名은 國語演究學會라 命名하다. (밑줄-필자)

위의 기록에 기대면 문자/음성과 문법을 중심으로 산발적으로 수행되어 오던 국어연구가 조직적 형태를 띠고 폭넓게 연구될 수 있는 분위기가 성숙되었다는 사실을 알 수 있다. 1896년 주시경은 이미 독립신문사 안에 "국문동식회"를 조직하지 않았던 것은 아니나 이는 순수한 국어연구단체가 아니고 정서법 연구를 위한 작은 규모의 모임이었다.[20]

국어·국문에 대한 인식이 올바르게 되고 국어의 문자/음성과 문법에 관한 연구를 바탕으로 하여 순수 국어연구단체가 창립되었다는 것은 개화기 15, 6년간을 국어학이 성립된 시기로 규정할 수 있는 충분한 근거가 된다.[21]

개화기의 국어학의 형성에 직접적인 토양이 된 바탕은 무엇이었을까?

---

19) 김민수(1977나 : 250) 참조

20) 국문동식회에 관한 자세한 내용은 김민수(1983) 참조

21) 이기문(1977)에는 현대국어학의 시작을 19세기 말로 잡았는데 주시경, 이봉운, 지석영의 國文論을 근거로 하였고 김석득(1983 : 10)은 人文科學의 측면에서 근대국어학의 형성을 뒷받침 하였다.

앞서 말한 바와 같이 국어·국문에 대한 연구의 바람을 불러일으킨 것은 갑오경장과 같은 정치적 변혁에 말미암은 것이지만 이러한 외적 요인만으로는 15, 6년의 짧은 기간에 국어학이 형성될 수 없다. 유길준(1856~1914)은 1880연대에 일본과 미국에 유학을 하고 유럽과 미주의 여러나라를 견문한 바 있으며,22) 「大韓文典」을 비롯한 수종의 문법저술은 20세기 전후의 일본인의 문법연구에 큰 영향을 받은 것으로 알려져 있다.23) 김규식(1881~1950)은 이미 「한영문법」(1890)을 저술한 Underwood의 고아원에서 자랐다는 사실과 19세기말의 미국유학 등의 여러 사정을 고려할 때 이전의 서양인의 연구와 서양의 전통언어학의 영향을 크게 받은 것이 틀림없고 그의 저술 「大韓文法」에는 그러한 자취가 뚜렷하다.24) 김희상의 국어문법연구의 동기는 배재학당 재학시의 영문법의 학습에서 비롯되었음이 그의 후기 저술 「울이글틀」(1927)에 기록되어 있다.

주시경은 배재학당 등의 신교육 기관에서 서양의 전통언어학적 사고에 접하기도 하였지만 「사과지남」(1894)을 저술한 Gale 목사와의 친교, 영국인 한어교사의 피빙(被聘) 사실을 고려할 때25) 이전의 서양인의 한국어 연구업적에 직접·간접으로 영향을 받았던 것으로 믿어진다.

그러나 주시경은 앞의 세 국어연구가와는 다른 점이 있었다. 그는 「三國遺事」와 훈민정음 창제 이후의 국어학적 업적에 대한 탐색을 끊임없이 시도하고 있었다.26) 주시경의 국어학 업적은 문자/음학, 형태, 통사·의미, 어휘에 걸쳐 있는데,27) 이 가운데서 문자/음학 부문은 우리 선인들의 국어학적 업적에 크게 기대고 있는 것이다.

요컨대 개화기의 국어학은 우리의 전통적인 국어학 업적이 날이 되고

---

22) 김민수(1960 : 311~6) 참조.
23) 姜馥樹(1972 : 78~100) 참조.
24) 김민수(1977a) 참조.
25) 김민수(1960 : 309, 1977나 : 35), 고영근(1983 : 43) 참조.
26) 구체적인 참고문헌목록은 김민수(1977나 : 60, 64, 67, 72, 77~8) 참조.
27) 주시경의 문자 및 음학이론의 특수성은 이기문(1981), 형태이론은 김민수(1977나 : 98~122), 이병근(1979), 고영근(1983 : 302~4), 통사·의미이론은 허웅(1971), 김민수(1977나 : 136~44), 김석득(1979 : 121~43), 이남순(1982), 고영근(1983 : 290~302) 참조.

서양인의 연구성과와 서양의 전통언어학적 사고가 씨가 되어 형성된 것
이라고 말할 수 있다. 이러한 두 줄기의 흐름은 그 당시로서는 분명히 다
른 학문적 틀(paradigm)이었다.[28] 곧 동양적인 틀과 서양적인 틀을 하나
의 틀로 통합시킴으로써 국어학이 성립된 것이다. 이런 의미에서 주시경
은 충분히 국어학 창건의 비조라 일컬을 만하다.

4. 마무리

　필자는 지금까지 국어학사의 인식방법론의 바탕 위에서 국어학의 형성
에 관련되는 문제를 논의하여 보았다. 그러면 형성기 이후의 국어학의 발
전은 어떤 방식으로 인식되어야 할까?

　첫째는 국권상실(1910)로부터 광복을 맞이할 때까지의 식민지시대를
한 시기로 묶을 수 있다. 이때는 개화기에 성립된 국어학이 우선 현대어
중심의 연구결과에 기대어 실천과학의 소임을 짊어진 시기라고 할 수 있
다. 국어의 역사, 방언, 계통이 외국인에 의해 연구되지 않은 바 아니었으
나 나중에는 우리의 손으로 통합 · 정리되어 갔다.

　둘째는 1945년부터 1955년까지로 잡을 수 있으니 우리 손으로 국어학
을 연구할 수 있는 기반이 닦여졌다는 사실을 중시했기 때문이다. 국어학
이 실천과학의 테두리를 벗어나 이론과학의 모습을 갖춘 시기인 것이다.

　셋째는 1956년부터 1965년까지의 시기로 그어진다. 이론과학으로 토대
가 닦여진 국어학이 구조주의 언어이론을 수용 · 적용하는 것이다. 특히
주시경의 형태이론과 구조주의 언어이론을 통합하려는 기운이 성숙된다.

　넷째는 1965년부터 1975년까지이니 전대에 수용된 구조주의가 국어분
석이론으로 정착되고 변형 · 생성이론이 도입되는 시기인 것이다. 이 시기
에도 변형이론을 주시경의 통사 · 의미이론과 연결시키려는 노력이 나타

---

28) "틀"은 Kuhn(1970)에 나오는 Paradigm의 번역어. 이에 대한 자세한 논의는 이정민(1980)
　　참조

났다.

다섯째는 1976년부터 1983년까지를 우선 논의의 대상으로 삼을 수 있다. 외래언어이론이 전통적인 틀 가운데 수용·통합된 바탕 위에서 국어사실에 바탕을 둔 국어학 연구가 모든 분야에 걸쳐 균형있게 발전되는 시기인 것이다.

국어학 80년사는 한국의 전통적 언어이론이 바탕이 되어 외국의 언어이론을 적절히 비판·소화함으로써 한국의 언어사실에 바탕을 둔 이론을 개발하고 한국어의 경험적 사실을 밝혀내는 일에 많은 성과를 거둔 역사의 연속이었다고 결론할 수 있다. 전통적 업적 가운데는 한국의 독창적 사고의 소산으로 볼 수 있는 것이 많다. 이런 언어연구의 전통과 한국어 연구의 경험을 잘 계승·발전시키면 머지 않은 앞날에 참된 국어학의 건설은 물론, 일반언어학에 이바지 할 수 있는 이론국어학의 수립이 가능해지리라고 믿는 바이다.

국어학의 전통을 계승·발전시키는 데 있어서는 과거의 업적에 대한 충분한 이해와 이에 대한 객관적 평가가 필수적이다. 개화기는 최근에 와서 「周時經全集」이 간행되고 당시의 국어·국문 연구의 특징을 구명하는 데 절대적 가치를 띤 자료가 많이 발굴되어 연구가 활발하나 1920년대와 1930年代의 국어학의 연구에 대하여는 관심조차 표명하는 일이 드물다. 특히 1930년대는 "조선어학회"와 "조선어학연구회"가 맞서 있기도 했거니와 국어학이 실천화된 시기였으므로 이 시기에 대한 집중적 연구는 국어학의 발전에 얽힌 숱한 문제를 풀어줄 수 있다. 또 이 시기는 국어사연구의 토대가 닦여지는 시기였던 만큼 연구의 중요성은 한층 늘어난다.

시대별 연구와 함께 개별 국어학자에 대한 생애와 업적의 연구도 수행되어야 한다. 최근 들어 성황을 이루고 있는 주시경 연구는 이 방면 연구의 중요성을 인식하는 계기가 되었거니와 이 밖에도 큰 업적을 남긴 유길준, 박승빈, 최현배, 김윤경, 유창돈, 양주동 등의 작고 국어학자에 대한 집중적 연구가 절실하다. 우리의 학자뿐만 아니라 小倉進平, Ramstedt, Underwood, Eckardt 등 외국인에 대해서도 이런 작업이 수행되지 않으면 안된다.

참고문헌

강복수(1972), 「국어문법사연구」, 형설출판사.

강신항(1979), 「국어학사」, 보성문화사.

강윤호(1967), "19세기초에 있어서 서양인 선교사의 한국어 연구", 「동서문화」
　　　　　창간호(계명대).

고영근(1983), 「국어문법의 연구」, 탑출판사.

김민수(1960), 「국어문법론연구」, 통문관(역대문법대계① 98 所收).

＿＿＿(1977가), "김규식 : 「대한문법」의 연구", 「인문론집」 22(고려대학교 문과대학).

＿＿＿(1977나), 「주시경연구」, 탑출판사.

＿＿＿(1980), 「신국어학사」(전정판), 일조각.

＿＿＿(1983), "국문동식회에 대하여", 「난대이응백박사회갑기념논문집」, 보진제.

김석득(1979), 「주시경문법론」, 형설출판사.

＿＿＿(1983), 「우리말연구사」, 정음사.

김여수(1983), "인문과학에 있어 과학적 설명", 「인문론총」 10(서울대 인문과학연
　　　　　구소).

김완진(1979), "한국어의 연구동향과 과제", 「한국의 민족문화 : 그 전통과 현대성」
　　　　　(한국정신문화원 학술대회 보고논총 1).

유창균(1959), 「국어학사」, 영문사.

＿＿＿(1969), 「改稿國語學史」, 서울 : 형설출판사.

이기문(1977), "십구세기말의 국문론에 대하여", 「월암박성의박사환력기념논총」.

＿＿＿(1981), "한힌샘의 言語 및 文字 理論", 「語學硏究」 17-2.

이남순(1982), "周時經의 意味理論", 「관악어문연구」 7.

이병근(1978), "애국계몽주의 시대의 국어관", 「韓國學報」 12.

＿＿＿(1979), "주시경의 언어이론과 늣씨", 「국어학」 8.

이숭녕(1956), "국어학사", 「사상계」 34.

이응호(1983), "「한불ᄌ뎐」에 대하여", '83 봄치(179호).

이희승(1955), 「국어학개설」, 민중서관.

이정민(1980), "쿤의 과학사관과 언어이론", 「세계의 문학」 겨울호.

허 웅(1971), "주시경 선생의 학문", 「동방학지」 12.

Bugarski, R.(1974), "Language and Languages in the History of Linguistics", *Proceedings of the 11th International Congress of Linguists*, Bologna.

______(1976), "The Object of Linguistics in Historical Perspective," in : H. Parret, ed. *History of Linguistic Thought and Contemporary Linguistics*, Berlin : de Gruyter.

Helbig, G.(1974), *Geschichte der Neueren Sprachwissenschaft*, Hamburg: Rowohlt.

Kuhn, Th.(1970), *The Structure of Scientific Revolution*, Univ. of Chicago Press, 조향 역, 「과학혁명의 구조」, 이화여대출판부.

1930년대의 유럽 언어학의 수용 양상*

1. 들어가기

한 사회의 학문은 결코 고립해서 성장·발전하지는 않는다. 같은 사회의 시대적 상황에서 발생의 실마리를 찾는 경우라 할지라도 다른 사회에 그와 비슷한 학문적 흐름이 있으면 그것을 도입하여 성장·발전의 밑거름으로 삼을 수 있다. 훈민정음의 창제에 즈음하여 중국의 성운학을 도입했다든지 송학이론을 응용한 것이 모두 그러한 예이다.

다른 사회의 학문을 받아들일 때는 외국어를 익혀 직접 독해하는 것이 보통이고 그것이 어느 정도 궤도에 오르면 해설을 할 수도 있고 번역을 시도할 수도 있다. 궁극적으로는 그 이론을 소화하여 자기 나라의 학문적 기초를 다지는 길로 나아가야 한다. 외래이론 수용에 있어 가장 확실한 방법은 원전을 그 나라말로 번역하는 일이다. 번역은 창작의 성격을 띠어야 하므로 용어에서부터 표현에 이르기까지 그 나라의 학문적 틀을 따르지 않을 수 없고 그렇게 함으로써 한 학문이 정상적인 발전을 기약할 수 있는 것이다.

---

* 이 글은 「이혜숙교수정년기념논문집」(한신문화사, 1989)에 기고하였던 것이다.

한국의 언어연구의 전통도 짧지는 않다. 훈민정음을 만들 때 한국어의 음운체계에 대한 깊은 통찰력을 보여 주었던 것도 중국 성운학의 이론을 잘 활용하였기 때문이다. 실학시대의 우리의 언어연구를 뒷받침했던 이론도 성운학이었다. 그러나 갑오경장 이후는 사정이 달랐다. 이미 서양사람들이 쓴 한국어 문법서가 여러 종류 나와 있었고 일본이나 중국을 통하여 서양의 전통문법에 대한 지식을 흡수할 수 있었다. 말하자면 한국어 문법을 비롯하여, 일어, 영어, 중국어 등의 외국어 문법의 저술에 담겨 있었던 서양의 전통문법의 체계가 큰 영향을 미치고 있었다. 그 가운데서도 일본을 통한 서양문법이론의 영향이 가장 컸다. 대표적인 것이 박승빈의 「조선어학」(1935)와 최현배의 「우리말본」(1937)이었다.

1930년대를 기준으로 할 때, 유럽은 19세기 초에 이미 학문으로서의 언어학이 성립되어 있었고 특히 독일을 중심으로 하여 역사언어학이 융성하였다. 그 가운데도 19세기 후반의 소장문법학파의 대표자인 파울(H. Paul)의 역할은 매우 컸었다. 이어 20세기 초에 소쉬르(F. de Saussure)에 의하여 언어의 체계성이 부각되었으며 이는 곧 1930년대를 전후한 프라그학파의 구조언어학으로 이어졌다.

1930년대의 한국의 언어학계는 서양의 전통문법의 체계에 근거하여 앞서 든 규범문법의 기초를 확립하고 이를 바탕으로 정서법을 제정하는 일에 전념하였다.[1] 그러나 한편 19세기 이래의 유럽의 역사언어학을 도입하여 한국어 연구의 기초로 삼으려는 노력도 발견할 수 있다. 이러한 일은 주로 일본 동경대학 언어학과를 졸업한 유응호(柳應浩)의 손으로 이루어졌다.[2] 그는 조선어학연구회의 기관지 「정음」[3]에 다음 3편의 글을 팔

---

1) 조선어학회의 「한글맞춤법통일안」과 조선어학연구회의 이에 대한 비판을 가리킨다.
2) 유응호의 이력은 다음과 같다.

　　1911년 8월 14일(음력 6.20) 충남 공주생, 1935년 동경제국대학 언어학과 졸업(졸업논문 : "순경음연구"), 조선어학연구회 회원, 경성제국대학 예과 강사, 혜화전문학교 강사, 해방 후 서울대학교 문리과대학 언어학과 교수. 유응호에 대하여는 그의 문하생이었던 신익성, 김방한 서울대학교 교수와, 장남 유근일 조선일보 논설위원의 도움말에 힘입었다. 이 자리를 빌어 고마운 인사를 표한다.
3) 「정음」은 1978년 반도문화사에서 박병채 교수의 해설을 붙여 상·중·하의 3책으로 나누

표하였다.

    (1) "言語의 形態", 「正音」 14, 1006~1022, 1936년 6월 15일.
    (2) "言語發達의 本質에 관한 槪觀", 「正音」 15, 1063~1076, 1936년 8월 15일.
    (3) "音韻法則에 관하야(一)", 「正音」 17, 1235~1241, 1248, 1936년 12월 15일.

유응호는 해방 뒤 「학풍」에 언어학사 관계의 다음 글을 발표하였다.

    (4) "現代言語學의 發達", 「學風」 4월호(2권 1호), 50~62, 1949, 을유문화사[4]

한편 유응호는 다음과 같은 독일어 문법도 저술하였다.

    (4') 「基礎獨逸文典」, 1949년 12월 25일, 동방문화사, 188면.[5]

한편 「정음」에는 다음과 같은 번역도 실려 있다.

    (5) 역자 미상, 앙뜨완 메이예, "언어분류에 대하야".
       (上) 「正音」 32 : 1892~1896, 1939년 12월 25일.
       (下) 「正音」 33 : 1929~1934, 1940년 3월 31일.
    (6) 李源鎭(역), 소쓸의 "音韻變化의 原因", 「正音」 36 : 2039~2043, 1940
       년 12월 31일.

   필자가 이 글에서 목적하는 바는 (1)~(6)의 글을 중심으로 1930년대에
독일을 중심으로 한 역사 언어학이 어떠한 양상으로 한국의 언어학계에
접합·수용되었는가를 밝히는 것이다.

   어 영인하였으며 통면수를 매기되 원래의 페이지는 나타나 있지 않다.
4) 김방한 교수에 기대면 이 글은 해방 후 서울대학교 문리과대학의 「언어학개론」의 강의안
   이었다고 한다.
5) 이 책은 다음 책에 다시 실려 있다.
   김민수·하동호·고영근(공편), 「역대한국문법대계」, 260, 탑출판사, 1985.

2. 유응호와 유럽 언어학의 수용양상

이곳에서는 유응호의 글 (1), (3), (4)의 내용을 검토함으로써 유럽 언어
학의 수용·접합문제를 밝혀 보고자 한다.

(1)의 "언어의 형태"는 우리말을 비롯한 세계의 언어를 형태에 기준을
두어 분류한 것이다. 5장으로 구성되어 있다.

(一)장에서는 문법과 그 영역, 특히 형태론에 대한 개념이 규정되어 있
다. 우리의 머리속에 있는 내재적 언어가 문장이라는 형식으로 표현될 때
는 여러 가지 약속이 있는데 그것이 언어에 따라 달리 나타나는 현상을
문법으로 규정하였다. 곧 개별언어에 따라 달리 실현되는 언어의 운용면
을 문법이라 보고 있다. 문법에는 형태론과 문장론을 두고 다음과 같이
정의하고 있다.[6]

> (1) 문법
> (一) 형태론 : 문법적 개념을 표시하기 위하여 단어에 여러 가지 수식이
>   가하여지는 데 관한 것을 연구하는 부문.
> (二) 문장론 : 문장을 이룸에 사용되는 단어의 상관관계를 연구하는 부문.

유응호는 '사람이 개를 본다'라는 한국어 문장을 예로 들어 '이, 을'과 같
이 격을 표시하는 부분과 '본다'와 같이 시상을 표시하는 부분이 형태론의
대상이 된다고 보고 있으며, 한국어의 문장이 "주어-객어-술어"의 순서로
구성됨을 말하면서 이러한 현상은 언어에 따라 다르다고 말한다. 그의
"내면적 언어"란 소쉬르의 랑그에 해당하는 것 같고 그의 "문법"은 빠롤
에 상당해 보인다. 유응호는 이곳에서 형태론과 문장론의 긴밀한 상관성
을 강조하였다. 그것은 문장론이 넓은 뜻의 형태론에서 취급됨을 보아서
도 알 수 있다는 것이다. 이러한 태도가 그의 글 가운데 반영되어 있음은
물론이다.

(二)장에서는 역대언어학자들의 언어의 형태적 분류를 개관하고 그것

---

6) 현대맞춤법에 따라 고쳐 쓴다. 앞으로도 같은 방식을 취한다.

을 비판한 것이다. 유응호는 먼저 언어가 인간의 모든 문화적 산물과 같이 시대에 따라 변화하는 역사적 발전성을 가진 것이라고 주장하였다. 이러한 견해는 파울(H. Paul) 등의 소장문법학파의 영향을 받은 것으로 보인다. (후술) 그것은 어쨌든 언어가 역사적으로 변천하는 성격을 띤 이상, 언어의 형태 또한 유동적이 아닐 수 없으며 같은 언어라도 시대에 따라 변하지 않을 수 없다고 보고 있다. 유응호는 문법을 달리하는 세계의 언어들을 형태에 따라 분류하는 것은 그만큼 어려움이 많다는 것을 분명히 하였다.

유응호는 형태적 분류에 대하여 먼저 언어학의 선구자인 쉴레겔(F. Schlegel)의 분류법을 소개하였다. 쉴레겔의 분류를 도식화하면 다음과 같다.

(2) 쉴레겔의 삼분법

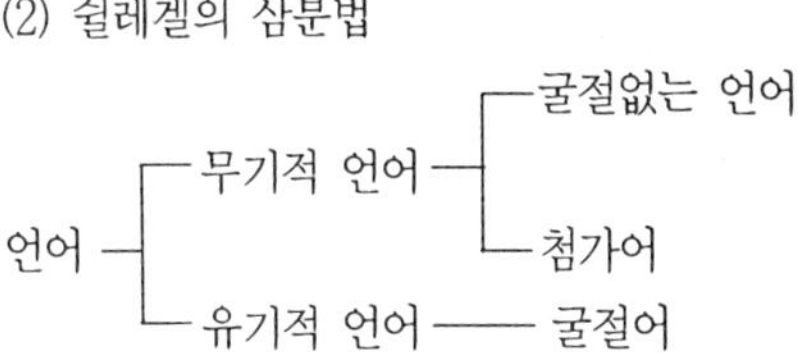

그는 쉴레겔의 삼분법을 언어의 형태적 분류의 효시로 규정하되 그의 형 A. 쉴레겔의 수정안도 언급하고 있다. 쉴레겔 형제의 견해는 그 뒤 뮬러(E. Müller)에 기대어 다음과 같이 종합되었다고 말하고 있다.

(3)

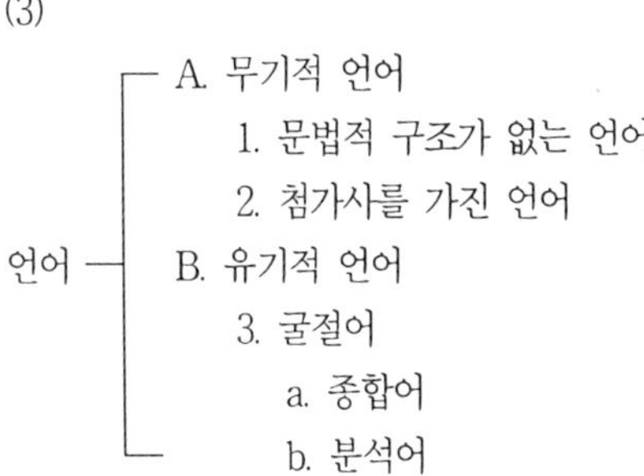

이상의 삼분법은 역사언어학의 개조(開祖)인 그림(J. Grimm)과 비교언어학의 개조인 보프(F. Bopp)를 거쳐 언어의 변천·발달을 자연과학의

법칙으로 설명한 슈라이헬(A. Schleicher)에 이르렀다고 보았다. 슈라이헬은 헤겔철학의 삼분법의 영향을 받아 다음과 같이 분류하였다.

(4) 고립어, 첨가어, 굴절어

특히 슈라이헬이, 다윈의 진화론의 영향을 받아 언어의 변천과정을 고립·첨가·굴절의 과정을 밟는다고 하면서 고립어를 가장 발달되지 못한 언어로, 굴절어를 가장 발달한 언어로 규정한 것은 중대한 오류라고 유응호는 비판을 가하였다. 그러나 언어를 형태적 특성에 따라 고립·첨가·굴절의 삼형식으로 구분한 것은 후세에 큰 영향을 미쳤다고 보았다.

유응호는 삼분법의 부족한 점을 보완하여 사분법을 제창한 포트(A. Pott)의 견해를 소개하였다. 사분법이라 함은 포합어를 추가한 것인데 분류의 기준은 문법적 "규범"에 두고 있다고 하였다.

(5) 포트의 사분법
    1. 규범 있는 언어 : 굴절어
    2. 규범 없는 언어
       (A) 고립어
       (B) 첨가어
    3. 규범을 초월한 언어
       포합어

유응호는 (5)를 다시 작게 나누되 다음 4형식을 확립하여 각 형식의 특징을 설명하고 해당 언어를 들었다.

(6) 사분법
    고립어, 첨가어, 굴절어, 포합어

지금까지 검토한 언어의 형태적 분류에 대한 삼분법 내지 사분법은 너무 형식적이어서 세계의 모든 언어를 이런 제한된 틀 가운데 넣기가 그리

쉽지 않다고 비판을 가하였다. 고립어라 하더라도 그 가운데는 굴절의 성질이 있으며 굴절어 가운데도 고립의 성격이 파악되고 첨가어에도 굴절의 성격이 있으므로 삼분 내지 사분의 도식적 분류만으로는 만족할 수 없다고 보았다. 언어의 내면적 기구를 충분히 고찰하여 분류항목을 더 세밀히 할 필요가 있음을 강조하였다.

(三)장에서는 의의사와 형태사의 구조적 및 기능적 관계에 따라 언어의 형태적 분류를 시도하였다. 내면적 언어가 외부로 표현될 때에는 실사와 허사의 두 가지로 나타난다고 본다. 실사는 의의를 표시하는 구체적·실질적 개념으로 "의의사"라 부르고 허사는 문법적 기능을 가진 추상적 개념으로 "형태사"라고 불렀다. 유응호는 의의사와 형태사를 외적 언어를 구성하는 요소로 생각하였다. 한국어에서는 조사와 어미가 형태사가 되고 영어에서는 모음의 전환이, 중국어에서는 어순이 각각 형태사가 된다고 말한다. 그는 형태사의 표현관계를 다음과 같이 요약하였다.

> (7) 의의사와 형태사의 표출에 의한 언어의 분류
> 1) 형태사가 그 자체로 독립한 구체적 음운을 가지고 의의사와 병립하여 분명히 표현되는 언어(한국어)
> 2) 의의사 자체 내의 음운(주로 모음)의 전환이 즉 형태사의 기능을 표하는 언어(영어)
> 3) 어순이 형태사의 기능을 표하는 언어(중국어)
> 4) 한 개의 의의사 속에 의의사로부터 변형된 것이 형태사의 형상으로 포합(抱合)되는 언어(멕시코어)

유응호는 의의사를 A, 형태사를 b로 정하여 앞의 제일류를 A+b, 제이류를 Ab, 제삼류를 A+o, 제사류를 A(b-b-b-)로 표시하고 있다. 그러나 언어에 따라서는 의의사와 형태사의 기능적 관계, 곧 친소관계를 고려할 필요가 있다는 것을 덧붙였다. 제일류의 A+b에도 한국어, 일본어와 같이 b가 자유롭게 A와 접합·이산(接合·離散)할 수 있는 경우와 그리스어와 같이 b가 A에 고착되어 분리·독립시킬 수 없는 경우가 있다고 하면서 후자를 A+(b)로 표시하고 이를 제이류의 Ab와 같은 범주에 넣고 있다.

이리하여 유응호는 기능적 관계를 고려하여 (一) A+b, (二) A+(b)Ab, (三) A+o, (四)A(-b-b…)의 4형식(型式)을 세우고 다음과 같이 정리하였다.

(8) Ab의 형식적 관계와 기능적 관계에 의한 언어의 분류

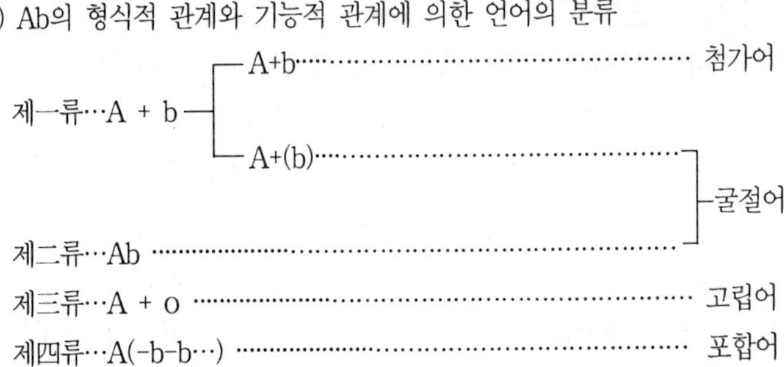

(四)장에서는 (8)의 틀을 중심으로 해당 언어유형의 형태적 특성을 자세히 고찰하였다.

첨가어에는 한국어를 비롯한 알타이 언어들이 속하는데 b가 A에 붙는 것이 특징이다. 유응호는 한국어가 첨가어에 속하는 예로 '오-셨-겠-읍-니-다'를 들었다. 현대 한국어나 일본어에서는 b가 A에 붙을 때 그 자체의 모습이 변하지 아니하나 중세국어[7], 터키어, 몽고어에서는 모음조화법칙으로 말미암아 A의 모음에 따라 b의 모음이 변하는 사실을 들어 기능적으로는 A+(b)의 성격을 띠고 있다고 본다. 이리하여 유응호는 b가 종속적 성질을 띠고 있는 유형의 언어를 "종속적 첨가어"로 불렀다. 한편 현대한국어나 일본어는 "순수첨가어"로 부른다. 후자는 자신이 붙인 이름으로 더 생각할 필요가 있다는 단서를 붙였다. 그는 같은 언어가 시대를 따라 유형을 달리하는 사실을 가지고 언어형태의 역사적 변천을 예증하는 근거로 삼았다. 이러한 견해는 이미 본 바와 같이 유응호가 파울 등의 소장 문법학파의 영향을 받은 데서 비롯된 것이다. 이 밖에도 유응호는 같은 형태사를 중복시키는 반투어를 "병열적 첨가어"라 불러 첨가어를 세

---

7) 유응호는 "고대조선어"라고 말하고 있으나 내용은 중세국어이므로 이렇게 고쳤다.

분류로 나누었다.

굴절어는 Ab와 같이 의의사와 형태사를 분리할 수 없는 언어나 A+(b)와 같이 실제의 언어활동에서는 분리되지 않는 언어를 말한다. 이런 언어는 "어간적 굴절어"라 부르고 영어, 라틴어, 그리스어를 두었다. 한편 아라비아어처럼 세 音을 중심으로 모음을 바꾸어 문법적 범주를 달리하는 언어에 대하여는 "어근적 굴절어"로 처리하였다.

고립어는 A+o의 구조를 가진 언어로 중국어를 들었다. 중국어는 한 단어가 하나의 의사만으로 구성되어 있고 형태사는 없다고 하였다. 대신 어순이 문법적 관계를 표시하는 형태사의 역할을 한다고 해석하였다. 이와 함께 중국어에는 음조가 중요한 역할을 하므로 앞의 어순과 함께 형태사의 성질을 띠고 있음을 강조하고 있다. 유응호는 중국어와 같이 단어 그 자체가 문장의 구성성분이 되는 언어를 "어근적 고립어", 사모아어와 같이 어근에 부속요소가 붙는 언어를 "어간적 고립어"라 불렀다. 고립어도 역사적 변천으로 말미암아 실사가 허사로 변한다는 사실을 지적하였다. 이를테면 '刀子'(칼), '石頭'(돌), '天兒'(하늘)에 나타나는 '子, 頭, 兒'는 독립된 의미가 없는 것으로 형태사의 역할을 한다고 보았다. 이런 예를 가지고 유응호는 언어형태의 변화사실을 뒷받침하였다.

포합어는 문장 전체가 하나의 통일체를 형성하는 것으로 문장이 곧 단어이며 단어 가운데 의의사에서 변화·단축된 형태사가 단어의 한 부분으로 포합되는 특징을 지니고 있다고 말하고 멕시코어를 예로 들었다. 포합어는 첨가어에 넣기도 하지만 형태적 특성이 뚜렷하므로 독립해서 처리되어야함을 명백히 하였다.

유응호는 이상의 논의 결과를 다음과 같이 정리하고 있다.8)

    (9) 언어의 형태적 분류
       (一) 첨가어
          (1) 순수첨가어, (2) 종속적 첨가어
       (二) 굴절어

---

8) 해당 언어는 생략한다.

(1) 어근적 굴절어, (2) 어간적 굴절어
(三) 고립어
(1) 어근적 고립어, (2) 어간적 고립어
(四) 포합어

이곳에서 주목하고 싶은 것은 유응호가 현대국어와 중세국어를 언어유형상으로 구분한 것인데 이는 당시까지의 유형론 연구에서 전혀 언급되지 않았다. 중세국어에 '뻬, 뿔, 뙤'의 변화에서 나타나는 어간 '*뙤'는 자립형식이 아니라는 사실과 '나모, 구무' 등이 모음으로 된 조사 앞에서 '남ㄱ, 굼ㄱ'으로 교체를 일으키는 사실과 관련시켜 볼 때 유응호가 중세국어를 종속적 첨가어로 처리한 것은 그런 대로 의의가 있다고 생각한다.

(五)장에서는 각 형태적 유형의 언어들의 상호관계를 언급하고 있다. 각 유형의 언어는 다른 언어와 구별되는 고유의 특징을 가진 반면에 서로 공통되는 성질도 지니고 있다. 영어는 굴절어에 속하지마는 고립어의 성격을 띠고 있다는 사실을 예로 들었다. 'a man perceives a dog'에서 'man'과 'dog'이 같은 명사이면서 전자가 주어가 되고 후자가 목적어가 되는 것은 문장 가운데의 위치에 말미암는 것인데 이는 고립어인 중국어와 같은 성격이라고 보았다. 터어키어는 첨가어에 속하지마는 모음조화법칙의 영향을 받아 A+(b)의 굴절어의 성격을 띠고 있다고 보았다.

같은 언어라도 시대가 다르면 유형적 특징을 달리한다. 유응호는 중세한국어와 현대한국어를 대상으로 그런 사실을 지적하였거니와 동족어인 고대 라틴·그리스어와 현대 영어 사이에서도 비슷한 점을 지적하였다. 영어는 역사적으로 종합적 굴절어에서 분석적 고립어로 발달했다고 보았다. 그리고 영어가 분석적 경향을 띠게 된 원인을 전치사의 발달에서 찾았다. 유응호는 영어가 최초의 굴절어로부터 전치사와 같은 형태사를 가진 첨가어의 과정을 거쳐 어순에 의존하는 고립어의 경향을 가지게 되었다고 해석하였다. 그리고 고립어의 대표적 언어인 중국어도 앞에서 말한 '頭, 子' 등의 허사의 발달로 말미암아 첨가어적 경향이 나타나고 있다고 해석하였다. 마지막으로 유응호는

> (10) 언어는 현재에 횡(橫)으로 첨가, 굴절, 고립, 포합 등 여러 가지 형태
> 를 가지고 있는 동시에 시대에 따라 종(縱)으로 보면 동일한 언어에도
> 여러 가지의 형태적 변화가 있음을 안다.

라고 말함으로써 유형적 특성의 공시적 변이와 통시적 변천의 양상까지
도 지적하고 있다.

이와 관련하여 유응호는 슈라이헬 등 19세기 언어학자들이 언어가 고
립어로부터 굴절어로 발달한다고 하면서 그 반대의 길을 걷는 영어를 타
락으로 보아 언어의 우열을 그 유형과 관련시키는 견해에 대한 비판을 서
슴치 않았다. 그는

> (11) 언어가 형태적으로 변화함에 있어서도 전체적으로 갑에서 을, 을에서
> 병으로 전환한다든지 혹은 비약하는 것이 아니라 동일어족 또는 동일
> 어 내에서도 그 형태적 변천이 반복되는 것으로, 즉 각각 특유한 성질
> 을 본질적으로 반복하면서 다만 부분적으로 그 형태가 순환적 변천을
> 거듭할 뿐이다.

와 같이 말함으로써 언어의 유형적 분류에 대한 자신의 견해를 다시 한번
확인하였다. 정밀한 관찰 및 정리된 사실 그 자체만이 정확한 결론을 이
끌어낸다고 강조하였다. 유응호의 언어의 형태 분류에 대한 견해는 현재
에도 그대로 통용되는 보편타당성을 지니고 있다고 평가된다.

(3)의 "음운법칙에 관하야(一)"는 첫 번째만 선을 보인 미완(未完) 논문
이다. 이 글은 2장으로 구성되어 있다.

(一)장은 음운법칙의 의의 및 성질을 다룬 것이다. 유응호는 고대영어
와 근대영어, 라틴어와 프랑스어를 서로 비교해 보면 규칙적 언어변화를
관찰할 수 있다고 말하고 음운변화의 규칙적 결과를 중심으로 상응관계
를 표시한 것을 "음운법칙"이라 규정하였다. 언어학이 과학으로 성립되는
것도 규칙적 음운변화를 긍정하는 데서 비롯되었다고 말하였다. 이는 물
론 유응호가 기대고 있는 소장문법학파의 언어이론과 관련된다. 음운법칙
은 경험적 가치를 띨 뿐이고 자연과학의 법칙과 같은 필연의 법칙을 가지

는 것이 아니라고 하면서 그 성격을 다음과 같이 규정하고 있다.

> (12) 따라서 이 음운론상의 법칙이라는 것은 반드시 그러해야 할 필연의
> 법칙도 아니며 또는 당연히 그러해야 할 당위의 법칙도 아니다. 다만
> 일반적 경향이 그리 되리라는 가능성을 개연적으로 규정한 가능의 법
> 칙이다. 인간은 자유의사가 있고 또는 필요에 응하여 행동하는 것이므
> 로 이전에 편리하게 생각하였던 것도 후에 이르러 여러 가지 사정으로
> 인하여 불편하게 느낄 때에는 일부러 그리하려고는 하지 않는다.

이는 음운법칙이 개연적 법칙이기 때문에 인간의 자유의사에 따라 그에
벗어날 수도 있음을 말한 것이다. 유응호는 그러한 예로 우리말의 순경음
‘ㅸ’의 변화를 들고 있다. ‘글발, 셔볼’ 등이 ‘글왈, 서울’로 변화했지마는
‘더버, 치버’와 같은 말은 ‘더워, 치워’를 거치되 방언에서는 다시 ‘더버, 치
버’로 바뀌는 관점을 취하여 ‘ㅸ’이 모음으로 바뀌는 음운법칙이 파괴되었
다고 설명하였다. 유응호의 ‘ㅸ’의 변화에 대한 인식은 잘못된 것이다.9)
그것은 어쨌든 음운법칙이 시대와 방언에 따라 예외가 있다는 사실을 인
정하고 있다. 언어와 같은 문화현상을 지배하는 법칙에는 항상 예외가 있
으므로 “법칙”이라기보다 “원칙”, “원리”라고 부르는 것이 타당하다는 견
해를 덧붙였다.

　(二)장은 일반음운법칙과 특수음운법칙을 다룬 것이다. “일반음운법칙”
을 인류언어에 공통된 음운변화의 가능성을 표시하는 원리로 규정하고
이에 기대어 개별적 음운변화의 원인을 구명할 수 있다고 말하면서 스위
스 방언학자 윈터러(J. Winterer)의 법칙을 소개하였다.

> (13) 윈터러 법칙
> 同音이 重出할 時에는 共通된 動作을 二回 행하지 아니한다.

---

9) 방언의 ‘치버, 더버’는 순경음화의 과정을 겪지 않은 것이다. 유응호가 이 글을 쓸 때만 해
　도 이런 사실이 밝혀지지 않았다. 다음을 보라.
　李崇寧, “脣音攷”, 「서울대학교 논문집 1」, 1954.

(13)의 법칙은 시간과 장소에 매임이 없이 일어나므로 일반음운법칙의 하나로 볼 수 있다고 하였다. 한국어의 예로는 '나아가서→나가서, 무슴→뭄'을 들고 있다. 또 유응호는 같은 음뿐만 아니라 다른 음 사이에도 그런 현상이 있음을 지적하면서 한국어의 '일년→일련'과 같은 순행동화와 '신라→실라'와 같은 역행동화, '가이→개'와 같은 상호 동화의 예를 들었다. 이밖에 유응호는 음운상통, 장음화, 음운탈락도 일반음운법칙에 넣을 수 있다고 말하고 한국어를 예로 들었다.

한편 음운법칙에는 시대와 방언에 따라 실현되는 "특수음운법칙"이 있다고 하였다. 그러한 예로 유응호는 그림법칙을 들고 있다. "그림법칙"이라 함은 게르만어의 파열음에 관한 음운변화의 법칙이다. 유응호는 그림법칙을 다음과 같이 제시하였다.

> (14) 「그림」 법칙
> [I] (a) p→f, (b) t→th, (c) k→x[h]
> [II] (a) b→p, (b) d→t, (c) g→k
> [III] (a) bh→b, (b) dh→d, (c) gh→g

이 법칙은 덴마크의 언어학자 라스크(R. Rask)가 발견한 것인데 그림이 이를 수정·보완하여 법칙화함으로써 일반학계에 알려져 "「그림」 법칙"이라 불려졌으며 최초의 발견자는 라스크라는 사실을 강조하였다.

이어 유응호는 일반음운법칙과 특수음운법칙의 상관성을 다음과 같이 설명하였다.

> (15) 일반음운법칙이 다만 어떠한 가능성을 줌에 불과하고 필연성을 표시하지 못함에 반하여 특수음운법칙은 역사적 자료와 같이 구체성을 가지게 되며 이로써 비로소 언어현상의 역사적 필연성이 나타나게 되는 것이다.

요컨대 언어의 역사란 일반음운법칙을 바탕으로 구체적 필연성을 주는 특수음운법칙을 발견함으로써 밝혀진다고 보았다.

(4)의 "현대언어학의 발달"은 6장에 걸쳐 19세기 중엽의 소장문법학파로부터 분트, 포쓰러를 거쳐 소쉬르에 이르는 현대언어학의 발전과정을 서술한 것이다.

(一)장에서는 19세기에 이르러 보프에 기대어 비교언어학의 기초가 다져지고 그림에 기대어 언어의 역사적 연구가 시작되었다고 하였다. 그러나 그들은 기술과, 법칙의 발견에만 몰두하였기 때문에 참된 언어과학은 19세기 말부터 시작된다는 사실을 밝혔다.

(二)장에서는 파울을 현대언어학의 선구자로 생각하고 그의 저서 「언어사의 원리」(1880)를 현대언어학의 출발점으로 삼아 그 내용을 소개하였다. 유응호는 "언어학은 언어사"라는 명제를 비롯하여 심리주의적 언어연구, 언어관습, 언어변화에 관한 중요개념을 평설하였다. 특히 파울은 음운변화의 연구에 치중하여 소장문법학파로 하여금 "음운법칙에는 예외가 없다"라는 슬로우건을 내세우게 하였다고 말하였다.

(三)장에는 파울의 「언어사 원리」에 대하여 비판적 태도를 취한 분트(W. Wundt)를 비롯하여 마르띠(A. Marty)의 언어이론을 소개하였다. 파울이 실증적이라면 분트는 관념론적이라고 그 특징을 규정하였다.

(四)장에서는 분트와 마르띠의 관점을 적절하게 해석하여 문체론을 확립한 포쓰러(K. Vossler)의 언어미학을 소개하고 비판을 가하였다.

(五)장에서는 분트의 관념론을 발전시킨 신낭만파의 카시러(E. Cassierer), 바이스게르버(L. Weisgerber), 포르찌히(W. Porzig)의 견해를 소개하였다. 그들은 언어를 각 민족의 문화의 거울로 보는 점에서 의견의 일치를 보이고 있다고 하였다.

(六)장에서는 사회심리학의 관점에서 언어연구의 출발을 시도한 소쉬르, 바이이(Ch. Bally), 메이예(A. Meillet), 방드리예스(T. Vendryes) 등 프랑스의 사회학파, 그 가운데서도 소쉬르의 언어이론을 자세히 설명하고 있다. 랑가쥬, 랑그, 빠롤의 개념을 소개하고 언어의 본질적 대상은 사회적 사실인 랑그라는 점을 부각시키고 있다. 또 공시태와 통시태를 구분함으로써 공시언어학 분야를 창시한 점도 지적하였다. 유응호는 소쉬르의 영향을 받아 언어지리학이 발달되고 이어 프라그 언어학파가 탄생된 사

실도 언급하였다.

요컨대 유응호는 19세기 말부터 1930년대까지의 언어학연구의 흐름을 개관하고 있는데 발표는 1940년대에 되었지만 이 방면의 지식은 그의 동경대학 수학시절에 흡수된 것으로 보아 같이 처리하였다.

3. 파울, 메이예, 소쉬르의 언어학 수용양상

이곳에는 유응호의 글 [5]와 역자 미상의 메이예의 글 [5], 이원진 번역의 소쉬르의 글 [6]을 통해 1930년대의 언어이론의 수용양상을 살펴보고자 한다.

[2]의 "언어발달의 본질에 관한 개관"은 유응호가 파울의 「언어사 원리」 Prinzipien der Sprachgeschichte, 1909)의 제 1장을 번역한 것이다. 유응호의 번역은 이듬해(1937)에 나온 일역본10)보다 1년 앞선다는 사실을 지적하고자 한다. 그는 "역자서"에서 참된 의미의 언어학이 형성된 것은 19세기말이며 그 선봉이 된 것은 소장문법학파라 말하고 음성연구 및 심리적 고찰 등의 방법으로 언어의 형태, 의의 등의 관찰을 깊이 하였으며, 이로부터 재래의 언어학에 대한 혁명의 기운이 일어나기 시작하였다고 보았다. 유응호는 파울의 견해를 다음과 같이 평가하고 있다.

> (16) 즉 파울의 견해는 언어사가 언어학의 전부라고 하는 바와 같이 역사적 연구의 필연성을 고창(高唱)하였으며 그 역사적 추이조건이 되는 것을 명백히 하여 역사적 발전을 가능케 하는 제 작용을 탐구하려 함에 있다…. 즉 언어학을 역사과학의 하나로 보고 그 방법적 원리를 심리적 요소(언어의 의의적 방면) 및 물리적 요소(성음적 방면)의 해명에 두었다.

앞의 2장의 2편의 글과 관련시킬 때 유응호의 언어이론이 궁극적으로

---

10) 小林英夫(記), "言語史の原理の序説", 三星堂, 1937을 보라.

는 파울의 "언어학은 역사과학이다"라는 대명제에서 출발한 것임을 알 수 있다. 그는 번역의 목적을 한국어 연구에 참고가 되도록 한다는 점에 두고 있음을 분명히 하였다. 번역문의 목차는 다음과 같다.

> (17) 언어과학의 대상/모든 언어활동의 기초로서의 표상군/역사적 발전의 지지자로서의 심리적 기구/언어상태의 기술/언어변화의 원인/언어는 계단적으로 발전하는 것이다/언어변화의 분류/언어의 기원/문법과 논리

[5]의 메이예의 글 "언어의 분류"는 역자가 밝혀져 있지 않다. 조선어학연구회 회원으로서 언어학과 프랑스어에 능통한 사람으로 유응호 밖에 없었다는 사실과 관련시키면 역자가 유응호일 가능성이 많으나 현재로는 단언할 길이 없다. 이 글은 메이예와 코안(Cohen)이 공동편집한 「세계의 언어」에 실려 있는 메이예의 "총서"(總序)이다. 일역11)은 1954년에 이루어졌음을 밝혀둔다. 세계의 언어를 구조 내지 인종분포적 분류방법에 기대지 않고 오직 어족을 지도원리로 하여 계보적 분류를 시도한 것이다.

[6]의 "음운변화의 원인"은 일역본에서 중역한 것이다. 음운변화에 대한 잘못된 견해를 비판하는 것을 내용으로 하고 있다.

4. 마무리

지금까지 필자는 주로 1930년대 조선어학연구회의 기관지 「正音」에 발표된 몇 편의 글을 통하여 유럽의 언어학이 어떤 방식으로 수용·접합되었는가 하는 문제를 검토하여 보았다. 논술된 바를 간추려 보기로 한다.

(1) 19세기 초부터 20세기 30년대까지의 유럽 언어이론은 해설과 번역의 형태로 우리나라에 수용되었다. 이러한 일은 해방 전후를 통하여 거의 유응호에 기대어 수행되었다.

---

11) 泉井久之(編), 「世界の言語」, 朝日新聞社, 1954(昭和 29)를 보라.

(2) 유응호는 19세기 이래의 언어의 형태적 분류에 대한 여러 학자의 견해를 소개하였으며 특히 파울의 언어이론을 번역과 논문을 통하여 수용하였고 소쉬르의 언어이론도 우리나라에서는 처음으로 그 내용을 알려 주었다.

(3) 유응호는 언어의 형태적 분류에서 의의사와 형태사의 형식적 관계와 기능적 관계에 따른 분류를 시도함으로써 같은 유형의 언어도 특징이 유동적이라는 사실을 구명하였다.

(4) 유응호는 언어의 형태적 분류에서 특히 국어의 첨가적 사실에 주목하여 현대국어는 순수첨가어, 중세국어는 종속적 첨가어라 하여 유형적 특징을 분명히 하였다.

(5) 유응호는 어떤 언어든지 고정된 유형적 특징이 없으며 어떤 특징이 더 지배적인가 하는 점이 중요하다고 말하였다. 그리고 같은 언어도 시대가 다르면 유형적 특징이 달라진다고 보았다.

(6) 유응호는 음운법칙의 성격을 규정하고 일반음운법칙과 특수음운법칙을 두었다. 이 자리에서 그는 한국어의 순행동화, 역행동화, 상호동화의 개념을 분명히 하였다.

서양의 언어이론이 한국어로 번역된 것은 1950년대에 들어와서의 일인데 유응호는 이미 1930년대에 비록 완역은 아니지만 파울의 언어이론을 한국어로 옮겨 언어학 서적번역의 효시를 이루었다.

유응호 등의 유럽언어학의 수용이 당시의 한국어 연구에 어떤 영향을 미쳤는가 하는 것은 아직 단정할 수 없다. 이숭녕은 유응호보다 1년 먼저 파울의 언어이론을 발판으로 삼아 '㦨'음의 음가와 그 변화의 구명에 손을 대었다는 사실을 지적함에 그치려고 한다.12)

---

12) 李崇寧, "Umlaut 현상을 통하여 본「、」의 音價攷", 「新興」 8, 1935.

제3부

한국의 언어연구

제1장 문법용어와 문법체계*

1. 들어가기

문법용어의 고유어화 운동은 일본제국주의자들의 국권침탈이 절정에 달했던 1900년대 말부터 일기 시작하여 일제통치기간을 거치는 동안에도 끊이지 않고 하나의 흐름을 이루어 왔다. 해방 후 정부수립이 계기가 되어 한자어계와 고유어계의 두 갈래의 용어가 공인되어 쓰이다가 1960년대 전반기에 학교문법의 통일을 계기로 하여 한자어를 주축으로 하는 용어가 채택되어 현재까지 학교교육에서 시행되고 있다. 용어의 사정에 있어 고유어를 지향할 것인가 아니면 한자어를 지향할 것인가 하는 문제는 비단 문법 분야뿐만 아니라 우리 학문과 과학·기술의 전 분야에 걸쳐 있어서 쉽사리 그 장단(長短)을 가리기가 어렵다. 이 문제는 남한뿐만 아니라 북한에서도 늘 논의의 대상이 되어 전문학자들을 괴롭혀 왔다. 학문문법을 전개하는 마당에 있어서도 대부분 보편성이 있는 한자어계 용어를 지향하기는 하지마는 취향에 따라 고유어 계통의 용어를 선호하는 일을 더러 볼 수 있다.

---

* 이 글은 「韓日語學論叢 - 南鶴李鍾徹先生華甲紀念論叢」(국학자료원, 1995)에 실었던 것이다.

다음으로 문법이론과 체계가 달라지면 기존 용어에 새로운 개념을 덧붙이는 일이 생기고 그것이 어려울 때에는 필연적으로 새로운 용어를 만들어 내게 된다. 이러한 일 또한 개화기 이래의 문법연구사에서 많이 목격할 수 있다. 북한에서도 문법이론과 문법모형이 달라짐에 따라 같은 용어에 대하여 새로운 개념이 덧붙여지고 현상을 달리 파악함에 따라 새로운 용어가 많이 개발되었다.

필자는 먼저 개화기 이후 우리의 문법용어가 고유어와 한자어의 틈바구니에서 겪어 온 갈등의 발자취는 물론, 이론과 체계의 변동에 따른 용어의 변천양상을 훑어보고 이와 관련하여 합리적 용어사정의 방안을 제시한 다음, 최근 필자가 고영근(1993)에서 제안한 문법모형과 이를 뒷받침하는 문법용어의 타당성 문제를 역사적 맥락과 관련시켜 가며 논의해 보려고 한다.

2. 고유어와 한자어 용어의 선택문제

2.1. 줄임말과 表에 기댄 고유어 용어
- 주시경과 김두봉의 용어를 중심으로 -

개화기의 대표적 문법가였던 유길준, 주시경, 김규식, 김희상 등은 현재 전하는 원고본, 유인본, 활판본 등을 보면 모두 한자어 용어를 사용하였다. 이러한 경향은 우리의 전통적인 학문이 모두 한문으로 영위된 바탕을 지니고 있었던 데다가 우리보다 먼저 서양의 학문을 받아들인 일본과 중국의 영향이 크게 작용하였기 때문이다. 그러나 우리의 주권이 일본제국주의자들에게 빼앗기게 됨에 따라 한자어 용어를 고유어로 바꾸는 운동이 일어나기 시작하였다. 이 운동은 문법 분야에서 첫 삽질을 하였으며 이는 널리 알려진 바와 같이 주시경이 앞장을 섰다.

주시경은 「國語文法」(1910)을 펴냄에 즈음하여 이전의 한자용어를 고유어로 바꾸었다.1) 주시경은 우리말로 용어를 만듦에 있어 줄이기도 하고 새로 이름을 붙이는 두 가지 길을 택하였다. 이를테면 '기난갈'에서 '난'과 '갈'은 '난호다, 갈다'의 어간 상당부분에서 따온 말인데 줄임말에 속하며 명사를 뜻하는 "임"은 '이름'에서 '이'와 'ㅁ'을 따서 만든 것으로 이 역시 줄임말이다. '기'는 뒤에 '씨'로 바꾸기는 하였지만 현실언어에서 유연성을 찾기 어려운, 새로 이름을 붙인 말로서 주시경의 표현을 빌면 '表'에 속한다.2) 주시경의 용어관은 다음 글을 통하여 분명히 일 수 있다.

(1) 주시경의 용어관
학술에 쓰는 말은 반드시 속어(俗語)로 다하지 못할 것이요 또 맞지 아니함과 편하지 아니함이 있으므로 여기에는 글말로 쓰되 없는 말은 새로 표(表)를 지어 쓰노라. (국어문법, 27쪽)(현대맞춤법에 따라 고쳐 적음)

이곳의 "俗語"란 표준으로 삼기에 어려운, 짜임새가 부족한 일상적인 구어(口語)를 뜻하는 것 같으며 "글말"이란 표준이 될 수 있어 문자화의 대상이 될 만한, 짜임새 있는 서사어(書寫語)를 가리키는 것 같다.3) 주시경은 일상적인 구어로는 학술용어로 삼기에 부족하고 불편한 점이 많기 때문에 서사어를 대상으로 용어를 짓되 거기에서도 해당 용어를 찾을 수 없을 때에는 앞에서 말한 "表"를 짓는다는 뜻으로 이해된다. 주시경의 용

---

1) 주시경의 문법용어 변천에 관한 문제는 그 사정이 단순하지 않다. 이 문제에 대하여는 다른 기회에 논하고자 한다.
2) 주시경의 "기/씨"의 어원에 대하여는 논의가 많다. "기"는 품사를 뜻하는 한자의 '字'에 대당됨이 틀림없으나 현재 그 어원을 확실하게 모른다. "씨"에 대하여는 최현배(1937 : 147)에서 주 스승님으로 직접 들은 바 없기 때문에 확실히는 모르겠으나 "말의 씨"(語의 種)를 뜻하는 것으로 해석하면서 훈민정음 등의 용언의 뜻풀이 형식 'ㄹ 씨라'와 관련시키고 있다. 한편 정렬모(1956)에서는 자신이 직접 스승으로부터 들은 바로는 "씨경(經)"에서 취하였다고 하면서 주시경의 후계학자들은 훈민정음 등의 뜻풀이 형식과 유관한 것으로 해석하였다고 하였다. 주시경의 용어론에 대하여는 황부영(1962), 이기문(1976), 김민수(1977 =1986 : 153~156)을 보라. 특히 "表"에 대한 이기문의 해석은 시사하는 바 적지 않다.
3) 구어와 서사어의 개념에 대하여는 고영근(1993 : 59~77)을 보라.

어는 원칙적으로 일상 서사어를 대상으로 용어를 책정하였다. 특히 "때
(시제), 마듸(절), 일(지칭대상), 물음(의문), 몸(어기)" 등의 세부용어는 모
두 현실언어에 특별한 개념을 준 것이다. 그것이 여의치 않을 때에는 줄
임말을 고안하기도 하고 극단적으로는 "表"를 활용하기도 하였다. "表"
품사를 뜻하는 "기/씨"와 같이 서사어에서는 찾을 수 없는 극도의 추상성
을 띤 개념을 지칭할 필요가 있을 때 붙인 말이 아닌가 한다.4)

주시경의 "表"에 대한 착안은 「말」(1908?)의 "字母音名稱의解疑"에 그
씨앗이 배태되어 있다.

> (1′) 그러나내가여긔子音이라母音이라쓰는것은漢文에近來흔히쓰는말을딸
> 아쓰는것이로되일홈진글자의뜻으로원뜻을오해할폐단이있을진댄차라리
> 아모말뜻에상관없는음으로특별히일홈을지어쓰는것이좋겠도다. (16장)

곧 "子音"과 "母音"이라는 이름이 사실에 맞지 않아 오해할 폐단이 있다
면 "뜻과는 상관없는 음"으로 이름을 짓는 것이 좋겠다는 의견인데 "뜻과
는 상관없는 음"이 바로 (1)의 表를 가리키는 것으로 보고자 한다.

주시경의 고유어 용어 선호사상은 그의 한글전용이론과 맥을 같이한다.
주시경은 일찍부터 한글전용의 필요성을 느끼고 "국문론"(1897), "말"(1901),
"국어와 국문의 필요"(1907) 등의 논설에서 한글전용론을 전개하면서 이
를 실천한 바 있거니와 「國語文法」(1910)에 이르러서는 "音學"을 제외한
나머지 부문을 모두 한글로 바꾸어 썼다. 국한문혼용체를 지향하면 한자
어 용어가 용인될 수 있으나 한글전용체를 지향하면 필연적으로 한자어
용어를 고유어로 바꾸어야 한다고 생각했던 것이다. 이러한 주시경의 사
상은 조금도 잘못이 없다. 서사어에서 유연성이 있는 용어를 찾는 태도는

---

4) "문장"을 뜻하는 "월"은 '글월'의 접사 부분을 따서 만든 용어가 아닌가 하며 주시경이 창
   안하였다.(고영근 1994 : 255) 이 용어도 "表"의 테두리에 넣을 수 있는지는 단정하기 어렵
   다. 종전에 "기, 씨, 노" 등의 어원을 탐구하려는 노력을 많이 기울여 왔으나 그것이 근본
   적으로 "表"의 범주에 속하는 한, 실제 언어에서 유연성이 있는 어휘를 찾는 일이 어느 정
   도 보람 있는 일인지 의문시된다. 이 문제에 대하여는 이기문(1976)에서 지적된 바 있다.

바람직하고 또 그런 방향으로 나가는 것이 옳으나 어간이나 어근 상당부분을 취하는 등의 줄임말을 고안하여 임의로 명사나 접사의 자격을 주는 것은 국어조어법을 도외시한 조처로 보이며 더욱이 수학의 부호에 유추하여 "표"를 지어낸 것은 주시경의 의도와는 어긋나게 오히려 대중들로부터 외면을 당할 가능성이 많다. 주시경의 문법이론이 높은 수준을 유지하고 있었음에도 불구하고5) 당대나 후대 사람들에게 독단적, 국수적이라는 평가를 받은 것은 용어의 난해함에도 한 가닥의 원인이 있다고 본다.

주시경이 창도한 고유어 용어는 주시경 후계학파에 의하여 꾸준히 계승되어 갔다. 김두봉은 그의 「조선말본」(1916)에서 그의 스승인 주시경의 용어를 원칙적으로 이어받되 비현실적인 용어는 조금씩 손질을 해 가며 한자어를 옆에 붙여 씀으로써 이해를 돕는 방향의 서술법을 취하였다. 그러나 이곳에서도 줄임말과 '씨, 월'과 같은 표는 그대로 계승되어 있다. 김두봉의 용어관은 「깁더조선말본」(1922)에 명문화되어 있다.

> (2) 김두봉의 용어관
> 한문으로 된 말 가운데에 많은 사람들이 못 알아 볼 말 곧 한문자 모르는 사람이 음만 듣고는 모를 말 따위는 우리말로 옮기었노니 '성대'를 '목청', '단어'를 '낱말'이라 한 따위라.("머리말"의 '알기'에서)

김두봉은 한자를 모르는 사람들을 위하여 한자어로 이루어진 용어는 고유어로 고쳐야 한다고 하였다.

(2)와 같은 김두봉의 견해는 같은 책의 [붙임] "표준말"에서도 그대로 반복된다. 김두봉은 "문뎐"이란 말은 "끄라마"보다 조금도 쉬울 것이 없으며 한자어를 갑자기 없앨 수 없다는 견해를 피력하였다. 나아가 김두봉은 라틴어를 가지고 학술어를 삼는 서양의 본을 받아 한자어를 그대로 써야 한다는 주장에 대하여 옳지 않다고 비판을 가하였다. 서양은 자리가 잡혀 있기 때문에 자기 나라의 언어로 용어를 고치기가 쉽지 않지만 우리

---

5) 주시경의 문법이론에 대하여는 그 사이 많은 평가가 이루어졌다. 우선 고영근(1983 : 268~310)을 보라.

는 아직 사전도 완성되어 있지 아니한 실정에 놓여 있기 때문에 서양말을 한문으로 옮긴 용어를 그 음만 따서 사용하는 것이 바람직하지 않다고 하였다. 김두봉은 그의 선학 주시경과 같이 학습의 편의를 위하여 일상생활에서 쓰이는 말을 가지고 표준어를 삼을 것을 제안하였다. 용어를 고안함에 있어서 자신이 체계 세운 "어우름법", 곧 조어법을 따라 용어를 지으면 길이가 길지 않을뿐더러 한자어보다 짧은 것이 있으니 용어의 고유어화는 필연적이라고 하였다.6) 김두봉은 "임, 움, 얻"과 같은 줄임법에 기댄 용어가 좋지는 않으나 그래도 "명사, 형용사, 동사"보다는 이해하기가 쉽기 때문에 그대로 사용한다고 하였다. 김두봉의 이런 생각을 통하여 우리는 주시경의 용어법에 문제가 적지 않았음을 확인할 수 있다. 김두봉은 줄임말뿐만 아니라 '씨, 월'과 같은 表의 범주에 속하는 용어도 그대로 이어받고 있다.

2.2. 현실적인 말씨에 기댄 고유어 용어
- 강매·김진호와 최현배의 용어를 중심으로 -

주시경의 말줄임법과 表에 기댄 용어 사정의 기준은 강매·김진호의 「잘 뽑은 조선말과 글의 본」(1925)에서 크게 변화를 입었다. 강매와 김진호는 모두 주시경의 벗이었으며 김진호는 주시경이 작고하였을 때 호상을 맡을 정도로 절친한 사이였다. 그럼에도 불구하고 두 사람의 문법책에는 줄임말이나 表에 해당하는 말은 모두 현실적인 표현으로 바꾸었다. 그 예를 부문별로 보이면 다음과 같다.

    (3) 강매·김진호의 문법용어
        가. 첫소리, 가온대소리, 끝소리, 홀소리, 섞임소리, 맑은소리, 흘인소리,
            쌍소리, 겹소리, 버릇소리
        나. 이름말, 꼴말, 움즉임말, 꿈임말, 도음말, 잇음말, 늑임말
        다. 홋글, 줄글, 겹글, 덧글

---

6) 김두봉의 학술용어에 대하여는 이미 김금석(1956)에서 북한의 언어정화운동과 관련하여
   긍정적으로 평가된 바 있다.

(3가)는 음성론 용어인데 주시경과 김두봉의 용어를 물려받되 "맑은소리, 흘인소리, 쌍소리"는 지은이들이 새로 개발하였다. (3나)는 품사론 용어로서 주시경과 김두봉의 품사용어 "임, 엇/언, 움, 억, 잇, 놀/늑" 대신 줄이지 않은 일상어휘로 바꾸고 表인 "씨"의 자리에 "말"을 갈아 넣었다. 이로 미루어 보면 지은이들은 품사를 뜻하는 용어로 "말"을 선택했음이 틀림없다. 품사론의 세부용어는 대부분 김두봉의 것을 계승하고 있다. (3다)는 문장론의 용어인데 김두봉의 "홋월, 줄월, 겹월, 덧월"의 "월"대신 '글'을 바꾸어 넣음으로써 表의 성격을 띤 용어를 버리고 현실어휘를 선택하였다. 이곳에서도 세부용어는 모두 김두봉의 것을 따르고 있다. 주시경이나 김두봉의 세부용어는 대부분 현실어휘에서 그대로 가져왔기 때문에 특별히 손질을 할 필요가 없다고 생각한 것 같다. 강매·김진호는 주시경과 김두봉의 줄임말과 表나 그에 가까운 용어를 살아 있는 어휘에서 골라 내었다는 점에서 고유어 용어가 대중 속에 뿌리를 내릴 수 있는 기반을 닦았다고 말할 수 있다.

　품사의 이름을 현실언어에서 찾고자 하는 노력은 최현배에 와서 더 분명히 그리고 체계적으로 찾아 볼 수 있다. 최현배는 "조선어의 품사분류론"(1930)에서 그의 스승인 주시경의 학술용어의 사정 태도를 긍정적으로 평가하면서도 문법을 쉽게 이해하고 일반에게 널리 보급할 목적으로 용어를 완전히 바꾸었다. 최현배는 그의 선배인 김두봉이 주시경의 용어를 습용(襲用)하자는 간곡한 부탁을 외면하고 이름을 고친 것은 용어 자체에 문제가 있다고 보았기 때문이다. 곧 문법용어를 한 음절로만 지은 것이 문법을 어렵게 만든 요인중의 하나라고 보았다.(앞에서 나옴) 우리말에는 사물의 이름을 표시하는 말은 한 음절로 된 말도 있지마는 두 음절 내지 세 음절로 된 말이 많고 또 이런 말들이 부르기와 듣기에도 좋으니 굳이 한 음절로 용어를 만들어야 할 이유가 없다고 비판을 가하였다. 이는 주시경·김두봉의 줄임말이 언어대중의 비위에 맞지 않다는 뜻이다. 앞의 강매·김진호가 현실생활에서 쓰이는 말로써 용어를 삼은 것도 최현배가 지적한 문제점을 의식한 데서 빚어진 결과인 것이다. 그러나 최현배는 表의 테두리에 드는 주시경·김두봉의 "씨"와 "월"은 버리지 않았다. 앞에

서 강매·김진호는 "씨"와 "월"을 모두 버리고 "말"과 "글"로 바꾸었음을
본 바 있다. 필자는 최현배가 강매·김진호처럼 "씨"와 "월"을 버리고 현
실성이 있는 용어를 그 자리에 채울 수 있었더라면 좋지 않았을까 생각한
다.

한편 최현배는 보편성이 있는 한자어 용어를 선택하자는 견해의 부당
성을 다음과 같이 비판하였다.

> (4) 최현배의 용어관
> 첫째 그것은 될 수 있는데 까지는 적어도 우리말의 설명은 우리말로
> 하자, 더구나 우리말본의 갈말은 우리말로 하자는 이상에 틀릴 뿐만 아
> 니라 둘째 남의 문법의 술어를 그냥 씀이 매우 위험한 일이다. 왜 그러
> 냐 하면 말본이 서로 다름을 따라 같은 용어라도 그 내용이 다름이 예
> 사인데 이제 남의 말본의 갈말을 당겨 쓰면 그 나라말의 법을 가지고
> 우리말의 법을 율(律)하려는 불합리한 망동과 오해를 일으킬 염려가 많
> 은 때문이다.
>
> (현대맞춤법에 따라 고쳐씀)(96쪽)

우리말에 대한 설명을 우리말로 하자는 견해는 주시경이 주장한 바인데
최현배는 김두봉과 함께 그의 스승의 사고체계를 누구보다도 충실하게
계승하고 있다고 말할 수 있다. 사실 한자를 가르치지 않고 한글만으로
문자생활을 영위하게 되면 원칙적으로 모든 한자어는 우리말로 바꾸어야
한다. 그래야만 피정의항의 설명부분이 정의항의 이름과 일치가 되어 학
습이 상대적으로 쉬워진다. 그러나 한글만 쓰기의 문자생활은 단순한 음
의 전사를 넘어서서 언어혁명을 불러일으키기 때문에 용어의 전면적인
고유어화가 이상대로 쉽게 실천되지 않는다는 면이 있다. 또 문법체계가
다르면 같은 용어라도 그 내용이 다르기 때문에 남이 지은 용어를 함부로
갖다 쓸 수 없다는 견해 역시 타당성을 지니고 있다. 그러나 이런 일은
일본과 우리 사이에만 있는 것이 아니라 우리 학계의 내부에서도 얼마든
지 있을 수 있다. 우리 선인들은 남이 개발한 이론을 수용하여 우리말에
응용하여 연구해 왔고 더욱 최현배 자신은 이전의 누구보다도 외국의 이

론을 많이 받아들였다.7) 남이 개발한 용어도 우리의 학문적 풍토에 맞으면 선별적으로 수용할 수 있다고 본다.

최현배는 「우리말본」의 완성에 즈음하여 보다 정비되고 체계적인 문법용어론을 전개하였으며 이와 함께 자신이 고안한 용어를 음성, 품사, 문장에 걸쳐 제시하였다. 그는 "조선어법의 술어론 – 갈말연구는 尙早라는 說"(1934)에서 말과 글의 연구가 민족문화와 맺는 관계에 주목하면서 앞의 글에서 주장한 자신의 견해를 더 깊고 넓게 펼치었다. 특히 이곳에서 최현배는 용어문제는 형식적으로 접근하는 길과, 내용과 관련을 시키면서 용어를 만드는 두 갈래의 길이 있다고 하여 문법용어와 문법체계의 상관관계를 처음으로 명언하였다.8) 이글의 첫머리에서 언급한 바와 같이, 전자는 용어를 고유어로 할 것인가 아니면 한자어로 할 것인가를 가리키고 후자는 문법이론과 문법체계가 달라짐에 따라 개념이 덧붙여지거나 용어가 바뀐다는 양자의 상관관계에 대한 내용이 주축을 이루고 있다.9)

최현배와 같이 현실적인 말에서 용어를 찾고자 하는 노력은 김석곤의 "한글가로쓰기"(1932)에서도 접할 수 있다. 이곳에는 다음과 같은 품사가 설정되어 있다.

> (5) 김석곤의 품사체계와 그 이름
>   이름씨, 대이름씨, 셈씨, 움즈김씨, 생김씨, 잡음씨, 어떤씨, 어찌씨, 걸힘씨, 두레씨, 지름씨

그는 원칙적으로 최현배의 체계를 따르면서도 보조사를 "두레씨"라고 부르는 등 품사를 하나 더하였으며 용어도 부분적으로 변개를 더하였다. "움직씨"는 "움즈김씨"라 하였는데 이는 강매 · 김진호의 "움즉임말"과 비슷하다. 최현배의 "어떻씨"는 "생김씨"로 바꾸었고 "느낌씨"는 "지름씨"

---

7) 최현배와 외국문법이론과의 교섭관계에 대하여는 고영근(1995)를 보라.
8) 최현배의 문법용어론에 대한 평가는 고영근(1995)를 보라.
9) 최현배의 문법용어가 부분적으로는 생산성에 문제가 없지 않으나 대부분 우리말의 조어법에 어그러지지 않는다는 점이 최근에 지적되었다. 한길(1994)를 보라.

로 고쳤다. 후자는 '소리 지르다'에 기댄 것 같다. "두레씨, 지름씨"가 "도음토씨, 느낌씨"보다도 어느 정도 현상에 가까운 용어가 될지 의심스러운 면이 없지 않다. 이밖에도 이곳에는 물음표를 "물음표/갈공이", 느낌표를 "지름표/바늘", 쉼표를 "가름표/꼬리점", 쌍점을 "버림표/포갤점", 쌍반점을 "큰가름표/포갤꼬리점" 등 상당히 깊이 생각하여 고안한 용어가 많다. 김석곤의 품사체계와 용어는 신문에 발표된 탓인지 그 뒤에 한번도 주목된 일이 없으나 앞으로 고유어 용어를 개발함에 있어서 한번쯤은 뒤돌아보아야 할 가치 있는 인식의 소산이 아니었던가 한다. 그것은 모든 용어를 현실어휘와 실제 사물의 생김새에 유추하여 만들었다는 면을 지니고 있기 때문이다. 그러나 表에 해당되는 "씨"를 그대로 두었다는 것은 아직도 문제를 안고 있다고 하겠다.

2.3. 고유어와 한자어의 절충적 태도
– 정렬모와 허웅의 용어를 중심으로 –

최현배에 의하여 고유어 용어의 기틀이 잡힌 국어문법용어는 정렬모(1946)에 와서 큰 변모를 겪는다. 정렬모는 「신편고등국어문법」(1946)의 "머리에 두는 말"에서 자신의 국어연구는 한힌샘에게서 싹이 트고 김두봉을 거치는 사이에 뼈가 생기었으며 신명균에 와서 살이 붙었다고 말하고 있는데 이러한 과정을 거치는 동안 우선 품사체계가 크게 바뀌었으며10) 품사 이름을 비롯한 문법용어가 한자어로 대치된 것이 적지 않다. 정렬모는 이전의 문법가와는 달리 자신의 용어관을 특별히 피력(披瀝)하지는 않았다. 그의 문법책에 사용된 문법용어를 통해서 그 성격을 짐작할 수 있을 뿐이다.

우선 품사와 그 이름이 "품사, 명사, 동사, 관형사, 부사, 감동사"와 같이 한자어로 바뀌었다. 그렇다고 하여 정렬모는 주시경과 김두봉의 고유어 용어를 완전히 버린 것은 아니었다. 소극적이기는 하나 괄호 안에 "씨,

---

10) 정렬모의 문법체계에 대하여는 평가된 바 많다. 우선 고영근(1983 : 68)을 보라.

임, 움, 언, 억, 늦”을 넣어 선학들의 용어를 계승하겠다는 정신을 표백하
고 있으며 “문법론, 문장”을 뜻하는 “말본갈, 월”은 그대로 사용하고 있다.
정렬모는 “活用, 格”에 대하여 최현배의 “끝바꿈, 자리”를 취하지 않고
“몸갈이, 빛”이라는 자신의 용어로 바꾸었다. 정렬모에게는 최현배의 영
향을 받은 흔적이라고는 거의 보이지 않는다. 정렬모가 “朝鮮語文法論”을
발표한 것이 1927년이었으니 최현배의 “조선어의 품사분류론”(1930)보다
3년 앞서 국어문법론을 전개하였다. 정렬모는 고유어로 치환(置換)이 어
려운 개념에 대하여는 “본성논, 부성논”과 같이 한자어를 택하기도 하였
고 “낱뜻논, 감말논”처럼 고유어와 한자어를 합성시키는 일도 더러 볼 수
있다. 정렬모는 김두봉과 최현배의 고유어 중심의 용어보다는 한자어를
가미하여 일종의 절충적인 태도를 취하였다. 고유어만으로는 추상성을 띤
문법적 개념을 제대로 담기가 어렵다는 것을 깨달았을 가능성이 많다. 요
즈음 고유어 용어를 지향하는 문법가 가운데서 고유어와 한자어를 합성
시키는 일을 더러 볼 수 있는데(뒤에 나옴) 이러한 일은 정렬모에게서 시
작된다고 할 수 있다.

　앞에서 우리는 정렬모의 문법에서 고유어와 한자어의 절충적 사용을
목격한 바 있는데 1970년대에 들어오면서 두 용어를 절충적으로 사용하
는 예를 접할 수 있다. 대표적으로 허웅(1975, 1985)이 그러하다. 허웅 역
시 정렬모와 같이 아무데서도 특별히 자신의 용어관을 전개한 흔적을 찾
을 수 없다. 1970년초의 정부의 한글전용정책이 강력하게 추진됨에 따라
허웅은 이전의 국한문혼용으로 되어 있던 자신의 저술을 다시 한글전용
으로 박기 시작하였으며 최현배의 뒤를 이어 한글학회의 이사장의 자리
에 오르면서부터 국어순화에 관련된 업적을 많이 발표하였다.11)

　허웅의 고유어 지향의 문법적 사고는 허웅(1975)에서 처음으로 엿볼 수
있다.12) 품사와 문장을 뜻하는 “씨”와 “월”을 비롯하여 품사와 성분 이름
은 대체로 주시경, 김두봉, 최현배 등의 주시경학파의 용어를 따르고 있으

---

11) 「우리말과 글에 쏟아진 사랑」(1979) 등의 저술이 그러하다.
12) 이보다 몇년 앞서 나온 「옛말본」(1969)도 한글전용과 함께 고유어 용어를 지향하고 있으
　　나 이 책의 내용은 「우리 옛말본」(1975)에 수렴되어 있으므로 따로 들지 않는다.

나 "표기법, 음소, 음절, 모음조화, 형태소, 조어법, 합성법, 파생법, 통어적 합성어, 비통어적 합성어" 등은 고유어로 바꾸지 않고 한자어를 그대로 사용하고 있다. 한편 "불구적인 매인이름씨, 가상적 가지, 불구뿌리, 앞가지 파생어, 뒷가지 파생어, 주체높임법, 객체높임법, 인용말, 속구조, 겉구조, 기본월" 등 고유어와 한자어의 합성어도 꽤 많이 나타난다. 앞의 정렬모의 태도와 비슷한 점이 많다. 최현배처럼 고유어 용어만을 고수하기에는 문법서술에 어려움이 많다고 생각하여 두 가지 용어를 절충한 것으로 보이나 어떤 객관적 기준을 찾기가 쉽지 않다. 같은 개념에 대하여 어떤 때는 고유어를, 어떤 때는 한자어를 사용하는 일도 있다. "홀소리 어울림"과 "모음조화"를 섞어 쓰는 일이 그러한 예이다. 구의 성격을 띤 "불구적 매인이름씨"의 경우는 용인된다고 하더라도 단순한 합성어인 "인용말, 기본월" 같은 말은 아무래도 어색하다. 차라리 최현배처럼 "따옴말, 으뜸월"이라 부르는 것이 더 자연스럽지 않나 생각한다. 더욱이 같은 "의향법"의 하위체계인데도 불구하고 평서법은 "서술법"으로, 의문법은 "물음법"으로 용어를 삼은 것도 그리 잘된 조처라고 할 수 없다. 전자에 대하여는 차라리 최현배의 "베풂법"이 더 좋아 보인다. 이러한 불균형은 그의 문법의 여기저기에서 발견된다.

허웅(1985)에서는 그 정도가 심하여 음성학 용어는 "붙갈이소리, 갈이소리, 두입술소리" 등 많은 용어가 고유어로 바뀌었으며 음운론에서도 "홀소리어울림, 입천정소리되기, 된소리되기" 등 고유어로 바뀐 것이 적지 않다. 고유어로 많이 바꾼다고 하였지만 전반적으로 보면 한계가 있어 역시 절충적 테두리를 벗어나지 못하고 있다. 고유어로 용어를 삼으면 뜻을 파악하기가 쉬워 실리가 많고 명분도 서지마는 자유로운 용어의 구사에 한계가 있음을 느끼게 되고 한자어 용어만을 택한다면 용어의 구사에는 큰 어려움이 없으나 개념파악에 장애가 많고 동시에 한자교육을 전제로 하게 되니 한글전용과 국어순화라는 큰 명분을 그르칠 가능성이 많다. 앞의 정렬모가 절충적 태도를 취한 것도 결국 이러한 고민의 산물임은 두말할 나위도 없다.

2.4. 학교문법의 용어의 특수성

고유어와 한자어의 갈등은 1949년 7월의 문법용어의 제정·공포를 계기로 하여 어느 정도 제 자리를 잡았다. 학문문법에서는 문법가의 취향에 따라 어느 것을 사용해도 무방하다고 하겠으나 적어도 교육문법에서는 고유어와 한자어 중 어느 하나를 일관성 있게 쓰도록 규정할 필요가 있다. 대한민국 정부가 정식으로 발족함에 따라 문교부에서는 292개의 문법용어를 사정·공포하되 고유어와 한자어의 이원화를 지향하였다. 고유어 용어는 대체로 최현배의 용어가 채택되었고 한자어 용어는 개화기 이후 국어문법과 외국어문법에 통용되던 용어를 표준으로 정하였다.

문법교육이 국어교과 가운데서 제 자리를 잡음에 따라 이러한 이원적인 용어체계는 학교교육에 상당한 부작용을 일으켰다. 문법체계와 함께 문법용어의 통일에 대한 교육계와 문화계의 요구를 충족시킨다는 뜻에서 정부는 몇 년간의 산고(産苦)를 거듭한 끝에 1963년 드디어 학교문법통일안을 제정하기에 이르렀다. 음성론과 문장부호만 고유어가 채택되고 품사론과 문장론 용어는 한자어 용어가 채택되었다. 문법교육이 시작된 지 반세기가 지나 규범문법이 통일되기에 이르렀다. 이 통일안은 지금까지 문법교과서의 검인정과 국어교육에 있어서 중요한 지침 노릇을 해 왔다.[13]

그러나 1985년에 나온 고등학교 「문법」은 음성론에서도 구체적 대상과 관련되어 있는 "입술소리, 목청소리" 등만 고유어가 채택되어 있고 추상성을 띤 용어는 "파열음, 마찰음, 자음동화, 구개음화, 모음동화" 등과 같이 한자어를 선택하였다. 교과서에서는 고유어를 노출시켜 놓아도 실제 수업에서는 "양순음, 후두음" 등이 사용되고 있으니 고유어가 설 땅은 자꾸만 줄어들고 있다. 이는 문법용어가 국어문법에만 한정되지 않고 옛말과 외국어문법에도 응용된다는 점과 무관하지 않다고 생각한다. 그러나 국어순화에 관심이 많거나 국어교육을 정상적으로 받은 이른바 한글세대는 명사, 대명사 등 추상성을 띤 큰 범주의 용어는 한자어를 쓰면서도 세

---

13) 문법용어와 관련된 학교문법의 통일화 문제에 대하여는 고영근(1994 : 2부 3장)을 보라.

부적인 용어나 새로 들어오는 외국의 용어를 수용할 때에는 고유어로 이름을 짓는 일이 더러 눈에 띤다. 이를테면 텍스트문법의 "Text"를 "이야기"로 옮기다든지 변형문법의 "內包, 接續, 樹型圖"를 "안김, 이음, 나무그림"으로 만드는 방식이 그러하다. 사실 이러한 경향은 주시경이 이미 시도한 바 있는 자연스런 학술용어의 사정방향으로서 앞으로 자리를 잡아 갈 날이 머지 않을 것으로 보인다.(뒤에 나옴)

2.5. 북한 문법용어의 특수성

북한의 문법용어도 그 기복(起伏)이 단순치 않다. 초기에는 한글전용을 시행하면서도 한자어계를 고수함을 원칙으로 삼았는데 1960년대 후반기부터 일기 시작한 문화어운동을 계기로 하여 많은 고유어 용어를 개발하여 적극적으로 사용하다가 최근에 와서는 다시 한자어계로 되돌아오고 있다는 점에서 그렇게 말할 수 있다.

1949년의 「조선어문법」과 1960/1963년의 「조선어문법」(1), 「조선어문법」(2)는 원칙적으로 한자어용어로 일관하였다. 주시경의 언어사상을 언어정책의 뿌리로 삼는다고 자처한 북한이 문법용어에 대하여는 한 마디의 변론도 없이 한자어계를 사용하였다는 것은 도무지 이해가 되지 않는다. 북한의 문법용어의 고유어화 운동은 1950년대 후반부터 일기 시작한 한자어 정리사업과 1960년대의 두 차례에 걸친 김일성의 담화가 계기가 되어 본격화되었다.14)

우선 북한의 어문학계는 학술용어를 다듬는 방법론적 문제에 대한 기초 연구를 수행하였다. 리기원(1966)은 학술용어를 다음과 같이 뜻매김하였다.

> (6). 리기원의 학술용어의 정의
> 가. 특수한 전문분야에서 쓰이는 말
> 나. 엄밀히 규정된 개념에 대응하는 말
> 다. 낱말이나 낱말묶음으로 이루어짐

---

14) 북한의 한자폐지와 언어정화사업에 얽힌 문제는 고영근(1994 : 제1부 7장 3절)을 보라.

(6)과 같은 학술용어에 대한 정의는 북한이 초기부터 관심을 가졌던 언어 정화에 대한 경험이 결집된 것으로 보고자 한다. 특히 리기원은 용어가 어휘적 대상으로서 어휘론의 대상이 되기는 하나 일반 어휘와는 달리 언어 외적 요인이 작용한다고 하였다. 이는 논리적 계기와 언어적 계기가 통일이 되어야 한다는 뜻인데 언어적 측면만 고려한다면 이는 좁은 의미의 용어에 지나지 않는다. 일반적으로 전문학자는 용어의 논리적 면에 관심을 기울이고 언어학자는 언어적 체계에 관심을 기울이기 때문에 해당 전문학자와 언어학자와의 상호협동이 불가결하다는 태도를 취하였다. 그러나 문법용어는 같은 사람에 의하여 사정되기 때문에 가장 좋은 용어를 만들어 낼 수 있는 조건을 갖추고 있다고 하였다. 지극히 상식적 견해 같지만 지금까지 각종 학술 용어의 사정에서 국어학자의 참여가 활발하지 않았던 우리의 현실에서는 한번쯤은 귀기울여 들어야 할 발언이었다고 생각한다. 또 리기원은 과학적 대상으로서의 용어론이 일반어휘와는 구별되어야 한다고 하였는데 이는 앞에서 본 바와 같이 용어론을 어휘론의 대상으로 간주한다는 뜻으로 이해된다. 용어론을 어휘론의 대상으로 간주하지 않았던 우리의 실정과 비교해 볼 때 그 수용여부를 한번쯤은 생각해 볼 만하다.

박승희(1966)과 김수경(1967)에서는 우리말을 중심으로 어떻게 학술용어를 다듬을 것인가 하는 문제에 대하여 구체적 방법론을 전개하였다.15) 전자에서는 고유어의 어근을 중심으로 학술용어를 다듬을 때 형태소를 어떻게 활용할 것인가 하는 문제를 거론하였다. 이를테면 의학용어 '鎖骨'을 '거멀못, 거멀장식'에 유추하여 '거멀뼈'로 다듬는다는 견해가 그러한 예의 하나이다. 김수경은 학술용어에는 개념적 측면과 언어적 측면이 있다고 말하고 학술용어는 일상어휘와는 달리 개념이 명확히 규정되고 개념과 용어가 분명하게 부합되어야 한다고 하였다. 특히 학술용어가 언어적 측면에서는 (1) 단의성, (2) 정확성, (3) 체계성, (4) 간결성의 네 가지 조건이 갖추어져야 하며 혁명수행, 우리말 발달의 주체적 방향, 우리의 학

---

15) 두 사람의 학술용어에 대한 견해는 고영근(1994 : 211~212)에서 언급한 바 있다.

술용어이론의 건설에 부합하도록 해야 한다고 주체적 태도의 용어론을
부르짖었다. 김수경은 학술용어를 다음 세 갈래로 나누었다.

  (7) 학술용어의 갈래
     가. 엄밀한 의미에서의 학술용어 : 과학의 발전과정에서 새로 발견되
         거나 정밀화되어 설정된 개념임.
     나. "이름"적 용어 : 대상, 생산품, 도구 등의 이름으로서 본래는 보통
         의 단어였던 것이 과학의 술어체계 안에 들어와서 술어가 된 것임.
     다. 기호, 부호(단어로 된 술어의 축약형) : 알파선, 비타민 A 등.

김수경은 과학의 성격에 따라 사정기준이 조금씩 다르다고 보았다. 철학,
경제학, 문학과 같은 분야는 (가)와 같이 기본적 이론적 용어가 중심이 되
고 식물학, 동물학, 지리학, 의학, 농학과 같은 분야는 "이름"적 용어가 주
종을 이룬다고 하였다. 추상적 개념과 일반화된 범주들을 대상으로 하느
냐 아니면 구체적·실질적 대상을 주로 다루느냐로 귀착된다. 이러한 견
해에 기대면 남북한의 문법 용어 가운데서 음성학과 문장부호는 고유어
가 주축을 이루고 품사론과 문장론에 관한 용어는 한자어가 주축을 이루
게 된 까닭을 이해할 수 있다. 전자는 구체적·실질적 대상과 관련되어
있고 후자는 추상적 개념과 일반화된 개념을 대상으로 하고 있기 때문이
다. 앞에서 우리는 김석곤이 문장부호의 이름을 그 모양에 유추하여 "갈
공이"와 같이 현실적인 대상에 유추하여 만든 일이 있음을 본 바 있거니
와 음성론과 문장부호는 구체적 대상과 흡사한 면이 있기 때문이다. 이어
김수경은 한자어나 외래어로 학술용어를 사정한 과거의 학술용어론을 매
섭게 비판하고 고유어 중심의 용어를 개발해 나갈 것을 강조하였다.16)
  이상과 같은 학술용어 사정에 관한 기초연구와 관련하여 북한 어문학
계는 언어학 용어 80여개를 네 차례에 걸쳐 제시하고 의견을 묻는 방식을
취하였다.17) 부문별로 사정한 것도 아니고 문법용어(그들의 표현으로는

---

16) 초기부터 1960년대 후반에 이르기까지의 학술용어 등의 우리말의 어휘정리에 관한 업적
    은 최완호/문영호(1980), 박상훈/리근영/고신숙(1986)에 집성되어 있다.

"언어학 용어") 전반을 대상으로 하지도 않았으며 중복해서 제시된 것도 없지 않다. 용어를 제시함에 있어서는 그렇게 사정한 까닭을 간간이 베풀거나 딴 견해를 소개하기도 하였다. 이를테면 "호칭어"를 "부름말"로 다듬으면서 문장성분을 "감"으로 하여 "부름감"으로 하자는 견해가 있음을 덧붙인 것이 그러한 예이다. 네 차례에 걸친 용어집 가운데서 중복되는 것은 제외하고 부문별로 간추려 보이면 다음과 같다.

(8) 사정의 대상에 오른 북한의 문법용어
　　가. 총론
　　　　몸짓언어-몸짓말, 음성언어-소리말, 회화어-이야기말, 내적언어-
　　　　속말
　　나. 음성학
　　　　어음-말소리, 모음-홀소리, 자음-닿소리, 음절-소리마디 또는 마디, 악센트/력점-소리마루 또는 마루, 개음절-열린마디, 폐음절-닫힌마디, 강약악센트-세기마루, 고저악센트-높이마루, 장단 악센트-길이마루, 음운-말소리, 형태음운-형태낱소리, 음운체계-낱소리체계, 음운계열-낱소리갈래, 음운통합-낱소리합침, 단모음-홑홀소리, 복모음-겹홀소리, 전모음-앞홀소리, 후모음-뒤홀소리, 반모음-반홀소리, 중자음-겹닿소리, 악음-가락소리, 소음-막소리, 향도-울림새
　　다. 형태론
　　　　어근-뿌리, 어간-말몸, 어미-꼬리, 접사-덧붙이, 접두사-앞붙이, 접미사-뒤붙이, 접사법-덧붙이법/붙이법, 합성어-합친말,
　　라. 품사론
　　　　체언-몸말, 용언-쓰말
　　마. 의미론
　　　　동의어-뜻같은말, 유의어-뜻비슷한말, 동음이의어-소리같은말, 의성어-소리본뜸말, 의태어-모양본뜬말

---

17) 언어학 용어의 사정자료는 국어사정위원회의 지상토론에서 볼 수 있다. 「어문연구」 1966-4, 1967-2, 3, 4에 관련자료가 실려 있다.

바. 문장, 수사(修辭) 등
호칭어-부름말, 수식어-치레말, 전달법-옮김법, 직접담화-바로옮
김, 간접담화-건너옮김, 바른어순/정상어순-바른자리, 전도된 어순
-바뀐자리, 도치법-자리바꿈법, 인용표-따옴표, 횡선-가로줄, 점선
-점줄, 독백-혼자말, 대화-서로말, 성구-익은말, 어원-말밑, 문맥
-글줄기, 문단-글대목, 단락-글토막, 비유-비김, 직유-바로비김,
은유-넌짓비김, 제유-들이비김, 환유-이웃비김, 풍유-빗댄비김

(8가)는 다듬었다기보다는 일상적인 어휘에 문법적인 개념을 덧붙인
것으로 보이는데 그 이후의 북한 어학서에서 그리 활발하게 쓰인 것 같지
않다. (8나)는 "홀소리-모음, 닿소리-자음, 형태낱소리-형태음운" 등을 제
외하고는 이후의 문화어 문법에서 많이 수용되어 있다. "건너옮기법"은
뒤에 "풀어옮기법"으로 바꾸었다. "홀소리"와 "닿소리"는 주시경이 만든
용어인데 그의 후계학자들이 즐겨 사용하여 왔으며 지금도 이 학파의 학
통을 계승한다고 자처하는 사람들은 이를 사용하고 있다. 그런데 이는
1960년대의 용어 사정에서 한번만 얼굴을 내밀었을 뿐이고 이후의 문화
어 문법서에서는 수용된 흔적을 찾을 수 없고 여전히 "모음, 자음"만 사
용되어 왔다. 문화어문법류에서 모음을 분류할 때 "끝모음, 높은모음" 등
으로 고유어와 한자어를 합성시킨 것은 아무래도 자연스럽지 못하다. "앞
홀소리, 높은홀소리" 등으로 만든다든지 남한처럼 "전설모음, 고모음" 등
으로 한자어끼리 합성시키는 길이 오히려 순리적이라 생각한다.

(8다)는 이후의 문화어문법에서 많이 수용되어 있다. "어미-꼬리"는 활
용을 인정하지 않는 북한의 문법모형에서는 필요하지 않는 용어이기 때
문에 쓰이지 않은 것이 아닌가 한다. (8라)의 품사론 용어는 "몸말-체언,
씀말-용언"만 사정되어 있다. 이는 김두봉의 「조선말본」(1916)에서 사용
된 용어로서 그리 새롭다고 할 수 없다. 나머지 용어는 한자어를 그대로
사용한다는 것으로 이해된다. 그것은 이후의 문화어 문법류에서 세부 용
어를 제외하고는 이전과 마찬가지로 모두 한자어 용어를 관철해 왔기 때
문이다. (8마)도 이후의 문화어 문법류에서 더러 수용되어 있다. (8바)도

이후의 문화어 문법류에서 많이 수용되어 있다. "수식어"는 "치레말"로, "수식하다"는 "치레하다"로 다듬었는데 최현배의 "꾸밈말, 꾸미다"보다 훨씬 어색하다. 그 뒤의 문화어문법류에는 "꾸밈말"이 채택되어 있다. "비유"를 "비김"으로 하여 "직유-바로비김, 은유-넌짓비김" 등으로 다듬은 것은 쉽게 수용될 것 같지 않다. 뒤에 "직접비유, 숨은비유"로 바뀌었다.

1970년 이후의 문화어문법의 용어18)가 어떠한 과정을 밟아 이루어졌는지 관련자료가 없어 단언할 수 없지마는 1960년대의 「어문연구」를 중심으로 한 용어시안과 여론수렴은 문법용어의 고유어화의 한 시험장이 아니었던가 한다.

고유어화를 지향하던 북한의 문법용어는 1980년대 후반에 들어서면서 또 한차례의 변혁을 겪는다. 우선 북한 어학자들은 "풀이성, 세움말, 풀이말, 보탬말" 등으로 불러 오던 문화어 문법류의 문장론 용어를 "진술성, 주어, 술어, 보어"와 같은 한자어로 바꾸었다. 1960년대 전반기의 「조선어문법」(문장론)(1963)의 용어로 되돌아 갔다고 할 수 있다. 이러한 경향은 「언어학사전 2」(1986)에서 보이기 시작하여 김용구의 「조선어리론문법(문장론)」(1986), 김갑준의 「조선어문장론연구」(1988)에 이르기까지 확인된다. 김용구의 「조선어문법」(1989)에는 이전의 문화어문법류에서 "사람대명사"로 다듬었던 용어를 "인칭대명사"로 바꾸었다. 다듬어 놓아도 일반이 쉽게 수용하지 않았기 때문에 한자어 용어로 되돌린 것이다.19) 「언어학사전」에는 우리말로 다듬은 용어를 표제어로 삼음을 원칙으로 하였다고 하는데 이 책에는 아직도 문화어문법류의 다듬은 용어가 많이 보인다. 이런 추세라면 얼마 안 가서 다듬은 문법용어가 거의 이전의 한자어 용어로 되돌아 갈 것 같다.

---

18) 문화어 문법의 용어에 대하여는 고영근(1994 : 제 3부 2절)을 보라.

19) 필자는 1993년 여름 북경에서 열린 "통일을 지향하는 언어와 철학"이라는 회의에 참석하였던 바 북한의 어문학자들에게 용어를 바꾼 까닭을 물었더니 다듬어 놓아도 사용하지 않아 한자어로 되돌렸다고 하였다.

3. 이론과 체계에 따른 용어의 개발문제

3.1. 제1유형의 용어의 특수성

제1유형이라고 함은 흔히 분석적 체계라 부르는데 동사형태부에 대해서도 명사형태부와 같이 단어의 자격을 주는 문법유형을 가리킨다.[20] 이러한 유형에 소속되는 문법가로는 유길준, 김희상, 주시경, 김두봉, 안확, 홍기문, 박승빈, 김윤경 등과 일본인 마에마, 다카하시 등 20명에 가깝지만 이곳에서는 어느 정도 독자적인 문법이론을 전개했다고 볼 수 있는 주시경, 김두봉, 홍기문, 박승빈을 들기로 한다.

주시경의 문법이론은 「국어문법」(1910)과 「말의 소리」(1914)을 통하여 엿볼 수 있다.[21] 「국어문법」은 의미론과 화용론에 토대를 둔 구문 중심의 문법서이다. 그런 만큼 문법용어에서도 특이한 것이 많이 발견된다. 주시경은 언어기호는 "말", 지칭대상은 "일", 해석자는 "맘"으로 불렀는데 이러한 용어는 그의 문법이론의 특수성에서 우러나온 기호학적인 산물이다. 또 주시경은 통사상의 잠재성분에 대하여는 "숨은 뜻", 화용상의 생략성분에 대하여는 "속뜻"이라 불렀는데 이러한 용어 역시 그의 문법이론의 특수성에서 빚어진 용어이다. 주시경 전후의 대부분의 문법가들은 성격이 다른 위의 두 현상을 "생략"이라는 용어에 포괄하였다. 또 주시경은 체언조사를 "겻", 접속조사와 연결어미를 "잇", 종결어미를 "끗"이라 불렀는데 이는 체언형태부와 용언형태부에 모두 독립된 단어의 자격을 주었기 때문에 생겨난 용어이다. 한편 주시경은 「말의 소리」에서 "늣씨"라는 용어를 개별하였다. 이는 현대 언어학의 형태소/어소(語素, morpheme)에 대체로 일치하는 개념인데 어절 이하의 유의적 단위로 분석함으로써 결과된 용어인 것이다. 이밖에도 주시경의 「국어문법」에는 그의 문법이론의 특수성과 관련되는 특이한 용어들이 많다.

---

20) 국어문법학사에 있어서 유형별 문법체계의 분류에 대하여는 김민수(1954)를 보라.

21) 주시경의 문법이론의 특수성에 대하여는 그 사이 많이 논의되었다. 우선 고영근(1983 : 268~307)을 보라.

　　김두봉의 문법이론은 「조선말본」(1916)과 「깁더조선말본」(1922)를 통하여 엿볼 수 있다.[22] 「조선말본」은 주시경의 「국어문법」의 구문중심의 문법체계를 품사중심으로 바꿈으로써 실용에 적합하도록 개편한 것이다. 우선 김두봉은 명사를 "몸말"(體言)이라 달리 불렀고 형용사와 동사는 "씀말"(用言)에 넣되 몸말과 함께 "으뜸씨"(元詞)로 묶었으며 관형사, 부사, 감탄사는 "모임씨"에 포괄하였다. 주시경은 앞의 두 범주를 특별히 구별하지 않고 "原體部"(몸씨)에 포괄하였는데 김두봉은 기능상의 차이를 존중하여 범주를 잘게 나누었다. "모임씨"는 뒤의 세 범주에 공통되는 고립어적 성격을 존중하여 붙인 일종의 형태론적 관점의 소산이라 하겠다. 이렇게 단어를 기능적 측면과 형태적 측면을 두루 고려하게 되니 새로운 용어가 생기지 않을 수 없는 것이다. 이밖에도 「조선말본」에는 문법모형을 달리함으로써 빚어진 새로운 용어가 많다. 「깁더조선말본」의 문법적 특징은 부록에 나오는 "좋을글"의 문장론 부분이다. 문장을 구성할 때 성분, 곧 "감"끼리 만나면 "힘"의 강약이 생긴다고 하면서 힘의 종류에 "멎는힘, 안는힘, 넘는힘, 뚫는힘, 되는힘"을 두고 있다. 이는 성분간의 친소 관계를 그 나름대로 명세(明細)한 것으로 볼 수 있다. 김두봉의 "힘"은 고유어에 문법적 개념을 준 것으로서[23] 앞의 주시경의 기호학적 용어인 "말, 일, 마음"과 함께 앞으로 고유어 용어를 개발하는 데 좋은 참고자료로 활용할 수 있다. 이렇게 문법체계가 다르고 이론이 달라지면 새로운 용어가 탄생될 수 있으며 그런 경우에는 될 수 있으면 일상적 고유어에 새로운 개념을 불어넣는 태도가 바람직하다고 생각한다.

　　홍기문의 문법이론은 "조선문전요령"(1927)과 「조선문법연구」(1947)에서 엿볼 수 있다. 홍기문은 특별한 계파에 속하지 않는 문법가인데 모든 문법용어를 한자어로만 지었다. "조선문전요령"에서는 "格詞"와 "後系詞"를 설정하고 있는데 전자는 격조사에, 후자는 보조사에 대체로 일치한다. 그러나 「조선문법연구」(1947)에 와서는 양자를 합쳐서 "後置詞"로 통합하

---

22) 김두봉의 문법이론은 최근에 와서 본격적으로 평가되기 시작하였다. 관련 논의는 고영근
　　(1983 : 46), 이필영(1992)를 보라.
23) 김두봉의 "힘"에 대하여는 앞으로 더 깊이 평가할 필요가 있다.

였다. 이는 문법이론이 달라진 데서 결과된 용어의 차이인 것이다. 박승빈은 널리 알려진 바와 같이 반주시경학파의 총수(總帥)로서 맞춤법에서부터 문법이론에 이르기까지 주시경학파와 반대되는 입장을 취하였다. 그러나 언어관 및 문법관을 비롯하여 현대적인 눈으로 볼 때 수용의 가치가 적지 않다고 평가되고 있다.24) 우선 "助用詞"가 눈에 띄는, 체계와 관련되는 용어이다. 그는 주시경이 종합적으로 처리한 피동과 사동의 접사는 물론, 높임과 시제의 선어말어미를 따로 떼어 내어 "助用詞"란 이름을 붙였다. 용언의 활용법을 인정하지 않으니 필연적으로 이런 범주를 세우지 않을 수 없는 것이다. 또 박승빈은 "別動助詞"란 용어도 개발하였다. 별동조사는 전통문법의 보조사를 가리키는데 김두봉의 "돕음토"(補助吐)와 비슷한 용어이다. 분포를 넓게 밝히고 기능을 문장 이상의 텍스트와 밀접하게 관련시키는 관점에서 설정하였다는 점에서 이론의 특수성과 관련되는 용어로 보인다.

3.2. 제2유형의 용어의 특수성

제2유형이라 함은 조사는 단어로 인정하되 어미는 단어의 일부분으로 보는 문법유형을 가리키는데 흔히 절충적 체계라 한다. 이 유형에 속하는 문법가로는 최현배, 박상준, 이희승, 정인승, 조선어학회의 「큰사전」(1947), 문교부의 학교문법통일안(1963) 등 10명(기관, 단체) 이상을 들 수 있다. 이 유형의 문법에는 언더우드의 「한영문법」(1890), 마띤의 「한국어 형태음소론」 등도 속한다. 이곳에서는 최현배, 정인승, 이희승, 마띤에 국한하여 용어상의 체계나 이론이 관련되는 용어의 특수성을 살펴보기로 한다.

최현배의 문법이론은 「우리말본」(1937)에 집성되어 있다. 최현배는 이전의 문법가들이 단어의 자격을 주었던 동사의 형태부를 활용법에 기대

---

24) 박승빈의 문법에 대하여는 생성문법의 도입과 함께 긍정적으로 평가된 바 많다. 우선 고
   영근(1983 : 56~57)과 차현실(1990)을 보라.

어 설명함으로써 제2유형의 문법체계를 세운 것으로 유명하다.[25] 최현배는 활용법을 도입함으로써 이전의 문법가들이 단어의 자격을 주었던 활용어미 종류를 모두 ”끝바꿈“(活用)이란 이름 아래 넣고 이들을 모두 “마침법(終止法), 이음법(接續法), 껌목법(資格法)”이란 이름 아래 분산하여 처리하였다. 문법이론이 달라짐에 따라 새로 탄생된 용어인 것이다. 이에 따라 이전의 박승빈의 문법에서 조용사라는 이름으로 처리되던 선어말류가 모두 “도움줄기(補助語幹)”로 처리되었는데 이 역시 용어의 활용법의 도입으로 태어난 새로운 용어인 것이다. “잡음씨(指定詞)”는 이전의 에카르트(Eckardt), 박승빈 등에서 볼 수 없는 바 아니나[26] 활용법을 도입함으로써 올바른 자리매김을 받게 된 최현배 특유의 문법범주이다. “도움움직씨” 역시 이전의 서양 선교사들의 문법에서 주목되지 않은 바 아니었으나 활용법의 도입으로 올바른 자리를 차지하게 된 문법범주인 것이다. “바꾸인 움직씨(變動詞)” 역시 활용법의 도입으로 태어난 특수한 문법범주이다. 최현배는 구성상으로 본 문장의 종류에 포유문, 병렬문, 연합문의 셋을 두었는데 이 역시 활용법과 밀접한 상관관계를 맺으면서 설정된 것이다. 최현배는 또 이전의 문법가들이 대명사의 일종으로 보아 왔던 의존명사류를 “불완전명사”로 처리하였는데 이 역시 국어문법구조에 대한 이해가 깊어짐에 따라 개발된 새로운 문법범주인 것이다. 이렇게 문법체계와 문법이론이 달라짐에 따라 새로운 용어의 개발은 필연적이라는 사실을 다시금 확인할 수 있다.

정인승의 문법이론은 「표준중등말본」(1949)에서 볼 수 있다. 정인승은 최현배의 문법모형을 따라 문법서를 지었는데 그 중 특이한 것이 최현배가 지정사로 처리한 ‘이다’를 “풀이토씨(서술격조사)”로 간주한 것이다. 사실 ‘이다’는 앞 부분은 조사와 같고 뒷 부분은 용언과 같아서 어떻게 처

---

25) 최현배의 문법이론에 대하여는 그 사이 평가된 바 많다. 자세한 것은 고영근(1995)를 보고 우선 고영근(1993 : 61~65)을 보라. 그러나 최현배의 이러한 문법체계는 언더우드(H.G.Underwood)의 「한영문법」(1890)에서 이미 확립된 바 있어 완전히 새로운 체계라고는 할 수 없다. 언더우드의 문법모형에 대하여는 고영근(1983 : 12, 214~220)를 보라.

26) 이 방면에 대한 정보는 고영근(1983 : 15, 56, 223)을 보라.

리해도 문제가 생긴다. 그런데 정인승은 이를 조사의 범주에 넣음으로써 서술격조사라는 새로운 문법범주를 세우게 된 것이다. 이희승의 문법이론은 「초급국어문법」(1949)과 「국어학개설」(1955)에서 엿볼 수 있다. 지정사를 용언의 한 갈래로 보지 않고 체언에 붙는 어미로 간주함에 따라 "체언의 활용"이라는 문법범주를 세우게 되는데 이 역시 문법이론이 달라짐에서 빚어진 새로운 용어이다. 이희승은 지정사를 부인하는 대신에 "존재사"를 세웠다. 존재사는 박승빈 등 이전의 문법가들이 산발적으로 세운 바 없지 않으나 이희승은 형태와 의미의 특수성에 기대어 그 설정을 합리화하였다. 또 이희승은 이전의 최현배 등이 부사에 소속시켰던 접속적인 단어류를 접속적인 기능에 근거하여 "접속사"라는 범주를 설정하였다. 마띤은 단어를 내적 구조에 따라 "가변어(可變語, inflected word)"와 "불변어(不變語, uninflected word)"로 나누고 전자에는 전통문법의 용언을, 후자에는 체언, 조사, 감탄사를 넣었다. 단어의 이러한 분류는 굴절의 여부에 기준을 둔 것으로서 당시에 팽배하였던 구조·기술문법의 영향을 받아 생겨난 용언인 것이다.

3.3. 제3유형의 용어의 특수성

제3유형이라 함은 체언에 붙는 조사마저도 단어로 인정하지 않는 문법모형을 가리킨다. 이 유형에 속하는 문법가로는 정렬모, 장하일, 이숭녕, 김민수 등이 있으며 초기 프랑스 선교사들, 에카르트, 람스테트 등도 이 계열에 속한다. 이 가운데서 정렬모, 이숭녕, 김민수, 에카르트, 람스테트의 용어상의 특수성을 살펴보기로 한다.

정렬모의 문법이론은 「신편고등국어문법」(1946)을 통하여 엿볼 수 있다.27) 정렬모는 이전의 문법가들이 단어로 처리하였던 조사마저도 단어로 인정하지 않은 문법모형을 창시하였다. 그는 먼저 "낱뜻(原辭)"을 세우고 여기에 다시 "으뜸낱뜻"과 "도움낱뜻"을 두었다. "낱뜻"이란 문법의 가

장 낮은 단위로서 구조언어학의 형태소나 주시경의 "늣씨"와 방불하다. 으뜸낱뜻에는 "몸군은말"과 "몸갈이말"을 두었다. 으뜸낱뜻은 대체로 어휘형태소에 해당한다고 말할 수 있는데 몸군은말에는 명사, 부사, 관형사를, 몸갈이말에는 동사, 형용사, 존재사, 지정사를 배치하였다. 도움낱뜻은 대체로 문법형태소에 해당한다고 말할 수 있는데 이곳에는 "두루"와 "다만"을 두었다. 전자에는 어말어미와 선어말어미를, 후자에는 접미사와 접두사를 넣었다. 이렇게 정렬모가 "낱뜻"이라는 용어를 세우고 이를 다시 "으뜸낱뜻"과 "도움낱뜻"으로 구분하여 새로운 용어를 마련한 것은 조사를 독립된 문법단위로 인정하지 않고 어미류나 접사류와 같이 단어의 한 부분으로 처리한 사실과 밀접한 관련이 있어 보인다. 이렇게 문법이론이 달라지면 문법체계가 달라지고 새로운 용어가 탄생되는 것이다.

이숭녕의 문법이론은 「중세국어문법」(1960)에 집성되어 있다.28) 이숭녕 역시 정렬모와 같이 조사를 독립된 단어로 인정하지 않는다. 그러면서도 그는 문법형태소와 어휘형태소의 중간에 자리잡고 있는 일련의 단어를 "후치사"라는 범주에 넣었다. 이러한 조처는 알타이어 문법모형에서 암시를 받은 것이지만 문법이론이 달라짐에 따라 탄생된 새로운 문법범주의 설정이라고 하겠다. 김민수의 문법이론은 「국어문법론연구」(1960)에 볼 수 있다.29) 그는 체언에 조사가 붙는 현상을 "첨용(添用)"이라고 하였는데 이는 활용과 특별히 구별하기 위하여 붙인 이름이다. 서양문법의 냄새가 나는 "곡용"보다는 국어의 첨가적 성질을 존중하여 붙인 이름이라는 점에서 훨씬 설득력이 있다고 하겠다. 그는 또 품사체계를 다시 세우되 "체언, 용언" 밖에 "부언(副言), 상언(相言)"을 두어 사언체계(四言體系)를 확립하였다. 부언은 관형사와 부사를, 상언은 접속사와 감탄사를 각각 가리킨다. 이러한 용어체계 역시 그의 문법이론의 특수성에서 생겨난 것이다.

에카르트의 문법적 특징은 「한국어회화문법」(1923)에 잘 드러나 있다.30) 에카르트는 이른바 지정사 '이다'를 "반동사"라 불렀다. 그는 독일

---

28) 이숭녕의 문법이론에 대하여는 고영근(1983 : 84)를 보라.
29) 김민수의 문법이론에 대하여는 고영근(1983 : 81)을 보라.

어/라틴어 문법용어 옆에 국어문법 용어를 병기하였는데 "uneigentliches Zeitwort"를 이렇게 옮겼다. 동사의 범주에 속하기는 하되 자립성이 없다는 점에 치중하여 이렇게 부른 것으로 보인다. 이밖에도 "중동사" 등 국어의 문법구조를 깊이 살핀 끝에 우러나온 용어가 많다. 람스테트의 문법적 특징은 알려진 바와 같이 「한국어문법」(1939)를 통하여 엿볼 수 있다.31) 그는 동사어미를 "verba finita(정동사), converba(부동사), verbal noun(동명사)"라 불렀는데 알타이어 문법적인 인식의 소산이기는 하지만 문법이론과 문법체계의 특이성에서 태어난 산물이다. "particle(첨사)" 역시 람스테트로부터 비롯되는 문법용어인 것이다.

3.4. 구조·변형문법의 용어의 특수성

구조문법과 변형생성문법 이론을 도입함에 따라 생겨난 용어도 적지 않다. 이들 용어의 대부분은 우리말의 문법을 연구하는 가운데서 탄생된 것도 없지 않으나 대부분은 외국어, 특히 영어에서 옮겨온 것이 대부분이고 옮기는 과정에서 일본어의 역어를 그대로 채택하는 일이 많았다. 이러한 일은 전통문법 시대에도 없지 않았으나 고유어의 어근을 중심으로 문법용어를 만드는 일이 많았기 때문에 외래적 냄새가 비교적 덜 풍겼다고 할 수 있다.32)

구조문법의 도입으로 새로 얼굴을 내민 용어에는 "형태소/어소, 합성법, 파생법, 굴절접사, 파생접사, 동사류, 명사류, 자립어, 의존형식, 의존어/부속어, 서법, 직접구성성분" 등이 있다. 이들은 대부분 외래문법용어를 우리말로 옮긴 것이지만 그 가운데서 국어의 문법구조를 깊이 파헤친 끝에 탄생된 용어도 없지 아니하다. 김민수의 「국어문법론연구」(1960)에 나오는 "어소(語素)"는 "morpheme"을 일본학계의 영향을 받아 "형태소"로

---

30) 에카르트의 문법에 대하여는 고영근(1983 : 220~229)을 보라.
31) 람스테트의 문법에 대하여는 고영근(1983 : 233~243)을 보라.
32) 구조·변형문법 시기의 문법연구에 대하여는 개별적 문법가들을 하나하나 들지 않는다.
　　고영근(1983 : 1.2장)을 보라.

번역하는 타성을 벗어나 현상을 충분히 고려하여 붙인 이름이란 점에서 외래이론의 수용에 있어 주체적인 태도가 반영된 대표적인 예로 손꼽힐 수 있다. 허웅의 「우리옛말본」(1976)에 나타나는 "준굴곡법, 인칭법, 주체·대상법"은 많은 문제를 안고 있지마는 중세어의 형태·통사구조를 면밀하게 구명한 바탕 위에서 탄생된 문법범주에 대한 이름이란 점에서 역시 귀기울일 만한 대상이 된다고 하겠다.

변형·생성문법의 도입으로 탄생된 용어에는 "표면구조/겉구조, 심층구조/속구조, 변형규칙, 구조기술, 구조변화, 주제화, 대용, 수량화, 사동화, 피동화, 부정법, 관계화, 보문화, 접속화/접속문, 양태, 한정사" 등 많이 들 수 있다. 이들도 앞의 구조문법의 경우와 같이 외래용어를 번역한 것이 대부분이다. 그 가운데서도 어떤 용어는 영어의 문법현상을 그대로 국어에 적용한 결과로 빚어진 것이 더러 있다. 이를테면 "한정사" 같은 용어는 전통문법의 보조사/특수조사를 달리 부른 이름인데 영어의 용어를 그대로 옮겼다는 점에서 많은 문제를 안고 있다. 전통적인 연결어미를 "접속사"라 부르는 것도 이와 같은 테두리에서 이해될 수 있다. 그러나 변형문법을 받아들이는 과정에서 국어의 형태 및 통사구조를 정밀하게 받아들인 끝에 탄생된 특징 있는 용어도 없지 않다. 서정수(1995)에서 문장의 서술과 관련된 문법범주를 "서술보조소"라 부르고 있는데 이는 종전의 선어말어미와 어말어미가 문장의 형성에 기여한다는 관점에서 붙여진 이름으로서 국어의 형태구조와 통사구조를 면밀하게 음미한 바탕 위에서 탄생되었다고 평가할 수 있다.

3.5. 북한 문법용어의 특수성

북한의 문법은 근본적으로 규범문법의 테두리를 벗어나지 않는다. 그러나 세월이 흐름에 따라 문법이론이 달라지고 문법체계도 많은 변화를 입었으며 이에 따라 새로운 문법체계가 탄생된 것이 적지 않다.33) 서술의

---

33) 북한문법 이론의 특수성에 대하여는 평가된 바 많다. 우선 고영근(1994 : 3부 1절)과 임

편의상 초기의 저술인 「조선어문법」(1949), 「조선어문법」(1)(1960)과 문화어운동 시기에 문화어문법류를 대상으로 하여 특수성을 검토하기로 한다.
「조선어문법」(1949)에서는 "어음, 결합모음, 직접담화/간접담화"가 특이하다. "어음"은음성과 음운을 포괄한 개념으로서 사상 표현의 물질적 재료로서의 소리를 가리킨다. 유물론적 언이 이론의 영향을 받아 탄생된 용어이다. "결합모음"은 체언에 붙어 동사의 기능을 발휘하도록 하는 서술격조사 '이다'의 '이'와 동사의 활용에서 목격되는 매개모음 '으'를 총괄한 것이다. "직접담화/간접담화"는 직접인용법과 간접인용법에 해당하는데 우리의 전통문법에서는 특별히 언급된 바 없다. 「조선어문법」(1960)에서는 "활동체명사/비활동체명사, 절대격, 직설법/가능법" 등이 눈에 띈다. "활동체명사/비활동체명사"는 유정명사와 무정명사에 해당하는 것으로서 옳고그름과 관계없이 우리의 전통문법에서 특별히 설정되지 않았다. "절대격"은 명사끼리 어울려 명사구를 만들 때 특별한 형태로 나타나지 않는 영의 속격을 가리키는데 전통적으로는 조사의 생략으로 다루어 왔으며 흔히 "부정격(不定格)"이라고 하는 현상과 거의 일치한다. "직설법"이란 평서형과 의문형을 대상으로 설정된, 필자의 "직설법"(고영근 1989: 3편 1장)에 해당하는 것으로 "가능법"과 함께 "법"의 범주를 이루고 있다. 문장의 내용에 대한 화자의 태도를 양태적 관점에서 관찰한 결과로 빚어진 용어이다.

조선어문법류와는 달리 문화어문법류과 이를 이론적으로 뒷받침하는 이론문법류에는 문법이론과 문법체계의 변동에 따르는 독특한 용어가 많이 보인다. "토, 령토, 대상토, 풀이토, 자리토, 끼움토, 바꿈토, 상징사, 의미부, 쪼박토" 등이 그러하다. "토"는 조사나 어미는 물론, 사동, 피동, 시간, 높임의 선어말어미까지 포함한다. "령토"는 구체적인 형태로 표시되지 않으면서 일정한 문법범주가 실현된다는 무형의 접사를 가리킨다. "대상토"는 체언조사와 복수의 접사를 포괄한다. "풀이토"는 어말어미와 거의 일치한다. "끼움토"는 복수접사, 피동과 사동의 접사, 명사형어미, 선어

홍빈(1992), 최명옥(1992)를 보라.

말어미를 포함하는 것으로 그 다음에 다른 문법요소가 와야만 완성된 단어형태를 갖추는 요소를 가리킨다. "바꿈토"는 지정사 '이다'의 '이'와 명사형어미를 가리킨다. 초기의 조선어문법류에서는 지정사 '이다'의 '이'를 결합모음으로 보았는데 문화어문법류에서는 토의 한가지로 보고 있다. 문법이론의 차이에 따른 새로운 용어의 탄생인 것이다. "상징사"는 「문화어형태론」(1980)에 나오는 품사인데 의성어와 의태어를 묶어서 독립된 품사의 자격을 준 것이다. 품사체계의 차이에 따른 새로운 용어의 탄생이다. "의미부"는 "형태부"에 대립되는 개념인데 단어를 종합적으로 관찰함에 따라 생겨난 용어이다. "조박토"는 "뜻쪼각"이라고도 부르는데 주로 '느, 더' 등의 교착적 선어말어미를 대상으로 붙인 이름이다. 문장론 분야에서도 새로이 탄생된 용어를 많이 발견할 수 있다.

4. 마무리

지금까지 우리는 문법연구가 시작된 초창기부터 1980년대에 이르기까지 우리의 문법용어가 걸어온 발자취를 형식적 측면과 내용적 측면에 걸쳐 훑어 보았다. 앞에서 언급한 바 있듯이 지금까지 논의한 역사적 맥락과 관련시키면서 합리적인 문법용어사정의 방향을 가늠해 보고 필자가 국어문법체계의 구성과 함께 새로이 개발한 문법용어의 타당성 문제를 검증해 볼까 한다.

우선 형식적인 면에서 보면 문법용어를 고유어로 할 것인가 한자어로 할 것인가 하는 문제가 늘 문법가들을 괴롭혀 왔으며 현재는 남북한이 품사와 성분이름 등 큰 범주의 용어는 대체로 한자어계를, 음성론과 문장부호는 고유어가 그런 대로 수용되고 있음을 확인할 수 있다. 이러한 사실로 미루어 볼 때 문법용어가 나아아야 할 길은 명백하다고 하겠다. 품사론과 문장론은 한자어가 주축이 되어야 하며 문장부호만은 현재의 남북한의 체재대로 고유어를 지향해도 큰 문제가 없다. 그리고 세부적인 용어는 주시경의 용어에서 보이는 "表"가 아닌, 일상 어휘에 새로운 개념을 덧붙인 용어를 개발할 필요가 있다. 이는 우리의 거리이름과 비슷한 점이 있다. 큰거리는 '종로, 세종로, 퇴계로, 율곡로' 등 접미사 '路'를 붙인 한자어가 주축이 되어 있으나 작은 길은 '솔샘길, 장승배기길, 남산공원길, 소월길'과 같이 고유어 지명에 접미사의 성격을 띤 '길'을 붙이는 것이 현재 거의 관습화되어 있다. 문제는 음성론 용어인데 발음기관과 같은 구체적인 대상에 관련된 용어, 이를테면 "입술소리, 혀끝소리, 입천장소리, 목청소리" 등은 어느 정도까지는 살려 쓸 필요가 있다고 생각한다. 현행학교 문법에서는 실제로 "입술소리, 혀끝소리, 목청소리"를 도입하고 있다. "예사소리, 된소리, 거센소리"는 구체적 대상에 관한 이름이 아님에도 불구하고 음성학 용어로서 깊이 굳어져 있다. 한자어 "양순음(兩脣音), 설단음(舌端音), 구개음(口蓋音), 후두음(喉頭音)" 등을 버릴 수는 없다. 두 입술이 닿아 마찰을 일으키는 경우는 "입술마찰음"보다는 "양순마찰음"이 선호될 가능성이 더 많다. 이는 한자어 용어가 주축을 이루어야 하고 고유어는 종적인 위치에 놓인다는 사실을 뜻한다. 종적인 자리를 차지한다는 것은 고유어의 자리를 낮춘다는 것이 아니다. 한자를 제대로 배우지 못하는 국민학교 수준에서 기초적인 문법용어를 도입할 필요가 있을 때에는[34] 한자어 용어보다는 "입술소리, 혀끝소리, 입천장소리, 목청소리"와 같은 자연스런 고유어를 보이는 것이 좋다고 생각한다. 그러나 한자를 배우고 또 외국어 문법을 접하는 중학교 단계에서는 한자어 용어를 같이 도입하고 고등학교 수준에서는 한자어만 노출시켜 용어의 단일화를 도모하는 것이 바람직해 보인다. 우리는 지금까지 한자어 용어는 입에 올려서는 안될 말로 생각하고 표준화 문제를 심각하게 논의한 일이 별로 없다. 필자가 고영근(1993 : 107)에서 "완성토(이룸토), 선행토(앞선토), 종결토(맺음토), 비종결토(안맺음토)"와 같이 괄호 안에 고유어 용어를 넣은 것은 이러한 사정을 고려하였기 때문이다.[35]

---

34) 필자는 국민학교 상급학년부터 단계적으로 한자교육을 시켜야 한다는 소신을 가지고 있다.

35) 이기문(1990)에서는 우리말에 대한 지극한 사랑으로 무턱대고 한자어를 배격하고 고유어를 두둔하는 태도는 버려야 한다고 말하고 "현재의 우리나라에서 가장 바람직한 길은 한

　문제는 "입술소리"와 같이 꽤 자연스럽게 일구어 낼 수 있는 고유어 용어를 어떤 방식으로 국민교육에 수용하느냐 하는 것이다. 이런 용어가 모든 문법체계 전반에 걸쳐 자연스럽게 활용될 수 있으면 모르겠으되 일부분에 그치기 때문에 섣불리 고유어화를 지향하기가 어려운 것이다. 그렇다고 우리는 선학들이 애써 일구어 놓은 고유어 용어를 국수주의적 산물이라든지 어렵다든지 하여 돌보지 않거나 버려서는 안된다고 생각한다. 한자를 배우지 않는 단계에서는 학습을 쉽게 할 수 있고 이와 함께 국어 순화의 정신을 불어넣어 줄 수 있다는 실리적 요인이 작용하기 때문에 고유어 용어를 계속 개발하여 발전시킬 필요가 있다고 생각한다. 선학들의 고유어 지향의 정신을 원칙적인 면에서 계승하되 表나 이를 활용한 "씨, 이름씨, 월, 홑월"과 같은 용어를 부분적으로 고쳐서 "낱말갈래, 이름말, 글월, 홑글"과 같은 방식으로 다시 손질하여 국민교육에 반영해 나갈 것을 제안하는 바이다.36) 우리의 선학들은 일제의 우리말 말살정책 속에서도 굴하지 않고 고유어 용어를 꾸준히 사정해 왔으며 북한도 언어순화의 차원에서 그런대로 고유어 용어를 개발해 왔다. 이런 점을 두루 참고하면 제한적이기는 하겠지만 국민교육에 이바지하는 차원의 합리적 고유어 용어의 개발이 그리 어렵지 않다고 생각한다.37)

　한편 우리는 내용적 측면에서 문법이론과 체계가 다름에 따라 새로운

　　자어 중심의 술어체계를 유지하면서 고유어로 자연스럽게 보충하는 길이라고 믿는다."와 같은 학술용어의 사정방향을 언명하였으며 이와 함께 "(1) 한자어로 함부로 술어를 만들지 말 것, (2) 새로운 술어가 필요할 때에는 고유어 중에 적합한 단어가 있는지 살펴보아야 함, (3) 새로운 술어를 택할 때에는 술어의 체계성에 금이 가지 않도록 해야 함"과 같은 부대조건을 명세하였다. 이기문의 이런 발언은 그 사이 남북한의 학술용어가 걸어온 갈등의 역정을 거울로 삼아 이끌어 낸 중용적인 학술용어의 사정이론으로 평가된다.

36) 문법용어의 고유어 개발 문제는 아직도 영근 상태가 아니기 때문에 뒷날을 기약하여 선을 보이기로 한다.

37) 독일은 17~19세기 동안 라틴/그리스어 기원의 전문·기술용어를 독일어로 바꾸는 언어 정화운동을 벌여 왔다. 문법용어 역시 게르만어 어근을 중심으로 다듬었으며 그 가운데는 일반의 호응을 얻지 못한 것도 없지 않으나 어엿한 문법용어로서 자리를 잡은 것도 적지 않으며 한때는 라틴어 용어와 병기하기도 하였고 지금도 그러한 전통이 계승되고 있다. 이와 관련된 정보는 폴렌츠(P.von Polenz)(1978 : 170)을 보라.

범주를 세우고 이름을 붙이는 일을 많이 목격하였다. 필자가 고영근 (1993:88)에서 새로운 이름을 준 "형성소, 구성소, 큰범주, 작은범주, 형식사, 바깥범주" 등은 모두 문법이론과 문법체계가 달라짐에 따라 새로이 탄생된 용어이다. "형성소"란 단어와 문장의 형성에 적극적으로 참여하는, 생산성을 띤 굴절접사와 파생접사를 포괄하는 뜻으로 세운 문법단위이고 "구성소"란 단어와 문장의 형성에 소극적으로 참여하는, 생산성을 띠지 못한 파생접사와, 굴절접사의 구성부분을 포괄하는 뜻으로 세운 문법단위 이다. 이러한 의미로 형성소와 구성소를 세운 일은 아직 볼 수 없기 때문에 새로운 용어라고 할 수 있다. "큰범주"란 통사적 자율성을 갖춘 어휘 범주를 대상으로 붙인 이름이다. 이는 최현배의 "생각씨(觀念詞)"와 방불한 곳이 없지 않다. 후자가 순전히 의미론적 관점에서 붙여진 이름이라면 필자의 "큰범주"란 통사적 자율성을 존중하여 붙인 이름이다. "작은범주" 는 통사적 자율성이 없는 의존명사, 보조동사, 계사와 같은 형식사에 대하여 붙인 이름이다. 작은범주란 이름 역시 아직 본격적으로 세운 사람이 없다. 필자는 이른바 지정사가 동사와 같은 범주의 성격을 띠고는 있어도 통사적 자율성이 없다는 점을 중시하여 의존성을 띤 의존명사 및 보조동사와 함께 한 범주를 이루는 것으로 보고 합쳐서 형식사에 포괄시켰다. "형식사"는 작은범주를 달리 일컫는 용어로서 의미의 형식성을 존중하여 붙인 이름이다. "바깥범주"는 문장 바깥에서 발생하거나 문장을 이어 텍스트를 형성하는 기능을 가졌다는 점을 존중하여 붙인 이름이다. 이러한 이름 역시 지금까지의 문법에서 거론된 일이 없다. 모두 국어문법현상을 보는 안목이 달라지고 체계를 다시 세움에 따라 태어난 필자 자신의 용어 이다.

이상과 같이 필자는 고영근(1993)에서 세운 문법체계에 상응하여 개발한 바 있는 문법용어의 형식적 측면과 내용적 측면을 뒷받침할 수 있는 근거를 우리의 문법용어의 역사를 훑어봄으로써 그 타당성을 어느 정도 검증할 수 있었다. 필자가 세운 문법체계와 문법용어는 아직도 가설의 단계를 벗어나지 못하고 있다. 그것이 정당성을 지니려면 필자가 고영근 (1993)에서 기약한 우리말 문법구조에 대한 총체적 서술이 얼굴을 내밀어야만 기대할 수 있을 것이다. (1995년 5월 10일 셈틀의 마지막 단추를 누르다.)

참고문헌[*]

[*] 이곳의 참고문헌은 본문과 각주에서 홍길동(1990)과 같은 방식으로 보인 논저에 한하여 서지사항을 밝히기로 한다.

고영근(1983), 「국어문법의 연구」, 탑출판사.

______(1989/1999), 「국어형태론연구」, 서울대학교 출판부.

______(1993), 「우리말의 총체서술과 문법체계」, 일지사.

______(1994), 「통일시대의 어문문제」, 도서출판 길벗.

______(1995), 「최현배의 학문과 사상」, 집문당.

김금석(1956), "김두봉 저 《조선말본》: 간행 40주년에 제하여" 「조선어문」, 2.

김민수(1954), "국어문법의 유형", 「국어국문학」, 10.

______(1977/1986), 「주시경연구」(증보판), 탑출판사.

김수경(1967), "우리말 학술용어를 주체적으로 다듬기 위한 몇가지 문제",
　　　　　「어문연구」 1.

리기원(1966), "학술용어의 특성", 「어문연구」 2.

박상훈·리근영·고신숙(1986), 「우리나라에서의 어휘정리」, 사회과학출판사.

박승희(1966), "학술용어 다듬기와 형태부의 움직임",「어문연구」 3.

서정수(1995), 「국어문법」, 한양대학교출판원

이기문(1976), "주시경의 학문에 대한 새로운 이해", 「한국학보」 5.

______(1990), "학술언어로서의 한국어", 「한국어의 발전방향」, 민음사.

이필영(1992), "김두봉의 국어연구에 대하여", 「주시경학보」 10.

임홍빈(1992), "북한의 문법론", 「어학연구」 23.3.

정렬모(1956), "조선어 문법에 대한 주시경 선생의 견해", 「조선어문」 6.(「주시경학보」 4, 1989에 다시 실림)

차현실(1990), ""「조선어학」의 화용론적 관점에 대한 고찰", 「주시경학보」 5.

최명옥(1992), "북한의 어음/방언연구", 「어학연구」 23.3.

최완호/문영호(1980), 「조선어휘론연구」, 과학, 백과사전출판사

최현배(1937), 「우리말본」, 연희전문학교 출판부.

폴렌츠(P.von Polenz)(1978)/이덕호(역)(1983), 「독어사」(*Geschichte der deutschen Sprache*), 탐구당.

허 웅(1975), 「우리옛말본」, 샘문화사.

_____(1985), 「국어음운학」, 샘문화사.

_____(1979), 「우리말과 글에 쏟아진 사랑」 : 국어 정책론, 문성출판사.

황부영(1962), "주시경 선생의 과학적 리론과 견해", 「조선어학」 1(「주시경학보」 5, 1990에 다시 실림).

제2장 남북 규범문법의 통일 방안*

1. 들어가기

남북이 분단된 지 벌써 반세기가 넘었다. 그 뒤 남북한은 3년 동안 전쟁을 치렀고 그로부터 20여년 동안 아무런 공식적인 접촉이 없었다. 1970년대에 들어오면서 정치하는 사람들이 남북을 오고간 일이 있기는 하였으나 간헐적인 행사에 지나지 못하였다. 정치적인 문제가 풀리지 않으니 상대방의 사회에 어떠한 일이 일어났는가를 알 수도 없었고 알려고도 하지 않았다. 그러다가 1990년대에 접어들면서 한국정부의 북방정책에 힘입어 북한에 관련된 자료가 개방되고 북한을 비롯한 옛 사회주의 국가에 대한 연구가 장려됨에 따라 북한의 어제와 오늘을 들여다볼 수 있는 창구가 많이 열리게 되었다.

한국민족은 삼국 통일 이후 한반도에서 같은 언어를 사용하면서 단일 국가를 유지하여 왔다. 더욱이 15세기에는 한국의 언어를 적을 수 있는 "한글"이라는 문자가 창제되어 한국어가 문학어로 발전할 수 있는 기반을 쌓아 왔으며, 19세기말부터는 국어와 국문이 공용성을 획득하여 이를 갈

---

* 이 글은 「새국어생활」 11권 1호(2001)에 실렸던 것이다.

고 다듬는 기운이 성숙하여지기 시작하였다. 1933년에 마련된 「한글마춤법통일안」은 한국인의 손으로 마련된 최초의 명문화된 한국어문의 규범집이었다. 이를 기초로 하여 한국어문학자들은 사전을 편찬할 수 있었다.

한국은 2차대전의 종료를 계기로 하여 일본 제국주의자들의 굴레에서 벗어나기는 하였으나 이는 곧 남북분단으로 이어졌다. 외국세력에 의하여 한반도가 둘로 갈라지고 상극된 이념의 소용돌이 속으로 말려들면서도 한국인은 「한글맞춤법통일안」을 준거로 삼아 잃었던 말과 글을 회복하고 국어교육을 실시하여 한민족의 정체성을 확보하는 데 일치된 노력을 기울였다. 남쪽은 남쪽대로 북쪽은 북쪽대로 어문규정을 고치고 새로운 규범집을 만들기는 하였으나 모두 그 뿌리는 통일안에 근거를 두고 있었다. 이곳에서는 통일안을 출발점으로 삼아 분화되어 있는 남북 양측과 재외 교민의 규범문법의 실상을 검토하고 이를 기초로 하여 규범문법의 통일 방안을 구상해 보기로 한다.

2. 한민족어의 규범문법은 어떤 길을 걸어왔는가

조선어학회는 1933년에 맞춤법을 제정하고 이어 사전편찬에 착수하기는 하였으나 표준문법의 제정에는 손이 미치지 못하였다. 그러나 통일안과 「큰사전」(1947)을 통하여 성음, 문법, 문장부호에 관련된 체계와 용어를 몇 가지 가려 낼 수 있다.

먼저 「한글맞춤법통일안」을 보기로 한다.

문장(총론), 단어(총론, 3항), 된소리(3항), 설측음(4항), 구개음화(5항), 바침소리(6항), 접두어(6항), 관형사(6항), 부사(6항), 체언(7항), 토(7, 53, 61항), 용언(8항), 어간(8항), 어미(8항), 규칙용언(3절), 변격용언(4절), 명사(12, 53, 49항), 어원적 원형(17, 47항), 어원적 어간(20항), 어원적 어근(21항), 어근(24, 27, 32항), 품사합성(7절), 복합명사(30, 59항), 원사(8절), 접두사(8절), 닿소리(45항), 홀소리(45항), 보조의 뜻을 가진 용언(49항), 품사

(부록 1-1), 접속형(부록 1-6), 종지형(부록 1-6), 고유명사(부록 2)

성음에 관한 용어는 "된소리, 바침소리, 닿소리, 홀소리"와 같이 고유어로
된 것이 있고, "설측음, 구개음화"와 같이 한자어 용어를 취한 것도 있다.
문법용어는 굴절법과 조어법 등의 형태론 용어가 대부분을 차지하고 있
다. 품사를 뜻하는 용어는 주시경 이후의 "씨"대신 "품사"란 용어를 사용
하였다. 통일안에 보이는 품사는 다음과 같다.

체언(명사), 용언, 관형사, 부사

품사의 큰 범주 네 가지를 모두 세웠다.[1] 관형사는 김두봉의 「조선말본」
(1916) 이후 설정되었는데 통일안에서도 수용되어 있다.
　단어를 뜻하는 말로 주시경학파의 "낫말, 낱말"대신에 한자어 "단어"를
택하였다. 맞춤법통일안이 주시경학파의 손으로 이루어졌음에도 불구하
고 주시경학파의 용어가 거의 사용되지 않았다. 형태론 관계의 용어는 다
음과 같다.

어간, 어미, 토, 종지형, 접속형, 원사, 어근, 어원적 원형, 어원적 어간, 어
원적 어근, 접두어(사)

　"어간", "어미", "종지형", "접속형"은 용언을 대상으로 설정된 굴절
법 용어인데 당시 문법체계에 변혁을 일으켰던 최현배(1930)의 이른바 종
합적 설명법을 받아들인 것이다.[2] "토"는 통일안에서 두 가지 의미로 사
용되었다. 7항과 53항에서는 체언에 붙는 조사를 의미하고　61항에서는
앞의 경우와 같이 조사를 의미하기도 하고 어미까지 포괄할 수 있는 여지
를 남겨 두고 있다.[3] 주시경 이래의 "토씨(關係部)"는 조사는 물론, 어미

1) 필자는 한국어의 품사를 큰범주, 작은범주, 바깥범주의 셋으로 나눈 일이 있다.(고영근 1993 : 88)
2) 최현배의 문법체계가 통일안에 수용된 경위에 대하여는 고영근(1993/1996 : 237-44, 1995나
　 : 212)를 보라.
3) 이 문제에 대하여는 고영근(2001 : 1장)을 보라.

부 전반을 포괄하였는데 통일안은 대체로 최현배의 문법체계에 따라 조사만 "토"의 범주에 넣었다. 원사, 어근, 어원적 어간, 어원적 어근, 접두어(사)는 대체로 조어법에 해당하는 용어로 보인다. "원사, 어근, 어원적 어근, 어원적 어간"은 그 개념이 분명치 못한 점이 없지 않으나 현행학교문법의 조어법의 핵심단위인 "어근"에 해당하는 것 같다.

일제강점기에 편찬이 완료되고 해방후에 간행된 조선어학회의 「큰사전」의 문법정보를 보기로 한다. 「큰사전」 편찬자는 "6. 문법형태의 표시"라는 항목을 세우되 먼저 다음과 같은 일러두기를 보이었다.

각 어휘의 문법형태 표시에 대하여는 아직 본회로서의 대표적 문전이 제정되지 못하였으므로, 우선 이 책에 쓸 임시 방법으로 아래와 같은 부호들로써 표시하였음.

위의 설명에 기대면 조선어학회의 표준문법이 제정되지 못한 탓으로 임시방법을 마련하였다고 하면서 부호를 사용하였다. 부호는 고유어 문법용어의 첫머리를 딴 것이다.

이, 절이, 대, 셈, 어, 돕어, 제, 남, 입, 시, 돕움, 잡, 언, 엊, 느, 토, 줄기, 돕줄, 머리, 발, 끝

품사는 다음 10개를 가려낼 수 있다.

명사[이], 대명사[대], 수사[셈], 형용사[어, 돕어], 동사[제, 남, 입, 시, 돕움], 지정사[잡], 관형사[언], 부사[엊], 감탄사[느], 조사[토]

괄호 밖은 이해의 편의를 위하여 한자용어를 제시하였다. 괄호 안은 줄인 문법용어이다. 그러나 구체적으로 어떤 용어에서 줄였는가 하는 정보는 제시되어 있지 않다. 품사는 최현배의 「우리말본」(1930, 1937)의 10품사체계를 그대로 가져왔다. 이 체계 가운데는 통일안의 큰범주 4개가 들어 있

음은 물론이다. "절이"는 의존명사, "돕어"는 보조형용사, "제"는 자동사, "남"은 타동사, "입"은 피동사, "시"는 사동사, "줄기"는 어간, "돕줄"은 보조어간, "머리"는 접두사, "발"은 접미사, "끝"은 어미를 가리키는데 세부 체계에 있어서도 최현배의 체계와 일치한다. 용어에서 약간의 수정을 가하였을 따름이다. 이를테면 사동사를 최현배의 "하임"이라 하지 않고 "시킴"의 "시"를 딴 것이 그러하다.

조선어학회의 양대 사업인 「한글맞춤법통일안」(1933)과 「큰사전」(1947)을 비교해 보면 용어에 있어서는 고유어와 한자어가 섞여 있기는 하여도 대체로 최현배의 문법체계를 바닥에 깔고 있음을 확인할 수 있다. 그 가운데서도 토는 원칙적으로 체언에 붙는 조사를 가리키지마는 어미도 포괄할 수 있다는 융통성을 보이기도 하였다.

해방으로부터 1948년까지는 대체로 일제강점기에 출판되었던 문법서를 다시 찍어내어 국어교육을 뒷받침하는 일이 많았다. 품사를 비롯한 문법체계도 각인 각색이었고 용어도 고유어와 한자어가 병존하여 통일된 문법교육을 실시한다는 것은 꿈에도 생각하지 못하였다. 대한민국의 출범을 계기로 삼아 검인정제도가 도입되자 1949년에 드디어 규범문법이 통일되었다. 품사체계를 비롯한 문법체계에 대한 통일은 생각지도 못하고 용어의 통일만 손을 대었다. 그것도 택일적이 아니라 고유어 용어와 한자어 용어를 다 같이 인정하되 어느 하나만 일관성 있게 사용할 것을 규정한 것이다. 당시에 용어를 고유어로 삼자는 급진파의 논의도 있었으나 신중파의 견해가 우세하여 이렇게 처리되었다. 13개 부문에 걸쳐 292개의 고유어와 한자어의 문법용어가 결정되었다.

그러나 문법교육이 정상화되고 특히 대학교 입학시험에서 문법문제가 출제됨에 따라 문법체계와 문법용어의 통일을 부르짖는 소리가 높아져 1963년에 드디어 학교문법통일안이 공포되었다. 품사체계는 다음의 9개가 확정되었다.

명사, 대명사, 수사, 동사, 형용사, 관형사, 부사, 감탄사, 조사

최현배와 「큰사전」의 10품사에서 지정사가 빠져 9품사가 되었다. 이곳에
도 통일안과 「큰사전」에서 정착된 4개의 큰 범주는 아무런 이의(異議) 없
이 수용되어 있다. 문법용어는 음성과 문장부호에 대해서만 고유어 용어
가 선택되었고 품사론과 문장론은 한자어가 선택되었다. 특히 지정사 '이
다'를 단어로 보지 않기로 한 문법통일안의 규정과 대부분의 문법용어가
한자어로 낙착된 것은 문법파동을 불러일으키는 동인이 되어 한국의 어
문학계가 양분되는 불행을 겪었다.

　　1960년대 후반부터 두 차례에 걸쳐 통일문법에 기댄 교과서가 출판되
어 현장에서 사용되기는 하였으나 세부적인 면에 있어서는 저자마다 의
견이 달라 교수상의 애로가 여간 크지 않았다.[4] 문교부는 한 종류의 문법
을 만들어 주기를 원하는 일선교사들의 요구를 받아들여 1980년대 중반
에 문법교과서를 단일국정교과서로 편찬하였다. 단일국정교과서에서는
조사는 단어로 인정하되 어미는 단어의 한 부분으로 본다는 제2유형의
틀을 지키면서 조어법에서는 어근과 접사를 세워 굴절법의 단위인 어간
과 어미(조사)와의 경계를 분명히 하였다. 그런데 「한글맞춤법」(1988)에
서는 학교문법의 체계가 제대로 수용되어 있지 않다. 굴절법과 조어법의
용어가 섞여 있다. 이점 굴절법과 조어법의 용어를 준별한 북한의 규범집
과 대조가 된다.(뒤에 나옴) 그리고 1990년대에 접어들면서는 옛말에 대하
여도 통일된 모형을 개발하여 개화기 이후 90여년 동안 갈등을 겪어 오던
한국의 표준문법의 틀이 옛말에도 적용되어 통일된 문법교육을 실시할
수 있게 되었다. 그러나 1970년대 후반까지만 해도 중학교와 고등학교의
전 계열에 걸쳐 독자적인 교과서를 가지고 가르쳐지던 문법교과가 1970
년대 말부터는 고등학교에만 한정되었고 1980년대 중반부터는 고등학교
인문계에만 부과되는 문제점을 낳게 되었다. 더욱이 1990년대에 들어오면
서는 대학수능고사에서 문법문제가 거의 출제되지 않아 실제로 고등학교
에서 교과서만 사 놓고 사장(死藏)시키는 일이 많았다. 문법의 표준화가
이루어지면서 오히려 문법교육의 퇴보를 가져왔다. 아이러니한 일이 아닐

---

4) 남한의 학교문법의 통일과정에 대하여는 고영근(1988/1994 : 제2부 3장)을 보라.

수 없다.

　북한의 규범문법도 해방 공간은 남한과 마찬가지로 어떤 원칙이 있었던 것 같지 않다. 해방 직후는 최현배의 「중등조선말본」(1938)이 교재로 사용되지 않았나 하며, 1947년부터는 박상준의 「조선어문법」이 중등학교 수준에서 채택되었다. 품사체계는 다음 10품사이다.

　　　명사, 대명사, 수사, 동사, 형용사. 관형사, 부사, 접속사, 감동사, 조사

최현배의 체계를 물려받기는 하였으나 지정사를 조사로 보았고 대신 접속사를 넣어 10품사가 되었다. 박상준은 해방전의 자신의 문법서 「조선어법」(1932)에 최현배의 체계를 가미한 것으로 보인다. 이곳에서도 4개의 큰범주가 설정되어 있다.

　다음으로 서광순의 인민학교용 「국어문법」(1949)의 품사는 다음 9개이다.

　　　명사, 대명사, 수사, 동사, 형용사, 관형사, 부사, 접속사, 감동사

박상준의 문법에 있었던 조사가 빠진 것만 제외하고는 차이가 없다. 해방 공간의 북한의 문법도 통일안과 「큰사전」에서 정착된 큰범주 4개를 이의(異議) 없이 수용하고 있다.

　북한의 규범문법은 1948년에 공포되고 1950년에 책자로 간행된 「조선어신철자법」에서 그 맹아를 볼 수 있다. 우선 문법체계에 관련되는 용어를 뽑아 보면 다음과 같다.5)

　　　문장(총론), 단어(총론), 자모(1항), 어음(2장), 된소리(3항), 설측음(4항),
　　　구개음화(5항), 음절(3항), 말음(6항), 반모음/온모음(7항), 문법(3장), 체언
　　　의 어간(8항), 용언의 어간(8항), 토(8,9항), 피동형(3절), 사역형(3절), 변격
　　　용언(11항), 받침(12항), 용언의 어근(13항), 명사(13항), 부사(13항), 명사
　　　의 어근(15항), 어원적 원형(17, 21항), 형용사의 어근(20항), 어원적 어근

---

5) 「조선어신철자법」은 고영근(편)(2000)에서 복원한 것을 이용하기로 한다.

(23항), 품사합성(29항), 둘 이상의 어근(29항), 어근(29항), 합성어(31항),
절음부(31항), 접두사(33항), 어간(55항), 어근(55항), 체언(61항), 용언(61
항), 부사(61항), 조사(61항)

신문자의 도입에 따르는 몇몇 특수한 용어를 제외하고는 대체로 한글맞
춤법통일안의 유산을 물려받았다. 큰 범주중 체언, 용언, 부사의 세 품사
만 보이고 관형사는 폐기시켰다. 이곳의 조사는 이른바 보조사를 뜻한다.
격조사와 어미를 구별하지 않고 "토" 속에 포괄시켰으며, 체언과 용언의
어간을 모두 "어간"의 범주 속에 넣고 조어법의 단위인 "어근"을 더 적극
적으로 응용한 것 밖에는 통일안과 큰 차이가 없다. 이러한 「조선어신철
자법」의 문법체계는 조선어문연구회의 「조선어문법」(1949)를 바닥에 깔
고 있음은 물론이다.

　북한의 규범문법은 앞에서 언급한 「조선어문법」(1949)에서 제 자리를
잡기 시작하였다. 문법의 범위를 "어음론/형태론/문장론"의 3부문으로 잡
고 남한의 형태소에 해당하는 "형태부"를 세우고 격조사를 단어로 인정하
지 않는 등 큰 변혁을 보여 주었다.

　　　명사, 수사, 대명사, 형용사, 동사, 부사, 조사, 감동사

이곳의 "조사"는 앞에서 본 바와 같이 격조사를 제외한 보조사를 가리킨
다. 이른바 지정사어간 '이(다)'는 결합모음으로 처리하였고 「조선어신철
자법」과 같이 관형사를 세우지 않았다. 지정사를 단어로 인정하지 않고
관형사를 큰범주 속에서 제외한 것은 「한글맞춤법통일안」과 「큰사전」에
대한 중대한 도전이었다. 그러나 김수경의 「조선어문법」(1954)에 와서는
큰 범주의 하나인 관형사를 살리고 격조사와 보조사를 합쳐서 "토"로 부
르되 독립된 품사로 인정하였다. 김수경의 체계는 같은 해 공포된 「조선
어철자법」(1954)와 밀접한 관련이 있는 것 같다. 이곳에서는 신문자의 폐
기에 따르는 문법용어가 삭제되었고 굴절법의 단위인 어간과 토, 조어법
의 단위인 어근, 접두사, 접미사가 「조선어신철자법」보다 훨씬 적극적으

로 일관성 있게 사용되었다.

북한의 규범문법은 김수경의 문법 등의 과도적 저술을 거쳐 「조선어문법」(1960)에 와서야 완성된 체계를 수립하였다. 남한보다는 빠르지만 그 시기가 비슷하다는 사실을 지적할 수 있다. 품사체계는 다음 8품사이다.

명사, 수사, 대명사, 동사, 형용사, 관형사, 부사, 감동사

북한은 그 뒤 상징사를 도입하는 일이 없지 않았으나,6) 현재까지 이 체계가 기반이 되어 북한의 학교문법을 통제해 오고 있다. 큰범주 4개를 두는 점은 모두 공통되나 체언형태부인 격조사와 보조사에 단어의 자격을 주지 않았으며, 지정사 '이다'를 "명사의 용언적 형태"라 하여 역시 단어의 자격을 주지 않고 있다. 「조선어문법」(1949)에서는 '이다'의 '이'를 연결모음으로 보았는데 1960년부터는 체언을 용언화하는 기능을 주었으며, 1970년대의 문화어문법류부터는 "바꿈토"라 하여 토의 일종으로 보았다. '이다'를 둘러싸고 몇 차례의 기복이 있었음을 알 수 있다. 최근에 와서는 전통적인 지정사설을 제기하는 일도 볼 수 있다.7) 북한은 초기에는 인민학교 낮은 단계에서부터 문법교육을 실시해 왔는데 현재도 그 체재를 유지하고 있는가는 잘 알 수 없으나 남한에 비하여 문법교과에 우선권을 주는 것만은 분명하다.

재외교민이라 함은 주로 옛 소련과 중국 지역에 사는 한민족을 가리킨다. 옛 소련은 1920년대 중반부터 한국 민족어 교육을 실시하며 1930년에는 그 나름의 규범집이 성안된 바 있으며, 해방후는 북한의 영향을 받으면서 그 나름의 독자적 문법 교과서를 편찬하여 왔다. 중국 지역은 주로 반도에서 나온 문법서나 철자법 종류를 기반으로 삼아 민족어 교육을 실시하여 왔으며 해방후는 북한의 영향을 크게 받아 왔다.8)

옛 소련 지역은 1930년에 어문 규범집을 겸한 교원 참고용 「고려문전」

---

6) 북한의 문법체계의 변천에 대하여는 고영근(2001 : 제2장)을 보라.
7) 이 문제에 대하여는 임홍빈(1997 : 355)을 보라.
8) 소련 지역과 중국 지역의 규범문법의 실상에 대하여는 고영근(2001 : 3, 4장)을 보라.

을 간행하였는데 품사는 다음 8개이다.

명사, 형용사, 동사, 조사, 종지사, 접속사, 부사, 감탄사

관형사가 빠진 것만 제외하고는 김두봉의 「조선말본」(1916)과 같다. 조사와 어미를 모두 단어로 처리하는 제1유형을 선택하였으며, 큰범주 중 관형사가 빠진 것이 특징이다. 사실 관형사는 그 수가 얼마되지 않는 데다가 견해에 따라서는 접두사나 명사로도 볼 수 있기 때문에 넣기도 하고 빠지기도 하는 곡절을 겪게 되는 것이다. 아무리 수효가 작다고 하더라도 그 나름의 변별 특징을 지니고 있으면 독립된 품사의 자격을 주어야 하고 더욱이 용언의 관형사형과의 보조를 맞추기 위해서도 관형사는 필연적으로 설정되어야 한다. 북한에서 처음에는 관형사를 버렸다가 나중에 되살린 것이 관형사의 문법적 기능을 소홀히 할 수 없다는 것을 깨달았기 때문이다. 「고려문전」 이후 강채정, 게(계)봉우, 오창환이 중등학교 문법서를 저술하였으나 중앙아시아로 강제 이주되면서부터는 민족어 교육이 중단되었다. 그러는 가운데서도 게봉우는 프린트판으로 문법서를 내면서 민족어 문법연구와 교육에 헌신하였으며 1940년대 후반에 이르러 민족어 교육이 부활됨에 따라 많은 문법교과서가 출간되었다. 그 중 대표적인 김병하와 황윤준의 「조선어문법」(상편, 정정재판, 1957)의 품사체계는 다음 10개이다.

명사, 수사, 대용사, 형용사, 동사, 부사, 관형사, 후치사, 조사, 감동사

4개의 주요범주를 세우고 있는 점은 남북한과 차이가 없다. "대용사"는 대명사이고 "후치사"는 람스테트 등의 외국인 문법가의 견해와 가까우며, "조사"는 「조선어문법」(1949)와 같이 보조사를 가리킨다. 체계나 용어에 있어 북한문법을 선별하여 수용하였다.

중국 지역의 규범문법은 「조선어문법」(1983)에 의하여 대표된다. 품사체계를 비롯하여 대부분의 문법체계가 북한의 「조선어문법」(1960)과 큰

차이가 없으므로 특별히 언급하지 않는다. 중국지역의 「조선말규범집」(1985)의 문법체계 역시 「조선어문법」(1983)을 따르고 있다.

3. 한민족어의 규범문법을 어떻게 통일할 것인가

지금까지 필자는 해방전부터 분단후의 남북한, 그리고 재외교민의 규범문법의 발자취를 대강 훑어 보았다. 이를 바탕으로 한국어 규범문법통일안을 제안해 보기로 한다. 규범문법의 통일안에 포함되는 주제에는 문법단위, 품사체계, 성분체계와 문장의 종별, 문법용어를 들 수 있다. 이 가운데서 문법단위와 품사체계만 주로 논하기로 하고 나머지는 간단히 언급하기로 한다.[9]

한국의 전통문법에서는 형태부를 둘러싸고 세 가지 상반된 처리를 하여 왔다. 이곳의 형태부란 의미부에 상대되는 개념인데 전통적으로 "관계부, 토, 토씨"로 불러 왔다. 이를테면 '꽃이 피었다'에 대하여는 다음과 같은 세 가지 유형을 세울 수 있다.[10]

제1유형 : 꽃/이/피/었다
제2유형 : 꽃/이/피었다
제3유형 : 꽃이/피었다

요컨대 체언에 붙는 조사이건 용언의 어간에 붙는 어미이건 모두 "토/토씨"라는 범주에 넣어 단어로 인정할 것이냐 인정하지 않을 것이냐, 아니면 어느 하나만 단어로 인정하고 다른 것은 단어의 일부분으로 볼 것이냐로 귀착된다. "토"를 단어로 인정하는 유형을 제1유형, "토"를 단어로 인

___

9) 필자는 고영근(1994 : 460~72, 1995나)에서 남북한 규범문법의 이질화 양상을 문법단위, 품사체계, 성분체계와 문장의 종류, 문법용어에 이르기까지 확인·검토한 바 있다.
10) 국어문법의 유형에 대하여는 일찍이 이극로(1935)에서 그 틀이 마련되었고 김민수(1954/1960)에서 제1, 2, 3유형으로 형식화하였다.

정하지 않는 유형을 제3유형, 조사만 단어로 인정하고 어미는 단어로 인정하지 않는 유형을 제2유형이라고 부른다. 이를 분석적 체계, 종합적 체계, 절충적 체계라 부르기도 한다.11)

이곳의 "토"는 직접적으로는 김희상의 「초등국어어전」(1909), 주시경의 「말의 소리」(1914), 김두봉의 「조선말본」(1916), 홍기문의 「조선문전요령」(1927)으로 거슬러 올라가며, 멀리는 전통시대의 언해문헌에 보이는 "吐"에 연결된다.12) 남한의 학교문법은 제2유형을 지향하고 있으나 북한은 제3유형을 지향하여 조사와 어미를 모두 "토" 속에 넣어 단어로 처리하지 않는다. 주시경 등의 토의 개념을 물려받되 이를 단어로 인정하지 않는다는 차이점이 있다. 남한에서도 역사문법에 기울어진 사람들은 일찍부터 제3유형을 선호해 왔고 1950년대에만 하여도 젊은 학자들은 학교문법에서 조사를 "토"로 부른 적이 있다.13) 필자는 조사와 어미를 모두 단어로 인정하지 않는 제3유형을 지향하되 "토"라는 범주 속에 넣기를 제안한다. 이는 전통적으로는 한국의 전통문법가들의 견해를 이어받고 대내적으로는 북한의 처리를 참조한 것이다.

토에는 크게 명사토와 용언토를 둘 수 있는데 명사토에는 격토, 접속토, 보조토를 둘 수 있다. 명사토의 하위분류는 현행 학교문법의 격조사, 접속조사, 보조사에 해당한다. 용언토에는 크게 완성토와 선행토가 있다. 완성토에는 종결토와 비종결토로 나뉘는데, 종결토는 현행학교문법의 종결어미에, 비종결토는 비종결어미에 해당한다. 선행토는 높임, 낮춤, 시제 등의 선어말어미를 가리킨다.14)

다음으로 문제가 되는 것은 이른바 지정사의 처리다. 북한은 초기에는 이른바 지정사 '이다'의 '이'를 결합모음으로 처리하여 형태소의 자격을

---

11) 관련논의는 김윤경(1957)을 보라.
12) 이승욱(1991)에서는 吐의 내력을 더듬은 바 있으며, 특히 그의 소론에는 주시경 「말」(1909 : 80장 앞쪽)의 "前에는 此三體를 다 吐라 하엿느니라"를 인용한 바 있다. 이곳의 "三體"는 "引接, 間接, 助成"을 가리키는데 현대문법의 조사, 연결어미, 종결어미에 해당한다. 관련내용은 김민수(1977/1986 : 268)을 보라.
13) 김민수외(1960)이 그러하다.
14) 토의 하위분류에 대한 자세한 논의는 고영근(1993 : 104, 107)을 보라.

주지 않았는데(앞에서 나옴), 1960년부터는 "명사의 용언적 형태/바꿈토"라 하여 형태소의 자격을 주었다. 사실 이른바 지정사 '이다'는 남쪽에서도 지난 1950년대 중반으로부터 1960년대 중반에 이르기까지 그 처리를 둘러싸고 논쟁을 벌인 바 있으며 지금도 그 문법적 지위를 둘러싸고 격론이 벌어지고 있다.15)

 '이다'는 체언과 함께 한 어절을 이룬다는 점에서는 조사의 속성도 있고 '이'를 어간으로 삼아 어미가 붙는다는 점에서는 용언의 속성도 있다. 어느 설명법을 취하는 것이 문법기술에 경제적인가를 따져야 한다. 최현배가 일찍부터 조사설을 취하지 않고 용언설을 택하게 된 것은 그런 이해득실을 따졌기 때문이다. 남쪽의 학교문법에서 조사설을 택하게 된 것은 단어로 보지 않기로 한 문법통일안의 문제점에 대해 우선 발등의 불을 끌 수 있다는 점도 적지 않게 작용하였다.16) 조사설을 취하면 '이다'와 짝을 이루고 또 활용형식이 같은 부정어인 '아니다'와의 관계가 문제로 대두된다. '아니다'를 '아니이다'로 푸는 일도 없지 않다.17) 이러한 발상은 역사적으로는 타당성이 어느 정도 인정되지마는,18) 현대의 토박이의 직관에 과연 '아니다'가 '아니'와 '이다'로 인식될 수 있는지 문제가 된다.

 북한에서 '이다'를 "바꿈토"라고 한 것은 명백한 잘못이다. '이다'의 '이'는 활용어의 어간이며, '-(으)ㅁ, -기'는 품사의 자격을 바꾸는 전성어미다. '이다'는 통사론적으로는 자립형식인 '아니다'와 짝을 이루고 있고 이들은 또 형태론적으로 공통된 활용양상을 띠고 있다는 점에서 "계사"라 불러 "형식사" 속에 넣기를 제안한다. 자립형식인 '아니다'를 어떻게 의존형식인 '이다'와 같은 동아리에 넣을 수 있느냐고 반문할 수도 있으나 이는 큰 문제가 되지 않는다. "부정"의 개념은 어휘적이기보다 문법적이라는 사실을 일아 둘 필요가 있다. 형식사에는 의존명사, 보조용언, 계사가

---

15) 이를테면 어학전문학술지 「형태론」의 지상토론에는 '이다'의 문법적 위상을 둘러싸고 벌써 3회째 토론이 계속되고 있다. 2권 1호(2000, 봄), 2권 2호(2000, 가을), 3권 1호(2001. 봄)를 보라.
16) 한국의 전통문법가 가운데서 '이다'를 조사로 처리한 문법가는 정인승(1949/1956)이다.
17) 이 문제는 정렬모(1935)에서 제안된 바 있고 고영근(2001 : 제1부)에서 이를 평가한 바 있다.
18) 중세어의 '아니'를 명사로 본 견해는 안병희(1959/1992 : 11~19)에서 접할 수 있다.

들어가는데 이들은 어휘적이기보다 문법적인 특성이 강하며 자립적이기보다는 의존성이 지배적이라는 점에서 작은 범주 속에 넣을 수 있다.

현재 품사체계가 남쪽은 9품사, 북쪽은 8품사로 되어 있다. 차이는 조사를 단어로 보느냐 그렇지 않느냐로 귀착된다. 나머지는 순서와 용어의 차이뿐이다. 필자가 구상하는 품사체계의 통일안은 다음 9품사이다.

명사, 대명사, 수사, 동사, 형용사, 관형사, 부사, 간투사, 형식사

이 문법통일안에는 「한글맞춤법통일안」 이후 남북과 재외교민 사이에서 공인하여 왔던 4개의 큰 품사범주 "명사, 동사, 관형사, 부사"가 기반이 되어 있다. 체언과 용언을 세분하는 것은 이론적으로는 큰 의의(意義)가 없으나 실천상으로는 유용한 바가 많다. 통일과정에서는 큰 문제가 되지 않는다. "간투사"는 최근의 남한의 이 방면 연구를 수용하여 감탄사 대신 선택한 것이다.19) 어미와 조사는 모두 "토"의 범주 속에 넣되 단어로 인정하지 않는다.

형태소란 흔히 최소의 유의적 단위로 정의된다. 현재 남쪽에서도 어떤 어형 이를테면 '먹는다/간다, 먹는구나, 먹습니다, 먹느냐, 먹는; 먹더라, 먹더구나, 먹습디다, 먹더냐, 먹던'을 두고 사람에 따라 분석하는 일도 있고 분석하지 않는 일도 있다.20) 북한은 위의 어형에 나타나는 '느' 계열과 '더' 계열을 "뜻조각"이라고 하여 분석을 보류하고 있다. 두 계열의 어미는 조선어학회의 「큰사전」에는 종합적으로 실려 있고 북한의 사전도 마찬가지다. 남쪽은 분석에 두 의견이 엇갈려 있고 북쪽에서는 사전과 문법에서 모두 어미의 일부분으로 보고 있다.

사실 두 계열의 어미는 형태소 분석원리에 기대면 유의적 단위로 분석된다. 그러나 일반적 선어말어미와는 달리 문장의 형성에 직접 참여하지 않는다. 이를테면 '철수가 책을 읽었다'의 '-었-'은 '철수가 책을 읽-'이라는 명제를 과거시제로 바꾸는 기능을 하기 때문에 "문장형성소"의 역할을

---

19) 종전의 감탄사를 "간투사"로 불러야 한다는 견해는 신지연(1988, 1989)를 보라.
20) 이 문제에 대한 종합적인 검토는 무라타(2000)에서 볼 수 있다.

한다. 그러나 '철수가 책을 읽더라'의 '-더-'는 '철수가 책을 읽-'이라는 명제에 붙는 것이 아니라 일차적으로 종결어미 '-다'와 결합되어 '-더라'가 이루어진 다음에 전체 명제에 붙는다. 종결어미와는 직접적이고 명제와는 간접적이다. 이런 점에 유의하여 필자는 분포가 제약되는 일련의 어미를 "문장구성소"라 부른 일이 있다. 형성소와 구성소의 개념을 도입하면 그 사이 남북에서 의견의 합치점을 보지 못하던 어미류가 깨끗하게 처리될 수 있다고 믿는다.[21)]

문장성분도 남북 사이에 의견차이가 많다. 필자는 서술어, 주어, 목적어, 관형어, 부사어, 독립어의 6성분이 중용을 얻은 구분이 아닌가 한다. 문장종류는 평술문, 의문문, 명령문, 제안문, 감탄문의 5개를 두는 것이 실용적으로 무난해 보인다. 구성상의 문장분류는 워낙 문법모형이 달라서 비교하기가 어렵다.[22)]

문법용어는 적어도 품사론, 형태론, 문장론 용어는 남북이 다같이 한자어 용어를 택하고 있어 큰 문제가 없어 보인다. 한자어를 택하여도 세부적으로 차이나는 것이 적지 않다. 북한에서는 문화어 운동시기에 문장론 용어를 고유어로 바꾼 일이 있으나 1980년 후반부터는 다시 한자어로 돌아가고 있어 이질화의 폭이 좁혀지고 있다. 어음론 용어는 남북이 원칙적으로 고유어 용어를 선택하고 있으나 발음기관에 관련된 용어 밖에는 고유어를 고집하기가 쉽지 않다. 남쪽에도 음성/음운에 관련되는 용어를 고유어 일변도로 밀고 나가는 일이 없지 않으나 일반의 거부감이 보통이 아니다. 문장부호는 현재의 남북에서 고유어 용어가 뿌리를 내리고 있어 큰 문제가 없어 보인다. 구체적 개념을 지시하는 용어는 현실적인 어휘에서 가져와도 문제가 없으나 추상적인 개념일수록 한자어의 도움을 받지 않으면 안되는 일이 많다는 점에서 어느 한 계통의 문법용어만을 고집하기가 어렵다. 한자교육이 선행되지 않는 초등과정에서는 고유어 용어를 도입하는 문제도 생각해 볼 수 있다.[23)]

---

21) 구성소와 형성소는 조어법에도 적용된다. 자세한 논의는 고영근(1993 : 28~242)를 보라.
22) 남북의 문장론 체계와 통일안에 대한 자세한 논의는 고영근(1993 : 132~35)를 보라.
23) 필자는 문법통일안을 마련하는 마당에서 "평술토(베풂토), 명령토(시킴토)"와 같이 고유

4. 마무리

이상과 같이 필자는 「한글맞춤법통일안」(1933) 이후 한국의 규범문법이 걸어온 발자취를 일제강점기, 분단 이후의 남북한, 재외교민으로 나누어 그 사정을 훑어 본 다음, 이를 기초로 하여 주로 문법단위와 품사체계를 중심으로 통일안을 제시하여 보았다. 문법단위로는 형태부를 "토"의 범주 가운데 포괄시키되 단어로 인정하지 않으며 품사는 형식사를 새로 세워 9품사로 정할 것을 제안하여 보았다.

사실 남북의 어문통일사업에는 여러 가지를 들 수 있으나 가장 우선적으로 해결해야 할 과제가 통일규범문법을 만드는 일이다. 이것이 완성되어 있어야만 공통된 어문규범집도 만들 수 있고 남북한이 공통적으로 사용할 수 있는 국어 등의 교과서도 만들 수 있으며 언어통일의 마지막 결실인 「민족어대사전」(임시이름)도 편찬할 수 있다. 지난 1930년대에는 문법연구의 역사가 짧아 표준문법을 만들 수 있는 바탕이 마련되지 못하였으나 이제는 남북이 높은 수준의 문법적 업적을 쌓아 왔기 때문에 중지를 모으면 세계 어디에 내놓아도 부끄럽지 않은 표준문법을 만들 수 있다고 믿는다. 이러한 종류의 문법은 한반도의 언어문자생활은 물론, 재외교민, 나아가서는 외국인의 한국어 학습에도 적지 않은 기여를 할 것이 틀림없다.

어 용어를 병기한 일이 있다.

참고문헌

고영근(1993), 「우리말의 총체서술과 문법체계」, 일지사.

______(1994), 「통일시대의 語文問題」, 도서출판 길벗.

______(1995가), 「남북 규범문법의 이질화 문제」, 국제고려학회 학술총서 3.

______(1995나), 「최현배의 학문과 사상」, 집문당.

______(1996), 「우리 언어문화의 뿌리를 찾아서」, 한신문화사.

______(2001), 「역대한국문법의 통합적 연구」, 서울대학교 출판부.

______(대표편집)(2000~2001), 어학전문학술지 「형태론」, 도서출판 박이정.

______(편)(2000), 「북한 및 재외교민의 철자법 집성」, 도서출판 亦樂.

김민수(1960), 「國語文法論硏究」, 통문관.

______(1986), 「周時經硏究」(증보판), 탑출판사.

김민수외(1960), 「새고교문법」, 동아출판사.

김윤경(1957), 「고등나라말본」, 동아출판사.

무라타(村田 寬)(2000), “현대한국어의 ‘-느-’와 ‘-더-’에는 형태소의 자격이 있을
              까”, 「국어학논집」 4, 도서출판 亦樂.

신지연(1988), “국어 간투사의 위상 연구”, 「국어연구」 83.

______(1989), “간투사의 화용론적 특성”, 「주시경학보」 3.

안병희(1992), 「국어사연구」, 문학과 지성사.

이극로(1935), “임자씨와 토”, 「한글」 3-1.

이승욱(1991), “吐文法의 沿革”, 「國語學硏究百年史」(1), 일조각.

임홍빈(1997), 「북한의 문법 연구」, 한국문화사.

정렬모(1935), “「아니」의 格位는 무엇?”, 「한글」 3-5.

정인승(1949/1956), 「표준고등말본」, 신구문화사.

차광일(1991), “朝鮮語吐의 特性”, 「國語學硏究百年史」(1), 일조각.

제3장 석독구결의 국어사적 가치*

1. 들어가기

훈민정음 창제 이전의 국어연구 자료는 그 수도 얼마 안되거니와 한자를 빌려 쓴 이른바 차자자료가 대부분이어서 15세기 이전의 우리말의 모습을 올바로 파악하기가 매우 어려웠었다. 그런데 지난 70년대 중반에 고려시대의 석독구결 자료가 발견됨을 계기로 하여 국어사연구에 새로운 지평이 열리었다. 그때까지는 「계림유사」와 「향약구급방」 등을 통해서 고려시대의 어휘의 모습만 어느 정도 엿볼 수 있었는데 석독구결이 얼굴을 내밀게 됨에 따라 어휘의 영역을 벗어나 음운이나 문법의 여러 측면을 소상하게 밝힐 수 있는 기반이 마련되었다.

이곳에서는 석독구결에 대한 현재까지의 연구성과를 거두어들이면서 이들 자료가 지니고 있는 국어사적 가치를 문자/표기, 음운, 문법, 어휘에 걸쳐 확인해 보려고 한다. 그 동안 고대국어와 중세국어 사이에는 고려 400여 년에 걸친 자료상의 공백으로 말미암아 국어사 서술의 불연속성이 가로놓여 있었다. 석독구결의 검토를 통하여 국어사의 불연속성을 어떤

---

* 이 글은 「口訣硏究」 3(1998)에 실렸던 것이다.

방식으로 극복할 수 있으며 궁극적으로 이를 우리말의 총체서술에 어떻게 이용할 것인가 하는 문제를 제기해 보고자 한다.[1]

2. 문자와 표기법에 관련된 문제

석독구결자는 대체로 후대의 순독구결자와 같이 한자의 어느 한 부분을 따서 만든 약체자가 대부분을 차지하고 있다. 구결자는 일본의 가나와 같이 본질적으로 음절문자에 속하기는 하여도 그것이 우리말의 전면적인 표기에 쓰이지 않았다는 점에서 향찰이나 이두와는 그 성격을 달리한다. 향찰이나 이두는 우리말을 전면적으로 표기하였다는 점에서 문자로서의 자족적인 기능을 띠고 있었으나 구결자는 한문을 번역하거나 읽는 데 도움을 주기 위하여 고안되었다는 점에서 한자의 보조문자적 성격을 띠고 있었다.[2] 그러나 문자를 만드는 원리에 있어서 구결자는 향찰이나 이두와 차이가 없다. 한자의 음이나 훈을 빌렸다는 점에서 그러하다.[3] 이런 점에서 석독구결을 향찰이나 이두와 함께 차자표기체계에 넣는다. 문자론적 측면에 설 때 향찰, 이두, 석독구결, 순독구결은 뚜렷한 연속성을 이루고 있다.

15세기에 창제된 훈민정음은 음운문자라는 점에서는 이전의 차자표기와 불연속성이 인정되나, 운용과정에서는 음절문자의 속성을 지니고 있고 그것이 차자표기의 불완전성을 극복하기 위한 필요에서 창제동기를 구할 수 있다는 점[4]에서 더욱 차자표기와의 연속성이 인정된다. 한편 차자자

---

1) 국어사 서술에 있어서 "연속성"의 개념은 문법사를 중심으로 한 이현희(1995)가 참고되고 총체서술과 관련되는 논의는 고영근(1993 : 10)을 보라.
2) 송기중(1997)에서 구결자의 성격을 한자의 보조문자로 규정한 흥미 있는 견해를 볼 수 있다.
3) 차자표기체계를 세울 때 한자의 음과 훈만을 대상으로 하였으나 개별 한자가 표시하는 뜻에 대해서는 크게 거론된 일이 있어 보이지 않는다. 앞으로 이 문제가 깊이 논의되어 차자표기의 성격을 정밀하게 밝힐 필요가 있다. 뒷날을 기다린다.
4) 이 문제는 정인지의 훈민정음 서문에서 명백히 진술되어 있고 최근의 차자표기의 연구과정에서도 그런 점이 확인된 바 있다. 관련논의는 안병희(1977 : 129), 이승재(1989), 강창석

료에서 확인되는 어간부의 훈독표기는 훈민정음 제정 직후 일부 문헌에
서 시험된 어간고정표기나 현대 맞춤법의 어간고정표기와 함께 표의성을
추구하고 있다는 점에서 표기상의 연속성을 이룬다고 말할 수 있다. 이런
점들을 감안할 때, 필자가 고영근(1993)을 통하여 세운 바 있는 자소부에
서 차자표기의 문제가 한글 자소와 큰 무리 없이 통합될 수 있어 보인
다.5)

향찰에는 한 단어의 끝 음절 내지 끝소리를 표기하는 이른바 말음첨기
라는 특이한 표기법이 목격된다. 이 가운데는 한 단어의 끝소리(받침)의
정체를 파악할 수 있는 정보를 전해 주는 표기가 적지 않게 발견된다. 몇
가지 예를 들면 다음과 같다.6)

(1) 必只(반둑)/千隱(즈믄)/道尸(길)/心音(ᄆᆞ숨)/城(잣)

(1)을 통하여 우리는 중세어의 받침 'ㄱ, ㄴ, ㄹ, ㅁ, ㅅ'에 해당하는 소리
가 이른바 말음첨기라는 표기법에 의하여 그 흔적을 남기고 있음을 알 수
있다.

이러한 표기법은 석독구결에도 그대로 이어지고 있다.

(2) 但八(오직)/一ㄱ(ᄒᆞ둔)/十尸(열)/ 壽ㅁ(목숨)/物ㄴ(갓)

(1)의 향찰은 한자의 본자에 기대어 끝소리가 표기되어 있고, (2)의 석독
구결은 한자의 약자에 기대어 표기된다는 차이점이 있으나, 궁극적으로는
같은 차자표기의 원리를 바닥에 깔고 있다는 점에서 표기상의 연속성이
인정된다.

향찰과 석독구결에 나타나는 받침표기의 전통은 15세기의 훈민정음 자
료에도 그대로 이어진다. 낱낱의 글자를 결합시킬 때 받침글자를 글자의

(1992) 등을 보라.
5) 필자는 자소부의 소관으로 한글과 한자 및 로마자 문제만 대상으로 하였었다.
6) 관련 자료는 이건식(1995), 신중진(1998)에서 가져왔다.

끝에 붙이는 운용법은 향찰과 석독구결의 말음첨기와 근본적으로 같은
원리를 바닥에 깔고 있다고 말할 수 있다. 이런 사실 역시 자소부의 소관
이 될 수 있으며 궁극적으로는 총체서술의 과제가 될 수 있다.

3. 음운론적 제 문제

석독구결이 반영하는 음운론적 정보에 대하여는 그 사이 큰 관심을 두
지 않았다. 석독구결을 통하여 고려시대의 음운체계를 어떻게 구성할 것
인가 하는 문제 등은 아직 본격적으로 손을 대지 못하고 있는 실정이다.
특히 종성체계를 세우고 모음조화를 확인하는 문제를 이전의 향찰과 이
두와 관련하여 풀어내는 일도 해독과 함께 진행되어야 한다.

석독구결의 음운현상을 구명하는 데 있어서는 석독구결이 기반으로 하
고 있는 한자음의 성격을 밝히는 일이 우선되어야 한다. 물론 이전의 향
찰이나 이두자료가 반영하고 있는 한자음의 기층문제도 동시에 해결되어
야 한다. 그리고 고려시대의 순독구결이 반영하는 한자음과는 그 선후관
계가 어떠한가 하는 문제도 함께 밝혀져야 한다.7) 사실 차자표기 자료를
정확하게 해독하는 데 있어서는 고대한자음의 기층문제가 깊이 있게 다
루어지지 않으면 안된다.8)

그 사이 한정된 자료, 이를테면 「계림유사」, 「향약구급방」, 「이중력」(二
中曆) 등에 나타나는 어휘자료를 중심으로 어두자음군, 파찰음, 반치음,
순경음, 음절말자음의 내파화 등의 자음론을 펼치고, 고려사에 전하는 몽
고어 차용어를 중심으로 모음론을 펼침으로써 음운체계의 실상이 많이

---

7) 김무림(1998)은 석독구결 한자음의 기층을 구명하려고 시도한 노력으로 보인다. 이러한 작
   업에는 국어한자음의 형성 및 변천과정은 물론, 국어음운사에 대한 정밀한 이해가 우선되
   지 않으면 안된다.
8) 권인한(1997)에서는 그 사이 이루어진 한자음에 대한 견해를 종합하여 고대국어의 한자음
   이 상고음과 중고음의 복합적 성격을 띠었다가 이른바 전기중세국어에 접어들면서 이중성
   이 극복되어 중고음체계로 자리를 잡았음을 추론한 바 있다.

구명되기는 하였으나, 자료의 부족으로 그 성과가 만족할 만한 처지에 이르지 못하였다.9) 석독구결 자료는 근본적으로 문법자료(형태·통사자료)이기는 하지만 그것이 반영하고 있는 한자음의 기층이 구명되면 고려시대의 음운체계를 보다 자세히 구명할 수 있는 바탕이 마련되리라 생각한다. 이런 작업 역시 국어음운사 서술의 연속성을 확보하고 총체서술의 범위를 넓히는 데 크게 기여할 것임이 틀림없다.

4. 형태음운론적 제 문제

중세어에는 체언에 조사가 붙거나 어간에 어미가 붙을 때, 어간이 바뀌는가 하면 어미도 모습을 달리하는 일이 적지 않다. 석독구결자료에 중세어에서 보는 체언의 형태교체나 용언의 형태교체가 있었는지는 아직 자료상으로 확인되지 않고 있다. 또 조사의 경우도 중세어에서 보는 갖가지 교체양상이 있었는가 하는 문제도 쉽게 단정할 수 없다.(뒤에 나옴) 그러나 용언 형태부에서는 교체의 양상을 어느 정도 엿볼 수 있다. 이 문제를 중세어와 대비하여 가며 검토하기로 한다.

먼저 'ㄱ, ㄷ' 계열의 조사나 어미가 특정한 환경 아래에서 'ㅇ, ㄹ'로 교체되는 현상을 보기로 한다.10)

 (3) 가. 히와 둘와(비교 : 입과 눈과)
   나. 알오(비교 : 가고), 여희에(비교 : 가게), 나라히어늘(비교 : 가거늘)
   다. 나라히라(비교 : 가다), 가리라(비교 : 가다)

(3가)는 'ㄱ' 계열의 접속조사 '과'가 모음과 'ㄹ' 아래에서 '와'로 교체되는 예이고, (3나)는 '연결어미 '-고, -게, -거늘'의 첫소리 'ㄱ'가 'ㄹ'와 하향이 중모음 및 계사 아래에서 'ㅇ'로 교체되는 예이다. (3다)는 'ㄷ' 계열의 어

---

9) 이 방면의 정보는 이기문(1972가 : 93~9, 1972나 : 117), 김동소(1998 : 40~65)를 보라.
10) 이 문제는 이승재(1994, 1996)에서 논의된 것을 수용하였다.

미가 계사와 추측법 '-리-' 뒤에서 'ㄹ' 계열의 어미로 교체되는 예이다.

그런데 고려시대의 석독구결은 이와는 다른 양상을 보여 준다. 12세기 자료로 간주되는 「구역인왕경」과 「화엄경」에는 (3)과 같은 교체가 표기상에 반영되기도 하고 반영되지 않기도 한다.11)

(4) 가. … 等ㅅ 慧ㅅ 灌頂(구역인왕경 11, 1)
    나. 煩惱乙 離ㅎㅁ八(구역인왕경 3, 11)
    다. 自ㅎ… 二 ㅣ ㅌ ㅣ ㅎ ㄴ ㅣ(구역인왕경 15, 5~6)

(4가)의 'ㅅ'는 받침의 유무에 관계없이 사용되는 접속조사라는 점에서 (3가)와는 달리 'ㄱ : ㅇ'의 교체를 반영하지 않고 있다. (4나)의 '離ㅎㅁ八'이 '여희곡'으로 해독되는 것이 정확하다면 하향이중모음 뒤에서 'ㅇ'로 교체되지 않은 것으로 볼 수 있다. 'ㄹ' 아래에서 'ㄱ'가 'ㅇ'로 교체되는 예는 쉽게 보이지 않는다.12) (4다)의 'ㅎㄴ'는 계사 'ㅣ'(이)에 뒤따르는 'ㅎㄴ' (앗)을 적은 것으로 본다면 확인법과 감동법의 혼효형이라고 할 수 있다. 확인법 '-거-'와 감동법 '-ㅅ-'의 혼효형은 15세기 후반 자료인 「두시언해」에서 '것'이란 모습으로 처음 나타나는데,13) 고려시대의 석독구결에는 계사 아래 '것'의 교체형인 혼효형 'ㅎㄴ'이 나타남을 확인할 수 있다. 이런 점에 근거한다면 12세기의 석독구결에는 계사 아래에서 'ㄱ'이 'ㅇ'으로 교체되는 현상이 있었으며 그것은 확인법과 감동법의 혼효라는 사실도 아울러 확인할 수 있다. 이승재(1994, 1996)에 기대면 구역인왕경에서 계사에 국한하여 나타나던 'ㄱ'계열과 'ㅇ'계열의 수의적인 교체현상이 14세기초의 남권희본 「능엄경」에서는 필수적으로 적용되었다고 한다.

다음으로는 'ㄷ'계열의 어미가 'ㄹ'계열의 어미로 교체되는 현상을 보기

---

11) 이곳의 용례는 기존의 논저에서 가져오되 구결학회(편), 「구결자별 색인」(1997. 5. 1)과 대조를 거쳤음을 말해 둔다.
12) 「유가사지론」의 '知ㅎㅣ'(「유가사지론 구결자 색인」 42~3쪽 참조)가 '알오다'로 읽혀지는 것이 정확하다면 'ㄹ' 아래의 'ㅇ' 교체의 예로 채택할 수 있다. 이는 박진호군이 제보하여 주었다.
13) 고영근(1981/1998가 : 151)에 그 용례와 해석이 나와 있다.

로 한다. 이러한 교체는 「화엄경」과 「구역인왕경」에서 볼 수 있다.

> (5) 가. 法性ㄱ 本…ハ 無ㄴㄱ 性ㅣ罒(구역인왕경 14, 24~25)
>   나. 淸淨行ㄴ 說ㅕ ㅁㄴㅭㄱ ㅣ罒(화엄경 8, 20~23)
>   다. 幻花ㅣ 幻花ㄴ 見ㅏㄱ ㅣ罒(구역인왕경 14, 1~4)

(5가)는 체언 '性' 아래 'ㅣ罒'가 쓰였기 때문에 계사의 종결형으로 처리하
는 일이 있다.14) 중세어의 (3다)의 '나라히라'와 동일한 활용형으로 볼 수
있다는 것이다. (5나,다)는 이른바 동명사형 'ㄱ' 아래 계사가 쓰인 것으로
해석할 수도 있고 중세어의 이른바 둘째설명법어미 '니라'를 분리표기한
것으로 해석할 수도 있다. 어떻게 보든 '罒'(라)는 'ㅣ'(다)에 대응되는 평
서법형태라고 말할 수 있다. 그러나 이승재(1994)에 기대면 위의 두 문헌
에는 계사 아래 'ㅣ'가 선택되는 일이 있기 때문에 두 형태의 교체는 수의
적이었다고 한다. 그러나 추측법 'ㅊ'(리) 아래에서는 (3다)의 중세국어 어
형 '가리라'와 같이 필수적으로 '罒'로 교체되었다.

끝으로 중세어에는 높임의 선어말어미 '-시-'가 보통의 모음어미와 만
나게 되면 '-샤-'로 모습을 바꾸는 일이 있다.15)

> (6) 가. ᄒᆞ샤, ᄒᆞ샤늘
>   나. ᄒᆞ샴, ᄒᆞ샤디, ᄒᆞ샨, ᄒᆞ샷다

(6가)는 '아' 계열의 종속적 연결어미가 붙을 때, (6나)는 '오' 계열의 어미
가 붙을 때, 그들 모음 앞에서 '-시-'가 '-샤-'로 교체되는 예이다.

그런데 고려시대의 석독구결에서 '-시-'는 'ㅋ'로 적혀 있으나 중세어의
'-샤-'에 해당하는 형태는 특별히 눈에 띄지 않는다.16) 그러나 다음 예는

---

14) 'ㅣ罒'는 중세어의 비슷한 구문과 관련시킬 때(허웅 1975 : 559~61), 연결어미일 가능성
   이 크다. 그렇다면 이 문제는 재고의 여지가 없지 않다. 더 많은 예의 확보가 필요하다.
15) '-시-'와 '-샤-'의 교체에 관련된 논의는 고영근(1997가)에 기대기로 한다.
16) 석독구결 주체높임의 분포와 기능은 백두현(1995)에서 자세히 다루어진 바 있다. 용례는
   주로 이곳에서 취하기로 한다.

'-샤-'로 해독할 수 있는 가능성이 없지 않아 보인다.

    (7) 가. 滿足ソニ氵(금광명경 13 : 21)
       나. 方匕 十地氵十 座ソニ下(구역인왕경 2, 10~12)

(7가)의 'ニ'가 중세어의 '-시-'에 대응되는 높임의 선어말어미이다. (7나)의 'ソニ下'(ᄒ시하)는 그 사이 그 해독을 둘러싸고 의견이 엇갈려 왔으나 1997년의 구결학회 월례강독회에서 중세어의 연결어미 '-샤-'에 대응된다는 점에 어느 정도 의견의 접근을 보이었다. 그렇게 볼 수 있는 것은 주어명사구가 높임의 대상이 아닐 때에는 'ソ氵'(ᄒ야) 등으로 적히기 때문이다. 곧 주어명사구가 높임의 대상이 될 때에는 'ソニ下'로, 그렇지 않을 때에는 'ソ氵'로 실현되는 것이다. 중세의 한글문헌에는 '-샤-'와 같이 한 글자로 적히는데 구결에서는 왜 두 글자로 적히느냐고 되물을 수도 있으나 이는 공연한 근심에 지나지 않는다. 중세 한글문헌에는 두 글자로 적혀도 한 형태소로 처리되는 것이 적지 않다. 이를테면 'ᄒ야니여'의 '니여'는 두 글자로 적혀 있지마는 형태소 분석원리를 적용하면 단일형태소에 지나지 않는다.17) '-샤-'를 적을 수 있는 마땅한 글자가 없어서 두 글자를 사용하였을 가능성이 없지 않으나 단정하기가 쉽지 않다.

   고려 이전의 고대국어 단계에서 위의 세 형태교체의 실상이 어떠하였는지 섣불리 말할 수 없지마는 석독구결의 검토를 통하여 변화의 한 모서리를 더듬을 수 있다. 'ㄱ'과 'ㅇ'의 교체는 12세기 또는 그보다 조금 앞선 시기부터 시작하여 14세기초에 이르러 중세어와 같은 환경에서 교체가 완료되었으며 'ㄷ'과 'ㄹ'의 교체는 환경에 따라 수의적으로 일어나는 것도 있었고 필수적으로 일어나는 것도 있었다. 그리고 '-시-'와 '-샤-'의 교체는 이미 12세기초에 확립되어 있었다고 말할 수 있다. 사실 석독구결이 얼굴을 내밀기 전에는 고려시대의 국어에서 위의 세 형태교체의 사정이 어떠하였는지 전혀 알지 못하였는데 이제는 그 사정을 어느 정도나마

---

17) 중세어 의문법의 분석에 대한 논의는 고영근(1981/1998가 : 17)을 보라.

짐작할 수 있었다. 필자는 우선 형태파악이 손쉬운 위의 세 형태에 국한하여 고려시대의 굴절형태의 교체양상과 변화의 모습을 그려 보았지만 앞으로 고려시대의 구결자료에 대한 연구가 깊이를 더하면 형태교체에 관련된 새로운 사실이 많이 드러나게 되리라 믿는다. 어쨌든 석독구결의 발견은 고대국어와 중세국어의 형태음운론에 관련된 불연속성을 극복하는 데 적지 않게 기여할 것이 틀림없어 보인다.

5. 체언굴절에 관련된 제 문제

석독구결이 나오기 전에는 「계림유사」의 어휘자료를 통하여 격형태를 더듬어 보는 수준을 넘어서지 못하였으나,[18] 석독구결의 발견이 계기가 되어 고려시대의 격형태와 보조사 종류를 많이 접할 수 있게 되었다.[19] 고영근(1993 : 104)의 격체계에 따라 대표적인 형태를 배열하면 다음과 같다.(괄호 안의 형태는 중세어의 형태임)

(8) 석독구결의 격체계
　가. 주격조사: 刂(이)
　나. 속격: ラ(ᄋᆡ/의), 七(ㅅ)
　다. 대격: 乙(ᄋᆞᆯ/ᄅᆞᆯ)
　라. 부사격:
　　1) 처소: 阝十(아긔), 尸十(싀), ラ(ᄋᆡ/의) 2) 도구: 灬(로)
　마. 호격: 下(하), 阝(아), ː(여)
　바. 접속조사[20]: 人(과), 亠/ː(여)

18) 이승욱(1972 : 269~82)을 통하여 그런 노력의 한 가닥을 엿볼 수 있다.
19) 관련자료와 정보는 남풍현(1977), 이건식(1996), 백두현(1995)에서 얻었다.
20) 접속조사는 명사구를 이어 줄 뿐 아무런 격관계도 표시하지 않는다. 따로 세워야 할 것이나 이곳에서는 서술의 편의상 격체계에 넣었다. 접속조사를 흔히 공동격으로 처리하고 있으나 이는 잘못이다.

대체로 중세어와 큰 차이가 없다. 주격의 경우, 끝음절의 어떠함에 매이지 않고 'ㅣㅣ'가 사용되어 있다. 곧 '體ㅣㅣ'와 같은 표기가 나타난다는 것이다. 중세어에서 '如來ㅣ...'와 같이 끝음절이 'ㅣ'로 되어 있어도 다시 'ㅣ'를 붙이는 표기법이 이미 석독구결 당시부터 확립되어 있어 주격조사 표기법의 연속성을 확인할 수 있다. 석독구결의 격형태의 특징은 이른바 여격을 포함한 처소부사격이다.

(9) 가. 衆生ㅋ十 限ㅋ 無ㄱㅌㄴ 利ㅎㄷのㄱ 與ㅆㅌㅈ소(화엄경 12, 7)
     나. 心ㅣ十 怯弱 無ㅌㅛ(화엄경 4, 22)

석독구결의 처소부사격에는 '긔'로 읽히는 '十'가 공통적으로 나타난다. 그 대표적인 것이 (9)의 예이다. 백두현(1995 : 263)에서는 (9가)의 'ㅋ十'를 중세어의 평칭 여격표시어 '의/의게'와 관련시키면서 후자를 단순히 '의/의 그에'의 단축형일 수 없다고 하였다.[21] 고려시대에 단축된 형태가 나타나는 것은 그 시기가 너무 동떨어지기 때문에 그렇게 말한 것으로 보인다. (9나)의 'ㅣ十'는 '아긔'로 읽힌다고 하는데 (9가)의 형태와 어떤 관련성이 있는지 분명하지 못하다. 처소부사격은 그 쓰임이 매우 복잡하여 중세어와의 연속성이 쉽게 맺어지지 않는다. 해독의 미숙함에 원인이 있는지 아니면 석독구결이 지닌 강한 의고성에 말미암는지 단정할 수 없다.

보조사는 대체로 중세어와 큰 차이가 없는 것 같다. 대조에는 'ㄱ', 특수(흔히 강세)에는 'ㅣ'(사), 각자에는 'ㅜㅣ'(마다), 단독에는 'ㅆㅌ'(봇) 등이 확인되어 중세어와의 연속성이 확인된다.

---

21) 필자는 오래 전에 고영근(1961/1995 : 328)에서 「석보상절」과 「월인석보」의 비교를 통하여 '의/의게'가 '의/의 그에'의 단축형이라는 사실을 지적한 바 있다. 단축형이라는 사실을 정당화하기 위하여는 음운론적인 뒷받침이 필요하다. 앞으로의 연구를 기다린다.

6. 용언굴절과 이와 관련된 통사론적 제 문제

앞의 체언굴절과 마찬가지로 용언굴절에 있어서도 석독구결이 나오기 전에는 「계림유사」를 통하여 형태론을 구성하는 수준을 벗어나지 못하였는데,22) 석독구결의 발견으로 적어도 자료상의 빈곤은 면할 수 있게 되었다. 석독구결은 동사형태론의 보고(寶庫)라고 할 만큼 풍부한 자료를 제공하고 있다. 지금까지의 연구도 대체로 어미형태론을 구명하는 데 많은 노력을 바쳐 왔다.

크게 보면 석독구결에서도 중세어의 어미부에서 발견되는 형태론적 질서가 거의 그대로 확인된다. 15세기 문헌에 나타나는 사동 및 피동의 접사가 어떤 형태로 적히고 있으며 특히 능격동사와 같은 동사의 확인도 문제될 수 있으나 이곳에서는 모두 보류하기로 한다. 이곳에서는 어미류에 국한하여 기능상의 특수성을 검토하기로 한다. 어미류를 선어말어미와 어말어미에 따라 정리해 보기로 한다.

석독구결의 선어말어미를 범주별로 제시하면 다음과 같다. 해당 형태소의 괄호 안에 중세어의 해당형태나 그에 가까운 형태를 들기로 한다.

> (10) 석독구결의 선어말어미체계23)
>
> 　가. 白(습)
> 　나. ﾆ/ﾁ(시)
> 　다. ﾜ/ﾛ/ﾉ(오)
> 　라. ﾅ(겨?)
> 　마. ﾆ(ᄂ)/ﾄ(누), ﾁ(리)
> 　바. ﾟ(아), ﾞ(거), 口(고)
> 　사. ﾉ(ㅅ)

(10가)는 대체로 중세어 낮춤의 선어말어미 '습'과 그 기능이 비슷하나

---

22) 이승욱(1973 : 273~291)을 보라.
23) 석독구결의 선어말어미는 주로 백두현(1997)을 참조하였다.

부분적으로는 특이한 면이 보인다.(뒤에 나옴) (10나)의 ‘ㄷ’는 ‘ㅎ’로도 적히는데, 앞에서도 잠깐 본 바와 같이, 중세어 높임의 선어말어미 ‘-시-’와 비슷하며 ‘-샤-’에 가까운 모습으로 교체되는 일면이 있었다. (10다)의 ‘ろ’는 ‘ㅡ, ノ’로도 적히는데 대체로 중세어의 선어말어미 ‘오’를 표기한 것으로 보고 있다. 그러나 기능상으로는 중세어와 다소 차이나는 점이 있다.(뒤에 나옴) (10라)의 ‘ナ’는 석독구결 특유의 선어말어미로서 해독과 기능이 복잡한 곳이 많아 현재 논의가 진행중이나 이곳에서는 백두현(1997)을 따라 ‘겨’로 읽되 시제나 서법 관련의 선어말어미로 보기로 한다. 고려 후기의 순독구결이나 15세기의 한글 자료에 이 형태가 나타나지 않는 것은 석독구결의 특이성과 의고성을 단적으로 드러내는 것으로 보인다. 순독구결이나 한글문헌과의 불연속성을 어떻게 극복하여 총체서술에 통합시킬 것인가 하는 문제가 해결되려면 이 형태소의 기능을 면밀하게 추구하는 길밖에 없다.

(10마)의 ‘ㅌ’와 ‘チ’는 중세어의 직설법 ‘-ᄂ-’와 추측법 ‘-리-’에 각각 대응되는데, 회상법에 해당하는 구결자가 잘 보이지 않아 기본서법을 세우기가 쉽지 않다. 특히 ‘ㅌ’는 ‘ᄼㅌ효’에서 보는 것처럼 명령형에도 나타나 중세어와의 강한 불연속성이 드러난다. ‘ㅏ’도 ‘ᄂ’에 대응되는 기능을 표시하기도 하나 양자간의 관계가 아직 분명히 파악되어 있지 않다. (10바)의 ‘ろ’와 ‘ㅗ’는 중세어 확인법과의 연속성이 논의되고 있으나 이에 앞서 그것이 타동성의 자질 여하에 따라 변별되는 이형태인가 하는 문제부터 해결해야 한다. ‘ㅁ’도 앞의 두 구결자와 밀접한 상관성을 주장하는 일이 없지 않으나 신중을 기할 필요가 있다. 형태 및 기능상의 확인에 어려움이 있다는 것은 중세어와 심한 불연속성에 그 원인이 있다. (10사)는 감동법의 선어말어미로서 ‘ろ, ㅁ’에 후행하는 것으로 논의하고 있으나 중세어의 감동법 ‘옷//돗, ㅅ’과는 거리가 멀고 오히려 감동법과 확인법의 혼효형인 ‘것’과 비슷해 보인다.

중세어의 선어말어미 가운데서 특이한 기능을 보이는 것은 낮춤의 선어말어미 ‘白’이다.24) 이 글자는 ‘-습-’을 적은 것으로 알려져 있다. 이 글자는 ‘ᄉᆞᆲ’을 훈독하는 것으로 보고 있으며 선어말어미로 사용될 때에는

'습'25)으로 읽고 있으나, '白'의 뜻과 관련시킬 때 올바른 해독인지 문제가 적지 않다. 그것은 어쨌든 다음 예를 비교해 보면 15세기 용법과의 연속성과 불연속성이 분명해진다.

> (11) 가. 若 能 法氵十 如灬 佛ㄴ 供養ゝ白ㅌ尸入ㄱ...(화엄경 11, 9~12)
>   나. (釋迦牟尼佛ㄱ) 復ゝㄱ.....千寶蓮花ㄴ 出ゝ白ㅎㄱ厶...
>   (구역인왕경 2, 12~14)

(11가)는 목적어명사구가 높임의 자질을 띠었다는 점에서 주체의 행위를 표시하는 활용형에 '白'이 사용되었다. 중세어의 용법과 조금도 차이가 없다. 그러나 (나)는 특이하다. 주체인 '석가모니불'의 행위에 '白'이 쓰였다. 중세어라면 '-시-'가 선택되는 자리인 것이다. 이를 두고 백두현(1995: 108)에서는 현토자와 관련하여 용법상의 특이성을 설명하고 있고, 박진호(1997)에서는 문법화와 관련된 과도기적인 용법으로 설명하고 있다. 전자일 가능성이 많으나 앞으로 활발한 논의가 전개되어 석독구결에 나타나는 '白'의 기능이 분명히 파악되기를 바란다.

다음으로 주목할 것은 15세기의 선어말어미 '오'를 적은 'ㅎ'의 기능이다. 'ㅎ'는 'ㅁ/ノ'로도 적히는데(앞에서 나옴), 기능상의 차이는 없는 것으로 알려져 있다.26) 중세어의 '오'는 그 용법이 매우 복잡하여 오래전부터 문제가 되어 왔다. 중세어에서는 '오'를 언제나 앞세우는 어미가 있는가 하면 어미에 따라 '오'를 앞세우기도 하고 그렇지 않기도 하는 부류가 있다. 전자는 어미의 일부분으로서 독립된 형태소의 자격이 없으나 후자는 통합관계를 만족시키기 때문에 형태소의 자격이 충분하다. 형태소의 자격이 있다고 하더라도 관형사형이냐 비관형사형이냐에 따라 기능을 구별하는 일도 있고 그러지 않는 일도 있다.

---

24) 이 문제에 대하여는 백두현(1995)와 박진호(1997)을 보라.
25) 이 형태의 기본형을 사람에 따라 '습, 습, 습'으로 책정하고 있으나, '습'이 아니면 '습'으로 적어야 옳다. '습'은 책정기준에 있어서 일관성을 소홀히 하였다는 비판을 면하기 어렵다. 관련논의는 고영근(1997나, 다)를 보라.
26) 석독구결자의 'ㅎ'의 분포와 그 기능에 대하여는 백두현(1996, 1997)을 보라.

그런데 고려시대의 석독구결에는 비관형사형에서 '乊'가 나타나는 일이 매우 드물어 의의 있는 작업을 행하기가 쉽지 않다. 석독구결에도 중세어처럼 항상 '오'를 요구하는 어미류가 있기는 하지만 아직 연구가 제대로 진척되어 있지 않다. 비관형사형에서 '乊'가 드물게 나타나는 것이 문헌의 성격에 말미암는 것인지, 석독구결의 의고성에 그 원인이 있는지, 해독의 잘못에 있는지 단언할 수 없지만, 이는 중세어와의 강한 불연속성을 드러낸다. 관형사형을 중심으로 기능상의 특수성을 검토하기로 한다.

(12) 가. 最勝因乚 依⺡先下 說丿ㄱ 事乚....(유가사지론 23, 11~18)
나. 微細ソㄱ 諸相刂.....(금광명경 7, 25~26)

(12가)의 '說丿ㄱ'은 '오'가 쓰인 '혼'에 해당하는 예인데 피수식어 '事'가 '說丿ㄱ'의 목적어가 된다는 점에서 중세어의 이른바 대상법의 '오'와 완전히 일치한다. (12나)는 '오'가 빠진 'ᄒᆞᆫ'에 해당하는 예인데 피수식어 '諸相'이 '微細ソㄱ'의 주어가 되어 중세어의 이른바 주체법과 완전히 일치한다. 이런 사실들은 석독구결과 중세어의 해당 문법사실을 통합서술하는 데 하등의 걸림돌이 되지 않는다. 이밖에도 의존명사구성에서 '오' 가 사용되는 등 중세어와 합치되는 점이 적지 않다.

선어말어미에 이어 어말어미의 체계를 구성해 보기로 한다. 학교문법의 체계에 따라 종결어미와 비종결어미로 크게 나누고 후자에는 연결어미와 전성어미를 두기로 한다.

(13) 석독구결의 종결어미 체계27)
가. 평서형어미 : 丨(다), 𠃍ㅎ七丨(옶다)
나. 감탄형어미 : ㄱ㇀(ㄴ뎌), 尸㇀(ㄹ뎌), 七㇀(ㅅ뎌)
다. 의문형어미 : ㅁ(고)/⺡(아)
라. 명령형어미 : 𠤎立(ᄂᆞ셔), ㅁ八⺈立(고기시셔)
마. 청유형어미 : 寸(져)

27) 석독구결의 종결어미는 김두찬(1995), 정재영(1995가, 1996), 장윤희(1998)을 참고하였다.

(13가)의 'ㅣ'는 환경에 따라 'ㅉ'(라)로 실현되는 일이 없지 않으나 필수적
이 아니라 함은 이미 확인하였다. 어쨌든 중세어와의 연속성이 인정된다.
석독구결에는 당위평서형어미 'ㆁㄴㅣ'가 발견되는데 이는 향찰에서도 볼
수 있으며, 중세어에 '옴짜'(뵈욤ㅅ 다)란 모습으로 그 여천(餘喘)을 남기고
있다.28) 향찰로부터 석독구결을 거쳐 중세의 한글문헌에까지 꾸준한 연
속성을 유지하고 있다. 중세어에서는 대체로 'ㄹ 디니라'로 나타난다. 중세
어에 오면서 연속성이 단절되어 'ㄹ 디니라'로 대체된 것이 아닌가 한다.
(13나)는 구성상으로는 관형사형어미나 그에 상당하는 구성에 'ㅕ'가 붙어
형성된 것인데 중세어의 감탄법어미 'ㄴ뎌' 등과 연속성을 이루고 있다.
(13다)는 설명의문과 판정의문의 형태가 구별된 것으로 설명하기도 하나
더 많은 예의 확보가 요청된다. (13라)는 명령형어미인데 'ㅌ쇼'는 동사는
물론, 자동사, 형용사, 계사에 붙는다는 분포상의 특징이 있다. 대우의 등
급은 예사높임 정도로 추측하고 있다. 'ㅁㅅㆁ쇼'는 아주높임의 등분을 표
시한다고 추측하고 있다. 아주낮춤의 형태가 문증되지 않아 단정하기는
쉽지 않으나 석독구결에도 중세어와 같이 세 등분의 존비법이 있었음을
알 수 있다. 형태상으로는 부분적인 유사성만 보일 뿐 연속성이 쉽게 간
취되지 않는다. 이를 통해서도 석독구결의 특이한 일면을 엿볼 수 있다.
(13마)는 청유형어미인데 예가 많지 않아 포괄적 기술을 하기가 쉽지 않
다. 'ㆁ'가 '뎌'를 적은 것이 틀림없다면 청유법으로 볼 수 있다. 중세어에
도 ㅎ라체의 청유법은 그 예가 흔하지 않다.
　　다음으로는 연결어미의 실상을 검토하기로 한다.

　　(14) 연결어미의 체계
　　　　가. 대등적 연결어미: ㅁ(고), ㅊ(며), ㆁ(져)
　　　　나. 종속적 연결어미: ㄱ(ㄴ), ㄹ(ㄹ), ㄱㄴ(늘), ㄲ(나), ㄹㅅㄱ(ㄹ 든),
　　　　　ㅅㄱㅁ(온디), ㅅㄹㅁ(올디)

(14)는 연결어미를 편의상 대등적인 것과 종속적인 것으로 나눈 것이다.

---

28) '옰다'의 용례에 대하여는 이현희(1995)에서 지적된 바 있다.

석독구결자료에 중세어의 보조적 연결어미에 대응되는 형태는 아직 확인되어 있지 않다.

(14가)는 특별한 것이 없다. 다만 (14나)는 중세어와 관련시킬 때 논의의 대상이 되는 것이 많다. ‘ㄱ’과 ‘尸’은 관형사형 내지 이른바 동명사형 어미로 사용되기도 하나 다음과 같은 예는 연결어미로 해석해야 한다.[29)]

(15) 가. ....三昧七 中氵十 住在丷氵丷ㄱ... (화엄경 17, 4~10)
나. 佛 言乃=尸 善男子氵... (금광명경 2, 20~3, 4)

(15)는 동명사의 용법으로는 설명되지 않는다. (15가)는 ‘하니’로, (15나)는 ‘하되’로 해석되는데 접속의 기능을 띠고 있다. (15가)와 같은 예는 중세어에 더러 보이기도 하여 어느 정도의 연속성이 인식된다. 다음 예가 그런 범주에 든다.

(15′) 如來 닐온 나 이슈미 곧 나 이슈미 아니어늘…
(금강경언해 하, 135장 뒤)

이곳의 ‘닐온’은 (15)의 ‘住在丷氵丷ㄱ’과 같이 ‘이르되, 이르니’의 기능을 띠고 있다.[30)] 그러나 중세어에서 ‘ㄹ’ 어미가 접속적 기능을 발휘하는 예는 아직 보고되지 않았다. (15)에 나타나는 ‘ㄱ’과 ‘尸’의 접속적 용법에 기초하여 이들을 연결어미의 범주에 넣어 두기로 한다. 이들 어미가 이른바 동명사의 용법과 맺는 관계는 뒤에서 종합하여 논의하기로 한다.

(14나)의 ‘ㄱㄴ’과 ‘尸入ㄱ’도 연결어미의 기능을 띠고 있다.[31)]

(16) 가. ... 法才菩薩ㄱ 五百億大衆刂 倶丷ㄱㄴ(*ᄒᆞᆫ놀) 共七 來丷氵尒
(구역인왕경 3, 7~9)
나. 此陀羅尼呪ㄴ 誦持丷白ロナ尸入ㄱ(ᄒᆞᅀᆞᆸ고견돈) 得丷氵尒...
(금광명경 8, 24~9, 9)

---

29) 이러한 현상은 이미 남풍현(1996가 : 33, 1996나 : 241)에서 지적된 바 있다.
30) 어미 ‘ㄴ’의 접속적 용법은 이현희(1994 : 329~413, 특히 357쪽)을 보라.
31) 이 두 어미의 특수성에 대하여는 이용(1997, 1998)을 보라.

(16가)의 'ㄱ ㄴ'은 이른바 동명사 'ㄱ'에 대격조사 'ㄴ'이 붙은 구성도 있으나 이곳에서는 연결어미로 사용되었다. 그것은 뒤에 타동사가 나오지 않기 때문이다. (16나)의 'ㅅ'는 의존명사로 해독되는 일이 없지 않으나 이곳에서는 연결어미로 보는 것이 옳다. 그것은 'ㅅ'가 후행 서술어의 어떤 성분으로도 사용되지 않았기 때문이다.

　(14나)의 'ノㄱ厶'와 'ノ尸厶'도 연결어미의 기능이 분명하다.

　　(17) 가. 菩薩尸 四地 3 十ㄱ 是 相ㅣ 現前ノㄱ厶(혼디)... (금광명 6, 3~11)
　　　　　나. 出家ノ尸厶(홀디) 礙尸... (화엄경 3, 3~7)

(17)의 'ノㄱ厶'와 'ノ尸厶'를 관형사형어미에 의존명사가 붙은 구문으로 해석하기도 하나(남풍현 1996a: 26), 단순한 연결어미로 보는 것이 온당해 보인다. 오랫동안 우리 학계에는 원인의 연결어미 '-ㄹ 씨' 등을 관형사형과 의존명사의 통합체로 해석하는 일이 하나의 흐름을 이루고 있는데 그렇게 단정하기에는 아직 일러 보인다.

　끝으로 흔히 동명사형으로 처리되는 'ㄱ'과 '尸'을 비롯한 전성어미의 기능을 검토하기로 한다. 중세어의 전성어미에는 명사형어미 '-옴'과 관형사형어미 '-ㄴ, -ㄹ'이 있다. 명사형은 많이 알려져 있기 때문에 특별히 들지 않고 관형사형만 들기로 한다.

　　(18) 가. 自托詩ㅎㄴ로 己十年이오 (두시언해 권 11, 5장)
　　　　　나. 德이여 福이여 호놀... (악학궤범, 동동)
　　　　　다. 너펴 돕ㅅ오미 다욼 업서 (법화경언해 서, 18장)

(18)이 'ㄴ'과 'ㄹ'이 명사적으로 쓰이는 것인데 최근에 와서는 이들 뒤에 의존명사가 숨어 있는 것으로 보고 동명사형으로 처리하지 않고 관형사형어미의 특수용법으로 간주하고 있다.32) 중세어의 관형사형어미 'ㄴ'과

____

32) 필자는 고영근(1981/1998 : 80, 90, 108)에서는 관형사적(부가어적) 용법과 동명사적(자립적)인 용법을 구분하여 다루었으나 고영근(1987/1997 : 156)에서는 허웅(1975)를 따라 관

'ㄹ'에 대응되는 석독구결의 'ㄱ'과 'ㅏ'의 용법이 어떠한가 하는 문제를 건드려 보고자 한다.

    (19) 전성어미의 체계
        가. 명사형1: ㆁ(ㅁ)
        나. 명사형2: ㄱ(ㄴ), ㅏ(ㄹ)
        다. 관형사형: ㄱ(ㄴ), ㅏ(ㄹ)

(19가)는 명사형어미로 간주되는 예인데 중세어의 '옴'과는 달리 모습도 다르고 통합관계도 다르며 거기다가 해독도 아직 불완전하기 때문에 과연 중세어와의 연속성을 보장할 수 있는 명사형어미로 볼 수 있는지 확실하지 않다. 그러나 기능상으로 명사형의 기능이 어느 정도 파악된다는 점에서 명사형어미의 부류에 넣되 (19나)와 구별한다는 뜻에서 명사형₁이라 부르기로 한다.

    (15)에서 우리는 'ㄱ'과 'ㅏ'이 연결어미로 사용되었음을 본 바 있는데 석독구결에는 중세어의 (18)과 같이 자립적으로 사용되는 예가 많이 나온다.[33]

    (20)은 어미 'ㄱ'에 격조사가 연결되는 것이다.

    (20) 가. 正法ㄴ 聽聞ㅅㄱㅎ(흔의) 得ノㄱ 所ㄴ... (유가사지론 6, 7~13)
        나. 路ㅣ 無塵ㅅㄱㄴ(ㅎ눌) 見ㅏㄱㅣ十ㄱ (화엄경 5, 1)
        다. 空閑ㅅㄱㅎ十(흔의긔) ... (유가사지론 10, 2~12)

(20가)는 속격 'ㅎ', (20나)는 대격 'ㄴ', (20다)는 처소부사격 'ㅎ十'가 붙은 것이다. 이 밖에도 계사와 보조사가 붙는 일이 있고 격표지가 실현되지 않는 일도 있다. 주격표지가 붙는 일은 보이지 않는다고 보고되어 있다.

    형사형에 통합하여 다루었다.
33) 이 문제는 심재기(1979)에서 「구역인왕경」의 자료를 중심으로 처음으로 다루어졌고 남풍현(1996abc)에서 집중적으로 조명되었다. 용례는 남풍현의 기고에서 주로 가져오되 구결색인집과의 대조를 거쳤다.

(21)은 어미 '尸'에 격표지가 붙은 것이다.

(21) 가. 教誡 亠 教授亠ノ尸乚(여 홀을) 說ノ尸入乚 得ケソ3(유가사지론 3, 5~11)
나. 其心乚 搖亂ノ尸人(홀과)... (유가사지론 10, 2~12)
다. 又 煩惱亠 後有業道亠ノ尸ㄱ(여홀은)... (유가사지론 31, 11~17)

(21가)는 대격 '乚'이, (21나)는 접속조사 '人'가, (21다)는 보조사 'ㄱ'이 각각 붙은 것으로 해독된다. 앞의 'ㄱ'과 같이 격표지가 나타나지 않은 일도 있다. 이곳에서도 주격표지와 결합되는 예는 나타나지 않은 것으로 보고 되어 있다.

(20)과 (21)에 나타나는 석독구결의 'ㄱ'과 '尸'의 용법은 (18)의 중세국어의 용법과 똑 같다. (18가)는 어미 'ㄴ'에 도구부사격 'ᄋᆞ로'가 붙었고 (18나)는 고려가요의 예인데 어미 'ㄴ'에 조사 'ᄋᆞᆯ'이 붙은 것이다. (18다)는 격표지가 생략된 것이다. 석독구결만큼 풍부하게 나타나지 않지마는 중세어에도 이른바 동명사형에 격표지가 붙는 것이다. 중세어에서 이른바 동명사형에 격표지가 붙는 현상에 대하여 의존명사가 숨어 있는 것으로 해석한 이상, 석독구결의 똑 같은 현상에 대하여도 같은 원리를 적용할 수 있다. 석독구결에 어미 'ㄱ'과 '尸'이 이른바 동명사형으로만 쓰이기만 한다면 모르되 관형적(부가어적) 용법[34]이 나타나는 이상, 같은 문법형태에 대하여 두 가지 기능을 주는 것은 문법서술을 번거롭게 한다는 점에서 옳지 않다.

(15)에서 필자는 'ㄱ'과 '尸'의 연결어미적 성격을 부각시킨 일이 있는데 이른바 동명사형과 맺는 관계를 풀어 보기로 한다. 'ㄱ'과 '尸'의 자립적 용법은 숨어 있는 의존명사의 설정을 통하여 관형적 용법으로 통합시킬 수 있으나, (15)의 접속적 기능은 마땅한 방도를 찾기가 어렵다. 따라서 필자는 두 경우의 어미를 일종의 동음이의적인 것으로 처리하여 하나는 연결어미로, 하나는 관형사형어미로 처리하는 바이다.[35]

34) 'ㄱ'과 '尸'의 관형적(부가어적) 용법의 용례는 남풍현(1996가, 나, 다)을 보라.

'ㄱ, ㄹ'의 두 용법은, 중세어 이후의 어미 '-게(긔)'가 보조동사와 결합하여 보조적 연결어미로 사용되기도 하고 형용사에 붙을 때에는 부사어의 기능을 띠기도 하는 것과 비슷하다.

> (22) 가. 학교에 가게 되었다/공부를 하게 하였다.
> 　　　나. 꽃이 아름답게 피었다.

(22)는 최현배 이후 부사형어미로 다루어 왔으나 1985년에 출간된 고등학교 「문법」에서는 보조적 연결어미로 단일화하였다. 그렇게 처리해도 여전히 형용사에 붙는 '-게'에 대한 처리가 쉽지 않아 두 개의 '-게'를 설정하여 하나는 보조적 연결어미로, 하나는 부사형어미로 처리하는 견해가 나올 수도 있는데,36) 이런 방식을 취한다면 석독구결이나 중세어의 일부 문헌에 나타나는 연결어미의 용법을 띤 'ㄱ'(ㄴ)과 'ㄹ'(ㄹ)에 대하여 두 가지의 용법을 주는 것이 합리화될 수 있다. 이는 중세어와 현대어의 연결어미 '-어'가 보조적 연결어미와 종속적 연결어미의 특성을 공유하고 있다는 사실과도 비슷한 점이 없지 않다. 그것은 어쨌든 석독구결에서 관형사형의 자립적 용법은 관형적 용법과 통합할 수 있으며 연결어미로 쓰이는 것과는 기능을 달리하는 것이다. 이 현상은 중세어에까지도 그 여천(餘喘)이 남아 있어 연속성을 확보하고 있다고 말할 수 있다.

　우리 학계에는 석독구결이나 향찰 등의 차자자료를 다룰 때에 동명사형의 범위를 너무 확대하는 일을 종종 보는데 이는 우리말의 형태구조에 대한 정확한 인식의 결여와도 관계가 없지 않는 것 같다. 단순한 어미에 지나지 못한 것을 구결자의 분리적 표기에 현혹되어 분석을 극도화하는 일이 적지 않게 눈에 뜨인다. 공시적인 쓰임새보다는 국어가 기원적으로 명사문이었다는 증명되지 않은 가설을 바탕으로 통시적 설명에만 몰두하

---

35) 두 형태의 기원문제는 일단 논외로 한다.

36) 필자는 두 경우의 '-게'의 기능이 다르다는 점을 중시하여 보조적 연결어미와 부사형어미에 분속시킬 필요가 있다는 견해를 가지고 있다. 현행 학교문법에는 부사형이 설정되어 있지 않다.

고 있지 않나 하는 점이 적지 않게 관찰된다.

7. 어휘론적 제 문제

　석독구결자료가 본질적으로 문법자료이기는 하지만 이른바 의미부의 말음첨기 표기법에 근거하여 고려시대의 어휘를 재구할 수 있다. 우리는 「계림유사」와 「향약구급방」을 통하여 적지 않은 고려시대의 어휘를 얻을 수 있는데 석독구결의 발견을 통해서도 그러한 성과를 거둘 수 있다.[37]
　화엄경 석독구결을 통해서는 형용사를 재구할 수 있다.

　　(23) 無ヒナ丨(없겨다), 可ヒゝ(짓ᄒ), 應ヒゝ(맞ᄒ)

(23)은 형용사 어간의 끝소리의 흔적을 적은 'ヒ'이 표기상에 나타나기 때문에 괄호 안에 제시한 바와 같은 어휘의 재구가 가능하다. 이밖에도 '廣ㅣㅣ'와 같이 접미사 'ㅣㅣ'에 의해 '너비'로 읽었으리라고 추측할 수 있는 예들도 적지 않다. 그러나 어근의 끝소리가 표기상에 나타나지 않는 어휘는 재구의 방도가 막연하다고 할 수밖에 없다.[38]
　다음으로는 말음첨기에 의해 부사류를 재구할 수 있다.

　　(24) 必ハ(반ᄃ기), 與ヒ(다못), 及ヒ(밋), 正ヒ(못), 方ヒ(비롯/믓), 悉ろ(다 아/다)

부사의 경우도 앞의 형용사와 같이 말음첨기에 기대어 재구할 수 있다. (24)는 'ハ, ヒ'로 끝나는 중세어의 해당 부사와 일치하기 때문에 괄호 안에 제시한 어형의 재구가 가능하다.

---

37) 이 방면의 연구는 이승재(1995), 정재영(1995), 김영만(1997)에서 얻을 수 있다.
38) 이 문제는 菅野裕臣(1987)에서 강조된 바 있다.

8. 비교문자론에 관련된 문제

석독구결에 기댄 한문 읽기와 이로 말미암아 형성된 석독구결의 자형은 일본의 한문 읽기와 가나문자의 형성과도 깊은 관련을 맺고 있다.[39] 석독구결에 의한 독법과 그 자형이 7세기 후반에 설총에 의해 완성되었다는 견해가 최근 고개를 들고 있는데,[40] 분명히 어떤 형태로든지 일본에 영향을 미쳤을 가능성이 크다는 견해가 나오고 있다.[41] 일본의 훈점(訓點)은 한국의 석독구결에 기댄 독법과 너무나 흡사하고 가나문자의 모양도 우리의 석독구결과 비슷한 점이 많다. 일본의 한자 전래가 백제를 통하였고 신라와도 긴밀한 문화교류를 가졌던 만큼 차자에 의한 고대 두 나라의 문자형성에서도 모종의 정보교환이 있었을 것임에 틀림없다. 이런 문제는 한일 두 나라의 문자의 형성과정과 문화사에 얽힌 숱한 문제를 풀어 줄 수 있다.[42]

9. 마무리

이상 필자는 고려시대 석독구결 국어사적 의의를 문자/표기, 음운, 형태음운, 체언굴절, 용언굴절과 통사구조, 어휘에 걸쳐 살펴보고 끝으로 비교문자론의 관점에서 일본의 문자 및 한문독법의 사정과 비교하여 보았다. 석독구결이 비쳐 주는 표기법과 언어현상은 중세어와의 연속성이 확인되어 우리말의 총체서술에 이바지할 수 있는 점도 없지 않았으나 반면

---

39) 이 방면의 정보는 築島裕(1997), 윤행순(1997)을 보라.
40) 이 문제에 대하여는 설총의 이두 창작설을 다시 비춘 안병희(1984/1992 : 274)를 보라.
41) 菅野裕臣(1986)에서는 구역인왕경의 구결과 관련하여 일본의 한문훈독의 기원을 한국에서 찾으려 하였고 藤本幸夫(1992)에서는 8세기 신라에 유학한 일본의 화엄종 승려들에 의해 일본의 훈독법이 신라로부터 전수되었을 것이라는 견해를 표출한 바 있다.
42) 이 문제는 일찍이 이숭녕(1955/1978)에서 제기되었고 이종철(1983)에서 구체적인 비교가 이루어졌다. 그러나 이러한 문제는 아직도 적지 않은 문제점이 도사리고 있는 것으로 지적되고 있다. 관련논의는 菅野裕臣(1986)을 보라.

강한 불연속성이 가로놓여 있어 중세어의 지식으로 해독이 되지 않는 일
도 적지 않았다. 특히 용언굴절에서 그런 현상이 더 심하게 나타났다. 앞
으로 우리는 중세어와의 연속성을 확보한다는 뜻에서 무리하게 끌어붙이
는 태도보다는 불경의 원문을 토대로 문법형태의 기능을 면밀하게 추구
함으로써[43] 석독구결 나름의 언어·문자상의 질서를 발굴하여 국어사 내
지 우리말의 총체적 서술에 통합하는 일이 중요하다고 생각한다.

지금까지의 연구결과에 기대면 석독구결은 표기법에서부터 언어현상에
이르기까지 14세기 이후의 순독구결과는 거리가 멀고 오히려 향가나 이
두와 접맥되는 부분이 많다는 사실이 지적되고 있는데 이는 석독구결이
반영하고 있는 고대어적 측면과 연관되지 않나 한다. 최근 김동소(1998:
15)에서 모음체계의 변천을 기준으로 국어사의 시대구분을 새로이 시도
한 바 있는데,[44] 이곳에서는 고대어의 시기를 광개토대왕의 비문이 건립
된 5세기초(414년)부터 국어의 모음체계가 변질된 14세기까지 잡고 있
다.[45]

지금까지 발견된 석독구결자료가 대체로 12세기에서 13세기말에 걸친
다는 사실과 관련시킬 때, 구결자료가 보여 주는 형태·통사론적 특징도
결국은 음운론적 특징과 병행되는 고대어의 한 단면이 아닐까 한다. 이른
바 후기중세국어의 끝 시기인 16세기 중엽의 언어현상도 음운론적 사실
의 특수성이 형태·통사론적 특수성과 보조를 같이 하였다는 점을 상기
할 때,[46] 김동소(1998)의 구분체계는 우선 모음체계의 변천이라는 일관된
기준을 적용하였고 동시에 형태·통사론적 특징과 형평성을 유지할 수
있다는 점에서 강한 설득력을 지녔다고 평가된다. 이런 사실에 근거한다
면 석독구결은 고대국어의 자료로 처리하는 것이 옳다고 믿는다.

---

43) 이를테면 백두현(1995)에서 보여 준 태도는 석독구결의 문법형태의 기능을 파악하는 좋
은 모범이 되었다고 평가할 수 있다.

44) 김동소(1998)에서는 종전의 언어 내사와 언어 외사가 뒤섞여 있었던 국어사의 시대구분
론을 비판하면서 모음체계의 변질이라는 일관된 기준에 따라 고대국어, 중세국어, 근대
국어로 나눌 것을 제안한 바 있다.

45) 14세기의 모음체계의 변화는 이기문(1972가나)에서 논의된 바 있다.

46) 이 문제는 일찍이 이기문(1959/1978)에서 지적된 바 있다.

참고문헌

강창석(1992), 「15세기 음운이론의 연구」, 서울대학교 국문과 박사논문.
고영근(1981/1998), 「중세국어의 시상과 서법」(보정판), 탑출판사.
_____(1993), 「우리말의 총체서술과 문법체계」, 일지사.
_____(1987/1997), 「표준중세국어문법론」(개정판), 집문당.
_____(1995), 「단어 · 문장 · 텍스트」, 한국문화사.
_____(1997가), "중세 높임의 선어말어미 '시'와 '오'계 어미의 형태론", 최태영외 「한국어문논총」, 태학사 : 63~91.
_____(1997나), "중세어의 'ㅸ, ㅿ' 규칙활용론에 대하여", 「국어학연구의 새 지평 - 성재 이돈주선생 화갑기념」, 태학사 : 731~760.
_____(1997다), "중세어에는 과연 'ㅂ, ㅅ' 불규칙활용이 없을까", 「국어학논집」 3, 태학사 : 7~37.
권인한(1997), "한자음의 변화", 「國語史硏究」, 태학사 : 283~344.
김동소(1997), 「한국어 변천사」, 형설출판사.
김두찬(1995), "구역인왕경 구결체계", 「國語史와 借字表記」, 태학사 : 161-213.
김무림(1998), "석독구결 음차자의 독법에 대하여", 구결학회 제18회 공동연구회 발표논문집.
김영만(1997), "석독구결 '皆ㄴ, 悉ㄋ'와 고려향찰 '頓部叱, 盡良'의 비교 고찰", 「구결연구」 2 : 1~25.
남풍현(1977), "향가와 구역인왕경 구결의 '之叱'에 대하여", 「언어」 2.1 : 56-66.
_____(1996가), "고려시대 석독구결의 동명사어미 '-ㄱ/ㄴ'에 대한 고찰", 「국어학」 28 : 1~48.
_____(1996나), "금광명경 권3 석독구결에 나타난 ㄕ의 용법에 대하여", 「이기문교수 정년퇴임기념논문집」, 신구문화사 : 228-51.
_____(1996다), "고려시대 석독구결의 'ㄕ/ㄹ'에 대한 고찰", 「구결연구」 1: 1-48.
박진호(1997), "차자표기에 대한 통사론적 검토", 「새국어생활」 7. 4 : 117-45.
백두현(1995), "고려시대 석독구결의 경어법 선어말어미", 「어문논총」 29 : 45-70.
_____(1996가), "고려시대 석독구결의 선어말어미의 '-ㄋ-'의 분포와 문법기능", 「어문논총」 30 : 93~136.

_____(1996나), "고려시대 석독구결에 나타난 계열관계와 통합관계", 「구결연구」
        2 : 29~95.

_____(1997), "고려시대 석독구결의 선어말어미 '-ㅈ(오)-'에 대한 통사적 고찰",
        「진단학보」 83 : 235~72

송기중(1997), "차자표기의 문자론적 성격", 「새국어생활」 7.1 : 5~29.

신중진(1998), "말음첨기의 생성과 발달에 대하여", 제18회 구결학회 공동연구 발
        표논문집.

심재기(1979), "동명사의 통사적 기능에 대하여", 「문법연구」 4: 157-173.

안병희(1977), 「中世國語 口訣의 研究」, 일지사.

_____ (1992), 「國語史研究」, 문학과 지성사.

윤행순(1997), "일본어사에서의 訓點의 위치와 성격", 구결학회 여름연구회 발표
        논문.

이건식(1995), 「고려시대 석독구결의 조사에 대한 연구」, 단국대학교 박사논문.

이기문(1959/1978), 「16세기 국어의 연구」, 「국어학선서」 3, 탑출판사.

_____(1972가), 「개정 국어사개설」, 민중서관/탑출판사.

_____(1972나), 「국어음운사연구」, 한국문화연구소/탑출판사.

이숭녕(1955/1978), 「신라시대 표기법체계에 관한 시론」, 「국어학선서」 1, 탑출판사.

이승욱(1972), 「國語文法體系의 史的 研究」, 일조각.

이승재(1989), "차자표기 연구와 훈민정음의 문자론적 연구에 대하여", 「국어학」
        19 : 203~39.

_____(1994), "고려 중기 구결자료의 형태음소론적 연구", 「진단학보」 78 : 308~26.

_____(1996), "'ㄱ' 약화·탈락의 통시적 연구」, 「국어학」 28.

이 용(1997), "'乙'에 대하여", 「구결연구」 2 : 131~160.

_____(1998), "연결어미 '-거든'의 문법사적 고찰", 제18회 구결학회 공동연구회
        발표논문집.

이종철(1983),「鄕歌와 萬葉集歌의 表記法 比較研究」, 집문당.

이현희(1994), 「中世國語 構文研究」, 신구문화사.

_____ (1995), "국어문법사 기술의 연속성과 관련된 한두 문제", 서강대학교 국
        문과 창과 30주년기념학술강연회.

장윤희(1998), 「중세국어의 종결어미에 대한 통시적 연구」, 서울대학교 국문과
　　　　박사논문.
정재영(1995가), “전기중세국어의 의문법”, 「국어학」 25 : 221~65.
　　　　(1995나), “ㅅ형 부사와 ㄷ형 부사”, 「국어사와 차자표기」, 태학사 : 285~
　　　　316.
　　　　(1996), “종결어미 ‘-쇼’에 대하여”, 「진단학보」 81 : 195~214.
허 웅(1975), 「우리 옛말본」, 샘문화사.
菅野裕臣(1987), “韓國과 日本의 借字表記에 대하여,” 제4회 국제학술회의 논문집
　　　　(한국정신문화연구원)
藤本幸夫(1992), “李朝 訓讀考(其一)”, 「朝鮮學報」 142 : 109~67.
築島裕(1997), “日本의 漢文訓讀硏究의 回顧와 展望”, 「아시아 諸民族의 文字」,
　　　　태학사.

한일어의 음운체계 비교분석*

- 음운 체계를 중심으로 -

1. 들어가기

1.1. 본고는 한국어와 일본어의 음운체계를 언어분석의 이론에 입각하여 대조·분석함으로써 그 유사점 내지 차이점을 검출하여 재일교포 및 일본인 유학생에 대한 한국어의 학습지도를 용이하게 하고 동시에 이들을 위한 교재편찬의 이론적 기초를 제공하는 데 중요 목적이 있다. 또 이 연구는 언어유형론적인 비교방법(typological comparison)과도 연관이 있으나, 본고에서는 그러한 태도는 취하지 않았다.[1]

한국어와 일본어의 음운체계에 대한 비교연구는 비교언어학적 관점에서는 많이 연구되었고, 그 성과도 괄목할 만하지만,[2] 실용적 목적에 공헌하기 위하여 두 언어의 음운체계를 공시적 관점에서 대조분석한 일은 많지 않은 것 같다.[3] 그러나 한일국교 정상화 이후로 재일교포들의 모국유

---

* 이 글은 「言語教育」 2권 1호 (1970)에 실었던 것이다.

1) R.H. Robins, *General Linguistics*, 1964, pp. 325~327.

2) 비교언어학적 관점에서의 성과 및 그 연구사에 대하여는 최근 우리나라에서 집대성되었다.

  cf. 송 민, "한일양국어비교연구사", 「성심여자대학논문집」, 제1집, 1969.

3) 필자가 알기로는 小倉進平의 「國語及朝鮮語의 發音研究」이 거의 유일한 것이 아닌가 한다.

학이 빈번해지고 일본인들의 한국에 대한 연구열이 고조되고 있는 실정을 살펴볼 때, 이 방면의 연구는 시급한 문제로 간주된다. 더구나 2차 대전 이후에 미국을 중심으로 발전한 구조언어학적 방법에 의한 언어분석이론의 발달은 언어교수법의 혁신을 가져와서, 한 외국어를 잘 습득시키려면 모국어와 학습대상어(target language)와의 충분한 대조분석(contrastive analysis)에 입각해야 한다는 이론이 제기되었다.4)

이러한 여러 가지 주위 사정을 종합해 볼 때, 일본어를 제1언어(후술)로 하는 사람에게 한국어를 교수(敎授)할 때는, 교재편찬자나 교수자는 두 언어의 대조분석에 의한 지식을 철저히 쌓아 두지 않으면 안 될 것이다.

1.2. 본고는 주로 재일교포유학생이 모국어 습득과정에서 범하는 각종 오류 등을 자료로 삼아서 이루어진 것이다. 재일교포가 일본국내에 거주하는 거대한 한국민족의 집단체라는 사실은 일본제국주의의 식민지정책의 한 산물이라는 점에서 그 성격이 특징지어질 것이다. 따라서 이들 자녀들은 대부분 일본교육기관에서 교육을 받아왔고 가정에서도 모국어인 한국어를 제대로 체험하지 못한 채 성장해 온 까닭으로, 이들에게는 외국어인 일본어가 모국어가 되어 버렸고 반면 모국어인 한국어는 외국어가 되어 버린 것이다. 엄격히 말하면, 일본어는 일본인에게는 모국어가 될 수 있어도 교포유학생에게는 모국어가 아닌 제1언어(first language)로써, 한국어는 외국어가 아닌 제2언어(second language)로써 교포유학생들의 언어상의 복잡한 성격을 규정할 수 있으리라 생각된다.5) 재일교포유학생이

---

4) 황적륜, "외국어 교수법의 어제와 오늘", 「언어교육」 제1권, 제1호, pp. 7~9.

5) 일반적으로 말하는 'foreign language'와 'second language'의 개념은 우리의 것과 사정이 다르다. 전자는 문학서를 읽는다든가, 라디오를 듣거나 영화의 대사를 이해한다든가, 외국인과의 의사소통을 위하여, 학교에서 또는 성인들에게 교수되는 것임에 대하여, 후자는 필리핀이나 인도에서와 같이 학교에서의 교수용어 및 공용어(lingua franca)에 한정시키고 있다. cf. A.H. Markwardt, "English as a Second Language and English as a Foreign Language" in : H.B. Allen(ed.), *Teaching English as a Second Language.* p. 4. 비록 경정(逕庭)은 있으나 재일교포의 모국어에 대한 언어적인 관계를 'Second Language'로 표현해도 무방하리라 본다.

모국어를 습득할 때나 일본인이 외국어인 한국어를 습득할 때는 비록 놓여진 여건은 다르지마는, 일본어가 제1언어가 되어 있다는 점에서는 공통되므로, 양자에 대한 한국어의 지도방법은 그 궤(軌)를 같이하는 것이다.

따라서 본고에서는 양자를 언어적인 측면에서 완전히 동일시하고, 두 언어의 총체적 대조분석의 첫 단계로서 우선 음운체계의 대조분석을 시도해 보는 것이다.

1.3. 두 언어의 음운체계를 대조하기 위하여는 출발점과 도달점을 밝혀 놓을 필요가 있다. 본고는 어디까지나 일본어를 제1언어로 하는 사람이 제2언어인 한국어를 학습대상어로 삼는 데에 주안점을 두고 있기 때문에, 출발점은 일본어의 음운체계이며, 도달점은 한국어의 음운체계인 것이다.

주지하다시피 한 언어와 다른 언어와의 음운체계를 대조하는 데 있어서는, 두 언어의 특정방언의 음소적인 차이를 변별해 내는 일이 중요하다. 여기서 말하는 특정방언이란 두 언어의 표준어의 기층을 이루고 있는 서울방언과 토쿄방언을 지칭하는 것이다.6) 일본어를 제1언어로 하는 사람이 한국어를 학습할 때 부딪히는 난관은 발음에서 생기는 여러가지 문제점이다. 그것은 두 언어의 음운체계가 매우 다르므로 해서 빚어지는 결과이겠지만, 이러한 학습상의 곤란점을 극복하는 길은 두 언어의 유사점과 차이점을 밝혀 내는 대조분석의 방법을 채택하지 않을 수 없는 것이다.

지금까지 보편화된 음운체계의 대조분석방법으로는 Lado의 것을 들 수 있다.7) 이 밖에도 최근, Stockwell에 의하여 다소 성격을 달리하는 방법론이 제기된 바 있다.8) 전반적인 기술체제는 Lado의 방법에 따르기로 하되, Stockwell의 방법 가운데서 난이도의 설정 등은 받아들여서 전자를 보충하기로 한다.9)

---

6) 두 방언의 특징에 대해서는 아래의 논저를 참조하였다.

　　이희승, 「국어학논고」 , 1947, pp. 122~147.

　　S. E. Martin, "Korean Phonemics", *Readings in Linguistics* Ⅰ, p. 364.

　　B. Bloch, "Studies in Colloquial Japanese", *Readings in Linguistics* Ⅰ, p. 729.

　　服部四郎, 「言語學の方法」 , pp. 729~739.

7) R. Lado, *Linguistics across Cultures*, pp. 9~50.

8) Robert P. Stockwell, *The Sounds of English and Spanish*, pp. 1~18.

두 언어의 음운체계를 완전히 대조·분석하려면, 분절음소는 물론 여기에 부수하여 일어나는 각종의 부가음소 등도 함께 다루어야 할 것이다. 그러나 본고에서는 분절음소만을 대상에 올리기로 한다. 그것은 후자에 대하여 아직도 두 나라 언어학자들 사이에서 만족할 만한 연구결과를 거두지 못하였기 때문이다.10) 본고의 논술체제는 다음과 같다.

(1) 두 언어의 자음 및 모음의 음소표를 작성, 그 음성적 특징을 기술한다.
(2) 음소표를 대조하여 음소와 이음 및 분포의 상사성 여부를 검출한다.
(3) 두 언어의 음소의 대조에서 얻은 결론과 학생들이 범하는 오류 등을 중심으로 실제의 교수 및 교재 편찬에 반영시켜야 할 문제점들을 제시한다.
(4) 마지막으로 난이도의 순위를 자음과 모음으로 구분하여 측정한다. 그리고 자음과 모음이 결합하여 음절을 형성할 때의 유형 및 형태음소론적 문제 등을 대조하는 일도 시도될 것이다.

1.4. 본고에서 취택(取擇)한 자료는 재일교포유학생들이 모국어의 습득과정에서 범하는 일상적 오류(common errors)와 1969년도 '서울대학교 재일교포유학생예비교육과정부'에 수학한 학생11)들을 상대로 한국어 단어를 '假名'로 받아쓰게 한 것을 주요자료로 삼았다. 그 밖에 19세기말부터 8·15 이전까지 나온 일본인을 위한 한국어 대역회화교재 및 최근에 나온 재일교포를 위한 한국어교재나 한국인을 위한 일본어교재 등을 부수적으로 참고할 것이다.12)

---

9) 두 학자의 방법론의 차이에 대하여는 이계순 교수가 서울대학교 어학연구소 주최 제3회 어학연구회 언어교육분과 토론회에서 그 개략을 발표한 바 있다.(「언어교육」 제2권 1호 pp. 135~137을 참조할 것)
10) 일본어의 경우는 내외학자들을 통하여 어느 정도 연구가 진행되었으나, 한국어의 경우는 단편적인 것들을 제외하고는 체계적인 논술이 없는 실정에 있다.
  佐久間鼎,「標準日本語の發音アクセント」, B. Bloch, *op. cit.*, pp. 333~334.
11) 대졸 12명, 고졸 39명 총 51명이다. 이들은 5월부터 약 6개월동안 모국어교육을 받았다.
12) 두 언어의 대조분석자료에 대하여는 "부록"을 참조할 것.

2. 모음체계의 대조분석

2.1. 한국어의 모음체계

(1) 음소표와 음성적 특징

한국어의 모음은 일반적으로 10개의 단모음,[13] 12개의 이중모음과 그리고 2개의 반모음으로 그 체계가 형성되어 있다.

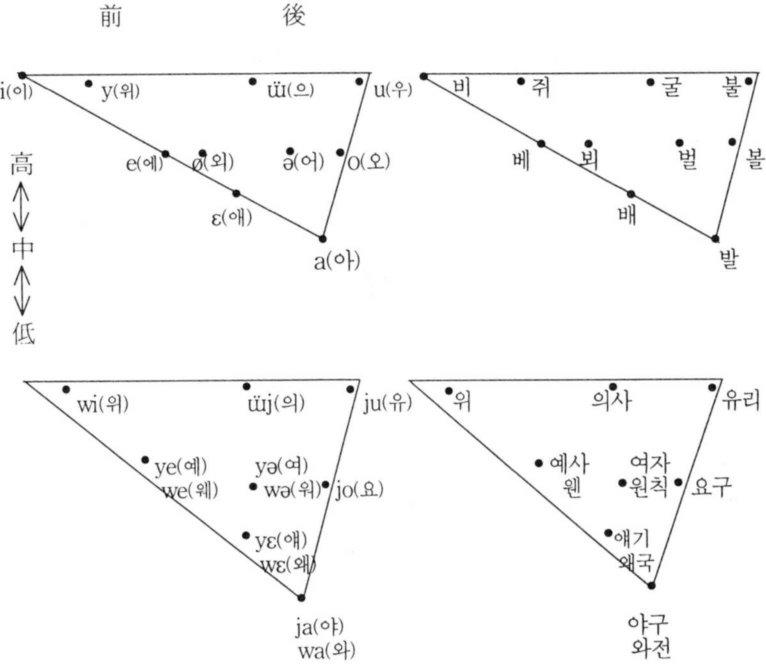

위의 10개의 단모음이 반모음 /j, w/와 결합되어 12개의 이중모음을 형성한다.

---

13) 이희승, 「국어학개설」, p. 96.
　　허　웅, 「국어음운학」, p. 191.
　　김완진, "국어모음체계의 신고찰", 「진단학보」 제24호, p. 84.

현대 한국어의 모음의 음소적 자질은 혀의 위치(localisation)와 원순성 (arrondissement) 및 턱의 각도(degré d'aperture)라고 말할 수 있다.[14)

이중모음은 대개 상승적인 것으로서, 반모음 /j, w/는 /y, ø, ü/의 셋을 제외하고는 다 결합될 수 있다. 단 /i/에는 /w/만 /o,u/에는 /j/만 결합될 따름이다. 하강적 이중모음은 /üj/의 하나밖에 없으나 다른 이중모음과 고립적이어서 매우 불안정하다.

(2) 이음(異音)

한국어의 모음 음소는 환경에 따라 변이되는 이음의 수가 많지는 않다. /i/와 /u/는 유기음과 무성자음 사이에서 무성화하는 일이 있고(칙칙하다, 축축하다), /y/는 경우에 따라서 이중모음 [wi]로 실현되기도 한다.[15) /ə/ 는 사람에 따라서 후설적인 [ʌ]로 실현된다. 그리고 반모음(半母音) /j/는 하강적 [j↓]와 상승적 [j↑]의 두 이음을 가지기도 하고, 때로는 유기음 다음에서 무성화하기도 하며(폐, 켜), /w/는 /i/앞에서는 [ɥ]로 실현된 다.[16)

(3) 분 포

모음 음소 가운데서 자음 음소와 결합할 때 제약이 심한 것은 이중모 음 /je/와 /jɛ/이다. /j/ 이중모음은 전설자음 뒤에서는 설 수 없으며, /üj/ 이중모음도 자음 음소 뒤에서는 거의 나타나는 일이 없다. /w/ 이중모음 은 양순음과 결합될 수 없고, /ü/도 양순음과의 결합이 거의 불가능하다. 어중에서는 결합이 가능하나 /u/와의 구별이 확연하지 않다.

---

14) 허 웅, *op. cit.*, p.203
   턱의 각도를 제외하는 일도 있다. cf. 김완진, *op. cit.*, pp. 84~85.
15) 허 웅, *op. cit.*, pp. 204~205.
16) *ibid.*, pp. 185~190.

2.2. 일본어의 모음체계

(1) 음소표와 음성적 특징

일본어의 모음은 5개의 단모음과 2개의 반모음으로 그 체계가 형성되어 있다. 이중모음은 인정하지 않고 있다.17)

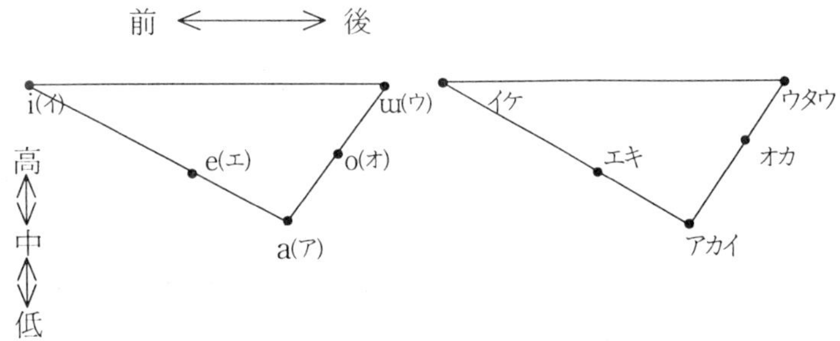

현대 일본어의 음소적 자질은 혀의 위치와 턱의 각도라고 말할 수 있다. 한국어에 나타나는 원순성에 의한 자질은 찾을 수 없다.

(2) 이 음

일본어의 모음은 어떤 음절에서든지 똑똑히 발음되는 것이 특징이다. 그러나 경우에 따라 이음으로 실현되는 수도 있다. 무성자음 사이에서는 /e/를 제외한 /i, u, a, o/의 4음소가 무성음으로 바뀌는 일이 있다.18) 또 비자음(鼻子音)과 동종의 모음 사이에서 모든 모음이 비모음화하는 일이 있다.19) /ɯ/는 마찰음 /s/와 파찰음 /c, z/ 뒤에서 중설모음적인 이음 [ü]로 변이하는 일이 있다.20)

---

17) B. Bloch, op. cit., p. 342.
　　服部四郞, op. cit., p. 360.
　　佐久間鼎, op. cit., p. 337.
18) 太田郞, "日本語の 音體系の 比較"「日英語の 比較」(「現代英語敎育講座」, 第7券), p. 35.
19) B. Bloch, op. cit., p. 338.
20) 佐久間鼎, op. cit., p. 35.

⑶ 분 포

일본어의 모음음소는 모든 자음 음소나 모음 음소끼리의 결합이 가능하다. 그러나 반모음 /j/는 /a, o, u/와만 결합될 수 있고 /w/는 /a/와만 결합이 가능하다.[21]

2.3. 모음음소의 대조

한국어의 모음음소 가운데서 일본어와 어느 정도 일치하는 것은 /a/(아)와 /i/(이)이다. 한국어의 /a/는 관점에 따라서 일본어와 완전히 일치한다고 볼 수 있으나,[22] 일본어보다는 입을 크게 벌리는, 보다 후설적인 저모음이라고 할 수 있다.[23] 한국어의 /i/도 일본어의 그것과 완전히 일치한다고는 할 수 없다. 한국어의 그것은 일본어에 비하여 턱의 벌리는 정도가 다소 크다고 할 것이다.

이러한 차이들은 특징적인 것이 되지 못하며 또 학생들도 거의 오류를 범하지 않을 뿐 아니라 '假名'로 적을 때도 반드시 'ア, イ'를 취하는 점을 보면 그 자질이 비슷하다고 할 것이다. 음소적 자질이 특이한 것들을 대조해 보기로 한다.

ㄱ. 國. /e/(에), /ɛ/(애)와 日. /e/(エ)

한국어의 /e/는 일본어의 /e/와 가까우나 이보다는 다소 고설적이다. /ɛ/는 일본어의 /e/보다는 저설적이다. 한국어에도 방언에 따라 두 가지가 구별되지 않는 일도 있으나, 표준발음으로는 구별되는 것으로 간주되고 있다. 일본어의 /e/는 한국어의 /e/와 /ɛ/와의 중간음이라 해도 좋을 것이다. 이러한 사실은 한국어의 /e, ɛ/를 '假名'로 적을 때 'エ' 계열의 글자를 취한다는 점으로도 방증될 수 있다.

---

21) B. Bloch, *op. cit.*, pp. 343~344.
22) 小倉進平, *op. cit.*, p.24.
23) 이응백, 「한국어학본」, p. 281.

　　　애기 → ェギ, 배 → ペ,　에누리 → ェヌリ, 베다 → ペダ

　이리하여 한 음소로써 두 음소를 구별하려고 하는 데서 생기는 오류로는 '애'를 '에'로 잘못 적는 일도 있고 '에'를 '애'로 잘못 적는 일도 있다.

　　　애 → 에
　　　　　새삼스럽게(세), 현재(제), 존재(제), 소개(게), 재미(제), 대핸對(데)
　　　에 → 애
　　　　　언제나(재), 대체로(채), 셋째(샛), 게으르고(개)

<문제점>

　양자의 구별은 청취면보다 발성면에서 한결 심하다. /e/(에)는 /e/(ェ)보다는 턱의 각도를 작게 하고, /ε/(애)는 /e/보다도 약간 크게 하면 난점을 극복할 수 있을 것이다. 그러나 서울 방언에서도 사람에 따라서는 두 음소의 구별이 명확하지 않음을 고려한다면, 최소대어(最小對語, minimal pairs)로써 발성연습을 충분히 시킬 수밖에 없다.

　　　때:떼, 배:베, 개:게

　　　ㄴ. 國. /ü/(으), /u/(우)와 日. /ɯ/(ウ)

　일본어의 /ɯ/는 한국어의 /u/에 가까우나, 이보다는 다소 전설적이다. 한국어의 /ü/는 완전히 중설모음으로서 원순성의 자질에 의하여 후설모음인 /u/와 대립하여 한 짝을 이루고 있으나, 일본어의 /ɯ/는 후설모음이긴 하나, /c, z, s/의 뒤에서 완전한 중설모음으로 변이하는 경우를 제외하고는 대체로 한국어의 /ü/와 /u/의 중간 위치에서 발음된다고 할 것이다. 다시 말하면, 한국어에도 일본어의 /ɯ/에 해당하는 음소가 없고, 일본어에도 한국어의 /ü, u/ 두 음소가 없다고 하는 것이 좋을 것이다.[24] 그러

---

24) 小倉進平, *op. cit.*, pp. 19~21.

나 일본어의 /ɯ/가 다소 원순성을 띤 후설모음이란 점에서는 한국어의 /u/에 가깝다고 할 것이다. 그것은 어쨌든 이러한 음소적 차이는 한국어의 /ü/와 /u/를 '假名'로 적을 때, 'ウ'계열의 글자를 취한다는 점에 의해서도 방증될 수 있다.

으레 → ウレ, 바늘 → パヌル, 우리 → ウリ, 구두 → クドゥ

이리하여 한 음소로서 두 음소를 구별하려고 하는 데서 생기는 오류는 앞의 ヲ의 경우보다 더 심하게 나타나서 '으'를 '우'로 잘못 적는가 하면, '우'를 '으'로 잘못을 범하는 일도 있다.

으 → 우
들어가면(둘), 즐겁게(줄), 게으르고(우), 궁금(굼), 극장(국), 증발(중), 습기(숩), 그 사람(구), *슬픔(품), *나쁜(뿐), 가을(울), 한글(굴), 그리워(구)

우 → 으
중요(증), 예술(슬), 겨울(을), 축의[祝意](측), *산물[産物](믈), 우뚝(뜩), 이순신(슨), 기술[技術](슬), 구불구불(블), 두루(르) (*표시예는 양순음 아래의 오류임)

이 밖에도 '으'를 '어'로 잘못을 범하는 일이 간혹 보인다. (예). 싶으면(어), 걸으며(어). 이 두 음소는 한국에서도 방언에 따라서는 독립된 음소로 나타나지 못하는 수가 있다.[25]

<문제점>

양자의 구별은 청취면보다도 발성면에서 큰 장애를 느낀다. 요컨대, '우'는 일본어의 'ウ'의 구형(口形)에 원순성을 한층 더하여 입술을 앞쪽으로 내밀게 하고, '으'는 입술의 양끝을 좌우로 당기듯이 발성하게 한다. 또

---

25) 김완진, *op. cit.*, p. 86.

한 가지 방법으로는 마찰음이나 파찰음 /s, z, c/ 뒤의 /ɯ/의 발음을 상기시켜도 좋을 것이다.

ㄷ. 國. /ə/(어), /o/(오)와 日. /o/(オ)

한국어의 /ə/는 /ü/와 같이 중설모음으로서 원순성의 자질에 의하여 후설모음인 /o/와 대립하고 있으나, 일본어에는 후설모음 /o/(オ) 하나밖에 없다.[26] 결국 일본어에는 한국어의 "어"와 비슷한 음소가 없으며, 따라서 혀의 위치가 가까운 /o/(オ)로써 한국어의 /ə/를 대신할 수밖에 없다. 이러한 사실은 한국어의 '어'를 '假名'로 적을 때, 'オ'계열의 글자를 취한다는 점에 의해서도 방증될 수 있다.

어디 → オディ, 머리 → モリ

이리하여 한 음소로서 두 음소를 구별하려고 하는 데서 생기는 오류는 상당한 숫자에 달하고 있어서 '어'를 '오'로 적기도 하고, 역의 경우도 많다.

> 어 → 오
> 접때(좀), 어깨(오), 부끄러운(로), *한번(본), 어렵고(오), *머리(모), 정말(종), 거기(고), 하더라도(도), 그리러(로), *캠퍼스(포), 선물(손), 우거진(고), 덩어리(동), 즐거웠던(고).(*표시에는 양순음 아래의 오류임)
> 오 → 어
> 사로잡히지(러), 노력(너), 훈련소(서), 오솔길(설), 모르는(머), 조금(저), 쓸수록(럭), 곳(것), 조차(저), 가족(적), 부소산(서).

---

26) 小倉進平은 /o/에 대하여 합구음(合口音)(o), 개구음(開口音)(ɔ), 중간음(中間音)(o)의 셋으로 나누고, 한국어의 "오, 어"는 전이자(前二者)에, 일본어의 "オ"는 후자에 각각 속한다고 했다.(*op. cit.*, p. 22.) 그렇다면 일본어의 オ도 앞의 두 경우와 같이, 한국어의 "오, 어"의 중간음이라 할 수 있을 것이다.

한편 앞의 '으'의 경우와는 반대로 '어'를 '으'로 적는 일도 간혹 보인다.

그러니까(르)

<문제점>

이들 음소도 발성이 어렵다. '어'는 일본어의 'オ'보다는 입을 벌려서 'ア'에 가깝게 하면 발음이 용이할 것이다.

ㄹ. 國. /y/(위), /ø/(외)

이 두 음소는 /i/와 /e/와 원순성에 의해 대립되는 전설음으로서 일본어에서는 존재하지 않는다. 그러므로 '假名'로 적을 때는 아래와 같은 궁색한 방법을 취한다.

외
외 → ウェ, ウェイ, 되 → トェ, トウェ, テェ
위
위 → ウィ, 귀 → クィ, キウィ

이 음소들은 기능부담량이 그리 크지 않기 때문에 이 음소들에 의해 나타나는 오류는 혀의 위치가 가까운 단모음이나 이중모음들과의 것에 국한하여 일어난다.

외 → 웨   왼쪽(웬)
외 → 에   최근(체)
외 → 왜   외롭고(왜)

<문제점>

이 음소들은 청취·발성 양면이 다 어렵다. 이들 음소와 비슷한 것이 일본어에 존재하지 않기 때문이다. 청취에 있어서는 이들과 같은 전설모음

인 /e/(エ)나 /i/(イ)와 연관시키면 될 것이고 발성에 있어서는 위의 두 음소에 원순성을 가하도록 하면 될 것이다.

　다음으로 반모음 /j, w/는 두 언어에 다 있으므로 어려움은 별로 없다. 단지 이들 가운데서 일본어에 존재하는 /ja/(ヤ), /jo/(ヨ), /ju/(ユ) ; /wa/ (ワ) 등을 제외한 나머지 이중모음들은 앞에서 살펴본 단모음들의 발성법에 유의하면 될 것이다. 이중모음에서 생기는 오류들도 단모음의 그것들과 병행되고 있다.

　　여 → 요
　　　옆(욥), 되어[여](요)
　　요 → 여
　　　동요(여), 요즘(여), 요리(여), 욕(역), 비교(겨), 효과(혀), 교포(겨)
　　의 → 위
　　　의자(위)
　　와 → 아
　　　습관(간), 관습(간), 객관(간), 관계(간), 생활(할), 확실히(학), 기관(간)
　　왜 → 외
　　　됐고(됬)
　　웨 → 왜
　　　웬(왠)

　⑵ 이 음
　　앞의 음소의 대조에서도 잠시 언급한 바 있지만, 이음이 공통적으로 나타나는 것은 한국어의 /i, u/와 일본어의 /i, u, (a, o)/가 무성자음 사이에서 무성자음으로 나타나는 사실이다. 그러나 이들 이음들은 두 언어의 화자들이 거의 인지를 하지 못하므로, 학습에는 도움이 되지 못한다.
　　한 가지 지적해 둘 것은 일본어에서 이음으로 나타나는 중설적인 [ü] 가 한국어에서는 한 음소로 실현된다는 것이다. 앞에서도 언급한 바 있지만, 한국어의 중설모음 /ü/를 정확하게 발성하기 위하여는 일본어의 마찰음이나 파찰음 뒤의 /ɯ/와 관련시킬 수 있을 것이다.(전술)

suɯ(ス), cuɯ(ツ), zuɯ(ズ, ヅ)

또 하나는 한국어를 제1언어로 하는 사람이 일본어를 학습할 때 생기는 문제점이 있다. 한국어의 /ə/(어)는 짧게 발음할 때는 후설모음으로 변이를 일으키는 일이 있는데,[27) 이것이 바로 일본어의 /o/와 혀의 위치가 가까운 것으로 생각된다. 그러므로, 일본어의 /o/ 음소를 학습할 때는 /ə/의 단음인 [ʌ]를 상기시킬 필요가 있는 것이다.

거리[kʌri](街), 머리[mʌri](頭) cf. 거리[kəri], 멀다[məːlta]

2.4. 일본어를 제1언어로 하는 사람이 한국어의 모음음소를 학습할 때 부딪히는 난관은 한국어의 모음이 일본어에 비하여 갑절이나 된다는 사실과 이에 부수하여 원순성에 의한 모음의 대립이 없는 점일 것이다. 지금까지 살펴본 바를 종합하여 그 난이도를 측정하기로 한다.

(1) 가장 어려운 것은 한국어에만 있고 일본어에는 없는 음소로서 /ü/(으), /ɛ/(애), /ə/(어)의 셋이다. 이 밖에 /ø/(외), /y/(위) 등을 들 수 있으나, 이 음소들은 기능 부담량이 적은 음소들이다.

(2) 다음으로는 혀의 위치가 비슷은 하지만, 같다고는 할 수 없는 음소들로서 /u/(우)[cf./ɯ/(ウ)], /e/(에)[cf./e/(エ)], /o/(오)[cf./o/(オ)]의 셋이 여기에 속한다.

(3) 가장 쉬운 것은 두 언어에 공통적으로 존재하는 /a/(아)[cf./a/(ア)], /i/(이)[cf./i/(イ)] 등의 두 음소이다. 이들의 차이는 발성·청취의 어느 방면에서도 어려움이 따르지 않는다.

요컨대, (1), (2)의 여섯 음소를 정확하게 발성시키고 청취할 수만 있다면, 모음음소의 습득은 완벽을 기할 수 있을 것이다.

---

27) 허 웅, *op. cit.*, p. 146.

3. 자음체계의 대조분석

3.1. 한국어의 자음체계

⑴ 음소표와 음성적 특징

한국어의 자음은 일반적으로 19개의 음소로 그 체계가 형성되어 있는 것으로 인식되고 있다.[28] 이 밖에 휴지음소(休止音素)를 더하여 20개를 설정하는 일도 없지 않으나, 본고에서는 이를 제외하기로 한다.

아래의 음소표[29]를 보면, 한국어자음체계의 중요한 음소적 자질은 기성(氣性)과 경성(硬性) 곧 후두긴장의 두 징표(徵表)에 의하여 상관대립이 형성되어 있음을 알 수 있다.

조음방법＼조음위치	양순음	치음	경구개음	연구개음
폐 쇄 음	p(ㅂ) p'(ㅃ) p^h(ㅍ)	t(ㄷ) t'(ㄸ) t^h(ㅌ)		k(ㄱ) k'(ㄲ) k^h(ㅋ)
파 찰 음			c(ㅈ) c'(ㅉ) c^h(ㅊ)	
마 찰 음		s(ㅅ) s'(ㅆ)		
비 음	m(ㅁ)	n(ㄴ)		ŋ(ㅇ)
기 타	r(ㄹ), h(ㅎ)			

---

28) 이희승, *op. cit.*, pp. 98~110, 특히 p. 106.

   허 웅, *op. cit.,* pp. 205~206.

   김완진 외, 「국어학개론」 (강좌), pp. 98~99.

   S. Martin, *op. cit.,* p. 366.

   후이자(後二者)는 휴지음소 /#/을 더하고 있다.

29) 이 음소표는 아래의 두 논저를 중심으로 필자가 다시 손질하여 만들어 본 것이다.

   허 웅, *op. cit.,* pp. 205~207.

   김완진, *op. cit.,* pp. 97~99.

물론 이 가운데서 /s/는 기성이 결여되어 있지만, 이를 제외한다면, 두 징표 3
계열의 체계라고 할 것이다. 이리하여 다음과 같은 상관속이 가능하게 된다.

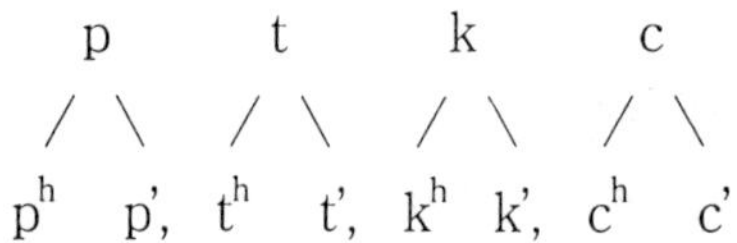

⑵ 이 음

먼저 연성(軟性)적인 음소 /p/, /t/, /c/, /k/들은 모음 사이에서 유성음
으로 실현된다.([b], [d], [ʤ], [g]) 단 마찰음 /s/는 유성음화하지 않는다.
또 이들 연성은 음절말에서는 내파음으로 실현된다.([p'], [t'], [k']) 한편
경성적인 음소들은 특이한 이음으로 실현되는 일이 많지 않다. 그러나 유
성음 사이에서는 앞 음절이 짧아지는 대신, 그 자체가 다소 길어지는 인
상을 받는다.(예 : 고삐, 토끼, 비싸다) 기성적인 음소들도 별다른 이음은
없고, 유성음 사이에서 다소 길어지는 일이 있다.

비음 가운데서 /m/은 이음이 없다. 단지 /n/과 /ŋ/은 위치에 따라 달
리 실현되는 일이 있다. /n/은 /i, j/ 앞에서 [ɲ]으로, /ŋ/은 /u/, /w/ 앞에
서 다소 과장된 발음으로 각각 나타난다.

이 밖에 유음 /r/은 음절의 끝이나, 자음(휴지) 앞에서 설측음 [l]로, 모
음 사이에서 뒤에 /i, j/가 올 때 [ɬ]로 중복되어서(예: 멀리, 울려) 각각 실
현된다. 또 /r/은 모음 사이에서 구경경타음(口莖輕打音)(flap)으로 나타난
다.(예: 가라, 보리) 후두마찰음 /h/는 /u, ø, y/ 등의 원순모음 앞에서 [ɸ]
로, /i, j/ 앞에서 [ç]로 각각 나타난다.[30]

⑶ 분 포

앞의 모음체계의 기술에서도 살펴보았지만, 모든 모음음소가 전부 자
음음소와 결합될 수 없었던 것과 마찬가지로, 자음음소도 위치에 따라 분
포상의 제약이 심한 것이 많다.[31]

---

30) 허 웅, *op. cit.*, pp. 175~185.

1. 보통 이중모음 /je, jɛ/에는 잘 연결되지 않는다.
2. 치음이나 경구개음은 /j/ 이중모음 앞에 서지 않는다. /n/은 /i, j/ 앞에 올 수 없으나, 어중에서는 이러한 제약이 다소 감소된다.
3. /ɯj/ 이중모음 앞에서도 자음이 오는 일이 거의 없다.
4. /w/ 이중모음에도 연결되지 않는 자음이 많은데, 양순음에서 더욱 심하다.
5. 양순음은 /ɯ/에 결합되지 않는다.
6. /ŋ, l/은 어중에서만 초성으로 나타나고, 어두에는 오지 않는다(예: 종이, 오징어, 공원, 다리, 치료, 오류).

한 가지 덧붙여 둘 일은 앞의 이음의 기술에서도 언급한 바 있지만, 초성에 나타나는 모든 자음음소들이 음절말에서는 모두 내파음으로 나타나서 7개의 음소만 확인된다.

3.2. 일본어의 자음체계

(1) 음소표와 음성적 특징

일본어의 자음체계는 언어분석의 원리에 따르더라도 논자에 따라 다소의 이동(異同)이 있다. 장비음(長鼻音)(long nasal)과 유무성음을 포함하여 21개로 보는 일[32]이 있는가 하면, 14개로 보는 일[33]이 있기 때문이다. 이곳에서는 服部四郎의 체계를 중심으로 하되, 그가 특별히 인정하고 있는 유성의 성문자음음소 /ʔ/는 한국어와의 체계상의 균형을 유지하기 위하여 제외하기로 한다.[34] 그리고 경구개비음 /ŋ/도 /g/의 수의변이로 보고 포함시키지 않는다. 이리하여 mora 음소를 포함하여 15개의 자음음소를 설정하기로 한다.

---

31) *ibid,* pp. 220~221.
32) Bloch는 표준일본어의 음소의 수효를 29개로 보고 있다. 모음 5개, 장비음 1개, 무성음 10개, 유성음 10개, 반모음 2개, 그리고 휴지가 그것이다.(cf. op. cit., p.342.)
33) 服部四郎 교수는 동경방언의 음소의 수효를 24개로 잡고 있다. 모음 5개, 반모음 2개, 무성음 6개, 유성자음 5개, mora 음소 2개, 비음 3개, 유음 1개.(cf. op. cit., p.360.)
34) *ibid.,* p. 663.

조음위치 조음방법	양순음	치음 ─ 치조음 ─ 경구개음	연구개음
폐 쇄 음	p(パ) b(バ)	t(タ) d(ダ)	k(カ) g(ガ)
파 찰 음		c(チ, ツ) z(ザ, ヅ, ズ)	
마 찰 음		s(サ)	
비 음	m(マ)	n(ナ)	
기 타		r(ラ), h(ハ), ñ(ン), q(ッ)	

はねる음(撥音) /ñ/과 つまる음(促音) /q/도 같이 넣어 처리했다. 위 표의 치음~치조음은 각 짝의 음소들이 수의변이를 일으키는 것이고, 경구개음은 구개음화된 이음의 경우를 표시하는 것이다.

위의 음소표를 보면, 일본어의 자음체계는 한국어와는 달리, 음소적 자질이 성의 징표로서 상관대립을 형성하고 있음을 알 수 있다. 물론 이 가운데서 마찰음 /s/는 파찰음 /c/와 함께 유성마찰음 /z/와 대립을 이루고 있다.[35] 이리하여 다음과 같은 상관속이 가능하다.

/b, d, g, z/
/p, t, k, c, s/

(2) 이 음[36]

폐쇄음 가운데서 /p, t, k/는 모음 앞에서 다소의 기성을 띠게 되나, 모음 사이에서는 그러한 일이 없다. 그리고 /b, d, g/는 완전한 유성음으로

---

35) 服部四郎, *op. cit.*, p.673.

佐久間鼎, *op. cit.*, p.55.

服部四郎 교수는 이른바 성문유성음 //을 성문무성음 /h/와 대립시키고 있다.

36) 일본어의 자음음소의 이음에 대하여는 아래 논저를 참조하였다.

Bloch, *op. cit.*, pp. 334~337.

服部四郎, *op. cit.*, pp. 660~668.

佐久間鼎, *op. cit.*, pp. 38~44.

太田郎, *op. cit.*, pp. 25~26.

서 모음 사이에서는 마찰음에 가깝게 나타나는 일이 있다.

일본어의 자음음소들은 모두 /i, j/ 앞에서 구개음화한다. 이러한 일은 특히 /s, c, h, n/들로서 음성적으로는 [š, č, ç, ɲ]로 실현된다. 또 /h/는 /u/ 앞에서 양순마찰음 [ɸ]로 수의변이를 일으키기도 한다. /r/은 사람에 따라서 /l/로 실현되는 일이 있다. /g/도 사람에 따라서 /ŋ/으로 나타나는 일이 있다.

mora 음소 /ñ/의 특징은 한 음절을 이루는 비음이긴 하나 그 이음은 /p, b, m/의 앞에서는 [mː], /t, d, c, z, n, r/의 앞에서는 [nː], /k, g/ 앞에서는 [ŋː]로 변이한다. 나머지 경우에는 혀가 구개쪽으로 올라가기는 하나 폐쇄를 형성하지 않는다. 따라서 환경에 따라, 여러가지 비음의 이음이 생긴다.(단, 휴지 앞에서는 약간의 폐쇄가 형성되기도 한다.)

/q/는 모음음소와 무성자음 /p, t, k, c, s/ 사이에 온다. 이것은 후두 긴장을 동반하기 때문에 그 위치에서 한 음절 상당의 길이로 파열된다.

(3) 분 포

일본어의 자음은 대부분의 모음과 결합할 수 있으나 여기에도 몇 가지 제약이 있다.

1. /t, d/는 /e, a, o/의 앞에서만 나타난다.
2. ca, ce, co는 /otoqcan/, /koicaa/ 등 특수한 경우 이외는 쓰이지 않는다.
3. /ñ, q/는 악센트군 가운데서 모음을 포함한 음절의 뒤에만 나타나며, /q/의 뒤에는 /p, t, k, c, s/ 등의 무성음만 온다.

한 가지 더 언급해 둘 일은 일본어는 원래 개음절이기 때문에 폐음절도 존재하는 한국어와 비교해 볼 때, 음절말에는 mora 음소 이외는 올 수 없다는 사실이다.

3.3. 자음음소의 대조

(1) 음 소

ㄱ. 國. /p/(ㅂ), /p'/(ㅃ), /pʰ/(ㅍ)와 日. /p/(パ), /b/(バ)

한국어의 경성·기성이 일본어에는 없고, 일본어의 유성음 /b/가 한국어에는 음소적으로 나타나지 못한다. 연성적인 /p/는 일본어의 무성음 /p/와 유사하나, 경성과 기성은 유성음 /b/와 하등 공통적 자질이 없다. 이러한 사실은 한국어의 세 양순음을 일본의 '假名'로 적을 때, 모두 パ행을 취한다는 점에 의해서는 방증될 수 있다. 단 연성의 /p/가 모음 사이에 올 때는 バ행을 취한다.

비 → ピ(cf. 아버지 → アボジ)
뿌리 → プリ, 오빠 → オッパ
파 → パ, 소포 → ソッポ

이리하여 'ㅂ'을 'ㅃ'으로, 'ㅃ'을 'ㅂ'으로, 'ㅂ'을 'ㅍ'으로, 'ㅍ'을 'ㅂ'으로, 'ㅃ'을 'ㅍ'으로, 'ㅍ'을 'ㅃ'으로 잘못 적는 일이 허다하다.

ㅂ → ㅃ
바빠서(빠).
ㅃ → ㅂ
빨리(발)
ㅂ → ㅍ
비교(피)
ㅍ → ㅂ
판단(반), 불편(변), 교포(보), 폭격(복), 포근히(보), 서글픈(븐).
ㅃ → ㅍ
빽빽한(팩), 나빠서(파).

ㅍ → ㅃ

깊은[기픈](쁜), 서글픈(쁜).

＜문제점＞

청취는 다소 용이하다. 일본어의 /p/가 모음 앞에서 약간의 기성을 띠고 mora 음소 /q/ 뒤의 /p/가 약간 경성을 띠는 일(앞의 假名表記例의 ‘오빠’→ オッパ 참조)이 있기 때문이다. 그러나 발성은 대단히 어렵다. ‘ㅃ’은 /q/ 뒤의 /p/보다 성문을 긴장시키고 ‘ㅍ’은 모음 앞의 무성음 /p/에 한층 더 기성을 가하도록 하면 될 것이다.[37]

ㄴ. 國. /t/(ㄷ), /t'/(ㄸ), /tʰ/(ㅌ)와 日. /t/(タ), /d/(ダ)

치음도 앞의 양순음과 같이, 한국어의 기성과 경성이 일본어에는 없고, 일본어의 유성음 /d/가 한국어에는 음소적으로 나타나지 못한다. 한국어의 연성 음소 /t/는 일본어의 무성음 /t/와 유사하나, 경성과 기성은 유성음 /d/와 하등의 공통적 자질이 없다. 이러한 사실은 한국어의 세 치음을 일본의 ‘假名’로 적을 때, 모두 タ행을 취한다는 점에 의해서도 방증될 수 있다. 단 어중의 연성은 ダ행을 취한다.

다리 → タリ, (cf. 바다 → パダ), 때 → テェ, 으뜸 → ウットゥン,
토지 → トジ, 조퇴 → チョテェ

이리하여, ‘ㄷ’을 ‘ㄸ’으로, ‘ㄸ’을 ‘ㄷ’으로, ‘ㄷ’을 ‘ㅌ’으로, ‘ㅌ’을 ‘ㄷ’으로, ‘ㄸ’을 ‘ㅌ’으로 잘못 적는 일이 허다하다.

ㄷ → ㄸ

다음(따), 더(떠), 아무데(떼), 어디(띠), 들판(뜰)

---

37) 이웅백, *op. cit.*, p.291.

　　 小倉進平, *op. cit.*, pp.81~82.

ㄸ → ㄷ

떠나(더)

ㄷ → ㅌ

다[皆](타), 지도[指導](토)

ㅌ → ㄷ

틀리면(들), 통찰(동), 감탄(단), 서투른(두), 태평양(대), 부탁(닥), 덕
택(맥), 울타리(다)

ㄸ → ㅌ

떨리고(털), 귀뚜라미(투)

<문제점>

청취는 다소 용이하다. 일본어의 모음 앞의 /t/는 약간의 기성을 동반
하고 있고, mora 음소 /q/ 뒤의 /t/가 경성을 동반하기 때문이다. 그러나
발성은 매우 어렵다. 'ㄸ'은 /q/ 뒤의 /t/보다 더욱 성문을 긴장시키고 'ㅌ'
은 모음 앞의 /t/에 기성을 가하도록 하면 된다.[38]

ㄷ. 國. /k/(ㄱ), /k'/(ㄲ), /kʰ/(ㅋ)와 日. /k/(カ), /g/(ガ)

앞의 두 폐쇄음과 마찬가지로, 연구개음도 한국어의 경성과 기성이 일
본어에는 없고, 일본어의 유성음 /g/가 한국어에서는 음소적으로 나타나
지 못한다. 연성적인 /k/는 일본어의 무성음 /k/와 유사하나, 경성과 기성
은 일본어의 유성음 /g/와 하등 공통된 자질이 없다. 이러한 사실은 한국
어의 세 연구개음을 '假名'로 적을 때, 모두 カ행을 취한다는 점에 의해서
도 방증될 수 있다. 단 어중의 연성은 ガ행을 취한다.

고기 → コギ(cf. 아기 → アギ), 꿈 → クム, クン, 어깨 → オッケ,
코 → ク, 먹히다[머키다] → モッキィダ

---

38) 이응백, *op. cit.*, p. 294.

　　小倉進平, *op. cit.*, p. 74.

이리하여 'ㄱ'을 'ㄲ'으로, 'ㄲ'을 'ㄱ'으로, 'ㅋ'을 'ㄱ'으로, 'ㄲ'을 'ㅋ'으로, 'ㅋ'을 'ㄲ'으로 잘못 적는 일이 허다한 것이다.

    ㄱ → ㄲ

        골치(꼴), 사귀리라(뀌), 가까우니까(까), 갑갑하게(깝), 글[文](끌), 거친(껴)

    ㄲ → ㄱ

        끼치는(기), 그러니까(가), 느낄(길), 힘껏(것), 그저께(게), 느꼈습니다(겼), 꾸며야(구), 깨어(개)

    ㅋ → ㄱ

        키워야(기), 키(기), 유쾌(괘)

    ㄲ → ㅋ

        이끌어(클)

    ㅋ → ㄲ

        키우고(끼), 시킬(낄)

<문제점>

앞의 두 경우와 같이, 청취는 비교적 용이하다. 그것은 일본어의 /q/ 다음의 /k/가 약간의 경성을 띠고 있고, 모음 앞의 /k/가 또한 기성으로 파열되기 때문이다. 그러나 발성은 용이하지 않다. "ㄲ"은 /q/ 뒤의 /k/보다 성문을 긴장시키고 "ㅋ"은 모음 앞의 /k/보다 더욱 기성을 더하면 될 것이다.[39]

    ㄹ. 國. /c/(ㅈ), /c'/(ㅉ), /cʰ/(ㅊ)과 日. /c/(チ), /z/(ツ)

앞의 폐쇄음과 마찬가지로 파찰음도 한국어의 경성과 기성이 일본어에는 없고, 일본어에 있는 유성음 /z/이 한국어에는 음소적으로 나타나지 않는다. 한국어의 연성음소 /c/는 일본어의 무성음 /c/와 유사하나, 경성과

---

39) 이응백, *op. cit.*, pp. 298~301.

    小倉進平, *op. cit.*, p. 68.

기성은 유성음 /z/와 하등의 공통성이 없다. 이러한 사실은 한국어의 세
파찰음을 일본의 '假名'로 적을 때, チャ행을 취한다는 점에 의해서도 방
증된다. 단 어중의 연성은 ジャ(ヂャ)행을 취한다.

> 자리 → チャリ, (cf. 모자 → モジャ, モヂャ), 짜다 → チャダ, 어찌(オッ
> チ), 차 → チャ, 좋지[조치] → チョッチ

이리하여, 'ㅈ'을 'ㅉ'으로, 'ㅉ'을 'ㅈ'으로, 'ㅈ'을 'ㅊ'으로, 'ㅊ'을 'ㅈ'으로,
'ㅉ'을 'ㅈ'으로 잘못 적는 일이 허다한 것이다.

> ㅈ → ㅉ
> 요즘(쯤), 죽(쭉), 아직(찍), 까지(찌)
> ㅉ → ㅈ
> 북쪽(족)
> ㅈ → ㅊ
> 주는(추), 지금(치), 재일교포(채), 친절(철), 지지(치), 시절(철), 걱
> 정(청), 좀(촘), 잘(찰)
> ㅊ → ㅈ
> 친구(진), 가르쳐(져), 무척(적), 철저히(절), 자동차(자), 합쳐서(져),
> 차이(자), 신체(제), 최근(죄), 한층(증), 도착(작), 천천히(전)
> ㅉ → ㅊ
> 무찌르리라(치), 남지[-찌](치), 쬐는(최)

청취면은 어느 정도 용이하다. 그것은 일본어의 무성음 /c/가 모음 앞
에서는 약간의 기성으로 파열되고 /q/ 뒤의 /c/가 경성에 가깝게 발음되
기 때문이다. 발성은 대단히 어렵다. 'ㅉ'은 일본어의 /q/ 뒤의 /c/보다 성
문을 긴장시키고, 'ㅊ'은 일본어의 무성음 /c/에 기성을 한층 더하면 될 것
이다.[40]

---

40) 이응백, *op. cit.*, pp. 296~298.
　小倉進平, *op. cit.*, pp. 45~47.

ㅁ. 國. /s/(ㅅ), /s'/(ㅆ)과 日. /s/(サ).

폐쇄음이나 파찰음과는 달리, 마찰음에는 한국어에 기성이 없고 일본어에는 유성음이 없다. 일본어의 무성파찰음에 대립되는 것은 유성파찰음 /z/라고 할 수 있으나 한국어의 경성의 /s'/은 이것과도 하등의 공통성이 없다. 이러한 사실은 한국어의 두 마찰음을 '假名'로 적을 때, サ행을 취한다는 점에 의해서도 방증될 수 있다. 그런데 앞의 폐쇄음이나 파찰음과는 달리, 한국어의 연성의 /s/는 어중에서 유성음화하지 않으므로(전술), '假名'로 적을 때에도 같은 サ행으로 나타난다.

소 → ソ, 선생 → ソンセン
싸다 → サダ, 말씨 → マルシ

이리하여, "ㅅ"을 "ㅆ"으로 잘못 적기도 하고, "ㅆ"을 "ㅅ"으로 잘못 적는 오류가 나타난다.

ㅅ → ㅆ
    살고(쌀)
ㅆ → ㅅ
    벌써(서), 쓸쓸한(슬)

그러나 이 두 음소는 기능부담량이 크지 않기 때문에 앞의 여러 경우들과 같이, 학습상의 난이도는 훨씬 감소된다고 할 것이다.

<문제점>

청취보다 발성이 어렵다. 그것은 일본어의 /s/가 /ʨ/ 뒤에서는 다소 경성으로 발음되기 때문이다. 한국어의 'ㅆ'은 일본어의 /ʨ/ 뒤의 /s/보다 한층 더 경성을 더하면 발성이 용이해질 것이다.[41]

이상 대조한 5개 항목의 음소들 이외는 자질이 특이한 음소가 별로 없으며 mora 음소에 대하여는 분포의 항목에서 언급하기로 한다.

⑵ 이 음

두 언어의 이음은 비슷한 것보다 다른 것이 더 많다. 물론 이는 음소적 자질이 다름에 그 원인이 있겠지만, 비슷한 이음의 종류가 적다는 것도 학습상의 중요한 어려움의 하나가 될 것이다.

한국어의 폐쇄음이나 마찰음이 어중에 자리잡을 때, 유성음으로 바뀐다는 사실을 일본어를 제1언어로 하는 사람은 매우 민감하게 파악하고 있다.(앞의 假名表記例 참조) 일본어에서는 유성음화한 이음이 하나의 음소로 쓰이기 때문이다. 그러나 이러한 일은 한국어를 모국어로 하는 사람이 일본어의 폐쇄·마찰음을 습득할 때는 다소용이한 점도 있을 것이나일본어를 제1언어로 하는 사람에게는 도움이 되지 않는다. 단 이음의 습득은 용이할 것이다. 그것은 일본어의 유성음 /b, g, d/는 모음 사이에서 마찰음으로 발음되는 경향이 있기 때문이다.

그런데 위의 경우와는 달리, 한국어에 나타나는 이음들이 일본어에는 음소적으로나, 이음에 있어서 존재하지 않기 때문에, 학습에 어려움을 가져오는 일이 있다. 한국어의 /r/은 음절말에서는 [l]로, /i, j/ 앞이나 어간이 단축될 때나 기타 몇 경우에 [ɾ](리)로 실현되는 일이 있다. [l]의 경우는 일본어의 음절구조가 개음절이기 때문에, 내파음으로 발음할 수 없어, 모음 /ɯ/를 동반하게 되어, 아래와 같은 假名表記例가 나타나는 것이다.

달 → タル, 발 → パル

[ɾ]의 경우는 [r]과의 구별이 어려워서 '리'을 'ㄹ'로, 'ㄹ'을 '리'로 잘못 적는 수가 허다히 나타난다.

---

41) 이응백, *op. cit.*, p. 298.

　　小倉進平, *op. cit.*, pp. 48~50.

ᆯ → ㄹ

　올라(올아), 틀림없이(틀임), 떨리고(떨이고), 갈라져(갈아), 흘러도
　(흘어), 달라지지(달아), 필름(필음), 놀라(놀아), 빨리(빨이), 흔들려
　(들여).

ㄹ → ᆯ

　풀어(풀러)

이음이 비슷한 경우는 다음과 같은 것이 있어서 학습이 한결 용이하다.

1. 한국어의 /n/은 /i, j/ 앞에서 [ɲ]로 구개음화하고, 일본어의 /n/도 /i, j/
   앞에서 [ɲ]로 변이한다.(예. 냐[ɲa], ニャ[ɲa])
2. 한국어의 /s/는 /i, j/ 앞에서 /š/로 구개음화하고 일본어도 마찬가지다.
   (예. 샤[ša], シ[ši])
3. 한국어의 /c/는 /i, j/ 앞에서 /č/로 구개음화하고, 일본어도 마찬가지다.
   (예. 지[či], チ[či])
4. 한국어의 /h/는 /i, j/ 앞에서 [ç]로, /u, ø, y/ 앞에서 [ɸ]로 나기도 하고
   일본어의 /h/도 /i, j/ 앞에서 [ç]로, /ɯ/ 앞에서 [ɸ]로 나기도 한다.(예.
   히[çi], 후[ɸu], ヒ[çi], フ[ɸɯ]

⑶ 분 포

앞의 일본어의 기술에서도 보았지마는, 이 언어에는 한국어의 음절말
에 쓰이는 받침과 비슷한 두 mora 음소가 있다. 먼저 이들을 중심으로 대
조를 하고 나머지 분포상의 제 문제를 해결하기로 한다.

1. 음절말의 비자음과 mora 음소 /ñ/

한국어의 음절초에 나타나는 /n, m, ŋ/(/ŋ/은 어두에는 나타나지 않고
어중의 음절초에만 나타남)은 그대로 음절말에서도 독립된 음소로서의
기능을 발휘하고 있다. 그러나 일본어의 음절초에 나타나는 비음 /m, n,
ŋ/은 음절말에서는 /ñ/로 실현되고 만다.[42] 물론 환경에 따라서는 [m, n,
ŋ]으로 변이를 일으키기도 한다. 그러므로 /ñ/ 하나로써 한국어의 세 음

소를 구별할 수밖에 없다. 이러한 사실은 한국어의 음절말에 나타나는 제
비음을 /ñ/(ン)로써 적는다는 사실에 의해서는 방증될 수 있다.

반 → パン, 감 → カン, (cf. カム), 강 → カン, 방 → パン,
상 → サン

'ㄴ'과 'ㅇ'은 'ン'로 나타나는 것이 대부분이나 'ㅁ'은 'ン'이 9명인데 대
해서 'ム'가 33명으로 다수를 차지하고 있다. 이것은 한국어의 받침의 /m/
의 청취가 다소용이하다는 사실을 방증한다고 할 수 있을 것이다.[43]

이리하여, 'ㄴ'을 'ㅇ'으로 잘못을 범하는 일이 가장 많고 다음으로 'ㅇ'
을 'ㄴ'으로 적으며, 그밖에 'ㅁ'을 'ㄴ'으로, 'ㄴ'을 'ㅁ'으로, 'ㅇ'을 'ㅁ'으로,
'ㅁ'을 'ㅇ'으로 적는 것이 비슷한 숫자로 보인다.

> ㄴ → ㅇ
>
> 완전히(왕정), 작년(녕), *연구소(영), 피곤(공), 현대(형), *관계(광),
> *전기(정), 기준(중), 전통(정), 이순신(숭), 강변(병), 선생님(성), 언
> 제든지(엉), 천둥(청), 언덕(엉), 국산(상), 사변(병)
> (*표시는 연구개음 앞에서 동화가능한 것)
>
> ㅇ → ㄴ
>
> 안녕(년), 영구적(연), 정책(전), 설명(면), 평범(편), 정처없이(전).
>
> ㄴ → ㅁ
>
> 자신[自信](심), 관심(괌), 다른(름)
>
> ㅁ → ㄴ
>
> 솜씨(손), 함께(한), 아름답게(른), 마침내(친)
>
> ㅁ → ㅇ
>
> 새삼스럽게(상), *캄캄하고(캉)
> (*표시는 연구개음 앞에서 동화가능한 것)

---

42) 服部四郎, *op. cit.*, p. 296.

43) 우리의 조사가 한국어를 처음 배웠을 때 실시한 것이 아니고, 6개월 이상 교육을 받은
   학생을 상대로 했으므로 받침을 알고 이에 가까운 글자를 선택했을 가능성도 있다. 정확
   한 고찰이 요망된다.

　ㅇ → ㅁ
　　홍미(홈), 창문(참), 가풍(품), 사랑(람)

이들 세 음소는, 청취는 비교적 용이할 것이다. 그것은 이들이 일본어에서 이음으로 나타나는 일이 있기 때문이다.

2. 무성내파음과 mora 음소 /q/

한국어의 초성에 나타나는 폐쇄음, 마찰음, 파찰음 등(ㄱ, ㄲ, ㅋ; ㄷ, ㄸ, ㅌ; ㅂ, ㅃ, ㅍ; ㅅ, ㅆ, ㅎ; ㅈ, ㅉ, ㅊ)은 음절말에서는 음소적 자질이 상실되어 [k', t', p']의 세 내파음으로 실현되고 만다. 일본어에서는 음절초에 나타나는 자음 가운데서 /p, t, k, c, s, h/의 여섯 무성음은 /q/ 하나로 실현되고 만다.[44] 그러므로 /q/ 하나로써 한국어의 세 내파음을 구별할 수밖에 없다. 이러한 사실은 음절말에 나타나는 한국어의 세 내파음을 /q/(ッ)로써 적는다는 사실에 의해서도 방증될 수 있다.

　　즉 → チュッ(cf. チュク), 부엌 → プオッ(cf. プオック)
　　낟 → ナッ, 낱 → ナッ
　　납 → ナッ(cf. ナップ), 잎 → イッ(cf. イップ)
　　옷 → オッ
　　낮 → ナッ, 낯 → ナッ

이상의 표기예를 살펴볼 때, [t']의 경우는 일률적으로 /q/ 하나만 사용하나, [p', k']의 경우는 앞에서 본 음절말의 'ㄹ'과 같이 ウ계열의 글자를 사용한다는 점이다.[45] 이러한 사실은 일본어의 /q/ 음소가 [t']에 더 가깝다는 사실을 방증해 주는 것이다.

또 하나 지적할 것은 모음 사이의 경성과 기성의 음소들을 '假名'로 적을 때의 일이다.

---

44) 服部四郞, op. cit., p. 296.
45) /k', p'/의 경우, /q/로만 쓰지 않고 ウ계열을 덧붙인다는 것도 전항과 같이 받침을 알고 표기했을 가능성이 있다. 후고를 요한다.

어깨 → オッケ, 낚아 → ナッカ, 먹히다 → モッキィダ, 으뜸 → ウットゥム,
조퇴 → チョッテ, 오빠 → オッパ, 소포 → ソッポ, 있어요 → イッ
ソク, 어찌 → オッチ, 좋지 → チョッチ

전부 /q/를 사용하고 있는 것은 일본어의 /q/가 mora 음소로서 뒤의 무
성자음을 장자음(長子音)으로 실현시킨다는 것과 대비할 때, 한국어의 모
음 사이의 경성·기성의 음소가 장자음으로 실현된다는 사실(전술)을 잘
방증한다고 할 것이다.46)

이 밖에 분포상의 특이한 점을 들어보면 다음과 같은 것이 있다.

1. 한국어의 /t, t', tʰ/는 /j, w/ 등의 이중모음을 제외하고는 모든 모음과
   결합이 가능하나, 일본어의 /t, d/는 /a, o, e/의 세 모음 앞에서만 나타
   나기 때문에, /i, u/ 앞의 폐쇄음을 파찰음으로 발음하기 쉽다.(예. 디,
   띠, 티; 두, 뚜, 투)
2. 한국어의 /n/은 /i, j/ 앞에서 어중의 음절초에만 나타나고 어두에는 오
   지 않으나, 일본어에는 그러한 제약을 받지 않으므로 학습상의 어려움
   은 없다. 그러나 한국어를 제1언어로 하는 사람이 일본어를 학습대상
   어로 삼을 때는 어려움이 다소 수반될 것이다.
3. /ɲ/은 한국에서 어중에서 나타나는 일이 있고, 일본어에서도 /ɲ/가 어중
   에서 나타날 수 있어서([goɲacɯ] 五月), 어중의 /ɲ/을 학습하기가 한결
   용이하다.
4. /r/은 한국어에서 어두에 나타나지 않고 어중에서만 나타나나, 일본어에
   서는 그러한 제약을 받지 않으므로 학습이 쉽다. 그러나 일본어가 학습
   대상어가 될 때는 사정이 다르다.

3.4. 일본어를 제1언어로 하는 사람이 한국어의 자음음소를 습득할 때
부딪히는 어려움은 모음체계보다 한층 가중된다. 음소적 자질이 다른 것
이외도, 이음과 분포의 다름이 겹치기 때문이다. 지금까지 살펴본 바를 종

---

46) 이희승, *op. cit.*, pp. 124~5.

합하여 그 난이도를 측정해 보기로 한다.

> (1) 가장 어려운 것은 한국어에만 있고 일본어에는 없는 음소로서 경성과 기성의 /p', p^h; t', t^h; k', k^h; c', c^h; s'/ 등이다. 이 가운데서 /s'/는 기능 부담량이 적다. 기성이 경성보다 오류가 많은 것은 주의할 만하다.
> (2) 다음으로 받침의 /m, n, ŋ/의 구별이다. 이 가운데서도 /n/의 발성이 가장 힘들다.
> (3) 그 다음으로는 받침에 나타나는 내파음이다. 이 가운데서도 [k', p']가 가장 힘들다.
> (4) 가장 쉬운 것은 두 언어에 다같이 나타나는 /k, t, p, c, s/와 /h, r/ 등이다. 이들은 약간의 이음을 제외하고는 비교적 유사하여 용이하다.

요컨대, (1), (2), (3)의 음소들을 잘 발성시키고, 분포상의 차이만 주지시킬 수 있다면, 자음음소의 학습은 완벽을 기할 수 있을 것이다.

4. 음절유형의 대조

지금까지 시도한 분절음소의 대조를 발판으로 삼아, 이들 음소들이 결합하여 이루는 음절구성의 방법을 살펴보고 그 유형들을 대조해 보기로 한다.

(1) 한국어의 음절구성

한국어의 음절구조는 영어 등의 구라파 제어와 비교하면 간단한 편이나 일본어보다는 한결 복잡하다.[47]

한국어에서는 음절을 구성함에 있어서 반드시 모음을 요구한다.[48] 곧

---

47) *ibid.*, pp. 114~117.
48) 이숭녕, 「국어학개설」, pp. 169~171.
　　허　웅, *op. cit.*, pp. 207~208.

음절핵이 될 수 있는 모음은 10개의 단모음과 12개의 이중모음이다. 자음은 음절핵이 되지 못한다. 자음은 성절음이 못되며 단모음만 성절음으로 나타난다.[49)]

한국어의 음절유형에 대해서는 관점에 따라 넷[50)]에서 여섯[51)]으로 볼 수 있으나, 종성에서는 초성에서와 같이 2개 이상의 자음이 중복되는 일이 없기 때문에 전자의 유형을 채택하기로 한다.

ㄱ. v(이, 위, 왜, 와)
ㄴ. cv(나, 너, 코, 토)
ㄷ. vc(알, 안, 앞, 옷)
ㄹ. cvc(감, 간, 낮, 밭)
　　(v는 음절핵, c는 자음)

초성의 자음 위치에서는 19개의 자음이 다 올 수 있고, 종성자음의 위치에는 7개의 내파음만이 올 수 있다. ㄱ, ㄴ을 개음절, ㄷ, ㄹ을 폐음절이라고 한다면, 한국어의 음절구조는 모음을 음절핵으로 하는 개음절과 폐음절의 구조라 할 수 있을 것이다.

⑵ 일본어의 음절구성

일본어의 음절구조는 한국어보다는 훨씬 간단하다. 일본어도 한국어와 같이 모음을 핵으로 하여 음절이 형성된다. 그러나 mora 음소 /ñ/, /q/는 그 자체로써 한 음절을 구성할 수 있다. 일본어에는 위의 두 mora 음소만 제외하면 음절말에 자음이 오는 일이 없다.[52)]

일본어의 음절은 같은 길이를 가진 단위를 이루며, 2개 이상의 음절의

---

49) 허 웅, *op. cit.*, p. 209.
50) *ibid,* p. 212.
51) 이희승, *op. cit.*, pp. 113~115.
52) K. Togeby, *Structure immanente de la langue française,* p. 42.
　　marge finale가 없는 구조의 언어로는 aranta어와 일본어가 있다고 하면서, 두 언어의 음절유형을 ccv(전자)와 cv(후자)로 들고 있다.

결합이나 한 음절 위에 액센트가 부가되어 단어와 같은 일정한 어형을 형성하게 된다. 그리고 장모음은 같은 단모음의 연속으로 해석하며, 무성모음은 유성모음의 이음으로 설명하기도 한다. 이를테면, 말을 빨리하면 [suki], [siki]의 제일음절에 나타나는 /u/, /i/가 무성모음으로 바뀌기 때문에, 때로는 탈락해 버리는 일도 있다. 그러나 앞에 오는 자음[s, š]는 후행모음을 예상하고 있어서 음소적으로는 [ski], [ški]가 아니고, /suki/, /siki/인 것이다.[53]

일본어의 음절유형에 대하여는 관점에 따라, 셋에서 여덟으로 볼 수 있으나,[54] 성문자음 /ʔ/과 mora 음소를 제외한다면 다음 셋으로 볼 수 있을 것이다.

> ㄱ. v(イ, エ, オ)
> ㄴ. cv(カ, キ, ク, ケ)
> ㄷ. csv(キャ, ミェ, リャ, チョ)
>   (s는 반모음임)

이 밖에 mora 음소로 구성된 음절유형을 들기도 한다.(cvñ, cvq, csvñ, csvq) 그러나 일본어의 전형적인 음절유형은 앞의 세 가지로서 개음절이라 할 수 있다.

⑶ 음절유형의 대조

일본어의 음절유형의 전형적인 것이 개음절이므로, 폐음절도 존재하는 한국어의 발음을 습득할 때는 많은 어려움이 생긴다. 이리하여 한국어의 받침을 발음할 때는, 일본어의 습관의 영향으로 반드시 모음을 동반하게 되는 것이다. 이러한 일은 일본어의 두 mora 음소에 해당하는 /m, n, ŋ/

---

53) 服部四郎, *op. cit.*, pp. 360~361.
　　太田郎, *op. cit.*, p. 19.
54) 服部四郎은 어두의 /ʔ/을 한 음소로 보며, mora 음소까지 넣어 8가지로 잡고 있으나, 太田郎은 mora 음소를 일단 제외하여 셋으로 보고 있다. cf. 전주(前註)(53)

나 [t']를 발음할 때보다도 [k', l, p']의 경우에 심하게 나타난다. 이리하여 이들 내파음을 발음할 때는 대개 'ッ'계열의 글자를 취하게 된다.

죽 → チュク[cjuikui]
낟 → チッツ[naqcui]
납 → ナッフ[naqpui]
날 → ナル[naru]

그런데 /m/의 경우에도 /ui/를 첨가하는 일이 상당수 있다(4장) 참조).

감 → カム[kamui]

5. 형태음소론적 제 문제

일본어는 개음절이고 한국어는 주로 폐음절이라는 사실과 함께 유의해 두어야 할 일이 있다. 한국어의 음절구조가 폐음절이라는 것은 형태소와 형태소가 결합할 때 형태음소론적 변이를 일으키는 한 원인이 되는 것으로 생각된다. 이러한 일은 특히, 의미부에 형태부가 결합될 때 심하게 나타난다.

주지하다시피, 한국어의 조사나 어미는 앞의 음절이 개음절이냐 폐음절이냐에 따라 두 종류로 나뉘어 쓰이는 분간적(分揀的)인 요소55)가 많다.56) 또 앞 음절의 모음이 양성모음이냐 음성모음이냐에 따라서도 모음조화규칙에 따라 두 가지의 모습으로 바뀌어 나타나는 일이 있다. 그러나 일본어에서는, 필자가 알기로는, 한국어에서와 같은 형태음소론적인 변이

---

55) 한국어 형태부의 분간적 용법에 대해서는 아래 논저를 참조할 것.
  최현배, 「우리말본」, pp. 160~161.
56) 한국어 형태부의 분간적 용법에 대한 상세한 것은 다음을 참조할 것.
  「국어발음」 (서울대학교 어학연구소), pp. 133~140.

가 없기 때문에, 분절음소에 못지 않는 학습상의 어려움이 부수하는 것이
다.

한국어의 형태부 가운데는 선행하는 형태소가 체언이냐 용언이냐에 따
라, 조음적인 요소가 삽입되는 일이 많고 그밖에 형식을 달리하는 일도
있다. 이와 같은 한국어 자체 내의 구조상의 복잡성 때문에 빚어지는 오
류들을 정리해 보기로 한다.

1. '이'의 오류
  (1) 체언에 받침이 있는데도, 서술격조사의 어간 '이'를 삽입하지 않는
      일이 많다.

      대학생라고(이), 교양과목니까(이), 한국인다(이), 보통라면(이), 서울라고
      (이), 시험니까(이), 처음였고(이), 한국라고(이)

  (2) 조음적인 모음 '이'를 취하는 조사인데도 그 모음을 삽입하지 않는
      일이 있다.

      우리말나(이), 조금라도(이), 금년야말로(이)

  (3) 체언에 받침이 없어서 '이'를 필요로 하지 않는 경우이거나, 통용적
      이어서 조음적인 요소가 나타나지 않는 경우에 '이'를 삽입하는 일
      이 많다.

      단계이라고, 설계이라고, *어느분이도
      참조이란, *졸업식이도, 선생님이들, *성질이도.
      (*표시는 분간적 요소가 아님)

2. '으'의 오류
  (1) 'ㄹ'변칙용언이 변칙활용할 때, 활용의 규칙을 몰라서 규칙활용형으
      로 적음에 따라, 조음적 요소를 삽입하는 일이 많다.

살면서(살으면서), 든(들은), 압니다(알습니다), 알[리](알을[리]), 끕니다
(끌읍니다), 사시며(살으시며), 노십시오(놀으십시오), 부는(불으는, 吹), 들
(들을, 擧), 울면(울으면), 사시며(살으시며), 빌며(빌으며), 물든(물들은),
풀(풀을, 解)

(2) 분간적인 어미가 아니기 때문에, 조음적인 요소를 요구하지 않는 경
우에, '으'를 삽입하는 일도 있다.

높으고, 알으고, 들으도록, 높으게.

3. 불규칙성을 띤 분간적 조사의 오류
한국어의 조사 가운데는 폐음절인 경우 '이'를 삽입하는 것이 있는 반면 그
렇지 않은 분간성을 띤 조사가 많다.

(1) 주격조사 가운데서 '이'를 써야 할 곳에 '가'를 쓰는 일이 매우 흔
하다. 이는 일본어의 주격조사 'ガ'의 영향으로 생각된다. 발음도 단
순한 유성음 [ga]가 아닌 [ŋa]로 내는 일이 많은데, 이것도 일본어의
영향으로 보인다. 일본어의 /g/는 모음 사이에서 /ŋ/로 변이하기 때
문이다. (cf. 3.2)

여학생이(가), 필요성이(가)

(2) '으'를 첨가해야 하는 분간적인 조사 앞에 그것을 사용하지 않는 일
이 있다.

경쟁으로(경쟁로), 실제적으로(실제적로로)

(3) 역의 경우도 있다.

우리말로(말으로)

이는 '르'을 보통의 자음과 동일시했기 때문이다.

(4) 그 밖의 분간적 조사를 잘못 쓰는 일이 흔하다.

대학교는(은), 동기를(을), 미대와 그 학생들(과), 동계강좌를(을)

4. 모음조화나 변칙활용의 규칙을 잘 몰라서 발견되는 오류도 상당수에 이른다. 후자는 보편적 현상이 아니므로, 문법상의 오류로 보아야 할 것이다. (단 '르' 변칙활용은 보편적이므로 음성상의 문제이다.)

즐거웠습니다(왔), 도왔고(왔)

6. 마무리 - 전망

이상 몇 장에 걸쳐서 한국어와 일본어의 음운체계를 대조분석하여 보았다. 두 언어의 음운체계는 근본적으로 다르다는 사실이 판명된 것이다. 다시 말하면, 부가음소(附加音素)는 제외하더라도, 분절음소의 음소적 자질이 전혀 다르며, 음절구성의 유형 및 형태음소체계마저 유사성을 발견할 수 없는 것이다.

한국어와 다른 외국어와의 음운체계의 대조분석으로는 영어와의 것을 제외하고는 본고가 처음인 것으로 생각된다. 앞으로는 영어나 일본어와의 대조분석 이외도, 불어, 독어, 중국어나 동남아제어(월남, 태국, 마래(馬來)·인니(印尼))와의 대조연구도 활발히 일어나야 할 것이다. 이러한 연구결과는 외국인을 위한 한국어교육뿐만 아니라, 국내의 외국어 교육의 향상·발전을 위해서도 크게 활용될 수 있을 것이다. 이러한 여러 언어와의 음운체계면의 대조연구는 문법구조, 어휘체계, 서사(書寫)체계 및 문화면의 대조분석연구의 초석이 될 것임에 틀림없을 것이다.

참고문헌

I. 대조분석이론

황찬호(1969), "Palmer와 Fries".「언어교육」1-1.

이계순(1969), "Contrastive Analysis의 이론과 방법",「언어교육」1-1.

Lado, Robert(1958), *Linguistics across Cultures*. Ann Arbor: University of Michigan Press

Robins, R.H.(1964) *General Linguistics : An Introductory Survey*, London: Longmans.

Stockwell, Bowen(1965), *The Sounds of English and Spanish*. Chicago : The University of Chicago Press.

Togeby, Knud(1965), *Structure immanente de la langue française*. Paris: Libraire Larousse, (révision de la première édition de 1951).

II. 한국어음운론

이완응(1926),「朝鮮語發音及文法」, 조선어연구회.

이숭녕(1954),「국어학개설」, 진문사.

이희승(1955),「국어학개설」, 민중서관.

최현배(1961),「우리말본」, 정음사.

허 웅(1965),「국어음운학」, 정음사.

김완진(1963), "국어모음체계의 신고찰",「진단학보」24.

Martin, Samuel(1951), E. "Korean Phonemics", in : Martin Joos(ed.) *Readings in Linguistics* I, N, Y: American Council of Learned Societies, 1963.

III. 일본어음운론

佐久間鼎(1968),「標準日本語の發音·アクセント」(增補版), 厚生閣.
服部四郎(1955),「世界言語概說」(下), 硏究社, p. 153ff.
服部四郎(1960),「言語學の方法」, 岩波書店.
    (1) "日本語の音韻", pp. 360~364.
    (2) "音韻論" (1), (2), (3), pp. 279~352.
    (3) "國語の音韻體系と新日本式ローマ字つづり方", pp. 657~698.
有坂秀世(1940),「音韻論」, 三省堂.
Bloch, Bernard(1963), "Studies in Colloquial Japanese IV : Phonemics", in :
    Martin Joos (ed.) *Readings in Linguistics* I, N.Y : American Council of
    Learned Societies.

IV. 한일양어음운비교분석론

小倉進平(1923),「國語及朝鮮語發音槪說」.
小倉進平(1920),「國語及朝鮮語のため」.
이응백(1965),「한국어학본」, 大阪, p.282ff.

V. 기타

Yang-Seo Pae(1967), "English sounds perceived by Korean speakers.
    An Experiment", *Language Research.* Vol. II, No. 2.
國廣哲彌(1963), "外來語表記について-日英音韻體系の比較-",「日英兩語の比較硏
    究」, 大修館.
太田郎(1965), "日英語の音體系の比較",「現代英語敎育講座」, 硏究社.

부 록

한일어대조분석자료

赤峰瀨一郎(1893), 「日韓英三國對話」.
國分國夫(1893), 「日韓通話」.
李樹廷(1894), 「朝鮮·日本善隣互話」.
伊藤伊吉(1905), 「獨學韓語大成」.
趙重桓(1907), 「獨習速成日韓會話」.
前間恭作(1909), 「韓語通」.
藥師寺知朧(1909), 「韓語硏究法」.
鄭雲復(1909), 「韓日英新會話」.
黃應斗(1918), 「通學經編」.
朴重華(1923), 「日本人之 朝鮮語獨學」.
山本正誠(1923), 「朝鮮語硏究」.
黃應斗(1926), 「漢日鮮時文新讀本」.
奧山仙三(1928), 「語法·會話 朝鮮語大成」.
文世榮(1938), 「舞師速成 日鮮滿洲語自通」.
石原六三·靑山秀夫(1962), 「朝鮮語の學習」.
서울대학교 어학연구소 국어교재편찬위원회(1969), 「국어발음」(재일교포유학생국
        어교재총서 Ⅱ), 油印.

찾 아 보 기

찾 아 보 기

■ 사항

ㅂ

ㅅ

ㅇ

저자
소개

고영근(高永根)

걸어온 길 :

　1936년 경남 진양군(현재 진주시)에서 태어나 서울대학교 문리과대학 국어국문학과에서 배우고 이어 같은 대학원에서 석사학위(1965)와 박사학위(1981)를 받았다. 그 사이 훔볼트 재단의 초청으로 독일 보훔, 콘스탄츠, 함부르크대학에서 언어학을 연구하였으며, 주시경연구소 간사장, 한국텍스트언어학회 회장, 구결학회 회장 등을 지내 왔다. '99년부터 어학전문 학술지 『형태론』의 편집대표를 맡고 있다. 문법론, 특히 형태론 방면을 집중적으로 공부해 왔으며 텍스트과학의 토착화를 위한 기반 구축에도 힘을 기울이고 있다. 현재 서울대학교 국어국문학과 교수로 일하고 있다.

지은 책 :

　중세국어의 시상과 서법('81/'87 보설판/'98 보정판), 국어문법의 연구('83), 고등학교 「문법」('85/'91), 표준국어문법론(공저)('85/'93 개정판), 표준중세국어문법론('87/'97 개정판), 국어형태론연구('89/'99 증보판), 국어문법론(상/하, '91), 우리말의 총체서술과 문법체계('93), 통일시대의 語文問題('94), 단어·문장·텍스트('95), 최현배의 학문과 사상('95), 우리 언어문화의 뿌리를 찾아서('96), 한국어문운동과 근대화(1998), 텍스트이론('99), 북한의 언어문화('99), 한국텍스트과학의 제과제(공저, 2001), 등

읽은 책 :

　현대국어문법(논문선)(공편)('75), 국어의 통사·의미론(공편)(1983), 국어와 민족문화(공편)('84), 국어학연구사(1985), 역대한국문법대계(공편)('77~'86)(모두 102책), 주시경 국어문법(공동교감)(1986), 북한의 말과 글('89), 국어학강독(공편)('96), 중세어자료강해(공편)('97), 북한 및 재외교민의 철자법 집성(2000), 등

한국의 언어연구

● 인 쇄 2001년 10월 31일   ● 발 행 2001년 11월 07일
● 지은이 고 영 근   ● 펴낸이 이 대 현
● 편 집 이은희 · 김민영 · 정봉구
● 펴낸곳 도서출판 역락 / 서울 성동구 성수2가 3동 277-17
          성수아카데미타워 319호(우133-123)
● Tel 대표 · 영업 3409-2058 편집부 3409-2060 FAX 3409-2059
● E-mail yk3888@kornet.net / youkrack@hanmail.net
● 등록 1999년 4월 19일 제2-2803호
● ISBN 89-5556-122-9-93700

● 정가 18.000
* 잘못된 책은 교환해 드립니다.